中国黄酒博物馆

中国黄酒博物馆

花雕工艺

黄酒酿造原料

原料

糯米

粳米

黍米

曲

酒药（小曲）

麦曲

红曲

水

绍兴鉴湖水

崂山麦饭石水

传统黄酒生产与现代化生产对照（一）

传统生产工艺　　现代化生产工艺

浸米

蒸饭

制曲

发酵（开耙）

传统黄酒生产与现代化生产对照（二）

传统生产工艺　　　　**现代化生产工艺**

压榨

煎酒封坛

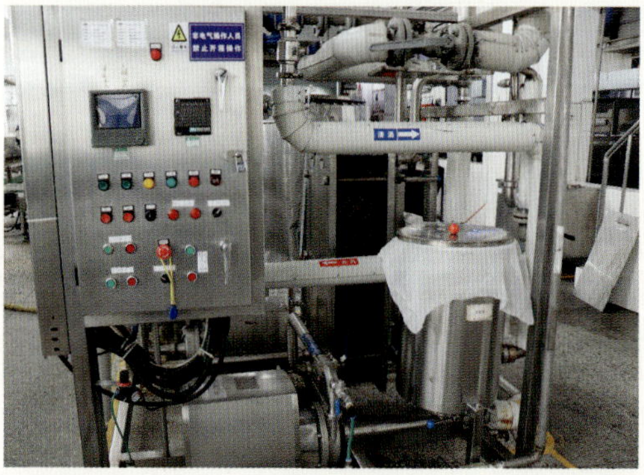

贮存

所有图片均由编者提供，部分老照片来源于《中国酒经》，红曲照片由福州大学倪莉教授提供。

图书在版编目（CIP）数据

黄酒工业手册/赵光鳌主编. —北京：中国轻工业出版社，2020.7
ISBN 978-7-5184-2998-1

Ⅰ.①黄… Ⅱ.①赵… Ⅲ.①黄酒—酿酒工业—经济发展—研究—中国 Ⅳ.①F426.82

中国版本图书馆 CIP 数据核字（2020）第 082869 号

责任编辑：江 娟 靳雅帅 策划编辑：江 娟 责任终审：劳国强
封面设计：锋尚设计 版式设计：砚祥志远 责任监印：张 可

出版发行：中国轻工业出版社（北京东长安街 6 号，邮编：100740）
印 刷：三河市万龙印装有限公司
经 销：各地新华书店
版 次：2020 年 7 月第 1 版第 1 次印刷
开 本：787×1092 1/16 印张：27.5
字 数：560 千字 插页：2
书 号：ISBN 978-7-5184-2998-1 定价：148.00 元
邮购电话：010-65241695
发行电话：010-85119835 传真：85113293
网 址：http://www.chlip.com.cn
Email：club@chlip.com.cn
如发现图书残缺请与我社邮购联系调换
191325K1X101ZBW

赵光鳌 主编

黄酒工业手册

HANDBOOK OF
HUANGJIU INDUSTRY

中国轻工业出版社

《黄酒工业手册》编委会

序

酒是与人民生活息息相关的重要消费品。黄酒，作为我国独有的酒种，与葡萄酒、啤酒并称为“世界三大古酒”。黄酒的酿造是技术与艺术的结合，是国家级非物质文化遗产，其独特的“曲法酿造”工艺，是中华民族的宝贵财富，在国际上也有很重要的影响。

中国黄酒是我国酿酒行业的重要组成部分，具有独特的历史价值和现实价值。但是，作为我国独特的酒种，黄酒工业整体发展水平与其他酒种相比有一定的差距。长期以来黄酒酿造基础研究相对比较薄弱，基础数据也不够系统全面，影响了黄酒工业的进一步发展。近年来，随着我国酿酒工业的快速发展，黄酒行业在坚持继承中发展、发展中创新的理论指引下，经过科技人员及匠人的共同努力，黄酒工业科技水平也取得了长足的进步，现代黄酒生产已步入生产过程全机械化阶段。

基于我国现代黄酒工业技术和发展现状，由赵光鳌教授牵头，中国酒业协会组织国内黄酒行业 30 余名专家、学者和企业技术骨干的专业团队联合编撰的《黄酒工业手册》，凝聚了国内黄酒行业近年来的科学研究积累和生产实践总结，为黄酒工业提供了较系统的基础理论和基本参数，填补了我国酿酒行业的空白，对黄酒酿造理论和技术进行了继承和创新。该书针对黄酒酿造全过程，内容全面，材料新颖，结合国内黄酒工业的最新发展，理论联系实际，兼具系统性和科学性，对新时期我国黄酒工业发展具有重要的理论指导作用。可以作为酿造行业，特别是黄酒行业必不可少的工具书，也可作为国内外酿造科学领域科研和技术人员重要的参考书。

本书主编赵光鳌教授已经 80 高龄，在黄酒行业德高望重。为了本书的编写，他以饱满的热情、充沛的精力，精心组织，反复斟酌修改，结合“老、中、青”“产、学、研”，历时三年协力而成。书中翔实的讲述、精确的数据、严谨的标注，都流露出对行业发展的浓浓关切。作为黄酒行业一部权威工具书，值得受到整个黄酒行业同仁的尊敬，相信对传承和发展我国宝贵的黄酒科学文化遗产，对黄酒行业向数字化、自动化和现代化方向发展也定会产生良好的推动作用。

中国酒业协会理事长

王延才

2020 年 5 月

前　言

黄酒，作为我国独有的酒种，具有悠久的历史，与西方的啤酒、葡萄酒并称为“世界三大古酒”。但是，与西方酿造酒生产工艺不同，黄酒先将微生物接种于谷物中制备“曲”，再进行边糖化边发酵的独特的“曲法酿造”工艺，作为国家级非物质文化遗产，是中华民族宝贵的科学文化宝藏，曾被国外学者誉为中国“第五大发明”。近年来，作为我国酿酒工业的重要组成部分，黄酒行业得到了快速发展，在科技人员及黄酒匠人的共同努力下，黄酒工业科技水平也取得了长足的进步。但是，与我国酿酒行业其他几个主要酒种相比，黄酒工业的发展水平尚有一定的距离。《啤酒工业手册》《白酒生产技术全书》《葡萄酒工业手册》等相关工业手册都已陆续出版，相关基础理论和基本参数已较为系统完整。由此，黄酒行业迫切希望有一部具有影响力的工具书，能够更好地推动行业的生产和发展。但是，作为中国特有的酒种，《黄酒工业手册》的编写具有较大的挑战性。这样一部工业手册应基于我国现代黄酒工业技术和发展现状，对中国黄酒工业的创新和实践进行总结，既要体现中国传统黄酒酿造工艺的继承，又有现代黄酒酿造工艺的发展，理论与生产实际相结合，继承与发展创新相结合。

由江南大学赵光鳌教授牵头，中国酒业协会组织国内黄酒行业 30 余名专家、学者和企业技术骨干，在中国轻工业出版社的大力支持下，于 2016 年 9 月 12 日在浙江古越龙山绍兴酒股份有限公司召开了本书编写启动会，成立了本书编辑工作组，正式开始编撰《黄酒工业手册》。本书由黄酒领域知名专家赵光鳌教授担任主编，绍兴黄酒集团前董事长、中国酒业协会黄酒分会前理事长傅建伟，绍兴黄酒学院前院长胡普信为副主编，编写成员大都来自国内黄酒龙头企业及著名高校和研究院所，是国内黄酒行业生产、技术、科研、管理等方面的专家和一线骨干，组成了国内最权威、最具代表性的编写队伍。本书的编撰，考虑了黄酒地域的差异，深入挖掘了黄酒的传统生产工艺，突出匠心酿造的特点，有利于黄酒传统生产工艺薪火相传，对黄酒文化遗产的传承提供了很大的帮助；同时，也系统介绍了目前黄酒生产最先进的工业化生产工艺，与时俱进，有利于传统工艺与现代工艺完美融合。通过“老、中、青”“产、学、研”两个三结合方式，经过多方调研，几经修改，历时 3 年多，《黄酒工业手册》终于协力而成。

全书共分为 15 章。全面涵盖我国黄酒工业技术和发展现状，系统地介绍了黄酒生产基本知识，传统黄酒和现代黄酒酿造工艺及发展，黄酒酿造新工艺、新产品、新技术，黄酒的品质与检测，黄酒生产副产物处理及综合利用，以及黄酒工业相关附录等内容。本书侧重工业生产，内容丰富，理论与生产实际相结合，文字与图表并举。

本书内容突出专业性、系统性、先进性和实用性。本书主要面向黄酒行业，由该领域知名的专家、教授及企业家编写。内容全面系统，在介绍传统黄酒酿造技术的同时，突出现代黄酒行业酿造工艺最新的发展和创新，描绘行业技术发展前景，也可指导生产实践。

本书体现出中国黄酒工业实践的总结，创新经验的积累，理论与生产实际相结合，是酿造行业特别是黄酒行业必备的工具书，也可作为国内外酿造科学领域科研和技术人员的主要参考书，但愿对于传承我国黄酒非物质文化遗传，促进我国黄酒工业的发展，提升黄酒企业技术水平具有良好的推动作用。

本书由主编赵光鳌负责统稿和定稿，编委会各位委员和顾问为本书的编写、审定及材料收集等方面做出了主要贡献。此外，在本书编写过程中还得到行业内外许多其他领导和专家的大力支持，在此一并表示衷心感谢。

《黄酒工业手册》编委会

2020 年 5 月

目 录

第一章 绪论

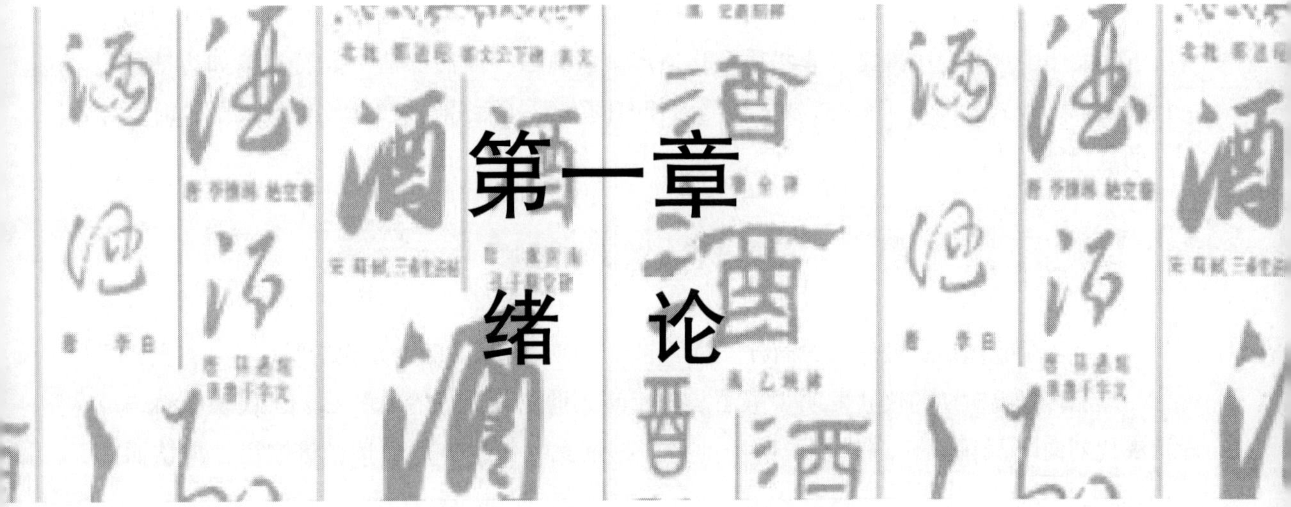

黄酒是以稻米、黍米、玉米、小麦、水等为主要原料，经加曲或部分酶制剂、酵母等糖化发酵剂酿制而成的发酵酒。中国黄酒（Huangjiu，老酒）与啤酒、葡萄酒是世界三大古酒，见表1-1。

表1-1　　世界三大古酒比较

种类	原料	糖化剂	物料形式	发酵形式
黄酒	大米	曲	半固态	边糖化边发酵
啤酒	麦芽	麦芽	液态	先糖化后发酵
葡萄酒	葡萄	无需糖化	液态/果浆	直接发酵

中国黄酒独特的“曲法酿造”是中华民族的宝贵财富和珍贵遗产，是我国古代劳动人民的智慧结晶，是对世界饮料酒生产的伟大贡献，对发酵工业、酶制剂行业乃至现代生物工程带来极其深远的影响。“曲法酿造”被中外专家、学者称为中国古代的第五大发明，现为我国国家级非物质文化遗产。黄酒的“曲法酿造”其特点诸如边糖化边发酵（复式发酵），开放式发酵，低温长时间发酵（后酵），浸米期乳酸发酵，时令的选择等。

第一节　黄酒的起源

黄酒是我国历史最悠久的酒种。黄酒起源于何时，从古至今众说纷纭。

相传夏禹时期的仪狄发明了酿酒。公元前2世纪《吕氏春秋》云：“仪狄作酒。”汉代刘向《战国策》进一步说明：“昔者，帝女令仪狄作酒而美，进之禹，禹饮而甘之。”

另一种传说表明在黄帝时代（约公元前30世纪初至公元前21世纪初）人们就已开始酿酒。汉代《黄帝内经·素问》记载了一段黄帝与岐伯讨论酿酒的对话。黄帝问道：“为五谷汤液及醴醪如何？”岐伯答曰：“必以稻米，炊之稻薪，稻米则完，稻薪则坚。”

黄酒酿造的两个先决条件是酿酒原料和酿酒容器。考古发现表明，河姆渡文化时期（距今6000~7000年）已具备了人工酿酒的条件。因为在这些文化遗址中出土了陶器和谷物遗存物，如河姆渡文化遗址中，出土了大量人工栽培的水稻的谷粒和秆叶，以及大量可用于酿酒和饮酒的陶器。

在之后的大汶口文化墓葬（约5000年前）和龙山文化遗址（公元前2500年至公元前2000年）中，发掘到大量的酒器。在大汶口文化墓葬中，有发酵用的大陶尊，滤酒用的漏缸，贮酒用的陶瓮，用于煮熟物料的炊具陶鼎，以及100多件各种类型的饮酒器具。由此可见，在这两个文化时期，人工酿酒已有了一定规模。酿酒有一个发展的过程，因此酿酒起源应在大汶口文化和龙山文化时期之前。

那么，酒是如何发明的呢？在远古时代，人们可能先接触到某些天然发酵的酒，然后加以仿制。晋代的江统在我国历史上首次提出了谷物自然发酵酿酒学说，这一学说是符合科学道理及实际情况的。

中国是最早掌握酿酒技术的国家之一。用酒曲酿酒、双边发酵是中国黄酒的特色，区别于西方用发芽的谷物糖化自身淀粉然后加酵母菌发酵成酒的酿造方式。曲是我国古代劳动人民的伟大发明，于 19 世纪传入西方，奠定了酒精工业和酶制剂工业的基础，并为现代发酵工业的发展做出了巨大的贡献。

北魏贾思勰的《齐民要术》成书于公元 533—544 年，它比较系统地总结了 6 世纪以前我国黄河中下游地区农业生产和科学技术，对酿酒技术有较详细的记载。书中记载了 9 种制酒曲的方法，其中 8 种为麦曲，1 种为粟曲。在原料处理上，分为蒸麦、炒麦、生麦 3 种，有单用一种的，有两种合用的，有 3 种合用的。书中的笨曲与现代绍兴黄酒的块曲相似，主要表现在：

（1）酿酒用曲量为原料的 15%左右。

（2）小麦磨得较粗。

（3）用脚踏成一尺见方，厚二寸（合 21.7cm×21.7cm×4.3cm）的块曲。

（4）培养时间 21d。

北宋《北山酒经》是我国古代学术水平最高的酿酒专著。《北山酒经》中的酿酒工艺特点如下。

（1）普遍使用酸浆，而且重视酸浆的浓度　《北山酒经》中的卧浆不同于现代仅通过浸米来获得酸浆的做法，但原理和目的一样，都是通过乳酸菌发酵产酸。卧浆时间为六月三伏时，因为这时的气温适合乳酸菌的生长。“造酒最在浆，其浆不可才酸便用，须是味重，酴米偷酸全在于浆。大法：浆不酸即不可酝酒。”强调味重的酸浆才能用。对于不同季节制成的卧浆，浓度差异较大，夏天制成的卧浆加入五分至六分的水，而其他季节的卧浆加入的水比夏天要少。浆水要经过充分煎熬杀菌，这与无锡老廒黄酒的工艺相同。

（2）酒母的使用　“酴米”和“合酵”是《北山酒经》中的两个专门术语。“酴米”就是酒母，“合酵”是以正在发酵的酒醅表层及酒曲作种子制成，作为“酴米”的种子。“北人不用酵，只用刷案水，谓之‘信水’。然信水非酵也。酒人以此体候冷暖尔。凡酝不用酵，即酒难发醅，来迟则脚不正。”从这段文字来看，当时的南方酿酒技术已超过北方，北方可能仍在使用传统的浸曲法。

（3）通过煮酒来延长酒的保存时间，避免酒的酸败　该方法比西方 19 世纪中叶发明的葡萄酒、啤酒的巴斯德杀菌早 700 多年。

此外，我国南方的小曲，最迟在晋代已经出现。晋《南方草木状》上卷记载：“草曲，南海多美酒，不用曲蘖但杵米粉，杂以众草叶，治葛汁滫溲之，大如卵。置蓬蒿中荫蔽之，经月而成。用此合糯为酒。”南方小曲用生料制成，并在稻米粉中加中草药，以促进根霉菌和酵母菌的繁殖，从而提高酒曲的糖化力和酒化力，这一方法沿用至今。

第二节　中国黄酒杰出代表的形成

南宋为避金入侵迁都杭州，由于大批北人南迁，将北方的制曲酿酒技术带到南方。这时南方黄酒完全有条件融合南北两大酿酒技术之精华，形成精湛的工艺和优良的品质，而作为当时政治经济文化中心的杭州、绍兴一带，自然是近水楼台先得月。因此，绍兴黄酒工艺很可能在南宋时已基本成型，而在之后的几百年中只是不断改进和完善。这一点从绍兴黄酒的麦曲上也得到体现。清代《调鼎集》对绍兴黄酒的酿造做了详细的阐述。糯米原料、鉴湖水与精湛工艺的结合，使绍兴黄酒的品质脱颖而出，成为中国黄酒的杰出代表。

第三节　黄酒的功效

黄酒的功效主要体现在“三佐”上，另外黄酒具有良好的营养价值，对人体有一定的保健作用。

一、 佐餐

酒能兴奋神经，使人感觉精神愉快，尤其在喜庆或友人相聚之时，更增加欢乐气氛。酒也能使人借酒抒情，饮酒消愁；酒也能促进思维，增进灵感，王羲之以酒助兴，作出《兰亭集序》这一千古名篇。

对黄酒来说，适量饮用，“清亮透明的色泽，琥珀色的光泽，优雅的香气，清醇的口感”无不使人感到饮用的完美乐趣。

黄酒与大闸蟹绝配。历代文人把品肥蟹、饮黄酒、赏秋菊、赋诗文作为一种闲情逸致的文化享受。而对于寻常百姓，与家人或亲朋好友一起品蟹饮酒，倾诉亲情友情，享受其乐融融的温暖，也是人生的一大快事。大闸蟹性寒，而黄酒性温、活血暖胃，可祛大闸蟹之寒气，且蟹肉的鲜甜配以黄酒的甘醇，口感上近乎完美，因此黄酒配大闸蟹既是健康的饮食搭配又是绝美的味觉享受。

黄酒是唯一能加热饮用的酒，而且加热后更加香醇。在寒风凛冽、漫天飞雪的冬季，一边欣赏着窗外的雪景，一边品着暖暖的黄酒，既暖胃活血，又富诗情画意。

二、佐菜

黄酒的另一功能是作调料。黄酒酒精含量适中，味香浓郁，富含氨基酸等呈味物质，人们都喜欢用黄酒作佐料，在烹制鱼虾或其他海鲜时可去掉三甲基胺的腥味，加工牛羊肉或鸡鸭肉时可去掉腥膻味，在制蛋时能除掉蛋腥气，它还能给菜肴增色、增鲜、增香。故在中华料理的菜中加酒必为黄酒。

三、佐药

黄酒还是医药上很重要的辅料或“药引子”。中药处方中常用黄酒浸泡、烧煮、蒸炙一些中草药或调制药丸及各种药酒。在我国古代，除了作为饮品，酒也曾被视作一种药物，除了作为饮用品外，其最大的作用就是用来治疗疾病。

黄酒是由糯米、粳米、黍米为原料酿造，是一种酒精含量在14%~20%vol的低度酒，更适合作为日常保健饮用。在酿造过程中，黄酒保持了粮食原料中的多种营养成分，并可以产生糖化胶质，这些物质都有益于人体健康。气剽悍而质清，味甘辛而性热，无毒，具有温通血脉、益脾暖胃、开结化瘀、利筋骨、舒关节、润皮肤、去寒湿等功效。班固《前汉书·食货志》中就称酒为“百药之长”。上古时，医生看病，常用酒来治疗疾病。古时“醫”字从酉（酒），即说明酒与医药的密切关系。《本草纲目》详细记载了69种药酒可以治疾病，这69种药酒均以黄酒制成，用黄酒作药引不仅能引药归经，而且具有一定的补益、除湿、通络、活血等功效，特别是对一些因寒湿攻脾而引起的胃肠不适，用温黄酒做药引效果更佳。

黄酒的饮法变化多样，不同的饮法会产生不同的功效。凉喝黄酒有消食化积、镇静的作用。烫热喝的黄酒能驱寒祛湿。将黄酒与桂圆或荔枝、红枣、核桃同煮，具有一定益补气血的功效。以黄酒作为药引，加入中草药，更易将药物中的有效成分溶解出来，易于人体吸收。李时珍《本草纲目》记载“诸酒醇醨不同，惟米酒入药用。”米酒即黄酒，由此可知，历来人们用黄酒作酒基制成养生和医用治病的酒，而且说明黄酒与中药药剂有一种天然的糅合因子或亲和性。

四、黄酒的营养作用

黄酒含有丰富的营养，且易为人体吸收。

（1）含有丰富的氨基酸　黄酒的主要成分除乙醇和水外，还含有18种氨基酸，其中有8种是人体自身不能合成而又必需的。

（2）易于消化　黄酒含有许多易被人体消化的营养物质，如，糊精、麦芽糖、葡萄糖、脂类、甘油、高级醇、维生素及有机酸等。这些成分经贮存，最终使黄酒成为营养价值较高的低酒精度饮品。

（3）舒筋活血　黄酒气味苦、甘、辛。冬天温饮黄酒，可活血祛寒、通经活络，有效抵御寒冷刺激。适量常饮有助于血液循环，促进新陈代谢，并可补血养颜。

（4）美容抗衰老　黄酒是 B 族维生素的良好来源，维生素 B_1、维生素 B_2、尼克酸、维生素 E 都很丰富，长期饮用有利于美容、抗衰老。

（5）促进食欲　锌是能量代谢及蛋白质合成的重要成分，缺锌时，食欲、味觉都会减退。而黄酒中锌含量不少，如每 100mL 绍兴元红黄酒含锌 0.85mg。所以饮用黄酒有促进食欲的作用。

第四节　黄酒工业的展望

黄酒是中国最古老的酒种，曾经是全国性的饮料酒。从清代小说《红楼梦》和《镜花缘》中可以看出，饮用黄酒在上层社会仍占主导地位。明清时绍兴黄酒几乎行遍全国，如“沈永和”畅销北京、天津、上海、广州等地。清朝光绪初期，绍兴黄酒产量达 7 万多吨。据酿酒专家辛海庭回忆，在抗日战争爆发前，北京知识阶层饮用黄酒十分普遍。辛海庭回忆道：“小时候，北京城饮黄酒之风甚盛，有绍兴酒、仿绍酒、‘山东黄’‘山西黄’……那时候黄酒大多在知识阶层流行，是知识分子餐桌上的常客。饮用黄酒的人群，除了认识到其营养价值之外，更多的是对黄酒代表一定身份和地位的认同。这个局面一直持续到 1937 年抗日战争爆发。后来由于连年战乱造成交通阻塞，生活艰难，黄酒渐渐消落了。”

1949 年新中国成立时黄酒产量已萎缩到 2.5 万 t。新中国成立后，黄酒行业迅速复苏，国家也十分重视黄酒行业的发展。1954 年，新中国百废待兴，国务院关心绍兴黄酒发展，拨款建立绍兴酒中央仓库。1956 年又把“绍兴黄酒的总结提高”列入国家 12 年科学发展规划之内。20 世纪 90 年代以来，国家产业政策将黄酒列为“积极发展”的酒种，并在税收政策上给予优惠。但总的来讲黄酒还是发展较慢的，1998—2002 年产量一直徘徊在 140 万 kL 左右。2002 年起，黄酒产量每年增长 10%左右，黄酒行业进入健康发展的快车道，2005 年产量突破 200 万 kL，目前黄酒年产量已达到 310 万 kL。这主要得益于国家经济发展，人民生活水平提高，消费理念不断成熟，黄酒特有的低度、营养、绿色、保健优势逐步显现出来。

经过多年的发展与重组，黄酒行业已有了一定的集中度。目前黄酒行业较大规模企业有中国绍兴黄酒集团有限公司（品牌“沈永和”“女儿红”“古越龙山”）、会稽山绍兴酒有限公司（品牌“会稽山”“汾湖”）、上海金枫酿酒有限公司（品牌“金枫”“石库门”“和”）、张家港酿酒有限公司（品牌“沙优”）、浙江塔牌绍兴酒有限公司（品牌“塔”）等。中国绍兴黄酒集团有限公司是全国最大的黄酒企业，独家发起组建的浙江古越龙山绍兴酒股份有限公司于 1997 年在沪上市。随后上海金枫酿酒有限公司、会稽山绍兴酒有限公司在沪上市。这些龙头企业有了较大的经济实力后，黄酒产业的规模效益开始显现，同时加快了产业的整合，加大了科研和广告宣传投入，有利于企业的升级换代，推动了行业的发展，行业也分享了成果。

一、 民族文化的特产——黄酒

黄酒是中华民族特产，具有深厚的民族文化内涵，极具文化特色。新时期随着我国国力的强盛和国际地位的提高，不仅民族自信心大大增强，世界各国对中国文化的兴趣迅速升温。改革开放，黄酒既作为商品，又作为文化媒介，随着“一带一路”的开展，在世界商品大交流浪潮中，给黄酒带来新机遇。如古越龙山花雕坛装酒多次作为国礼赠送外国元首，并作为香港回归庆典酒等。

二、 黄酒高端化与时尚化——消费升级

我国已进入小康社会，人民生活水平大大提高，饮料酒消费也随之升级。顺应消费升级，黄酒龙头企业推出了中高端产品，并对产品的包装、广告营销都进行精心的设计和策划，如古越龙山“陈年酒系列”、上海金枫“和酒金色年华”和“石库门”上海老酒，大部分产品定价在几十元到几百元不等，提高了黄酒形象，提高了行业盈利能力。时尚化、高档化的产品，吸引了一批跟随潮流、消费潜力较大的年轻消费群体。同时，黄酒市场还逐步向消费能力较强的白领阶层渗透，餐饮娱乐和商务送礼成为这部分黄酒的主要消费方式。在上海、北京、广东等经济发达省市，以及成都、长沙等消费型城市，中高档黄酒的消费量迅速上升。

三、 科技是黄酒行业发展的依托

黄酒行业的发展必须依靠科技进步。从黄酒发展可知，目前为数不多的较大企业（龙头企业）现代酿造与众多的中小企业传统酿造交融与并存的现状，更需要懂得这个道理。

加强对科技的投入，今天的投入，为的是明天的发展。龙头企业起了示范作用，如古越龙山有限公司配置了气相色谱-质谱仪、高压液相色谱仪等，有效地提高了科学检测水平；进行农残、微量组分测定，保障人民健康；并对某些微量组分展开前瞻性项目研究，以应对某些日益严厉的技术壁垒。又如会稽山公司块曲自动化流水线的实践，为黄酒科技发展克服了又一难题。

四、 新时期“创新” 是总驱动力

科技发展的核心是“创新”。传统产业要做到“在继承中发展，在发展中创新”的要求。黄酒从传统酿造到现代酿造，这一过程的演变是一个历史的见证。新时代是

"创新"的时代，万众"创新"激励着一批又一批的年轻黄酒人。张家港酿酒公司的发展顺应了这个时代的要求，首先从建立厢式发酵槽发展到300m^3低温贮存大罐，就是一个实例，起到了"创新"增效的效果。

"创新"贯穿新技术、新工艺、新设备、新产品和推广应用，正在改变由于技术进步缓慢制约产品质量和效益提高的现状。

"创新"的关键是人才，人才是第一因素。黄酒企业特别是中小企业要加强人才培养与引进。

具有中华文化的大度、开放、包容、自信、更体现改革与创新的黄酒人，正在中规中矩、脚踏实地一步一个脚印前进。

新时期国家从高速发展转向高质量发展，黄酒行业也将迎来高质量发展黄金时期。

第二章

黄酒酿造原理

第一节 概 述

黄酒是以大米、黍米、小麦等为主要原料，经酒曲（酒药、麦曲、红曲等）中多种有益微生物的糖化发酵作用，酿制而成的一种低酒精度的发酵酒。

人类运用发酵酿酒的现象远在掌握发酵知识之前。人类几千年前已会酿酒，但并不明白发酵机理。法国化学家拉瓦锡（Lavoisier）首先提出发酵是糖转化为酒精和二氧化碳的过程。盖·吕萨克（Gay-Lussac）提出了发酵反应的化学方程式。实际上，发酵现象和一切活细胞的反应一样，是非常复杂的。巴斯德认为只有90%的糖是按反应公式转化，其他部分转化为甘油、琥珀酸、醋酸，以及其他副产物。实践证明，由于发酵条件等要素不同，发酵反应的结果是繁多而难以预测的。当我们了解了发酵的机理及其与诸要素之间的关系，酿酒就更加方便，也更善于进行有效的管理，可以避免发酵过程中的许多失败。

酿酒过程主要是酵母将糖转化为酒精和二氧化碳的过程。需要说明的是酵母利用糖是通过细胞壁的渗透作用吸收的，同样也是通过细胞壁的渗透作用排出产物（乙醇和二氧化碳），同时获得酵母细胞生存必需的能源。一般来说，其获取能源有两种方式，即两种不同的分解有机物的方法：呼吸作用和发酵作用。呼吸作用必须有空气和氧气存在，分解糖分子比较彻底，产生很多能量，同时合成为酵母本身的物质结构，繁殖大量新生代酵母菌，壮大自己的队伍；发酵作用是在无氧的情况下进行，只能将1分子葡萄糖分解成2分子乙醇和2分子二氧化碳，是不完全分解，因而生成的能量较少，所以酵母必须转化很多的糖为乙醇，以获得酵母细胞生存所需的能量。

利用糖进行发酵的化学机理是非常复杂的，需连续经过数十步反应，大量特定的酶介入这些反应，这些酶可以看成是酵母分解糖、产生酒精的工具。某些副产物的形成，是许多酶反应带来的结果。

黄酒是依赖霉菌、酵母、细菌等多种微生物的共同作用发酵而成的酿造酒，其发酵机理涉及多种复杂的微生物代谢，其中主要以酒精发酵和各种风味物质代谢为主。黄酒发酵不是酵母直接利用糖进行酒精发酵，而是利用霉菌分解淀粉后的糖进行发酵的过程，这一过程开始是好氧条件：先将米饭、麦曲、酒母和水进行充分拌和，淀粉部分糖化，水中含有溶解氧，适合酵母的有氧繁殖，因此，前期主要是酵母的生长繁殖阶段，期间消耗溶解氧、糖、氨基酸和其他成分，并产生大量的热量和二氧化碳，使醪液温度上升。接着进入下一阶段，醪液中的溶解氧大幅度减少，近于厌氧条件，正式发酵过程开始，大量生成乙醇和二氧化碳，同时发生许多次级反应，代谢生成种类较多、总量较少但对酒品质非常重要的其他呈香呈味物质，如酯、高级醇、甘油、有机酸等。酵母的发酵效果受到许多因素的影响，如酵母菌株、酒母质量、加入酒醅中酵母数量、落缸温度、米饭熟度、发酵温度、外界气温等。不同的酵母具有不同的产生次级化合物的能力。因此，可以预料：不同批次和不同的酿酒师之间，其酒的品质会有相当大的变化。整个黄酒酿造发酵是一个非常复杂的过程。

一、黄酒发酵的主要特点

我国黄酒酿造工艺独特，主要是“酒曲复式发酵法”。黄酒发酵的主要特点：曲法酿造、开放式多菌种发酵、酒醅的高浓度（浓醪）发酵、典型的双边发酵和高酒精度发酵、低温长时间后发酵等。

（一）曲法酿造

黄酒是利用酒曲，如酒药（小曲）、麦曲、红曲中多种有益微生物及其产生的酶，将淀粉类原料糖化发酵酿制而成的一种低酒精度酒精饮料，并赋予黄酒特有的风味。由于各地酒曲的种类不同，酿成的黄酒风格也各有不同。由于曲中有丰富的酶系，并含有与酒香和酒味有关的微生物及其代谢产物，曲对黄酒酿造及其成品有着十分重要的作用。

以酒曲作为糖化发酵剂的曲法酿造工艺，是有别于世界各国的中国独有的酿酒工艺，这种酿制技艺是我国古代劳动人民的智慧结晶，是对世界饮料酒生产的伟大贡献，对几千年的发酵工业、酶制剂行业，乃至现代的生物工程带来极其深远的影响。

（二）开放式的多菌种发酵

黄酒发酵是多菌种的开放式发酵。发酵的酒醅不经灭菌，其配料用水是不经杀菌的生水，传统的麦曲、淋饭酒母都是自然发酵培养而成，麦曲和各种用具中也存在着各种微生物，开放式的生产过程会引入多种微生物。即使机械化生产也是属于多菌种发酵。微生物主要来源于生产过程的许多方面，要酿造好黄酒，就要利用好有益微生物，抑制有害微生物的作用，通过工艺条件（如pH、温度等）的控制来保证发酵的顺利进行。

传统工艺酿制黄酒，有其安全发酵和防止酸败变质的具体措施，以确保发酵的顺利进行。具体包括以下几点。

（1）冬季酿酒　传统工艺酿制黄酒，必须在冬季的低温环境条件下进行生产。因冬季气候比较寒冷，微生物生长繁殖受到一定的抑制，并且冬季水质比较稳定，水中微生物及有机杂质含量较少，所以，传统工艺酿制黄酒采用冬水投料，低温发酵，可保证酿酒的顺利进行。

（2）糖化发酵剂　传统工艺酿制黄酒使用的麦曲，其制曲后，经过一定时间的贮存、通风、干燥，麦曲中的微生物因曲中的水分挥发，而适当地减少或抑制；使用的淋饭酒母，俗称“酒娘”，是通过拌药搭窝的固体培养和放曲冲水的半固态培养，使酒药和麦曲中的有益微生物，如根霉、曲霉及酵母菌等，在有氧的环境下，迅速生长繁殖，并在糖化发酵过程中生成了适量的有机酸，能合理地调节黄酒发酵醪的 pH 等。这样有效地抑制了在黄酒发酵中的各种有害杂菌的生长繁殖。

（3）分次投料工艺控制　在喂饭酒发酵中，因分次加饭，醪液中的酸和酵母浓度不是一下子稀释很大，同时酵母不断获得新的营养，发酵能力始终旺盛，抑制了杂菌的生长。

（4）发酵温度等条件控制　酿制黄酒，控制调节发酵醪液温度的操作，即“开耙”，是一道重要的酿酒工序。由于合理地进行开耙操作，能起到调节发酵品温，排出二氧化碳，供给新鲜空气（氧气），使酿酒微生物在适宜的环境下，迅速生长繁殖，强化了酵母的活性，形成酵母的优势菌群地位，从而阻止了产酸菌的生长繁殖，确保黄酒发酵能正常安全地进行。

总之，传统工艺酿制黄酒的多个步骤，都包含着促使酿酒微生物的生长优势，抑制有害杂菌生长的原理。这种黄酒酿造工艺操作，是几千年来历代酿酒工匠在长期实践中的经验总结，看起来很“土气”，也很“简单”，其实质上包含着复杂的科学原理。所以，酿制黄酒只有符合这些规律，才能达到黄酒的安全发酵，防止酸败。当然，保持生产环境的清洁卫生，做好生产设备的消毒灭菌工作也是至关重要，这样可以大大减少黄酒发酵的有害菌污染。

（三）酒醅的高浓度（浓醪）发酵

黄酒发酵是所有酿造酒中浓度最高的，大米和水质量之比为 1∶2 左右，这样高的浓度发酵，在世界上的酿酒行业中是罕见的，可以说黄酒发酵的前期是固态发酵。醪液浓度高造成流动性差，散热困难。因此，控制温度对于黄酒发酵就显得特别重要。高浓度发酵也是黄酒生成高浓度酒精的主要原因之一。

（四）典型的双边发酵和高浓度酒精发酵

黄酒酿造过程中，米饭、麦曲、酒母、水同时投入发酵罐，糖化作用和发酵作用同时开始，并在整个黄酒发酵过程中始终存在。这种边糖化边发酵的双边发酵过程也称为复式发酵过程，淀粉糖化和酒精发酵两个作用是在同一个空间同时并进完成的。由于边糖化边发酵的特点，保持发酵过程相对较低的糖浓度，避免了糖浓度及渗透压过高对酵母的抑制作用，保证了酵母发酵力长久不衰，使最终发酵成品的酒精度达到 16%vol 以上。因此，黄酒发酵也是高浓度酒精发酵。

黄酒醪酒精含量最高可达 20%以上，这在世界酿造酒中也是最高的。为了使醪液中含有 16%以上的酒精，就需要有 30%以上的可发酵性糖；但这么高的糖分所产生的渗透压是相当高的，将严重抑制酵母的代谢活动。黄酒发酵醪高酒精度的形成，除了黄酒酵母耐酒精能力强以外，主要在于黄酒发酵醪本身及其工艺过程的特殊性，使酵母得以大量繁殖，并充分发挥其发酵力。边糖化边发酵的发酵方式，能使淀粉糖化和酒精发酵相互平衡协调，避免了高糖浓度和高渗透压的问题，使糖逐步发酵产生高浓度的酒精。其中，糖化速度和发酵速度的协调配合是发酵成败的关键，主要是通过发酵温度的控制来实现两者的协调。在生产操作和管理上，必须掌握糖化和发酵之间的平衡，若一旦不平衡，将会产生酸败等发酵不良现象，影响酒的质量。

黄酒发酵生成高浓度酒精的原因除了醪液的高浓度、双边发酵及其速度相对平衡等主要因素外，长时间的低温发酵，可使酵母不易衰老；醪液的半固态及其中丰富的成分，也能维持酵母的增殖和较高的发酵力。

（五） 低温长时间后发酵

黄酒酿造的发酵温度，开始1~2d因酵母生长繁殖一般在30℃左右，进入后发酵阶段则在15℃以下（甚至5℃以下）发酵20~60d。这种缓慢的发酵作用可逐渐形成黄酒的各种风味成分，消除有害物质，使酒味变得细腻柔和、香味足、口味好，酒精度高。

此外，传统的绍兴黄酒酿造还存在着一个长时间浸米的乳酸菌发酵过程。一般摊饭法酿造操作，其浸米时间长达15~20d，这在世界酿造酒中也是没有的。较长的浸米时间，有利于乳酸菌生长繁殖、发酵，产生乳酸和天然广谱抗菌素——乳酸菌素，有利于黄酒酿造时有一定的初始酸度，形成较低的pH，较低的pH及其所含的乳酸菌素，有利于有害微生物的控制，有利于黄酒开放式发酵的顺利进行。同时，浸米浆水中含有大量的氨基酸和生长素，是酵母良好的营养成分，可促进酵母生长繁殖。浸米过程中产生的乳酸对黄酒柔和丰满的独特风味也有着重要的作用。随着现代黄酒工业的科技进步，目前采用长时间浸米的乳酸菌发酵已不多见。

二、 黄酒发酵的生物化学原理

黄酒的发酵本质上是基于酶促反应的微生物代谢过程。由于多菌种发酵，产物种类繁多，代谢途径复杂。黄酒发酵主要可以分为原料淀粉的水解及酒精发酵和其他发酵产物的生成。

（一） 淀粉水解及酒精发酵

黄酒发酵是边糖化边发酵的过程，麦曲淀粉酶（主要包括α-淀粉酶和糖化酶）对经过蒸煮糊化的原料淀粉进行液化和糖化，产生多种发酵性糖分，其中以葡萄糖为主。酵母进一步把可发酵性糖转化为酒精和CO_2以及其他各种微量的副产物。

酵母进行黄酒发酵，首先是单糖类在细胞体内依靠酶的催化经历糖酵解途径（又称为EMP途径）形成丙酮酸，丙酮酸在厌氧条件下经脱羧生成乙醛和CO_2，再由乙醛还原生成乙醇，同时会出现各种中间产物。如果供给酵母充分的氧，则丙酮酸经过氧化脱羧生成乙酰辅酶 A，乙酰辅酶 A 进入三羧酸循环（TCA 循环）被完全氧化成 CO_2 和 H_2O，并释放出大量的能量。酒精发酵主要在厌氧条件下发生。

在厌氧条件下由葡萄糖经酵母发酵生成乙醇和 CO_2 的总反应式：

$$C_6H_{12}O_6+2ADP+2H_3PO_4 \rightarrow 2CH_3CH_2OH+2CO_2+2ATP$$

实际上发酵现象是非常复杂的，巴斯德认为只有 90% 的糖可转化为酒精，其他部分转化为甘油、琥珀酸、醋酸以及其他副产物，如乳酸、2，3-丁二醇、乙醛、丙酮酸、高级醇及很多微量物质。

170g 糖发酵的产物见表 2-1。

表 2-1　170g 糖发酵的产物　单位：mg/L

主要产物		其他产物
乙醇	80000	高级醇
CO_2	76000	柠檬酸
甘油	6000	乙醛
琥珀酸	800	丙酮酸
2，3-丁二醇	400	α-酮戊二酸
醋酸	300	乙酸乙酯
乳酸	300	3-羟基-2-丁酮
		其他（包括 2g 酵母干物质）

黄酒酵母只能发酵低分子糖类，不能直接利用淀粉和糊精。酵母对低分子糖类发酵的难易顺序：葡萄糖>果糖>蔗糖>麦芽糖>麦芽三糖。对于四糖以上的寡糖、戊糖、异麦芽糖、潘糖等均不能发酵，这些成为黄酒中的残余糖分，而淀粉和高级糊精一般不允许存在于成品黄酒中，它们会影响黄酒的稳定性。

米饭、麦曲、酒母、水混合后，麦曲中的淀粉酶和营养成分（以氨基酸、糖为主）即溶入酒醪，酵母利用它们和溶解氧进行菌体繁殖，当酵母细胞密度达到 0.35×10^8 个/mL 以上，溶解氧基本耗尽时，便进行酒精发酵。发酵醪温度会升至 30℃以上，一般上述过程发生在投料后 10~16h。

主发酵阶段一般维持 3~5d，酒精浓度可达 14%~15%，对酵母形成明显的抑制。醪液中残余糖分较少，副产物等也明显增多，使酵母失去旺盛的发酵能力，品温逐渐下降，由主发酵转入后发酵阶段。后发酵时间 20~90d，酵母仍在进行微弱的酒精发酵使残余糖分减少，同时酒的口味得到了调整，SO_2、H_2S 和 CH_3CHO 等物质得以挥发，酒味渐趋醇和，具体见表 2-2。

表 2-2　黄酒发酵过程酒精含量的变化

发酵时间/h	24	48	72	96	**后发酵** 20~25d
酒醪的酒精度/%	7~9	12.5~13.5	13.5~14.5	14.5~15.5	17.5~18

（二） 黄酒中的其他发酵产物

黄酒酵母在发酵过程中除了主要生成乙醇和CO_2外，还会形成其他的副产物，它们构成了黄酒的主要风味成分。

1. 酵母对含氮物质的转化

黄酒醪中的含氮物质来自原料、麦曲和菌体的自溶物。大米中蛋白质含量达6%～8%，蛋白质含量随米的精白而减少。麦曲中含有8%～12%的蛋白质。这些蛋白质大部分在发酵过程中被麦曲中的蛋白酶系及醪液中微生物分泌的蛋白酶分解为小分子肽和氨基酸供酵母利用。来源于原料的部分无机氮源也可被酵母利用。

前酵阶段酵母为了生长和繁殖菌体，主要对低分子含氮物质进行同化，合成菌体和酶。其中天冬酰胺、丝氨酸、苏氨酸、赖氨酸、精氨酸、天冬氨酸、谷氨酸、谷氨酰胺等8种含氮化合物会被酵母很快同化利用，其他氨基酸只能缓慢地吸收或根本不吸收。当8种低分子含氮物质的浓度降到5%以后，酵母才吸收其他氨基酸进入胞内。不能很快吸收的氨基酸，只能通过酵母自己生物合成得到，主要通过酮酸转氨基反应，合成早期不能吸收的那些氨基酸。

发酵后期，酵母细胞向发酵醪分泌出多余的氨基酸，主要是甘氨酸、丙氨酸、脯氨酸。酵母衰老死亡，细胞内蛋白酶被活化，致使酵母细胞自溶，分解体内蛋白质成氨基酸，进入黄酒醪液中。在黄酒后发酵阶段，醪液中的含氮化合物量逐渐升高。醪液压滤后，中、低分子的含氮化合物进入黄酒成品，成为黄酒的重要成分。由于各种氨基酸都具有独特口味，所以，它们赋予黄酒特殊的风味。

黄酒中含氮物质的2/3是氨基酸，其余1/3是多肽和低肽，对黄酒的浓厚感、醇厚性影响较大。

黄酒中的18种氨基酸，绍兴加饭酒中的氨基酸含量约是日本清酒的1.6倍，啤酒的6.8倍，葡萄酒的4.25倍。绍兴加饭酒中各种氨基酸含量见表2-3。

表2-3 绍兴加饭酒中各种氨基酸含量 单位：mg/L

氨基酸名称	含量	氨基酸名称	含量	氨基酸名称	含量
丙氨酸	698.7	异亮氨酸	235.6	丝氨酸	461.6
精氨酸	684.3	亮氨酸	603.4	苏氨酸	411.2
天冬氨酸	457.4	赖氨酸	440	酪氨酸	366.7
谷氨酸	453.5	蛋（甲硫）氨酸	74.2	缬氨酸	366.1
甘氨酸	335.9	苯丙氨酸	426.1	色氨酸	微量
组氨酸	145.1	脯氨酸	610.2	半胱氨酸	微量
				α-氨基丁酸	微量

2. 黄酒高级醇的形成

高级醇是指除甲醇、乙醇以外的醇类。主要为丙醇、异丁醇、异戊醇、正丁醇等，是黄酒的主要风味物质之一。能使黄酒烘托出丰满的香气和口味，增加酒的协调性。但含量过多，使酒产生苦杂味，也有认为是饮后容易“上头”的重要因素。

1907 年，德国化学家伊里希（Felix Ehrlish）首先提出由氨基酸形成高级醇的路线。发现酵母发酵时有亮氨酸、异亮氨酸、缬氨酸等 10 种氨基酸将氨基转移到 α-酮戊二酸上，形成谷氨酸和 α-酮酸，α-酮酸经脱羧、还原，形成比原氨基酸少 1 个碳原子的高级醇。

后来，哈里斯（Harris）又提出高级醇由糖代谢通过丙酮酸的合成途径。1961 年，Growall 认为酒类高级醇中异戊醇、异丁醇和活性戊醇，75%来自糖代谢，25%来自亮氨酸、缬氨酸、异亮氨酸的伊里希路线。酪醇来自酪氨酸，β-苯乙醇来自苯丙氨酸，色醇来自色氨酸。

影响高级醇生成的因素很多。除了培养基组分，一般认为高级醇与酵母的增殖关系密切。

3. 黄酒酯类物质的形成

酯是黄酒香气的主要成分，它能使酒香丰满协调，黄酒贮存时间长，酒味香而醇，这与酒中的含酯量有关。黄酒中的酯类物质种类很多，主要有乳酸乙酯、乙酸乙酯、丁二酸二乙酯等。

黄酒发酵过程中，酯的生物合成主要有两条途径，一条依靠酵母的生物合成，由酵母先形成酯酰辅酶 A，在酵母酰基转移酶催化下和醇化合形成酯。另一条依靠微生物酯酶或脂肪酶，催化脂肪酸和醇形成酯。一般认为，在微生物酶促催化下的酯化速度比同温下化学酯化的速度快 1000 倍。

黄酒灭菌后进行贮存，此时酯类的形成主要通过化学反应进行，速度相当缓慢。

4. 黄酒发酵的其他副产物

（1）甘油　甘油又称丙三醇，具有甜味并使酒体增稠，它是黄酒酵母在进行酒精发酵糖酵解过程中的副产物。正常条件下，产生甘油量为发酵醪的 0.3%~5%。甘油生成多少还与酵母耐渗透压性能，发酵液的 pH 以及硫化物的含量有关。

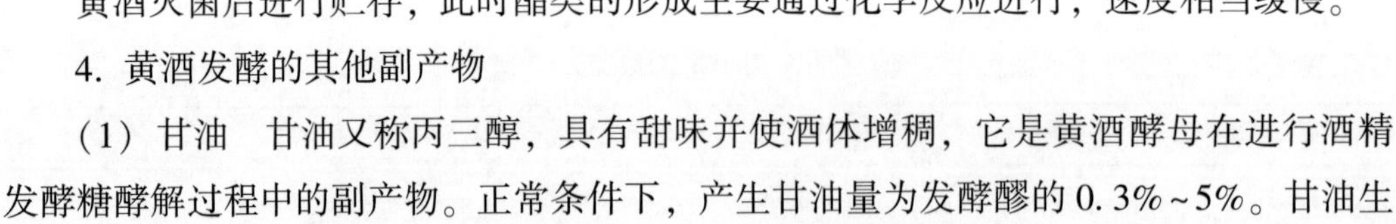

磷酸二羟丙酮　　3-磷酸甘油　　甘油

（2）有机酸　有机酸是黄酒酸度的主要形成物质，多数具有酸味，如醋酸较酸而带有刺激性较强的香气，乳酸酸感柔和而带涩，琥珀酸、延胡索酸酸而带苦，它们都是黄酒重要的香气和口味成分。

黄酒中的有机酸一部分来源于原料、酒母、曲、浆水等，另一部分在发酵过程中有酵母、霉菌、细菌等微生物代谢产生。黄酒中的有机酸含量最高的为乳酸，其次为乙酸，再次是琥珀酸、酒石酸、柠檬酸、葡萄糖醛酸。谷氨酸、天冬氨酸等氨基酸约占黄酒总酸量的10%左右。绍兴加饭酒中各种有机酸含量见表2-4。

表2-4　　绍兴加饭酒中各种有机酸含量　　单位：mg/L

有机酸名称	含量	比例/%	含量	比例/%
乳酸	4444.3	57.7	4514.5	58.89
醋酸	1422.8	18.49	1504.7	19.62
琥珀酸	424.6	5.52	451.5	5.89
焦谷氨酸	721.1	9.37	721.1	9.41
酒石酸	417.0	5.42	287.0	3.74
柠檬酸	146.0	1.87	117.0	1.53
葡萄糖醛酸	118.0	1.53	71.0	0.93

酵母在进行糖和氮代谢中会产生各种有机酸和氨基酸，但形成的酸量是微小的，对黄酒质量不会造成影响。黄酒酿造过程中的霉菌，许多会产有机酸，如根霉菌能产乳酸等，米曲霉能产柠檬酸、苹果酸等，黑曲霉能产柠檬酸、葡萄糖酸等。黄酒中的酸类，特别是腐败变质黄酒中的有机酸，主要是产酸细菌形成的，酸量过多会造成黄酒质量变差。如挥发性醋酸过多，表明有醋酸菌污染的可能，如非挥发性的乳酸过多，则表明可能有乳酸菌污染。

（3）醛类　黄酒中的醛类物质主要有乙醛、糠醛、苯甲醛等。黄酒酵母发酵时会产生乙醛，它是酵母进行糖代谢生成或丙酮酸经脱羧而生成的。

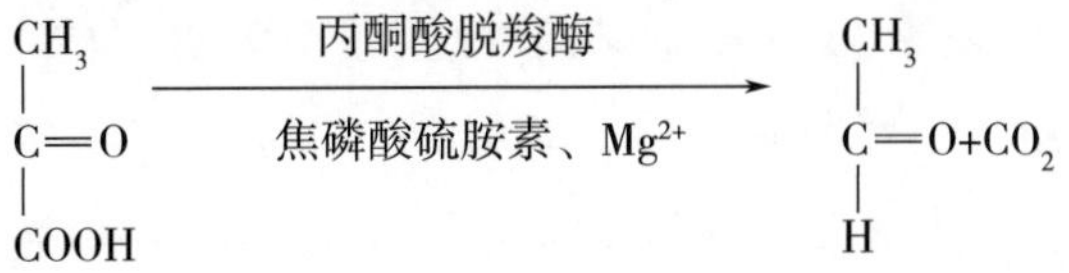

丙酮酸　　　　乙醛

另外，乙醇被氧化时也能形成乙醛。

乙醛具有强烈的刺激性辛辣感觉，会带来新酒的口感。它在发酵后期会迅速减少。在黄酒贮存过程中，乙醛通过缩合会形成乙缩醛，促使黄酒口味的改善。

$$CH_3 \cdot CHO + 2CH_3 \cdot CH_2OH \longrightarrow CH_3 \cdot CH(OC_2H_5)_2 + H_2O$$

乙醛　　乙醇　　乙缩醛

糠醛主要是由原料中的戊聚糖，经微生物酶水解生成戊糖，在高温或酸性条件下脱水、环化生成糠醛。

（4）硫化物　黄酒中的硫化物主要是 H_2S、SO_2、3-甲硫基丙醇等。H_2S 是含硫氨基酸类胱氨酸、半胱氨酸经酵母脱硫酶作用产生的。在黄酒后酵阶段，若酵母自溶，会出现酵母臭，主要成分是 H_2S，H_2S 也是酒味的成分之一。

发酵时酵母能把硫酸盐还原形成 SO_2，减少酿造水中的 SO_4^{2-} 数量，能有效地降低 SO_2 的含量。在后酵、灭菌、贮存过程中，SO_2 会减少，对黄酒口味不会造成影响。

第二节　黄酒酿造的微生物

黄酒酿造是微生物生命活动和酶的生化作用过程的一种体现。由于黄酒酿造是一个多菌种混合发酵的过程，特别是传统黄酒生产，发酵环境开放，微生物来源途径多样，生态环境的多样性造就了黄酒酿造过程中微生物菌群的多样性。

（一）黄酒酿造的微生物菌群结构

黄酒酿造所涉及的微生物主要是酵母菌、霉菌和细菌，它们主要由麦曲、酒药以及环境带入。研究表明，黄酒麦曲及酒药与发酵过程微生物菌群存在较大差异，而且随着发酵过程的进行，酿造不同时期的主要微生物也表现出较大的差异。这些可能都与酿造环境的不断变化有关。黄酒酿造中的主要微生物如表 2-5 所示。

基于宏基因组高通量测序的结果，在黄酒酿造麦曲及发酵醪液中，至少可以鉴定出 9 个细菌门 135 个属的细菌，其中主要的细菌门有变形菌门（Proteobacteria）、厚壁菌门（Firmicutes）、放线菌门（Actinobacteria）、拟杆菌门（Bacteroidetes）和蓝菌门（Cyanobacteria，3.48%）等，主要的细菌属有芽孢杆菌属（*Bacillus*）、假单胞菌属（*Pseudomonas*）、乳球菌属（*Lactococcus*）、魏斯菌属（*Weissella*）、葡萄球菌属（*Staphylococcus*）、糖多孢菌属（*Saccharopolyspora*）、乳杆菌属（*Lactobacillus*）、不动杆菌属（*Acinetobacter*）、明串珠菌属（*Leuconostoc*）、柠檬酸杆菌属（*Citrobacter*）、高温放线菌属（*Thermoactinomyces*）、肠杆菌属（*Enterobacter*）和肠球菌属（*Enterococcus*）等。

已鉴定的真菌主要分为三个真菌门：接合菌门（Zygomycota）、子囊菌门（Ascomycota）、担子菌门（Basidiomycota），30 多个真菌属，主要包括曲霉属（*Aspergillus*）、嗜热霉属（*Thermomyces*）、根毛霉属（*Rhizomucor*）、链格孢属（*Alternaria*）、镰刀菌属（*Fusarium*）、附球菌属（*Epicoccum*）、假丝酵母属（*Candida*）、酵母属（*Saccharomyces*）、隐球酵母属（*Cryptococcus*）、青霉属（*Penicillium*）等。

黄酒酿造中的主要微生物见表 2-5。

表 2-5　　黄酒酿造中的主要微生物

		主要种类（属）	主要来源
真菌	霉菌	嗜热霉属（*Thermomyces*）、根毛霉属（*Rhizomucor*）、链格孢属（*Alternaria*）、镰刀菌属（*Fusarium*）、附球菌属（*Epicoccum*）、青霉属（*Penicillium*）	麦曲
		曲霉属（*Aspergillus*）	麦曲、酒药
		根霉属（*Rhizopus*）、毛霉属（*Mucor*）、链孢霉属（*Neurospora*）	酒药
	酵母	隐球酵母属（*Cryptococcus*）	麦曲
		酵母属（*Saccharomyces*）、假丝酵母属（*Candida*）	麦曲、酒药
		复膜孢酵母属（*Saccharomycopsis*）、毕赤酵母属（*Pichia*）、海洋酵母属（*Kodamaea*）	酒药
细菌		假单胞菌属（*Pseudomonas*）、乳球菌属（*Lactococcus*）、糖多孢菌属（*Saccharopolyspora*）、柠檬酸杆菌属（*Citrobacter*）、高温放线菌属（*Thermoactinomyces*）、肠杆菌属（*Enterobacter*）、不动杆菌属（*Acinetobacter*）、明串珠菌属（*Leuconostoc*）	麦曲
		芽孢杆菌属（*Bacillus*）、肠球菌属（*Enterococcus*）、葡萄球菌属（*Staphylococcus*）、乳杆菌属（*Lactobacillus*）、魏斯菌属（*Weissella*）	麦曲、酒药
		链球菌属（*Streptococcus*）、克雷伯菌属（*Klebsiella*）、大肠杆菌属（*Escherichia*）、泛菌属（*Pantoea*）、片球菌属（*Pediococcus*）	酒药

（二）麦曲中的微生物群落结构

一般认为，麦曲是黄酒酿造过程中微生物的重要来源。利用传统微生物分离培养的方法，研究发现麦曲中的霉菌包括犁头霉属、毛霉属、曲霉属、根霉属等，主要有伞枝犁头霉、米根霉、米曲霉、黑曲霉、微小毛霉、烟曲霉、小孢根霉、异常毕赤酵母、季氏毕赤酵母、酿酒酵母、裸胞壳属、鲁西坦念珠菌等，其中麦曲中的优势菌为曲霉属和根霉属霉菌。结合 PCR-DGGE 等免培养分析方法，麦曲中的真菌除了曲霉属、毛霉属、犁头霉属、青霉属和毕赤酵母属等真菌外，裸胞壳属、链格孢属、横梗霉属、散囊菌属、棒孢酵母属、伊萨酵母属、复膜孢酵母属和平脐蠕孢属真菌，以及伯顿毕赤酵母、葡萄牙棒孢酵母和扣囊复膜孢酵母、西弗冠孢酵母、疏棉状嗜热丝孢菌、米黑根毛霉、蜡叶散囊菌以及镰刀菌属真菌等也在不同麦曲中被发现。不同麦曲中真菌结构存在显著差异。

同样，利用传统分离培养法和 PCR-变性梯度凝胶电泳（DGGE）等免培养分析方法，麦曲中的细菌群落结构也已得到分析。研究表明，麦曲中的细菌主要包括芽孢杆菌属、葡萄球菌属和肠杆菌属，此外还有少量肠球菌属和泛菌属细菌。利用宏基因组测序技术对绍兴麦曲制曲过程中细菌组成变化的研究发现，制曲早期（第 5 天），麦曲中大部分细菌隶属于放线菌门，其中糖多孢菌属的细菌为最主要的优势菌（30.5%），制曲发酵后期（第30天），麦曲中细菌组成发生巨大变化，厚壁菌门和变形菌门的细菌成为优势菌，糖多孢菌属丰度下降，而芽孢杆菌属和葡萄球菌属增加成为主要优势菌。目前一般认为，麦曲中细菌中主要的微生物为芽孢杆菌属、糖多孢菌属（放线菌）和葡萄球菌属，同样，不同麦曲中的细菌群落结构存在显著差异。

近年来，组学技术已用于黄酒酿造的微生物组研究。基于宏基因组高通量测序技术对传统绍兴黄酒和清爽型黄酒酿造麦曲的微生物群落分析表明，清爽型黄酒麦曲中的优势真菌门为子囊菌门，而传统绍兴黄酒麦曲中真菌除了大部分为子囊菌门，还有相当一部分为接合菌门。麦曲中细菌种类较多。清爽型黄酒麦曲的细菌主要包含了变形菌门、厚壁菌门、放线菌门和蓝菌门4个门，属于21个细菌属；而传统绍兴黄酒麦曲中细菌隶属于5个门，分别为厚壁菌门、变形菌门、放线菌门、拟杆菌门和蓝菌门，其中厚壁菌门占据一半以上，共有22个不同属的细菌被鉴定到。此外，还有相当部分微生物未能明确鉴定得到。麦曲中主要微生物组成如表2-6所示。

表2-6 不同黄酒酿造麦曲中主要微生物属水平组成分析实例

	某绍兴黄酒	某清爽型黄酒
真菌	共5个属，主要包括： 嗜热霉属（*Thermomyces*） 根毛霉属（*Rhizomucor*） 曲霉属（*Aspergillus*） 镰刀菌属（*Fusarium*） 附球菌属（*Epicoccum*）	共16个属，主要包括： 曲霉属（*Aspergillus*） 链格孢属（*Alternaria*） 嗜热真菌属（*Thermomyces*） 镰刀菌属（*Fusarium*） 附球菌属（*Epicoccum*）
细菌	共22个属，主要包括： 芽孢杆菌属（*Bacillus*） 糖多孢菌属（*Saccharopolyspora*） 肠杆菌属（*Enterobacter*） 葡萄球菌属（*Staphylococcus*）	共21个属，主要包括： 芽孢杆菌属（*Bacillus*） 葡萄球菌属（*Staphylococcus*）

（三） 黄酒发酵过程中的微生物群落结构

关于黄酒发酵过程中的真菌群落结构的研究并不太多。采用传统培养方法结合分子鉴定手段研究发现，绍兴加饭黄酒发酵过程中，异常毕赤酵母以及犁头霉属、米曲霉属真菌一直存在；酿酒酵母、黏质红酵母在发酵前期较少，至中后期含量不断增多并成为优势菌。利用rDNA ITS高通量测序技术分析黄酒发酵醪液，鉴定出的真菌有酵母属、曲霉属、嗜热霉属、假丝酵母属、青霉属、链格孢属、威克汉姆酵母属、正青霉属、短梗霉属、根霉属、红酵母属、根毛霉属等，其中酵母属和曲霉属是发酵过程中的绝对优势真菌。

相对于真菌，黄酒发酵过程中的细菌群落结构研究相对较多。研究发现，黄酒不同发酵阶段的细菌多样性有着显著的差异。利用传统培养方法，研究发现黄酒不同发酵时期醪液中的细菌主要为芽孢杆菌属和乳杆菌属细菌，其中芽孢杆菌属细菌作为优势细菌一直存在于整个发酵过程中，此外主要细菌还有肠杆菌、糖多孢菌、布丘菌等。后酵阶段细菌种类相对较少。利用高通量测序技术分析，发现在黄酒发酵醪液中存在超过 10 个属的细菌，同样，其中乳杆菌属和芽孢杆菌属是优势微生物。利用变性梯度凝胶电泳的方法分析红曲黄酒中细菌的动态变化过程，发现发酵初期以芽孢杆菌和片球菌属为主，发酵过程中植物乳杆菌逐渐占优势，至结束成为最主要的优势菌。浸米浆水中乳酸菌是主要微生物，此外还含有少量的醋酸杆菌、芽孢杆菌、假丝酵母、酿酒酵母等。

利用 16S rDNA 高通量测序分析绍兴黄酒发酵醪液中的细菌群落，结果表明，数量较多的细菌种类主要有糖多孢菌属、乳杆菌属、芽孢杆菌属等，还有少量的链霉菌属、乳球菌属、考克菌属、魏斯菌属、明串珠菌属、纤维菌属、片球菌属、短杆菌属、类芽孢杆菌属、醋杆菌属、双歧杆菌属、葡糖杆菌属等，其中，糖多孢菌属和乳杆菌属是发酵过程醪液中的绝对优势细菌。

基于宏基因组高通量测序技术对传统绍兴黄酒和清爽型黄酒酿造发酵过程中的微生物群落分析表明，传统绍兴黄酒和清爽型黄酒发酵过程中的优势真菌均为子囊菌门。在绍兴黄酒发酵液中可鉴定到 23 个不同属的真菌，清爽型黄酒发酵液中鉴定出的真菌属也有 22 种。绍兴黄酒发酵液中的优势细菌主要为厚壁菌门、放线菌门和变形菌门，可鉴定出 139 个不同属的细菌。而清爽型黄酒发酵液中细菌共有 9 个细菌门，主要细菌门包括变形菌门、厚壁菌门、放线菌门和蓝菌门 4 个门，属于 135 个细菌属。此外，仍有相当部分微生物未能明确鉴定得到。黄酒发酵醪中主要微生物组成如表 2-7 所示。

表 2-7　　不同黄酒酿造过程中主要微生物属水平组成分析实例

	某绍兴黄酒	某清爽型黄酒
真菌	共 23 个属，主要包括： 曲霉属（*Aspergillus*） 嗜热霉属（*Thermomyces*） 假丝酵母属（*Candida*） 此外还有： 酵母属（*Saccharomyces*） 隐球酵母属（*Cryptococcus*） 附球菌属（*Epicoccum*） 镰刀菌属（*Fusarium*） 根毛霉属（*Rhizomucor*） 青霉属（*Penicillium*）	共 22 个属，主要包括： 曲霉属（*Aspergillus*） 嗜热霉属（*Thermomyces*） 此外还有： 附球菌属（*Epicoccum*） 链格孢属（*Alternaria*） 根毛霉属（*Rhizomucor*）

续表

	某绍兴黄酒	某清爽型黄酒
细菌	共 139 个属，主要包括： 糖多孢菌属（*Saccharopolyspora*） 芽孢杆菌属（*Bacillus*） 葡萄球菌属（*Staphylococcus*） 高温放线菌属（*Thermoactinomyces*） 乳杆菌属（*Lactobacillus*） 明串珠菌属（*Leuconostoc*） 乳球菌属（*Lactococcus*） 魏斯菌属（*Weissella*） 假单胞菌属（*Pseudomonas*） 肠杆菌属（*Enterobacter*）	共 135 个属，主要包括： 芽孢杆菌属（*Bacillus*） 假单胞菌属（*Pseudomonas*） 乳球菌属（*Lactococcus*） 魏斯菌属（*Weissella*） 葡萄球菌属（*Staphylococcus*） 糖多孢菌属（*Saccharopolyspora*） 乳杆菌属（*Lactobacillus*） 不动杆菌属（*Acinetobacter*） 明串珠菌属（*Leuconostoc*） 柠檬酸杆菌属（*Citrobacter*） 高温放线菌属（*Thermoactinomyces*） 肠球菌属（*Enterococcus*）

二、 酵母菌

酵母菌是黄酒发酵的主要微生物。酵母菌属于真菌门（Eumycophyta）、子囊菌纲（Ascomycetes）、原子囊菌亚纲（Protoascomycetes）、内孢霉目（Endomyceteles）、内孢霉科（Endomycetaceae）。已发现的酵母菌有 370 多种。酵母菌个体很小，细胞形态随种类不同而有差异，一般呈卵圆形、圆形或椭圆形，也有柠檬形、腊肠形、胡瓜形和菌丝状形。大多数酵母是单细胞，细胞宽 1~5μm，长 5~30μm。酵母菌是无鞭毛不运动的真菌，通常以出芽方式进行无性繁殖。

黄酒酵母一般为酿酒酵母属（*Saccharomyces*），大多数为圆形、椭圆形或卵圆形，细胞直径 4~6μm。黄酒酵母在固体培养基上表现为菌落呈乳白色、有光泽、质软平坦、黏稠湿润、菌落较厚实、边缘整齐、易于挑起。黄酒酵母在液体培养时，一般不会形成菌醭、菌环，但在细胞密度高时，会使培养液浑浊或发生菌体沉淀。

（一） 黄酒酵母的来源与选育

1. 黄酒酿造酵母的来源

黄酒酵母广泛地分布在黄酒厂周边环境里，通过小曲、麦曲制备，使环境里的黄酒酵母富集到小曲、麦曲的曲料中，为了加强它们的数量优势，往往利用上一年的优良曲子作为种母，添加到新的曲料中加以培养。

目前，黄酒工业所使用的酵母菌主要通过表 2-8 所示途径取得。

表 2–8　　黄酒酵母来源途径

来源形式	简要培养方法
淋饭法酒母	利用小曲在蒸熟的米饭上培养，小曲或环境中的酵母菌在边糖化边发酵过程中，吸收根霉菌糖化所产生的糖分和其他营养物质，增殖菌体，使强壮的酵母菌数量得以扩大，而弱嫩的酵母经不起高酸、高糖、高浓度的不利环境而淘汰。淋饭法培养酵母是我国人民创造的独特方法
纯种培养法酵母	利用纯种分离技术，从自然界或黄酒发酵醪中把优良的酵母菌单细胞分离出来。经过生化性能测定比较，把最优良的酵母菌种保存下来，成为黄酒生产的专用酵母菌种。需要时，只需通过逐级扩大培养，成为纯粹的酒母
黄酒活性干酵母	把优良的黄酒纯种酵母，在高效生化培养器中进行纯种扩大培养，得到大量菌体，经离心分离、洗涤、过滤、挤压、快速低温干燥，制成具有高度生物活性的酵母细胞干粉。在使用时，只需复水活化，可直接投入使用，大大提高了生产效率

2. 优良黄酒酵母的筛选及改良

黄酒酵母菌种的好坏关系到黄酒生产的产率和产品的质量。黄酒生产自古以来采用多菌种自然发酵。随着人们对微生物发酵本质的认识，所用微生物菌种越来越被人们所重视，纯种培养和活性干酵母都需要筛选优良的黄酒酵母菌种。采用适宜的方法对菌种进行筛选和改良，成为黄酒制造业的一项重要工作。

黄酒酵母菌种的筛选包括：

（1）筛选过程　方案设计→采样→增殖培养→分离→发酵试验和性能测定。

（2）方案设计　在进行菌种筛选之前，必须认真调查研究，查阅资料，确定方案，明确筛选的目标菌种，特性要求，取样范围，设定筛选步骤方法，如何检测等。

（3）采样　土壤是各种微生物的大本营，常采集果园、酒厂周围的土壤样品来分离酿酒酵母菌种。

根据经验，通常采集传统生产工艺后发酵结束将要压滤的黄酒发酵醪液作为样品进行分离，因为这时酵母的耐酒精能力较强，生命力最强，瘦弱酵母、野生酵母均被淘汰，从中分离出的酵母性能较好。当然要结合酒醪的理化分析和感官评价，综合挑选出最好的样品作为采样对象。

（4）增殖培养　增殖培养的目的是尽量提高目标菌种在样品中的浓度，抑制淘汰不需要的微生物，达到提高分离效率的结果。可以根据目标微生物和其他不需要的微生物之间的特性差别，人为地进行培养条件的控制（如培养基成分的控制、pH、温度的控制或添加某些抑制剂、抗菌素等），以便淘汰掉目标菌种以外的微生物。一般筛选黄酒酵母时，如果直接从发酵醪液采样，酵母细胞密度较高，不必再进行增殖培养。

（5）分离　纯种分离一般分为稀释分离法和划线分离法。通常微生物在平板培养基上形成孤立的单个菌落，再培养成纯种菌株。

（6）发酵试验和性能测定　分离得到的黄酒酵母菌，应对它进行认真观察，记录下它的菌落特征、个体形态特征，并测定它的耐酸性、耐酒精性、灭死温度、发酵力和发酵度、可发酵糖类和发酵速度等。通过米饭发酵试验及对发酵产品的理化分析、感官品评，选出理想的酵母菌种。

黄酒酵母的改良方法有传统诱变改良和现代分子生物学技术的基因工程改良两种。近年来基因工程改良黄酒酵母的工作已有一定的开展，取得了一些成果，但出于安全性考虑，目前黄酒酵母的改良在工业应用实践中仍以传统物理化学诱变为主。

（二）黄酒酵母的特性要求

黄酒酿造采用边糖化边发酵的生产工艺。依靠小曲、麦曲中具有糖化酶的微生物（常为根霉、曲霉）将原料中的淀粉水解成可发酵性的葡萄糖等低分子糖类，再由酵母菌发酵转化为酒精和CO_2等代谢产物。在整个发酵过程中，糖化速度和发酵速度必须相互协调，才能保证黄酒酿造的顺利进行。根据以上情况，要求黄酒酵母必须具备表2-9的特性。

表2-9　黄酒酵母菌的酿造特性要求

酵母特性	作用
易于培养、生长繁殖快	可以缩短酵母数量增殖时间，减少杂菌污染机会，尽快进入主发酵阶段，满足生产大型化的需求
耐酒精、发酵力强	酒精对酵母菌有毒害作用，酵母耐酒精能力强，发酵性就好，能将可发酵性糖尽量转化为酒精，原料利用率可提高
能产生黄酒典型风味	酵母在发酵代谢中能形成丰富的黄酒风味成分，并要求形成尿素的能力要弱，减少黄酒中氨基甲酸乙酯的含量
耐温、耐酸、能抗杂菌、性能稳定	保证在较高温度下、较酸的环境中能正常进行发酵，不致发生酸败而使黄酒生产造成损失，优良的性能保持稳定

目前优良的黄酒酵母菌株主要有如下几种。

1. Z-1392黄酒酵母菌

Z-1392黄酒酵母菌是原上海枫泾酒厂从传统生产的后发酵酒醅中分离筛选得到的。发酵力强、抗杂菌污染性能好、生产性能稳定。经中科院微生物所鉴定为酿酒酵母（*Saccharomyces cerevisiae*）。其生物特性：子囊孢子圆形光面，能发酵葡萄糖、半乳糖、蔗糖、麦芽糖及棉籽糖，发酵力强；需要多种维生素；无菌醭，有假菌丝等。

Z-1392黄酒酵母菌酿制的黄酒，色橙黄透明，有光泽，具有黄酒的特殊香味，口味醇浓鲜美、爽口、柔和，微苦涩，酒体协调。

2. 绍兴黄酒酵母

由绍兴黄酒酒药分离得到，定名为 *Saccharomyces* Shaoshing。细胞呈球形、卵形，多极出芽，固体培养基菌落呈乳褐色，能发酵葡萄糖、果糖、蔗糖、麦芽糖及1/3棉籽糖。具有20%（体积分数）以上的酒精生成能力。

该酵母发酵出的黄酒，酒香突出、口味醇厚、酒体协调，适合于绍兴加饭酒的生产。

3. 85#黄酒酵母

该酵母由原无锡酒厂分离筛选所得。菌落呈乳白色，酵母个体形态呈卵圆形、椭圆形或圆形。多极出芽繁殖。能发酵葡萄糖、果糖、麦芽糖、蔗糖等。主发酵速度快，糖度下降速度达7.5g/(L·h）左右，酒精生成力强，主酵期间酒精上升速度达1.75%(体积分数)/h左右，主酵时间短，产酒精在16%（体积分数）以上。所产黄酒酒香自然，酒体纯正爽净，尤其适合于机械化大罐发酵使用。

（三） 黄酒酵母的扩大培养（酒母的制备）

工业生产上把参与酒类发酵的酵母培养液称为酒母醪，酒母醪中的酵母菌称为酒母，意思是酒精发酵之母。黄酒酿造使用的酒母可分为淋饭酒母、纯粹培养酒母两大类。

1. 自然培养的淋饭酒母

淋饭酒母是利用小曲中的根霉、酵母菌种通过先固态糖化培菌、后液态发酵扩大培养而成，是一种具有悠久历史的传统培养方法。一般在黄酒冬酿前一个月先制作淋饭酒母。

利用小曲（酒药、白药）通过淋饭法搭窝操作培养酒母，是一种传统的培养方法。借此得到数量多而强壮的酵母细胞，在黄酒发酵中作为发酵剂进行酒精发酵。随着各个生产阶段的变化，酵母菌生态也发生变化，以表2-10所示。

表2-10　淋饭酒母培养和大缸发酵过程中黄酒酵母细胞密度的变化　单位：10^8个/mL

测定时间	酵母密度	测定时间	酵母密度	测定时间	酵母密度
酿窝3d	0.7	投料后3d	7.55	投料后30d	7.30
冲缸之后24h	7~10	投料后5d	9.02	投料后40d	6.10
大缸投料	0.12	投料后8d	9.01	投料后50d	5.55
头耙	4.8	投料后12d	7.56	榨前	3.80
二耙	7.15	投料后20d	7.45	榨后酒液中	0.1~0.3

注：每次检测将酒醪搅拌均匀后采样检测。

2. 纯培养的黄酒酒母

由黄酒纯种酵母（如广泛使用的Z-1392、732号、醇2号等）通过液体逐级扩大培养而制得。纯粹的酵母菌种一般采用麦芽汁琼脂试管斜面培养基冰箱4℃保存，通过液体试管、液体三角瓶、大烧瓶、卡氏罐、酒母罐扩大培养而成。根据酒母罐培养方法不同分为速酿酒母、高温糖化酒母和稀醪酒母。

（1）速酿酒母　它是一种仿照黄酒生产方式的双边发酵（边糖化边发酵）的酒母制备方法，由于制作周期比传统的淋饭酒母大大缩短，故称为速酿酒母。培养时添加适量乳酸调整pH，抑制杂菌的生长繁殖。表2-11为成熟酒母质量要求。

表2-11　成熟速酿酒母醪液质量指标

项目	镜检	酸度	酒精度	酵母密度	杂菌数
质量要求	酵母细胞强壮整齐	≤0.24g/100mL	3%~4%vol	≥3×10^8个/mL	<2个/每个视野

（2）高温糖化酒母　参照酒精生产的酒母培养工艺，先采用55~60℃的温度糖化，经灭菌冷却，接入培养好的烧瓶或卡氏罐的成熟纯种酵母液，培养成熟使用。表2-12为酒母成熟醪的质量要求。

表2-12　高温糖化酒母成熟醪质量要求

项目	酒精度	酸度	酵母密度	酵母出芽率	酵母死亡率	杂菌数
指标	3%~4%vol	0.12%~0.15%	>（1~1.5）$\times10^8$/mL	15%~30%	<1%	<1.0个/视野

（3）稀醪酒母　稀醪培养减少了渗透压对酵母繁殖的抑制作用，加快酒母的培养速度，培养时间短，酵母菌体强壮。

黄酒酵母的培养工艺操作要点：

原料蒸煮——浸泡后的大米在高压蒸煮锅内糊化，米：水=1：3，在0.294~0.392MPa蒸煮30min

↓

高温糖化——糊化醪从蒸煮锅内压入糖化酒母罐，边冷却边加自来水稀释，使米：水=1：7的稀醪，品温降到60℃时，加入米量15%的糖化曲，静置糖化3~4h，使糖度达到15~16°Bx

↓

灭菌接种——糖化结束，将糖化醪加热到85℃，保温灭菌20min，然后冷却到60℃左右，加乳酸调pH4.0左右，继续冷却到28~30℃，接入种子酵母液，培养14~16h

成熟酒母醪质量要求见表2-13。

表 2-13 成熟酒母醪质量要求

项目	酵母密度	酵母出芽率	耗糖率	杂菌数、酵母死亡率
要求	$>3\times10^8$个/mL	>20%	40%~50%	≈0

（四） 酿酒活性干酵母

酿酒活性干酵母是以糖蜜或淀粉质糖液为培养基，经通风培养、压榨、干燥脱水制成的具有发酵能力的干菌体。

活性干酵母单位质量所含的活细胞数多、耐温、耐酒精、发酵力强、出酒率高、保存期长、使用方便。目前我国已有 10 余条活性干酵母生产线，广东东莞、梅山、湖北宜昌都有知名的生产基地。

用活性干酵母替代传统的酒母培养，具有以下优点：

（1）取消原来的酒母培养系统，简化了生产过程，减少投资，实现酿酒的专业分工、合作生产的新局面。

（2）由于专业化生产酵母，在质量上有所保证，提高了发酵的稳定性和安全性。有利于提高原料出酒率和产品质量。黄酒活性干酵母可提高出酒率 5%~7%。

（3）活性干酵母可长期保存、使用简便，酵母菌种可以定期筛选净化，保证质量，还可降低酒母生产成本和节约酒母用粮。

使用活性干酵母，可作为大酒母直接投放到发酵罐中，也可作为卡氏罐种子用来制备大酒母，可省去试管、三角瓶等培养过程。

使用活性干酵母时，先进行活化处理：称取糖化醪（或黄酒发酵醪）质量的 0.1% 活性干酵母→加 10 倍水和 10 倍糖化醪（或糖液）→35℃活化 30min，备用。

（五） 黄酒酿造的有害酵母

酵母中的野生酵母是黄酒酿造中的有害微生物，在发酵过程中的侵入会影响黄酒的生产和质量。

野生酵母泛指存在于自然界中的非纯粹酒类发酵酵母菌。它能存在于土壤、果皮表面、工厂周围墙壁、设备表面及尘土里。野生酵母个体较小，形态多样、卵形、尖端形、星形等，生存能力强，对自然条件适应性和抵抗力强。

野生酵母的酒精发酵能力差，只能产生 3%~4%vol 的酒精，对 SO_2 较敏感，容易在较高酒精浓度或 SO_2 的环境中死亡。有些野生酵母能在酒液表面形成皮膜，或使酒体再发酵并出现浑浊或产生酵母沉淀。

酵母属的野生酵母是黄酒厂危害最大的污染酵母，特别是糖化酵母，能发酵糊精，其外观及颜色与黄酒酵母无显著差别。

非酵母属的野生酵母主要包括异常汉逊酵母、毕赤酵母、假丝酵母、球拟酵母、裂殖酵母、柠檬形克氏酵母等。

野生酵母是黄酒生产的有害微生物，应加强环境的清洁和设备的清洗灭菌，防止野生酵母的侵袭。

三、霉菌

霉菌主要为丝状真菌。凡是生长在营养基质上呈绒毛状、蜘蛛网状或絮状菌丝体的真菌统称为霉菌。在分类学上，霉菌分属于藻状菌纲、子囊菌纲、担子菌纲和半知菌纲等。

霉菌的孢子有不同形状、构造和颜色，所以菌落表面往往呈现出肉眼可见的不同结构与色泽特征。有的水溶性色素可分泌到培养基中，使得菌落背面也呈现出不同颜色。各种霉菌在一定的培养基上形成的菌落形状、大小、颜色等特征相对稳定，这成为传统上鉴定霉菌的主要依据。

霉菌的营养体由菌丝组成，菌丝可以无限伸长和产生分枝，也能相互交错，形成菌丝体。由于菌丝较粗且长，形成的菌落较疏松，呈绒毛状、絮状或蜘蛛网状，菌落比细菌菌落大。

霉菌菌丝分为两类：一类菌丝无横隔，整个菌丝体就是一个单细胞，含有多个细胞核，如藻状菌纲中的毛霉、根霉、犁头霉等。另一类菌丝体有横隔，每一段就是一个细胞，整个菌丝体由多细胞构成，横隔的中央留着极细的小孔，使细胞质和营养料互相沟通，如曲霉菌。

菌丝在显微镜下观察呈管状，直径2~10μm，比一般杆菌宽几倍到几十倍。在固体培养基上，一部分菌丝伸入培养基内层吸收营养，称为营养菌丝。另一部分菌丝向空中生长，称为气生菌丝。有部分气生菌丝发育到一定阶段，分化成繁殖器官。有的霉菌在营养菌丝上产生假根，伸入基质内，或附着于器壁上。

（一）黄酒中的主要霉菌

黄酒生产常见的霉菌是根霉、曲霉、毛霉和红曲霉、犁头霉、青霉等，主要来源于麦曲和酒药等。黄酒中主要霉菌的形态及特征如表2-14所示。

表2-14　黄酒中主要霉菌的形态和特征

霉菌	菌落特征	菌丝特征	生理生化特征
曲霉	菌落颜色多样且稳定，菌落丝状疏松	菌丝有隔膜、多细胞，通常无色，老熟后呈浅黄色至褐色。细胞长出分生孢子梗，顶端膨大形成顶囊，顶囊表面生成辐射状小梗，单层或双层，顶端分生孢子串生，分生孢子多种形状、颜色、大小	最适生长温度30~40℃，有丰富的淀粉酶。主要起糖化作用，有蛋白酶等

续表

霉菌	菌落特征	菌丝特征	生理生化特征
毛霉	菌落呈绒毛状，菌丝体生长迅速，广泛蔓延，菌丝白色，孢子黑色	无假根和匍匐枝，顶囊根直接由菌丝体生出，一般为单生，分枝较少或不分枝，分枝一为单轴式即总状分枝，另一为假轴分枝。分枝顶端都有膨大的孢子囊，呈球形，囊壁上带有针状的草酸钙结晶，囊轴与孢子囊柄相连无囊托	有淀粉酶并能产生少量乙醇，产生较强的蛋白酶，有分解大豆的能力。有些能产生草酸、乳酸、琥珀酸、甘油。有些能产脂肪酶、果胶酶等，也能产 3-羟基丁酮。培养温度 30~40℃
犁头霉	菌落粗糙，乳白色，短毛状	菌丝与根霉相似，有匍匐枝、假根，孢子囊梗散生在匍匐枝中间，不与假根对生，2~5 个成簇，呈轮状或不规则分枝。孢子囊顶生，多呈洋梨形，茎部有明显的囊托，呈漏斗状的茎部，囊轴锥形或近球形	对淀粉、蛋白质分解力都不强，是黄酒麦曲的污染菌。有些种对甾体化合物有转化作用
红曲霉	菌落呈绒毛状，初始白色，成熟后呈淡粉红色、紫红色或灰黑色，通常能形成红色素	菌丝具横隔膜，多核。分枝甚繁，分生孢子着生在菌丝及其分枝顶端，单生或成链。闭囊壳球形，有柄，内散生 10 多个子囊，子囊呈球形，合称子囊孢子。成熟后子囊壁解体，孢子留在薄壁的闭囊壳内	生长温度 26~42℃，最适温度 32~35℃，最适 pH3.5~5.0，能耐 pH2.5，耐 10%vol 乙醇，能利用多种糖类、酸类为碳源，能同化硝酸钠、硝酸铵、硫酸铵、有机氮，能产生淀粉酶、麦芽糖酶、蛋白酶、乙醇、柠檬酸、红色素等

1. 根霉

根霉属于藻状菌纲、毛霉目、毛霉科、根霉属。根霉分布很广，黄酒、米酒生产用小曲中的霉菌主要是根霉。

根霉和毛霉同属毛霉目，所以二者有许多特征相似，菌丝为无隔单细胞，在培养上菌丝交错形成疏松的絮状菌落，生长迅速，可蔓延覆盖整个培养基表面。

根霉菌丝有部分显弧状，在培养基表面水平生长，称为匍匐菌丝，匍匐菌丝上有节，接触培养基处伸入培养基内，呈分枝状生长，称为假根，这是根霉的主要形态特征。

假根着生处向上长出直立的孢子囊柄，柄的顶端长着孢子囊，孢子囊较大，一般呈黑色，囊底部有半球形囊轴，孢子囊内形成大量孢子囊孢子。孢子呈球形、卵形、不规则形。孢子成熟后，囊壁破裂，释放出的孢子随气流散播，待环境条件适宜，孢子即发芽繁殖。

根霉的有性繁殖是产生接合孢子。在液体培养基中，根霉菌丝可断裂成短节，短节可通过出芽进行繁殖。

黄酒曲药中常见的是米根霉、华根霉等，最适生长温度 30~40℃，富含淀粉酶，特别是 α-1，4/1，6-葡萄糖苷酶活性很强，能产生乳酸、反丁烯二酸及微量酒精，能产芳香酯类并转化甾族化合物。

2. 曲霉

曲霉菌属于半知菌类的丛梗孢目、丛梗孢科、曲霉属。曲霉是酿酒的主要菌种，也是生产各种酶制剂、有机酸、糖化饲料的主要菌种。

曲霉的菌落形态、细胞结构、生理特性如表2-15所示。

表2-15　　黄曲霉、米曲霉、黑曲霉的特性比较

曲霉	菌落特征	菌丝特征	生理特性
黄曲霉	菌落生长较快，初显黄色，后显黄绿色，老熟后呈褐绿色。菌落粗糙、疏松	分生子孢头疏松呈放射状，继而变为疏松柱形，分生孢子梗极粗糙，顶囊为烧瓶形、球形或洋梨形	产生较强的液化型淀粉酶，蛋白酶次于米曲霉。分解DNA产生5-脱氧核苷酸。某些种产黄曲霉毒素
米曲霉	菌落一般为黄绿色，后变为黄褐色，粗糙，疏松	分生孢子头呈放射状、顶囊呈球形或瓶形，小梗，一般单层，分生孢子呈球形，平滑，少数有刺，分生孢子梗长，粗糙	产生的糖化酶和蛋白酶都较强，主要用于糖化曲和酱油曲
黑曲霉	菌落疏松、粗糙，菌丛黑褐色	顶囊大，呈球形，小梗双层，自顶囊全面着生，分生孢子呈球形、平滑或粗糙	产活力较高的淀粉葡萄糖苷酶及耐酸性蛋白酶、果胶酶、葡萄糖氧化酶，产多种有机酸

3. 毛霉

毛霉是藻状菌纲毛霉目中最大的一属，是较为低等的真菌。

最早从我国小曲中分离出的鲁氏毛霉，曾被用作淀粉菌法制作酒精，定名为“*Amylomyces* 2”。

4. 犁头霉

犁头霉属于藻状菌的毛霉目，毛霉科，犁头霉属。

5. 红曲霉

红曲霉属子囊菌纲，不整子囊菌目，曲霉科。

红曲霉用作制红曲酿酒，或作着色剂、调味剂、中药，工业上用于生产糖化酶制剂。

红曲霉、黑曲霉、酵母菌共生成乌衣红曲，红曲霉、黄曲霉、酵母菌共生成黄衣红曲，用作酿酒的糖化发酵剂。

霉菌在黄酒发酵醪内生长，存活的时间很短。它们主要来自曲、空气，包括根霉、曲霉、毛霉、犁头霉及少量青霉。当醪液pH<4.2时，加上醪液的微氧状态，这些霉菌就受到严重抑制，生长相当困难。当酒精度>5%vol时，上述霉菌就停止生长。当酒精

度达 10%vol 时，霉菌开始死亡。霉菌产酸量大，另有根霉、毛霉能产一定量乳酸。因此，对黄酒酵母构不成很大威胁。

（二） 黄酒酿造的有害霉菌

黄酒酿造中某些霉菌，在发酵过程中的侵入会影响黄酒的生产和质量，其中主要是青霉菌。青霉菌分布极为广泛，普遍存在于空气、土壤和腐败的有机材料上。有不少种是水果、食品、酿酒的有害菌。

青霉菌属于半知菌类。它的营养菌丝无色、淡色或具有鲜明的颜色，有横隔。分生孢子梗也有横隔，老滑或粗糙。基部无足细胞，顶端不形成膨大的顶囊，而形成扫帚状分枝，称为帚状体。根据孢子梗分枝的部位有副枝、梗基、小梗等。小梗顶端串生分生孢子，分生孢子呈椭圆形或短柱形，光滑或粗糙，色泽大部分显蓝绿色。有少数种产生闭囊壳，壳内形成子囊孢子。根据青霉菌帚状体分枝方式不同，分为单轮生、对称二轮生、多轮生、不对称生青霉群四个类别。

青霉喜潮湿环境。在低温、高湿条件下它也能生长繁殖。青霉孢子有苦味，能使污染的黄酒发苦。其孢子耐温性强，繁殖温度较低，属于顽强菌。它有寄生性，对建筑物有腐蚀作用。

四、 细菌

细菌属于真细菌纲，是单细胞生物。细菌形态基本上有球状、杆状、螺旋状三种。细菌比酵母、霉菌小，大多数球菌直径 0. 5 ~2μm；杆菌长 1 ~5μm，宽 0. 5 ~1μm；芽孢杆菌比无芽孢杆菌大。细菌细胞重 10^{-10}~10^{-9}mg/个，即每克细菌含 1 万亿至 10 万亿个细胞。细菌用革兰染色法染色分为革兰阳性菌和革兰阴性菌两类。

细菌一般以分裂方式进行无性繁殖。分裂时菌体伸长，核质体分裂，菌体中部细胞膜以横切方向形成隔膜，细胞质分为两部分，细胞壁向内生长，把横膈膜分为两层，形成子细胞的细胞壁，子细胞分离形成两个菌体。细菌繁殖速度快，适宜条件下每 20min 可繁殖一代。

对黄酒发酵影响较大的是细菌，尤其是醋酸菌和乳酸菌的影响应引起足够的重视。

在黄酒生产中，对微氧型和专性厌氧型细菌较难检测。芽孢杆菌等其他细菌在 pH4. 5 以下不能生长，因此，黄酒发酵醪中醋酸杆菌、芽孢杆菌等传统方法检测不到，只有少量的酒明串珠菌、巨大芽孢杆菌的芽孢存在，但不能萌发。

（一） 黄酒酿造中的主要细菌

1. 乳酸菌

乳酸菌是指能发酵糖类生成乳酸的一类细菌，包括乳酸杆菌、乳酸球菌、链球菌、明串珠菌、足球菌、肠球菌、双歧杆菌等。

乳酸菌属于革兰阳性细菌，无芽孢，大多数不运动，通常以链球排列。需要有碳水化合物才能良好生长，发酵糖类生成乳酸。根据发酵产生乳酸的比例不同分为同型乳酸菌和异型乳酸菌。同型乳酸菌发酵糖类产生 90%～100%的乳酸，异型乳酸菌发酵糖类除产生 45%～50%乳酸外，还产生乙酸、CO_2等。

乳酸菌一般为微好氧到厌氧，根据细胞呈球状或杆状，分为链球菌和乳酸杆菌，后者与黄酒酿造关系密切。乳酸杆菌菌体呈细长杆状，(0.5～1)μm×(2～10)μm，单生或成链，蛋白质分解力极弱，不分解脂肪。最适生长温度高的（37～45℃）有德式乳酸杆菌、保加利亚乳酸杆菌及嗜热链球菌；最适生长温度低的（28～32℃）有乳球菌、明串珠菌等。异型乳杆菌最适生长温度 28～32℃。多数乳杆菌可发酵乳糖，不能利用乳酸，能在 pH5.5 生长良好。

乳酸杆菌属微氧或厌氧细菌，生长条件与酵母相似，所以在黄酒发酵、黄酒酒母培养过程中易被污染。常在酒母培养醪或发酵醪中添加食用乳酸降低醪液 pH 来防止乳酸菌侵袭污染。

乳酸杆菌是一种革兰阳性菌，它在微氧厌氧条件下生长繁殖，能利用糖类生成乳酸，有些乳酸菌能分解淀粉、糊精或利用蛋白胨、脒、多肽。乳酸杆菌很适合在酒母醪和黄酒发酵醪内生长繁殖，其繁殖速度远比酵母快，并能产生大量的乳酸，分泌特殊的乳杆菌素（Lactocin）抑制酵母的生长繁殖，促使黄酒酵母快速自溶，使醪液 pH 升高，加快其他细菌的繁殖速度，产生大量的有机酸，引发黄酒的酸败。黄酒发酵过程中乳酸杆菌的数量变化如表 2-16 所示。

在传统的黄酒发酵工艺中，酵母产酸总量<2.0g/L，而乳酸杆菌产酸总量>2.76 g/L。在机械化黄酒生产中，酵母产酸总量<1.9g/L，细菌产酸总量>2.86g/L。黄酒中大部分乳酸是由乳酸杆菌在发酵过程中产生的，占到有机酸总量的 75%以上。乳酸本身是黄酒的风味成分之一，它能在酵母酯酶催化下与乙醇转化成乳酸乙酯。

表 2-16 黄酒发酵过程中乳酸杆菌的数量变化 单位：10^8 个/mL

时间	乳酸杆菌数	时间	乳酸杆菌数	时间	乳酸杆菌数
头耙	2.05	8d	2.70	40d	1.70
二耙	2.55	12d	1.80	50d	1.50
2d	2.95	20d	1.75	55d	1.40
4d	3.00	25d	1.70	60d	1.36
6d	2.90	30d	1.71	榨前	0.95

黄酒发酵醪中的乳酸菌约有 10 余种，乳酸杆菌数量巨大。发酵醪液 pH 越低，醪

液内乳酸杆菌数就越少，发酵结束时醪液酸度越低。

2. 醋酸杆菌

醋酸杆菌属于醋酸单胞菌属。细胞从椭圆到杆状，单生、成对或成链，是革兰阴性菌。鞭毛生长分为两类：一类为周生鞭毛，该类菌可以把乙醇氧化为醋酸，并把醋酸进一步氧化成水和二氧化碳。另一类为极生鞭毛，能把乙醇氧化为醋酸，但不能把醋酸进一步氧化。还能氧化葡萄糖生成葡萄糖酸。

醋酸杆菌是无芽孢菌，好氧。需用含糖酵母膏（VB）的培养基培养，在肉汤蛋白胨培养基上生长不良。大多数菌株可用六碳糖、甘油作碳源，但不能分解乳糖、糊精和淀粉。

醋酸杆菌（Acetobacter）的生长发育温度在30℃以上，并在39～40℃的较高温度下可以发育。除了氧化乙醇为乙酸外，也能氧化葡萄糖生成葡萄糖酸。

黄酒生产中，醋酸菌主要来自环境和麦曲，尤其是通风制曲的醋酸菌较多。在黄酒发酵前期和贮酒阶段容易被污染，使挥发酸含量明显升高，影响黄酒产品质量。

醋酸杆菌是一种好氧的革兰阴性菌，它能把酒精氧化成醋酸，使黄酒挥发酸增加。发酵前期，因醪液中溶解氧较多而能生长繁殖，产生一定量的醋酸。但随着醪液中溶解氧的减少，醋酸菌就难以生存。另外，如在成品黄酒贮存中接触过多的醋酸菌，也会使酒液污染而引起黄酒酸败变质。

3. 大肠杆菌

大肠杆菌细胞呈杆状，0.5μm×(1.0～3.0)μm，革兰阴性，运动或不运动，运动的周生鞭毛，一般无荚膜、无芽孢，大部分是肠道共生菌。

琼脂培养基上菌落呈白色到黄白色，边缘全缘到波状，光滑闪亮，扩展。明胶不液化，产生吲哚，甲基红阳性，二乙酰试验（V-P 试验）阴性，不能利用柠檬酸盐。

在食品、酒类酿造中，大肠杆菌被看作污染菌严加控制。如大肠杆菌数超标，说明水源或原材料可能被粪便污染过，也可能清洁卫生状况差，消毒灭菌不彻底。

4. 枯草芽孢杆菌

枯草芽孢杆菌属于芽孢杆菌属，直形杆状，大小（0.3～2.2）μm×(1.2～7.0)μm，单个很少成链，染色均匀，无荚膜，鞭毛周生或侧生，能运动。革兰阳性，芽孢0.5μm×(1.5～1.8)μm，游离芽孢的表面能染色。萌芽时，芽孢壳在中间破裂，营养细胞脱出之后，芽孢缓慢溶解。

在琼脂培养基上，菌落呈圆形或不规则，表面不亮，变厚不透明，可能有皱纹，呈乳脂色或褐色。

菌落特征随培养基组成有很大差异，在表面湿润的琼脂上很快扩展，在1%葡萄糖琼脂试管中穿刺表面生长物变厚，显粗糙并呈褐色，在菌体下面可形成红色素。深层培养时繁殖期不长。肉汤培养会出现褶皱和黏着的膜。通氧，细胞大量繁殖，并产生

2，3-丁二醇、羟基丁酮、二氧化碳。能液化明胶，水解淀粉，主要在工业上可用于生产蛋白酶和淀粉酶，是黄酒酿造的有害菌，因能形成芽孢，难以把它杀灭。

5. 梭状芽孢杆菌

梭状芽孢杆菌细胞为杆状，圆端，大小为（0.6~0.7）μm×（2.6~4.7）μm，芽孢位于细胞中间或一端。芽孢囊大小为（1.3~1.6）μm×（4.7~5.5）μm。细胞单生或成对，不成链。无荚膜，以周毛运动，革兰阳性，专性厌氧，在葡萄糖琼脂培养基上形成圆形的紧密的隆起菌落，乳脂色，不透明，能液化明胶。

梭状芽孢杆菌能发酵多种糖类，包括淀粉和糊精。发酵温度30~32℃，最适生长温度37℃，最适生长pH6.0~7.0，工业上常用它发酵生产丙酮-丁醇。它是黄酒酿造的有害菌。

第三节 黄酒酿造的主要酶类

黄酒酿造本质上是微生物代谢和酶促反应的结果。酶在黄酒酿造中起到了重要的作用。目前我们对黄酒酿造中酶的认识主要以水解酶类，特别是淀粉水解酶类为主，主要由麦曲及发酵过程中的微生物分泌产生，涉及原料的利用。对黄酒酿造酶的认识还需进一步深入。

一、黄酒酿造中的主要酶类

黄酒酿造中所涉及的酶类目前了解较多的主要以水解酶类为主，包括淀粉酶、蛋白酶、纤维素酶等。这些酶的主要特点如表2-17所示。

表2-17 黄酒酿造中主要的水解酶类

种类	主要底物	催化位点	主要产物	主要来源或作用
淀粉酶类				
α-淀粉酶（液化酶）	淀粉	α-1，4-葡萄糖苷键	短链糊精、低聚糖及少量葡萄糖和麦芽糖	主要来源于麦曲等，内切淀粉酶，用于液化淀粉
真菌α-淀粉酶	淀粉	α-1，4-葡萄糖苷键	麦芽糖为主的小分子糖	主要来源于酒药等，内切淀粉酶，可部分糖化
β-淀粉酶	淀粉	α-1，4-葡萄糖苷键	主要麦芽糖	主要来源于谷物，外切淀粉酶，黄酒酿造中可能作用不大
糖化酶（葡萄糖淀粉酶）	淀粉、糊精	α-1，4-葡萄糖苷键	葡萄糖	主要来源于麦曲及酒药中的霉菌，用于糖化

续表

种类	主要底物	催化位点	主要产物	主要来源或作用
异淀粉酶（脱支酶）	支链淀粉	α-1，6-葡萄糖苷键	直链淀粉	主要外源添加，用于降低分支糊精
普鲁兰酶	支链淀粉	α-1，6-糖苷键	直链糊精、麦芽三糖	主要外源添加，用于降低分支糊精
葡萄糖苷转移酶	麦芽糖	α-1，4-葡萄糖苷键	异麦芽糖、潘糖等	麦曲中的曲霉
蛋白酶类				
外肽酶（氨肽酶和羧肽酶）	蛋白质	肽链N端或C端的肽键	氨基酸	主要来源于麦曲
内肽酶	蛋白质	肽链内部肽键	寡肽	主要来源于麦曲
纤维素酶				
内切葡聚糖酶	纤维素	1，4-β-D-葡萄糖苷键	小分子纤维素	主要用于降低黏度，提高出酒率
外切葡聚糖酶	纤维素	1，4-β-D-葡萄糖苷键	纤维二糖	主要用于降低黏度，提高出酒率
β-葡萄糖苷酶	纤维二糖和纤维寡糖	1，4-β-D-葡萄糖苷键	葡萄糖	主要用于降低黏度，提高出酒率
脂肪酶	脂质	酯键	脂肪酸、甘油等	降解脂肪，改善风味

（一）淀粉酶

1. α-淀粉酶

α-淀粉酶是一种内切淀粉酶，是麦曲中的一种主要淀粉酶类。α-淀粉酶能随机水解淀粉分子中的α-1，4-葡萄糖苷键，将其任意切成长短不一的短链糊精和相对分子质量较低的小分子糖，生成可溶性糊精和低聚糖及少量葡萄糖和麦芽糖。直链淀粉和支链淀粉均以无规则的形式进行分解，从而使淀粉糊的黏度迅速下降，即起“液化”作用，故α-淀粉酶又称液化酶。还有一种真菌α-淀粉酶，主要来源于米曲霉。该酶除了用于淀粉液化外，还可进一步糖化，生成以麦芽糖为主的小分子糖。α-淀粉酶不能水解α-1，6-葡萄糖苷键，所以对于支链淀粉，水解产物中有异麦芽低聚糖等产生。

α-淀粉酶主要由细菌和霉菌产生，如枯草芽孢杆菌、地衣芽孢杆菌、米曲霉、红曲霉、黑曲霉等。

酶制剂工业可提供两种主要的α-淀粉酶，高温α-淀粉酶和中温α-淀粉酶。耐高温α-淀粉酶稳定的pH范围为5.0~10.0，最适pH5.5~7.0，最佳pH5.8~6.2。pH小于 6.0 称为耐酸型 pH。该酶在高温下非常稳定，液化迅速快捷，完全彻底。其最适宜温度应在 90℃以上，达到 100℃时酶作用效果最好。钙离子的存在，可以起到保护酶的稳定性的作用。该酶要求的钙离子浓度很低，为 50~70mg/kg。高温淀粉酶可应用在淀粉糖生产、啤酒辅料无麦芽糊化、酒精生产的高温蒸煮工艺等。一般在酿酒和酒精行业添加量为 0.05%~0.07%（相对于原料）。中温 α-淀粉酶一般由枯草芽孢杆菌发酵生产。该酶在 60℃以下较为稳定，最适宜作用温度为 60~70℃，在 70~90℃，随着温度的升高，反应速率加快但失活也加快。适用于最高达 90℃的液化过程。pH6.0~7.0 较为稳定，最适 pH6.0，pH5.0 失活严重。淀粉和淀粉的水解产物浓度的增加对该酶活力的稳定性有很大的提高作用。钙离子对酶活力的稳定性有保护作用，没有钙离子，酶活力完全消失。该酶可用于黄酒液化法生产工艺。

2. β-淀粉酶

β-淀粉酶是一种外切淀粉酶，作用于淀粉时，只从淀粉分子的非还原性末端依次间隔地切开 α-1，4-葡萄糖苷键，生成麦芽糖。由于该酶不能水解 α-1，6-葡萄糖苷键，所以对于支链淀粉水解程度较低，只能得到分子质量较大的分支糊精。

β-淀粉酶广泛存在于大麦、小麦、甘薯等高等植物和一些微生物中。黄酒酿造中的 β-淀粉酶可能主要来源于小麦。

工业应用中的 β-淀粉酶制剂主要由植物提取制备。最适作用温度 55~60℃，在 50℃下比较稳定。pH 作用范围为 5~7.5，最适 pH6.8~7.0。淀粉和钙离子存在时，酶的稳定性会大大提高。在工业应用中，该酶主要用于淀粉糖行业，生产高麦芽糖浆。在啤酒酿造中，也可用于辅料的糖化。

3. 糖化酶

糖化酶又称葡萄糖淀粉酶，也是麦曲和酒药中的一种主要淀粉酶类。它能将淀粉和糊精从非还原性末端逐个水解 α-1，4-葡萄糖苷键，生成葡萄糖，故称为糖化酶。该酶也可水解α-1，6 和 α-1，3-葡萄糖苷键，但水解速度很低。

能产糖化酶的微生物主要以霉菌为主，包括黑曲霉、根霉、米曲霉、红曲霉等。

工业糖化酶制剂 pH 范围为 3.0~5.5，最适 pH 范围为 4.0~4.5。作用温度在 30 ~ 65℃，超过 65℃则失活加快，70℃则完全失活。大部分金属离子，如铜、银、汞、铝等都对糖化酶起到抑制作用。糖化酶品种很多，通常会与其他淀粉酶组合为多种复合酶使用。常用于淀粉糖行业，生产葡萄糖，糖化酶加入量一般为 100μg/g（原料），对于 10 万单位/mL 的糖化酶用量为 0.1%。

4. 其他淀粉酶

其他淀粉酶类还包括异淀粉酶、普鲁兰酶、葡萄糖苷转移酶等，这些酶对于淀粉的水解和利用也有重要的作用。在黄酒酿造中是否涉及这些淀粉酶目前尚不明确。

异淀粉酶作用于淀粉分子的 α-1，6-葡萄糖苷键，可以切开支链淀粉等的分支，形成直链淀粉，故又称为脱支酶。

普鲁兰酶是另一种在低 pH 下应用稳定的脱支酶，该酶在高温酸性条件下稳定，并可水解液化淀粉中的 α-1，6-D-糖苷键而产生包含 α-1，4-葡萄糖苷键的水解多聚糖。这些酶在工业应用中常与糖化酶一起使用。

葡萄糖苷转移酶可切开麦芽糖的 α-1，4-葡萄糖苷键，将葡萄糖基转移给其他的单糖或双糖，通过 α-1，6-糖苷键形成异麦芽糖、潘糖等非发酵性糖。该酶可以可逆催化这一合成和分解反应，主要来源于黑曲霉。

（二）蛋白酶

蛋白酶也是麦曲中重要的水解酶，是水解蛋白质肽键的一类酶的总称。根据蛋白酶在肽链中的作用位点，可将其大致划分为外肽酶和内肽酶两类。外肽酶水解最接近蛋白质肽链 N 端或 C 端的肽键，又可分为氨肽酶和羧肽酶，产物主要是氨基酸。而内肽酶的作用位点在蛋白质内部，远离其 N 端和 C 端，产物以寡肽为主。按作用 pH，蛋白酶可分为三类，即碱性蛋白酶、中性蛋白酶、酸性蛋白酶。它们的作用最适 pH 分别为碱性、中性及酸性。三类酶的活性中心有着明显的不同，酸性蛋白酶含有两个羧基，能使 DNA 失活，不受螯合剂、巯基试剂或丝氨酸蛋白酶抑制剂的影响；中性蛋白质的活性中心含金属离子，常是 Zn^{2+}，可受到金属螯合剂 EDTA 的可逆抑制；碱性蛋白酶的活性中心为丝氨酸，能被二异丙基氟磷酸及甲基磺酸氯所抑制。

在酿酒和酿醋行业大多利用酸性蛋白酶。一般酸性蛋白酶在 pH2.0～4.0、40℃比较稳定，超过 50℃酶活力损失比较严重。酶用量一般在 0.05%～0.10%。中性蛋白酶一般广泛应用于动植物蛋白水解工业，酶解生成 α-氨基氮增多，其最适温度在 50℃，最适 pH6.8～8.0，能被 Mn^{2+}、Ca^{2+}、Mg^{2+}激活，被 Cu^{2+}、Hg^{2+}、Al^{3+}所抑制。

蛋白酶来源广泛。能产蛋白酶的微生物有毛霉、米曲霉、黑曲霉、红曲霉、枯草杆菌等。有研究表明，麦曲中含有酸性蛋白酶、中性蛋白酶、氨肽酶等多种蛋白酶。

（三）纤维素酶

纤维素酶是具有水解纤维素能力的复合酶。目前一般认为纤维素酶主要包括三类酶组分。

（1）内切葡聚糖酶（EG）　系统名为 1，4-β-D-葡萄糖-4-葡聚糖水解酶（EC3.2.1.4），在纤维素水解过程中，首先由 EG 从纤维素中部的无定形区进行随机切割，降低纤维素的聚合度，产生大量的小分子纤维素。EG 作用于较长的纤维素链，对末端键的敏感性比中间键的小，但是它不能单独作用于结晶纤维素。

（2）外切葡聚糖酶（CBH） 简称纤维二糖水解酶，CBH能从EG作用后的纤维素分子的非还原端或者还原端一次切下纤维二糖单位。

（3）β-葡萄糖苷酶（EC3.2.1.21，BG） 又称纤维二糖酶（CB），CB能水解纤维二糖和短链的纤维寡糖生成葡萄糖。它对纤维二糖和纤维三糖的水解很快，随着葡萄糖聚合度的增加，水解速度下降。

纤维素酶主要来源于黑曲霉和木霉。在酿酒行业，纤维素酶的添加可促进原料细胞壁的破坏，有利于原料淀粉等物质的释放，同时降解纤维素，得到可发酵性糖，因此可提高糖化效率和出酒率，并降低醪液黏度。

（四） 酯合成酶类

传统上认为酯类物质是由微生物酯化酶催化合成的。研究表明，酿造过程中，酯的生物合成实际上可能主要是由两种不同的酶催化合成的。一种主要依靠来源于野生酵母等微生物的酰基转移酶，在酰基转移酶催化下酯酰辅酶A和醇类化合物形成酯。另一种主要依靠来源于霉菌的酯酶或脂肪酶，催化脂肪酸和醇的酯化反应形成酯。

实际上麦曲及黄酒酿造过程涉及的酶类非常丰富，有些来源于原料本身，主要的可能来源于微生物。这些酶有些分泌到胞外，促进原料的分解和利用，有些在微生物细胞中参与各种代谢。这些丰富的酶类资源还有待进一步开发利用。

二、 酶制剂在黄酒生产中的应用

随着现代生物技术的发展及新型酶制剂的开发，酶制剂的应用日益广泛，高技术、高活力、高水平的酶制剂品种不断涌现，大大提高了酿造行业的技术水平。酶制剂在黄酒行业的应用，不仅有助于黄酒出酒率的提高、品质的改善、降低成本，还提升了黄酒的自身价值，丰富了黄酒的内涵。

目前黄酒行业酶制剂的使用，主要作为糖化剂部分替代传统麦曲。黄酒酿造新技术和新工艺的开发，也为酶制剂的应用提供了新的途径。

（一） 酶制剂在黄酒机械化生产中的应用

在机械化黄酒生产工艺及纯种酵母培养过程中，酶制剂的应用已比较常见。外加酶制剂代替部分麦曲，可以弥补麦曲酶活性的不足，强化黄酒生产过程，便于黄酒大规模生产，进一步提高出酒率。添加淀粉酶可以降低米饭黏度，有利于糖化和发酵的顺利进行，提高出酒率。

在蒸饭过程中，浸泡后的大米经过蒸饭机蒸熟，在输送带上加淀粉酶，根据料温的高低，可以选择中温淀粉酶或是耐高温α-淀粉酶，米饭温度下降到60℃以下，流加适当比例的麦曲和糖化酶溶液（如麦曲加量10%，糖化酶加量0.05%），可降低米饭黏度，有利于大米的糊化和液化。

黄酒大罐发酵工艺中，加入麦曲的同时，分别加入适当比例的淀粉酶、糖化酶、蛋白酶等酶制剂和黄酒活性干酵母，可以提高出酒率，提高发酵效率，增加品种。如配合熟麦曲的使用，添加0.014% α-淀粉酶以弥补麦曲减少而造成的液化酶不足，加入0.13%的糖化型淀粉酶及0.02%蛋白酶，增加醪液中α-氨基氮的水平的同时，原料出酒率比传统黄酒工艺可提高15%~20%。

总体而言，酶制剂的使用可提高出酒率；减少用曲量，节约粮食，降低成本；提高了设备的利用率，生产效率提高。

（二） 酶制剂在黄酒新工艺中的应用

相对于浸米、蒸饭、半固态发酵的黄酒酿造工艺，大米液化后的液态发酵酿造黄酒新工艺近来受到关注。这一工艺不仅易于实现机械化、自动化控制，更节能环保，而且产品品质更具特色。在这一新工艺中，酶制剂起到了重要的作用。

大米经粉碎调浆后，可先液化糖化后发酵，或先液化后“双边发酵”来酿造黄酒。液化方法可采用分批液化或连续液化。如大米经过浸泡2~3h，磨浆，配成15~16°Bé均匀米浆，调pH5.8~6.0，加中温淀粉酶4~6U/g，经过充分搅拌混合输送到液化罐，加热到85~90℃，液化时间保持0.5~1h。经过碘试测定，液化结束，可以送去糖化发酵。或者大米浸泡后，采用湿磨的方法磨成米浆，调浆浓度30%，pH6，加耐高温α-淀粉酶0.5L/t原料。应用喷射液化器将米浆瞬间高温喷射，喷射液化92~98℃，保温维持30min，将淀粉液化；用冷却器冷却到60℃，用板式换热器冷却到30~32℃。再经过糖化酶和麦曲的作用，将糊精转化为葡萄糖，经过酵母作用，发酵为黄酒。

由浙江古越龙山绍兴酒业股份有限公司开发成功的清液发酵纯生黄酒，也采用类似的方法。大致工艺如下：

大米 → [加水湿法粉碎] → [调浆（耐高温α-淀粉酶、乳酸、水）] → [喷射液化] → [糖化（乳酸、糖化酶、麦曲）] → [压榨] → [杀菌] → [澄清过滤] → [酵母发酵] → [硅藻土过滤] → [精滤] → [无菌过滤] → [无菌灌装] → 成品

生产的黄酒产品色泽清亮，口味清爽、鲜洁，香气淡雅。

此外一种对生淀粉具有增效活力，包含内切α-淀粉酶和外切糖化酶的复合酶用于酶法生料黄酒酿造也有报道。利用酶制剂代替麦曲进行生料黄酒酿造，不需要原料蒸煮，可节省能源，生产干爽型新品种黄酒。

在日本清酒生产中，酶制剂的应用现在也比较多见。一种包含α-淀粉酶、糖化

酶、酸性蛋白酶、酸性磷脂酶和脂肪酶的复合酶 Gluc Gin 已经被报道，可部分或全部替代米曲用于清酒的酿造。酸性脲酶也已商品化，用于保证清酒品质的安全。与之相比，中国黄酒中酶制剂的开发和应用尚不充分，利用现代生物技术，提升黄酒的科技水平和自身价值，仍有许多工作要做。

第三章 黄酒酿造主要原料

中国黄酒酿造的主要原料包括谷物原料、曲和水。在浙江绍兴酒的酿制中，形象地把米、麦曲、水分别比喻为“酒之肉”“酒之骨”“酒之血”，可见米、麦曲、水对酿造黄酒的重要性。

第一节 谷 物

我国黄酒种类较多，不同地域所用原料也有不同。南方酿制黄酒所用的主要原料为大米，包括糯米、粳米、籼米等；北方主要采用黍米（即大黄米）、粟米（即小米，一般分为糯粟和粳粟）酿制黄酒。此外，其他一些淀粉质谷物原料也可以作为黄酒酿造原料。制曲所用原料根据曲的种类不同而不同，麦曲主要以小麦为原料。黄酒酿造主要原料及其成分如表 3-1 所示。

表 3-1 黄酒酿造主要原料及其成分 单位：%

成分	大米	小米	玉米	小麦
水分	13. 5~14. 5	10. 3~10. 9	10. 6~14. 1	10. 2~12. 8
淀粉	77~78	70. 6~73. 3	65. 4~75. 5	57. 1~63. 2
蛋白质	5~7	8. 8~9. 8	7. 5~13. 1	11. 3~12. 5
粗脂肪	0. 7~1. 7	1. 3~2. 5	3. 1~8. 1	1. 8~2. 4
纤维素	0. 4~0. 7	0. 6~1. 2	0. 9~3. 3	2. 1~2. 4
灰分	0. 5~0. 9	1. 0~1. 3	1. 0~1. 9	1. 8~1. 9

黄酒的色、香、味各种成分目前被确认的有数百种，主要来自酿酒原料和发酵代谢产物。原料的优劣对酒的质量和产量影响极大，不同产地、品种、等级的原料与酿造难易程度也有关。因此了解原料的性质十分必要。

一、大米

（一）稻谷与米粒的结构和物理、化学性质

稻谷是我国的主要粮食作物之一，具有悠久的种植历史，浙江余姚河姆渡新石器时代遗址中，发现了距今 6700 多年前的稻谷遗存。

1. 稻谷的形态特征与结构组成

稻谷是一种假果，包括外壳和米粒两部分。一般为细长形或椭圆形。

稻谷加工去壳后为颖果（即糙米），糙米由果皮、种皮、外胚乳、糊粉层、胚和胚乳组成。果皮、种皮、外胚乳和糊粉层统称为皮层（糠层），是大米加工过程中应该除去的部分，其总质量占整个籽粒质量的 5. 2%~7. 5%。在碾制高精度米时，大部分带有

糊粉层的皮层都被碾米机碾去成为糠，故皮层也称为糠层。米糠中含有丰富的脂肪和蛋白质，在发酵时会产生一层“糠油”，有害于酒的风味，所以酿制黄酒宜选用精白度高的大米。糯米糊粉层所含脂肪比粳米多，贮存时间长了，因脂肪变质而产生难闻的陈米气味或哈喇味，这样的原料不宜酿造黄酒。糠层的厚薄与稻谷的品种有关，一般糯型稻谷的糠层比非糯型稻谷的糠层厚；有色米粒比白色米粒的糠层厚。糙米的糠层薄，则出糠率低，出米率高；糠层厚，则出糠率高，出米率低。稻谷各部分的成分如表 3-2 所示。

表 3-2　稻谷各部分的成分分析　单位：g

每 100g 成分（以水分含量 14%计）	稻壳	糙米	白米	米糠
水分	14.0	14.0	14.0	14.0
粗蛋白	2.0~2.8	7.1~8.3	6.3~7.1	11.3~14.9
粗脂肪	0.3~0.8	1.6~3.1	0.3~0.7	15.0~19.7
灰分	13~21	1.0~1.5	0.3~0.8	6.6~9.9
碳水化合物	22~34	73~87	77~89	34~62
膳食纤维	66~74	2.9~4.4	0.7~2.7	19~29

胚乳（白米）是谷粒最主要的组成部分，是糙米碾去米糠后制得的产品，其质量约占整个谷粒质量的 70%左右，胚乳有角质和粉质之分。胚乳中蛋白质含量较高时，较多的蛋白质填充在胚乳淀粉粒的间隙中，将淀粉粒挤得很紧密，则胚乳组织较坚实，颜色较深而透明，这部分胚乳称为角质胚乳；胚乳中蛋白质含量较低时，较少的蛋白质充填在胚乳淀粉的间隙中，不可能将淀粉粒挤得很紧密，则胚乳组织较疏松，颜色较白而不透明，这部分胚乳称为粉质胚乳。粉质胚乳位于米粒腹部时称为“腹白”，位于胚乳中心时称为“心白”。不同品种的稻谷，其米粒腹白和心白的有无及大小各不相同；同种稻谷，由于生产条件的不同，腹白和心白的有无及大小也有差异。一般籼稻的腹白或心白比粳稻的大；生长条件差、肥料不足的稻谷，其腹白或心白比生长条件好、肥料充足的稻谷大。腹白和心白组织疏松，质地脆，加工时易碾碎，影响出米率，米粒的品质也较差。

胚由一片较大的内子叶和胚本部组成，占整个谷粒质量的 2%~3.5%，作为初生组织，它是米粒生理活性最强的部分。胚含有丰富的脂肪、蛋白质、糖类及维生素等，营养价值较高，但所含脂肪易变质，与果皮、种皮及糊粉层一样，对黄酒酿造不利，应除去。

糙米的外表平滑而有光泽，并具有纵向沟纹 5 条，背上的一条称为背沟，两侧各有两条。在同一条件下加工同一精度的大米，米粒表面的沟纹越深，皮层越难以碾去，胚乳的损失也越大，因而降低出米率。如果要保证一定的出米率，留皮就会增加，降低大米精度。沟纹越浅，皮层越易碾去，胚乳损失也越小，出米率就较高。一般生长良好、肥料充足、充分成熟的稻谷，籽粒充实饱满，沟纹较浅，对碾米有利。

2. 大米的物理性质

（1）颜色　用肉眼观察各种大米籽粒，其表面总是呈现一定的颜色，粮粒的颜色通常是评定粮食质量的重要因素。正常大米应具有其自然的色泽，如白色、玉白色、黑米的黑色等，且颜色均一，光泽度好。一般新鲜的大米色泽较好，陈粮的色泽较差。

由于气候条件、病虫害侵袭、贮藏与加工中的不良因素等原因，时常会引起大米固有颜色的改变。

当稻谷成熟时遇上低温天气，造成晚熟或成熟度不够就收割，使米粒皮层中残留一部分叶绿素，这种大米称为青米。青米分为透明与不透明两种，透明的青米称为活青，可视为完善粒；不透明的青米称为死青，由于死青品质较差，吸湿性强，不易贮藏，一般视为不完善粒。

稻谷在田间生长或在收获整晒过程中，如感染霉菌和病虫害，也易改变其固有颜色，如稻米中的茶米、黄变米等。茶米是稻谷在开花时，因气温低或雨水多，某些霉菌在谷粒上生长繁殖，使糙米表面污染成铁锈一般的茶褐色，故称茶米，也称锈米。茶米的品质比正常米粒差，其米糠层也较厚。黄变米是稻谷收获时受高温高湿环境的影响而形成的，某些地方在稻谷成熟后，习惯于割倒后连稻草一起堆成垛，然后脱粒。由于草头水分大，温度适宜，各种微生物在垛内大量生长繁殖，使稻垛温度急剧上升，最高温度可达65℃以上，3~5d内便可使稻谷沤黄。沤黄谷碾出的米呈黄白色，故称黄变米。正常的大米在保管过程中，如遇高温、高湿的环境，也可变成黄变米，黄变米的营养品质和食味都比正常大米差，而且还时常污染各种霉菌毒素。

稻谷和大米在一般安全保管过程中，颜色不会发生根本性改变，只是随着保管时间的延长，其色泽逐步变得陈旧，但当贮存粮发热霉变时，其颜色也随之改变。

（2）气味　各种大米均具有一定的香味，若气味不正常，说明大米变质或吸附了其他有异味的气味。大米在运输过程中，若包装及运输工具不干净，会使大米污染各种气味。大米发热霉变后，常带有霉味，用发热霉变的大米酿制黄酒，会使发酵不正常，并带有酸味和苦味。一般新米的色、香、味较好，而陈米则较差。因此，通过对大米色、香、味的感官鉴定，可判别出大米的新鲜度。

（3）千粒重　是指一千粒籽粒的质量，是鉴定籽粒大小、饱满程度的重要标志之一。一般说来，籽粒越大越饱满，其千粒重越大。在大小相同的籽粒中，千粒重越大，说明籽粒营养成分也越充足，相对的皮层含量越低，加工后的成品大米质量越好。但千粒重受水分的影响很大，水分含量高则千粒重大。因此，应注明水分含量，或折成干基千粒重。

（4）相对密度　是指粮食的质量与同体积同温度纯水质量的比值。它与稻谷所含的化学成分相关。一般来说，籽粒饱满、成熟度高、淀粉含量高、角质率高，则相对密度也较大。

（5）容重　是指单位容积内粮食的质量，单位用 g/L 表示，容重的大小是粮食籽粒大小、形状、整齐度、质量、腹沟深浅、胚乳质地等质量的结合标志。一般说来粮食籽粒成熟饱满、结构紧密、籽粒短、水分小者容重大，反之容重小。因此，粮食容重可以判断粮食品质的优劣，同时容重也是工艺设计中、输送设备、仓库、浸米罐容积的计算依据。一般粳米约 800g/L，籼米约 780g/L。

（6）刚度　米粒的刚度，可用米粒硬度计测定，含蛋白质多、透明度大的刚度较大，通常粳米比籼米大，晚稻比早稻大，水分低的比水分高的大，已爆腰的大米刚度也低。

（7）爆腰　糙米粒表面出现裂纹，称为裂纹粒，俗称爆腰粒。潮湿的稻谷在整晒或烘干时，或干燥的稻谷吸湿时，容易产生裂纹粒，产生裂纹的主要原因是稻谷的脆性比较大，在急剧干燥的情况下，谷壳和米粒表面的水分气化较快，而米粒内层水分移动速度较慢，随着干燥过程的急剧进行，米粒内、外层干燥程度的差异便越来越大，因而表层形成“硬结”，内层水分向外移动就更加困难，内层水蒸气就会聚积起来，这样由于内、外层不均等的收缩和内层水汽压力作用，米粒就会形成裂纹。稻谷烘干后，粮温高，突然受到低温强气流的冷却作用，米粒表层迅速收缩，同样也会引起米粒产生裂纹。另外由于加工过程中的不良行为，也会产生裂纹米，比如先将潮湿的稻谷去壳，利用碾米时产生的热量，将糙米堆积起来形成较高温度，然后再用摊冷或风冷的方法来降低糙米含水量，再进行碾米等。裂纹米既会影响出米率（增加碎米率），也会影响大米的质量（使之外观欠佳，蒸煮不良），这种米粒在精白或浸泡时易碎，吸水量过多，严重影响蒸饭工序质量，不利于正常发酵。

3. 大米的化学成分

大米的化学成分主要有水分、碳水化合物、蛋白质、脂肪、无机物等，它们之间量与质的差异，对营养价值、蒸煮品质有着重要的影响。

（1）水分　水分在大米或稻谷中有两种不同的存在形态：一是游离水，二是结合水。

游离水又称自由水，一般大米水分达到 14%~15%时，开始出现游离水。游离水存在于粮粒的细胞间隙中和毛细管中，具有普通水的一般性质。游离水在粮食籽粒中很不稳定，能在环境温度的影响下自由出入，粮食水分增减，主要是游离水的变化。

结合水又称束缚水，存在于粮粒的细胞内，与淀粉、蛋白质等亲水性高分子物质通过吸附作用相结合，因此性质稳定，不易散失。粮食中结合水含量的多少，根据其化学成分的不同而有所区别，一般说来，含碳水化合物和蛋白质多的粮食结合水较多，含脂肪多的粮食结合水较少。

如果大米的水分控制在13.5%以下时，可以看作全部是结合水，此时粮粒的生命活力很弱，而且微生物不能利用这种结合水进行生长发育，粮食不会生霉，随着粮食含水量的增高，生命活动不断增强，不仅消耗营养成分，造成干物质减少，而且还放出热量和水分，因此游离水较多的粮食容易发热发霉。

（2）碳水化合物　糙米中含量为70%~75%，几乎全是淀粉，米粒里层含淀粉相对较多，故精白度高则淀粉含量也高，除淀粉外，还有微量蔗糖、果糖、葡萄糖等糖类物质。酿酒用米应选择淀粉含量高的米，可保证酒精度和出酒率。

（3）蛋白质　大米中的蛋白质主要有清蛋白、球蛋白、谷蛋白和醇溶蛋白，它们在糙粳米中分别占蛋白质质量的12%、17%、60%和11%左右。清蛋白和球蛋白集中于糊粉层和胚中，分布在大米外层，越向米粒中心越低；谷蛋白是大米中主要蛋白质，它包围在淀粉复粒周围；醇溶蛋白则在米粒的各部位均等分布。蛋白质的总量随大米的精白度提高而降低。蛋白质被蛋白酶分解成肽和氨基酸，在发酵前期为酵母增殖的营养物质，但在发酵过程中，酵母增殖所需的氮源数量是极少量的，在酿造后期一部分转化为高级醇，一部分与醇类酯化，经过缓慢而复杂的分解或化合反应过程，构成黄酒香气的组成部分。但蛋白质含量过多时会使酒酸度提高和贮存期发生蛋白质浑浊现象，并有害于黄酒的香味。因此，原则上为了提高黄酒质量，要求大米的精白度高些较好。

（4）脂肪　大米中脂肪的含量比淀粉和蛋白质的含量都低得多，但对大米品质的影响起着很大的作用。大米在贮藏过程中发热霉变，往往酸度增高，香味散失，产生陈米臭，使米饭疏松无味，这主要是由于大米中的脂肪发生分解或氧化的缘故。脂肪氧化还产生过氧化物，进而分解为醛、酮物质，造成大米变质变味，是酿酒的有害物质，而脂肪中的饱和脂肪酸则有利于酵母脂香的生成。脂肪大部分集中在胚和糊粉层中，糙米中约含2%，随着大米精白度的提高而迅速减少。

（5）无机成分　在糙米中约含2%，大部分存在于糠层和胚中，随着米的精白度提高而急减，如粳糙米的无机成分含量为1.2%，标二米为1.0%，标一米为0.8%，特二米为0.6%，特一米为0.5%。无机成分中主要是钾、磷酸及镁，这些微量成分非常有利于酿酒微生物的生长繁殖。

（二） 稻米的种类与品质标准

1. 稻米的种类

稻米的品种有 4 万~5 万个，通常将稻米分为籼稻米、粳稻米两大类。

籼稻米和粳稻米又都有糯性和非糯性之分。糯性稻米与非糯性稻米的区别在于淀粉性质的不同，糯稻米中的淀粉全部为支链淀粉，遇碘显红紫色反应，米色乳白，米粒横切面呈蜡状；非糯性稻米中含有一部分直链淀粉，遇碘显蓝黑色反应，米粒多呈半透明的角质状态，硬而脆，胚乳细胞中含有许多小的淀粉粒，往往形成复合淀粉粒。不同种类稻米中的成分含量如表 3-3 所示。

表 3-3　　不同种类稻米中的成分及其含量比较　　单位：%

类别	水分	淀粉及糖分	蛋白质	脂肪	粗纤维	灰分	热水溶解度	遇碘液呈色反应	直链淀粉	支链淀粉
籼米	13.2	77.5	6.9	0.76	0.20	0.86	慢	蓝	20~28	72~80
粳米	14.0	77.6	6.7	0.80	0.26	0.64	中	深蓝	13~18	82~87
糯米	14.6	76~78	6.5	0.20	0.21	0.79	快	红褐	一般 0.8~2.3	97.7~99.2

注：采用糙米为样本，各成分测定（除水分外）按干基计。

（1）籼稻米　籼型非糯性稻米。米粒一般呈长椭圆形或细长形，按其收获季节又可分为早籼稻米和晚籼稻米两种。一般的籼米因胚乳垩白程度高，所以米粒淀粉充实度不高，质地疏松，不仅透明度低，外观不佳，碾轧时容易破碎，降低了精米率，而且其直链淀粉含量较高，为 17.2%~28.5%。

（2）粳稻米　粳型非糯性稻米。稻米一般呈椭圆形，较籼稻米短而圆，有早粳米和晚粳米之分。早粳米米粒腹白较大，硬质粒少；晚粳米粒形较圆，米粒腹白较小，硬质粒较多。一般稻米的直链淀粉含量为 8.7%~17.2%。

（3）籼糯稻米　籼型糯性稻米。一般呈椭圆形或细长形，米粒呈蜡白色，不透明，黏性大。也有的籼糯米粒呈半透明状，俗称阴糯。籼糯米含有少量的直链淀粉。

（4）粳糯稻米　粳型糯性稻米。一般呈椭圆形，较籼糯稻短而圆，米粒呈蜡白色，不透明，黏性大。也有的粳糯米粒呈半透明状，即阴糯。粳糯米几乎全部是支链淀粉。

2. 大米的质量等级标准

一般来说，色泽、气味、水分和杂质是检验大米品质的主要标志，色泽和气味能反映大米的新鲜度；水分和杂质能在一定程度上反映大米的质量及加工和贮藏特点。

根据 GB 1354—2018 标准规定，大米的质量指标如表 3-4 所示，其中碎米（总量及其中小碎米含量)、加工精度和不完善粒含量为定等标准。优质大米质量指标如表3-5所示，其中碎米（总量及其中小碎米含量)、加工精度、垩白度和品尝评分值为定等标准。

表3-4 大米质量指标

品种			籼米			粳米			籼糯米		粳糯米	
等级			一级	二级	三级	一级	二级	三级	一级	二级	一级	二级
碎米	总量/%	≤	15.0	20.0	30.0	10.0	15.0	20.0	15.0	25.0	10.0	15.0
	其中：小碎米含量/%	≤	1.0	1.5	2.0	1.0	1.5	2.0	2.0	2.5	1.5	2.0
加工精度			精碾	精碾	适碾	精碾	精碾	适碾	精碾	适碾	精碾	适碾
不完整粒含量/%		≤	3.0	4.0	6.0	3.0	4.0	6.0	4.0	6.0	4.0	6.0
水分含量/%		≤	14.5			15.5			14.5		15.5	
杂质	总量/%	≤	0.25									
	其中：无机杂质含量/%	≤	0.02									
黄粒米含量/%		≤	1.0									
互混率/%		≤	5.0									
色泽、气味			正常									

表3-5 优质大米质量指标 单位：%

品种			优质籼米			优质粳米		
等级			一级	二级	三级	一级	二级	三级
碎米	总量/%	≤	10.0	12.5	15.0	5.0	7.5	10.0
	其中：小碎米含量/%	≤	0.2	0.5	1.0	0.1	0.3	0.5
加工精度			精碾	精碾	适碾	精碾	精碾	适碾
垩白度/%		≤	2.0	5.0	8.0	2.0	4.0	6.0
品尝评分值/分		≥	90	80	70	90	80	70
直链淀粉含量/%		≤	14.5			15.5		
水分含量/%		≤	14.5			15.5		
不完整粒含量/%		≤	3.0					
杂质限量	总量/%	≤	0.25					
	其中：无机杂质含量/%	≤	0.02					
黄粒米含量/%		≤	0.5					
互混率/%		≤	5.0					
色泽、气味			正常					

（三）稻米的蒸煮品质

黄酒酿造过程中稻米原料需要经过蒸煮。稻米中直链淀粉含量的多少是大米蒸煮品质的关键因子。稻米蒸煮品质（包括食用品质）——黏性、硬度、蒸煮时吸水量、蒸煮时间、米饭体积等在很大程度上取决于稻米中直链淀粉与支链淀粉两组分的含量变化，当稻米中直链淀粉含量低于2%时，这种大米都呈糯性，蒸煮时米饭很黏；直链淀粉含量在12%~19%的稻米，蒸煮时吸水率低，蒸煮的米饭柔软，黏性较大，胀性小，冷却后仍能维持柔软的质地，品质较好；直链淀粉含量在20%~24%的稻米，蒸煮时吸水率高，体积膨胀率大，糊化温度高，米饭蓬松，较硬，冷却后变硬；直链淀粉含量在25%以上的稻米，蒸煮时米饭蓬松、硬、黏性差，冷却后米饭变得更硬。因此，稻米中直链淀粉含量是用于评定稻米蒸煮品质的主要理化指标之一。稻米蒸煮品质分类见表3-6。

表3-6　　稻米蒸煮品质分类

类别	稻米品质	直链淀粉/%		相对分解度/%	熟米性质	
	特点	总含量	不溶部分含量		硬度	黏度
Ⅰ	直链淀粉含量高，硬	>26	>15	0~5	很高	很低
Ⅱ	直链淀粉含量高，中等	>26	12.5~15	16~17	↑	↓
Ⅲ	直链淀粉含量高，软	>26	<12.5	31~55		
Ⅳ	直链淀粉含量中等，香	22~26	<10	56~81		
Ⅴ	直链淀粉含量中等，一般	22~26	<10	56~78		
Ⅵ	直链淀粉含量中等，芒稻型	22~26	<10	134~157		
Ⅶ	直链淀粉含量低	15~22	<10	111~153		
Ⅷ	蜡状	<5	—	252~333	很低	很高

选用酿造用的大米，首先要求淀粉含量高，蛋白质、脂肪含量低，以达到产酒高、香气足、杂味少，在贮藏过程中不易变质等目的；其次是要求支链淀粉比例大，以利于蒸煮糊化，糖化发酵；三是要求工艺性能好，吸水快而少，体积膨胀小。所以酿酒用的大米以直链淀粉含量少的新米为佳，通常以粳糯米为优，籼糯米、粳米次之，籼米最次。

由于糯米中的淀粉都是支链淀粉，蛋白质、脂肪含量较低，吸水快，容易蒸煮，蒸煮后体积膨胀小，手触饭粒有弹性，糯而不烂，容易糖化，发酵时饭粒能很好地溶解。同时酿酒微生物不能完全利用支链淀粉，在发酵终了时当有少量糊精和糖类存于发酵醪中，它们与其他物质赋予黄酒醇厚味。因而糯米是酿造黄酒的最好原料，尤其是酿造名优黄酒，必须采用优质糯米作原料。由于糯米种植、加工等原因，糯米互混率较高或水分较高或爆腰米等，都会给蒸煮带来影响，严重影响黄酒的正常发酵，因此必须抓好糯米原料的采购质量。

粳米含有较大比例的直链淀粉，但由于其淀粉含量高、价格低、易采购等因素而被广大酒厂所选用。一般粳米的糊化温度较低，胶稠度较软，蒸煮时米饭吸水性较多，出饭率较高。现代酿酒技术水平可以保证粳米黄酒发酵正常，质量稳定。如果采用优质晚粳米（其直链淀粉含量较低，为15%），在合适的工艺条件下，完全可以生产出达到高档糯米黄酒水平的粳米黄酒。

籼米直链淀粉含量较高，糊化温度中等，胶稠度硬，蒸煮时吸水较多，米饭干燥蓬松，色泽较暗，冷却后变硬。因直链淀粉β化是不可逆的，回生老化部分淀粉不能再被糖化和发酵。虽然籼米的淀粉含量并不低，但出酒率和淀粉利用率较低，而且这部分β化后回生的淀粉，在发酵后期，易成为梭状芽孢杆菌等厌氧性杂菌的营养源，增加黄酒酸度，并易带来不愉快的风味。因此，一般黄酒厂不采用籼米作原料来酿制黄酒。有些地区黄酒厂采用籼米做黄酒，取得了一些颇有成效的经验。

二、黍米、粟米

黍米（大黄米）原产于我国，已有数千年的栽培史，是禾本科黍属一年生草本植物，叶子线形，子实淡黄色，去皮后是色泽光亮、颗粒饱满的金黄色米粒。米粒背面凸起，腹面扁平，胚位于背面基部，脐位于腹面基部。米粒顶端有花柱遗迹，基部有花柄遗迹。黍米比粟米稍大，故称大黄米。

黍米因品种不同，而对生产工艺和出酒率有很大的影响。黍米从颜色上大致分为黑色、白色、梨色（黄油色）三种，其中以山东大粒黑脐龙眼黍米的品质最好，也是酿造即墨黄酒的最佳原料。这种黍米品质松软、易吸水、蒸煮时容易糊化，是黍米中的糯性品种，同时含淀粉多，出酒率相对较高。白色黍米和黄油黍米是粳性品种，米质较硬，蒸煮困难，必须调整生产工艺，否则易导致发生硬心未蒸透的黍米粒，不仅影响出酒率，而且容易产酸，影响酒的品质。

黍米的化学组成见表3-7。

表3-7　黍米的化学成分及其含量　单位：%

成分	含量	成分	含量
水分	10.29~10.89	粗蛋白质	8.76~9.77
淀粉	70.56~73.35	脂肪	1.32~2.50
糊精	2.84~3.67	粗纤维	0.57~1.16
糖分	0.72~1.24	灰分	1.02~1.34

在去谷壳以前习惯称粟米为谷子，起源于我国，已具有数千年的栽培历史，是禾

本科一年生草本植物，主产区是华北和东北各省。它的物理结构与稻谷差异不大，只是比稻谷粒度小，粒形是椭圆而非大米的长扁椭圆形。谷子脱去外壳后的小米，背面凸起，腹面扁平，顶端有花柱的遗迹。基部中央有花柄遗迹，腹位于背面的基部，长形，其长度超过籽粒的一半。腹面基部有圆形深色斑，称为脐。谷子的胚乳也有角质和粉质两种结构。

小米的营养很丰富，所含蛋白质、脂肪及钙、磷、铁等矿物质都比大米多，维生素 B_1 和核黄素的含量也较丰富，并含有少量的胡萝卜素。

由于小米亩产量低，种植面积减少，致使供应不足，现在酒厂已很少采用小米酿造黄酒。

三、玉米

玉米，又名玉蜀黍、苞米、珍珠米、苞谷等，原产于墨西哥和秘鲁，为禾本科一年生草本植物。玉米果穗一般呈圆锥形或圆柱形，果穗上纵向排列着玉米籽粒，其行数通常成双数，每个果穗上有 300~500 颗玉米粒。籽粒形状扁平，顶部较宽厚，基部较狭，胚着生于基部。玉米有很大的胚，约占全粒体积的三分之一，占全粒质量的10%~12%，在谷类粮食中以玉米的胚为最大。

玉米籽粒的颜色一般为金黄色或白色，也有的品种呈红、紫、蓝等色。黄色玉米的色素多包含在果皮和角质胚乳中。红色玉米的色素仅包含在果皮中。蓝色玉米的色素仅存在于糊粉层中。

玉米的化学成分因品种、气候、土壤的不同而差别较大。

不同玉米的成分及其含量见表 3-8。

表 3-8　不同玉米的成分及其含量　单位：%

名称	水分	蛋白质	脂肪	淀粉	粗纤维	灰分
白玉米	12.0	8.5	4.3	72.2	1.3	1.7
黄玉米	12.0	8.5	4.3	72.2	1.3	1.7
红玉米	10.5	9.0	4.5	73.1	1.5	1.4

玉米的特点是含有比其他谷物丰富的脂肪。脂肪主要集中在胚中，它将给糖化和发酵及酒的风味带来不利影响。因此，使用玉米酿制黄酒必须将玉米胚除净。但是，由于各地玉米种植的品种繁多，质量不一，只有将其加工成玉米楂，才适合于酿制黄酒。

玉米淀粉主要集中在胚乳内，呈玻璃质的组织状态，淀粉颗粒呈不规则形状，堆积非常紧密，在显微镜下观察，其硬质淀粉的颗粒出现多边形的角状突起，而软质淀粉的颗粒呈不规则的主体，角度微作钝圆。玉米淀粉中直链淀粉占 10%~15%，支链淀粉为85%~90%，一般黄色玉米的淀粉含量较白色玉米高些。

由于玉米淀粉结构致密坚硬，糊化温度高，胶稠度高，较难以蒸煮糊化。因此，要十分重视对颗粒的粉碎度、浸泡时间和温度，蒸煮压力、温度和时间的选择，要防止因没有达到蒸煮糊化的要求而老化回生，或因水分过高、饭粒过烂而不利发酵，导致糖化发酵不良、酒精度低和酸度高。

四、小麦

麦曲在黄酒酿造中占有极重要的地位，它的主要功能不仅是液化和糖化，而且赋予黄酒独特的香味和刚劲有力的风格，故形象地把它比喻为“酒之骨”。

（一）小麦种类

小麦属禾本科小麦属，是一、二年生草本植物，是世界上分布最广、栽培面积最大的主要粮食作物之一，也是我国的主要粮食作物。小麦的种类很多，一般根据其播种期、皮色或粒质进行分类。

1. 按播种期分类

可分为冬小麦和春小麦两种。我国以秋季播种的冬小麦为主。一般春小麦皮层较厚，颜色深，多为褐色，硬质麦多，面筋含量高，品质较好，但出粉率低。冬小麦一般皮层较薄，颜色浅，白皮麦多，硬质麦较少，但出粉率较高。冬小麦又有南方冬小麦与北方冬小麦之分。

2. 按麦粒皮色分类

可分为红皮小麦、白皮小麦、花小麦三类。红皮小麦的皮层颜色为红褐色或深红色；白皮小麦的皮层呈乳白色或黄白色；红皮小麦与白皮小麦互混时为花小麦。一般红皮小麦皮层较厚，出粉率较低，粉色较差，但筋力较好；白皮小麦皮层较薄，出粉率较高，粉色较好，但筋力较差。

3. 按麦粒粒质分类

可分为硬质小麦和软质小麦两类。麦粒角质率达50%以上的为硬质麦；麦粒粉质率在50%以上的为软质麦。一般硬质麦皮色较深，籽粒不如软质麦饱满，但面筋含量较高，品质较好；软质麦皮色较浅，籽粒较饱满，但面筋含量较低。

我国GB 1351—1999将小麦分成白色硬质冬小麦、白色硬质春小麦、白色软质冬小麦、白色软质春小麦、红色硬质冬小麦、红色硬质春小麦、红色软质冬小麦、红色软质春小麦及混合小麦9类。

（二）小麦的形态特征

小麦是颖果，它与稻谷不同，是不带内、外稃的裸粒。成熟的小麦籽粒一般为卵圆形或椭圆形，顶端生有茸毛，表面较粗糙，皮层较坚韧而不透明，麦粒背面隆起，胚位于背面基部的皱缩部位，腹面凹陷，有很深的腹沟，腹沟两侧为颊，两颊不对称，横切面近似心脏形。

小麦的胚乳和糙米一样，也有角质和粉质两种结构，但由于小麦的表皮不透明，角质或粉质不能从外表直接观察到，必须用刀片将麦粒解剖或透过光线观察才能辨别。小麦品种不同或受栽培条件的影响，角质和粉质胚乳的分布或大小也有差异，有的麦粒胚乳全部为角质，有的全部为粉质，也有的同时具有角质和粉质两种结构。

我国南方的冬小麦，由于成熟时温度较低，湿度较高，光照不足，影响物质的积累，故多为粉质；而北方的春小麦，由于昼夜温差大，白天光线足，温度高，光合作用强，贮藏物质积累多，晚上温度低，呼吸作用弱，物质消耗少，故籽粒饱满，多为角质。

（三） 小麦的结构

小麦的结构可分为皮层（麸皮）、胚、胚乳。

1. 皮层（麸皮）

皮层共分为6层，其中表皮、外果皮、内果皮、种皮及珠心层含粗纤维较多，人体难以消化吸收，而糊粉层有较高的营养价值，质量占皮层的40%~50%。整个皮层质量为小麦质量的14.5%~18.5%，通常约在16.4%。由于各种小麦的皮层厚度不同，因此影响淀粉含量和出粉率。

2. 胚

小麦的胚与糙米一样也是由一片较大的内子叶（盾片）和胚本部组成。小麦中胚的含量为2%~3.9%。

3. 胚乳

胚乳占小麦质量的78%~84%，包括糊粉层和淀粉细胞两部分。糊粉层细胞较大，呈方形，壁厚，排列紧密而整齐，厚度为65~70μm。从麦粒的横切面上可以看出，在腹沟底部的糊粉层细胞形状不规则，细胞间有空隙。淀粉细胞近于横向排列，呈多面形，细胞较大，壁薄，细胞内充满了淀粉粒。

（四） 小麦的物理特性

小麦的物理特性有容重、千粒重、散落性、自动分级性及结构力学等性质。容重与千粒重前已述及，这里主要介绍散落性。

小麦由高处下落并向四周流散而形成一个圆锥体，这种在一定程度上自然流散的性质称为散落性。散落性的大小，通常用粮堆的自然坡度角来表示，这个角大，表示散落性小，反之则表示散落性大。散落性的大小，随麦粒的水分和外表性状而变化。

小麦水分小则散落性大，水分大则散落性小；小麦颗粒光洁、杂质少，散落性大，反之散落性小。散落性与选择决定溜管的输送角度和溜筛的斜度有关。

（五） 小麦的化学成分

小麦的化学成分主要有水分、碳水化合物、蛋白质、脂肪、无机物等，其含量见表 3-9，表 3-10。

表 3-9　小麦主要化学成分及其含量　单位：%

名称	水分	粗淀粉	粗蛋白	脂肪	粗纤维	灰分
小麦	12.8	61.0~65.0	7.2~9.8	2.5~2.9	1.2~1.6	1.7~2.9

表 3-10　小麦粒各部分的成分及其含量　单位：%

籽粒部分	质量比	蛋白质	淀粉	糖类	纤维素	戊聚糖	脂肪	灰分
全粒	100	16.06	63.07	4.32	2.76	8.10	2.24	2.18
胚乳	81.60	12.91	79.92	3.54	0.15	2.72	0.68	0.45
胚芽	3.24	37.63	—	25.12	2.46	9.74	15.05	6.32
糊粉层	6.54	53.16	—	6.82	6.41	15.44	8.16	13.93
皮	8.93	10.56	—	2.59	23.73	51.43	7.46	4.78

小麦淀粉含量较高，富含面筋等营养成分，含氨基酸 20 多种，维生素含量也很丰富，粘着力也较强，是各类微生物繁殖、产酶的优良天然物料。若粉碎适度，加水适中，则制成的曲坯不易失水和松散，也不致因粘着力过大而存水过多。

小麦还含有较高的蛋白质，其中麸胶蛋白质和谷蛋白质较丰富。麸胶蛋白质中的氨基酸以谷氨酸为最多，这是黄酒鲜味的来源之一。

（六） 制曲小麦的要求

黄酒酿造中小麦主要用于制麦曲。制曲是为了培训有益于酿酒的微生物获得各种有益的酶类，故应尽量选用当年产的红色软质小麦，一般要求如下。

（1）麸粒完好，颗粒饱满，粒状均匀，品种大体近似，无霉烂，无虫蛀，无农药污染等。

（2）干燥适宜，外皮薄，呈淡红色，两端不带褐色的小麦为好。

（3）选用当年产的小麦，不可带特殊气味。

（4）尽量不含秕粒、尘土和其他杂质。

第二节　曲

黄酒酿造所使用的酒曲主要包括酒药（小曲）、麦曲和红曲。

一、酒药

酒药，又称小曲、酒饼，是我国独特而优异的酿酒菌种的保存方法及糖化、发酵菌制剂。可以用来酿制黄酒，酿成的黄酒一直以来得到广大人民群众的喜爱。

酒药制造方法简单，加上保藏和使用又极为方便，非常适合我国各地零星分布的酿酒厂使用。根据外观，酒药可分为白色和黑色两种，白色酒药也称白药。白药以当年产的新鲜籼米粉、辣蓼草、水等作为主要原料制作而成。我国著名的绍兴黄酒对酒药的制作极为重视，也特别讲究。从“头伏”后便开始采集辣蓼草，并选择从小暑到大暑这一时间段进行制作，最迟不超过白露节气。

从酒药的外观来看，所保藏的菌种似天然的野生菌种；但从它所使用的种母中的菌种看，则是经过了长时间的驯化和培养，具备了纯粹培养菌种的性能。因此，酒药制造时逐次接入品质优良的陈酒药粉末作种母，由此可基本推测我国古代早已掌握了微生物的接种技术。在酒药接种过程中，从原料的处理到配料都恰到好处地调节到适合微生物繁殖的生长环境，同时供给足够的养料。在培养过程中，又巧妙地掌握了酸度、温度、相对湿度、水分，从而有效控制了有害微生物的侵入，为酿酒微生物创造了适宜的生长条件。因此，酒药的制造具有一定的微生物保藏的科学原理。

（一）酒药的生产

酒药是我国古代劳动人民在长期的酿酒实践中发明的一种菌种保存办法，酒药的制作方法和制作设备简单，具有保藏容易、使用简便、使用量少、糖化发酵力强等优点。不仅适合企业，也适合民间应用。在江南绍兴等地，老百姓常常在伏天自制酒药用以酿酒。现以绍兴白药为例说明。

1. 酒药的原料要求

制作酒药的主要原料为早籼米，而且要求是新鲜的早籼米。因为，任何微生物的生长都需要水分、碳源、氮源、无机盐和生长素（即维生素）等五大营养元素。新鲜的早籼米因含有丰富的蛋白质和灰分等营养成分，所以被选作酒药生产原料，非常适合根霉等糖化发酵菌的繁殖。而陈米、大米因其颗粒表面与米粒内部寄附着众多细菌、放线菌、霉菌和植物病原菌等微生物，会对酒药质量产生影响，故不能采用。

辣蓼草（又名水蓼、虞蓼、泽蓼、川叶，图 3-1）是一年生的草本植物，高 0. 5~2. 5m。茎直立，多分枝，表面有多数紫红色小斑点，被绵毛，节稍膨大。叶互生，有短柄或近乎无柄；花小，绿白色或粉红色。

图 3-1　辣蓼草

据我国著名微生物学家方心芳先生研究，辣蓼草中含有丰富的酵母及根霉生长素，可补充早籼米中生长素的不足，促进根霉和酵母菌的生长。辣蓼草还能起疏松作用和抑制杂菌繁殖的作用。

2. 酒药的工艺流程

白药制造工艺流程见图 3-2。

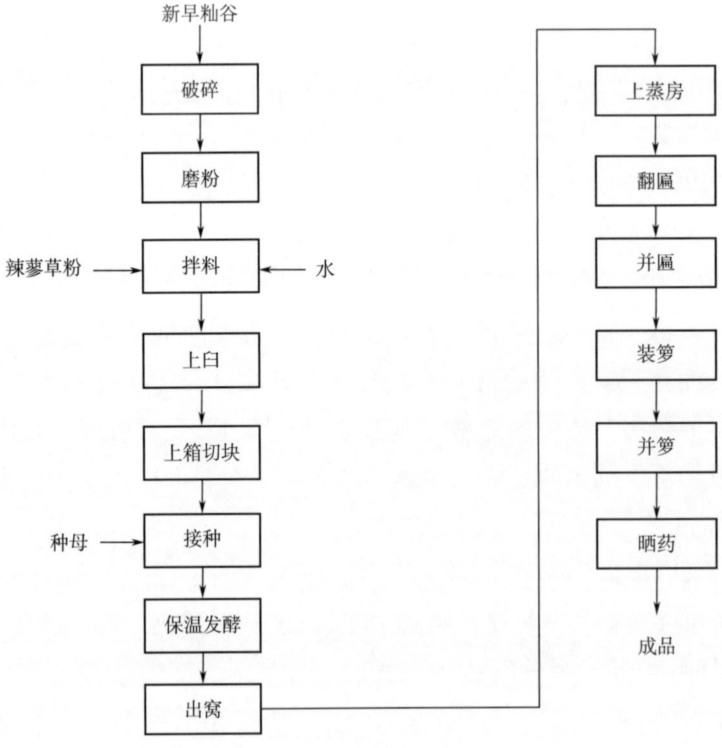

图 3-2　白药制造工艺流程

3. 制作酒药的原辅材料选择与制作

（1）新早籼米粉的制备 酒药制作前一天磨好米粉，细度以通过50目筛为佳，磨后摊冷，以防米粉升温发热变质。要求“碾一批，磨一批，生产一批”，确保米粉的新鲜度和酒药质量。

（2）辣蓼草粉制备 每年七月中旬，取尚未开花的野生辣蓼草，除去黄叶、杂草，当天晒干，趁热除茎留叶，粉碎成末，过筛后装入坛内备用。采收辣蓼草必须选择晴天，以确保当天晒干。如果当天不能晒干，色泽变黄，将会影响酒药的制作质量。

（3）种母选择 有的厂家把种母称作“娘药”。生产时，挑选上一年生产中发酵正常、糖化发酵力强、温度容易掌控、产酸低、成品酒品质好的酒药作为种母。

（4）水质要求 采用酿造用水。

（5）生产准备 为确保酒药的生产质量，制作酒药时必须确保专人负责，并做好环境卫生和设备用具的清洁工作。对酒药生产用具，包括陶缸、陶坛、缸盖、竹匾等在内的一切器具，必须严格做好清洗和暴晒工作，确保消毒灭菌效果。制酒药用的新稻草则应去皮晒干。谷壳要求用新鲜的早稻制作而成。

4. 操作流程

（1）配方 糙米粉：辣蓼草粉末：水=20：(0.4~0.6)：(10.5~11)。

（2）上臼、过筛 将称好的新鲜米粉及辣蓼草粉倒入石臼内，充分拌匀。加水后经充分拌和后，用木槌舂数十下，目的是增强米粉的黏塑性，然后取出在谷筛上搓碎，移入打药框内进行打药。

（3）打药 每臼料分三次打药，然后装入长70~90cm、宽50~60cm、高10cm的木框中，上面覆盖软席，用铁板压平，去框。再用刀沿木条（俗称划尺）纵横切开成方块，分三次倒入悬空的大竹匾内，前后上下滚制成圆形。然后加入2%~4%的种母粉，通过不断翻滚进行接种，然后过筛使药粉均匀地粘附在新药上。碎屑并入下次配料。

（4）摆药 采用缸窝培养酒药。先在缸内放入新鲜谷壳，然后铺上去皮的新鲜稻草，将药粒分行摆放，每粒之间留有一定间隙。摆好后，由专人检查，并盖上草缸盖和麻袋，进行保温培养。当室温为30~32℃时，经14~16h，品温升至36~37℃时，即可去除麻袋。再经6~8h，手摸缸的内壁有冷凝水，并散发出特有的香气，此时即可将缸盖移开。同时观察检查菌丝的生长情况。

（5）出窝（缸）并匾 将酒药移至匾内，每匾盛3~4缸的酒药，注意不要太厚，以免升温过高而影响质量。原则上以药粒不重叠且粒粒分散为好。

（6）进保温室 将竹匾移入不密闭的保温室内。室内有木架，每架分档，档距为30cm左右，并匾后移在木架上。气温在30~34℃，品温保持在32~34℃，不得超过35℃。装匾后经4~5h进行第一次翻匾（即将药坯倒入空匾内），至12h，上下调换位置。经7h

左右，第二次翻匾和调换位置。再经7h后倒入竹簟上先摊两天，然后装入竹箩内，挖成凹形，并将箩搁高通风以防升温，早晚倒箩各一次，2~3d移出保温室，随即移至通风处，再培养1~2d，每天早晚各倒箩一次，自投料开始培养6~7d即可晒药。

（7）晒药入库　正常天气在竹簟上需晒3d。第一天晒药时间为上午6~9点，品温不超36℃；第二天上午为6~10点，品温为37~38℃；第三天晒药时间、品温与第一天一样，然后趁热装坛密封备用。装药用的坛要提前洗净晒干，坛外粉刷石灰。这里尤其要注意第一天晒药时间要短一些，温度要低一些。

（二）酒药的质量鉴别

酒药质量鉴别主要采用感官判断和化学分析两种方法。从感官上看，好的酒药应颗粒均匀，外观呈白色或稍呈淡黄色，无霉变，口咬质地松脆，具有良好的酒药香。如果质地较硬或者口尝带有酸味、咸味则不能使用。此外，好的酒药均具有较高的糖化力和发酵力，有一定的酵母数，酸度较低。

目前，酒药尚无统一的质量标准，也没有行业或者国家标准。不过，酿酒企业可用一个简易的方法，即通过小型酿酒试验来验证酒药质量好坏。

方法如下。

（1）取小陶缸用沸水洗净备用。

（2）将酿酒用米浸渍24h后淋米去浆、蒸饭，以“熟、透、匀”为标准，然后用干净饮用水降温至30℃左右。

（3）称取一定数量的米饭放入小陶缸中，约八成满。

（4）准确称取同样分量的米饭，然后加入0.5%的待试小曲，与米饭翻拌均匀，搭窝，于24~25℃条件下保温培养30~40h，酒液满窝（约八成）。

（5）取酒液检测酸度和酒精，同时结合糖化发酵快慢和酿液口味情况对小曲质量做出综合判定。试验时以糖化发酵速度快、糖化发酵液糖度高、口味鲜甜、生酸低的为好酒药。

通过上述简便方法，酿酒企业即可了解每一批新酒药的糖化发酵性能，掌握其温度升降规律，以便在大生产时进行相应的操控，确保生产正常进行。

二、麦曲

（一）麦曲分类及特点

在黄酒酿造中，曲被称为“酒之骨”。黄酒生产用曲分为大曲（麦曲）、红曲和小曲（包括白药），统称为糖化发酵剂。

大曲的种类很多，名称也不一致。根据制曲原料不同可以分为麦曲、米曲和麸曲；

根据制曲方式的不同可分为手工曲和机制曲（包括机械压制人工培养和全自动圆盘制曲）；根据制作工艺的不同又可分为生麦曲、熟麦曲（包括爆麦曲、炒焦麦曲、烟熏麦曲等）；根据曲的外形可分为散曲、饼曲和块曲。如绍兴酒原来采用草包曲，但自 1973 年起改用块曲。酿造机械化黄酒时则将块曲和熟麦曲一起按比例混合使用；根据制曲用菌种来源又可分为自然培养曲和纯菌培养曲。

其中，米曲根据菌种孢子颜色的不同又可分为黄色米曲、红曲、乌衣红曲和黄衣红曲。麸曲也可按菌种孢子的颜色不同分为黑曲和白曲等。虽然每种曲的性能不同，但每一种黄酒色、香、味、格等典型性和风格主要取决于所用的曲。

从严格意义上讲，糖化剂、发酵剂以及糖化发酵剂是有差别的。糖化剂是指对以淀粉为主要成分的原料进行降解的一类制剂。如黄酒生产中使用的不与人工酵母混合的纯根霉曲、纯种麦曲、纯种黑曲霉麸曲、纯种红曲、乌衣红曲以及淀粉酶制剂。发酵剂是指可以将糖质原料或淀粉质原料经糖化后形成的产物，发酵为以酒精为主的产物的一类制剂。如人工培养的纯种酒母、纯种酵母等。而糖化发酵剂是兼具糖化剂和发酵剂双重功能的一类制剂。如天然块曲、天然酒药、以酵母和根霉共同培养或分别培养后以一定比例混合而成的根霉曲。

实际上，在黄酒生产中，糖化剂、发酵剂和糖化发酵剂的区分不是非常清晰。如天然的块曲，在白酒生产中将其作为糖化发酵剂用，但在黄酒生产中，除了可作为糖化发酵剂外，也可视作糖化剂，因为它经常与酒母并用；又如，红曲中往往有少量酵母与红曲霉共生，或某些红曲霉本身就有产少量酒精的功能，但按红曲的主要功能，仍将其视为糖化剂；还有，某些糖化剂或发酵剂，由于菌种或培养方式的不同，其菌系或酶系也往往是多元的，仅仅存在主次之分。

（二）　人工生麦曲的制作

黄酒生产用的麦曲是指在合适的温度、相对湿度等环境条件下，以小麦为原料，经轧麦、加水、拌和、踏曲、裁切、摆曲、富集有益微生物培养制作而成的酿酒专用糖化剂。

麦曲生产季节一般在农历八、九月间，这时的气候温和湿润，空气中微生物含量丰富，非常适合曲霉等多种微生物的生长繁殖，由于这个时节正值桂花盛开，所以又称为“桂花曲”。

在绍兴酒的酿造过程中麦曲用量达到原料米的 16% 以上，因此麦曲质量的好坏对于酒质影响极大。麦曲中含有酵母、霉菌、细菌等种类丰富的微生物，其中含量最多的是米曲霉，根霉、毛霉次之，此外，尚有少量的黑曲霉、青霉及酵母、细菌等。麦曲不仅提供了绍兴酒酿造过程中所需的各种酶（如淀粉酶、蛋白酶），而且在制曲过程中积累形成的丰富代谢产物还赋予绍兴酒曲香浓郁、刚劲有力的独特风格。现以绍兴酒传统生麦曲制作为例进行介绍。

1. 原料要求

黄酒生产对制曲原料小麦的品质极为重视，要求如下。

（1）麦粒完整，颗粒饱满，无霉变，无虫蛀。

（2）干燥适宜，外皮薄，呈淡红色，两端不带褐色为佳。

（3）无特殊气味，以当年产为佳。

（4）品种纯净、一致。

2. 工艺流程

（1）曲室准备　制曲前，应将曲室打扫干净，地面铺约10cm厚的稻壳，并摊上竹簟。墙壁用石灰乳刷一遍，再围以稻草或草簟，备用。

（2）原料除杂、破碎　将小麦除去尘土、秕粒以及泥块、石子等杂物后，用麦机将每粒小麦轧成3~5片，使小麦表皮破裂而淀粉组织外露，以利吸水并增加糖化菌的繁殖面积。麦粒破碎过细或过粗，均会影响麦曲质量。

（3）拌料　将上述物料25kg装入拌料机中，加入5~6kg鉴湖水，迅速搅拌至物料吸水均匀，并无白心和水块。

（4）成型　将上述物料装于长100cm、宽50cm、高20cm的无底木框内，摊平，用脚踏实后，去掉木框，用刀切成8块。

（5）堆坯　将裁好的曲块放在曲室的竹簟上。约经30min，曲坯已较结实，此时可将其堆成品字形，上下两层。再扫除碎料，盖上草包，保温。

（6）保温培养和排潮　品温的控制工作，重点在培养前期的7d。这一阶段要根据品温和气温状况，适当地调整保温物，并调节门窗大小，将室温控制在20~30℃。在9月份制曲的前期7d内，品温的变化规律大致为：第1天25~30℃；第2天30~34℃；第3天42~47℃；第4天51~55℃；第5天46~52℃；第6天38~42℃；第7天31~35℃。

除注意控制品温外，还要做好通风和排潮工作：当品温升至50~55℃时，可揭去盖在曲堆上的竹簟，并揭掉覆盖的部分稻草，适度打开门窗，以利于曲块排潮，蒸发水分。但要严防水蒸气回落到曲块上，以免产生烂曲和黑心曲。培养至第7d后，品温已降至与室温接近，麦曲中的水分已大部分蒸发掉。这时可将门窗全开，进行通风排潮。培养至25~30d时，麦曲已成硬块，即已成熟。此时可将其移至通风状况良好的室内，呈品字形堆高摆放，使其继续自然通风干燥、备用。

3. 挂曲制作

挂曲是黄酒生产用麦曲，江苏苏州、无锡等地黄酒企业均采用这种传统方法生产麦曲，因曲块用稻草结扎后，挂在木梁上培养微生物而得名。挂曲制作时间一般选择室温30℃左右的时节。现将其操作方法介绍如下。

（1）轧麦　采用黄皮小麦为原料，将麦轧成片状，搅拌后即成碎屑，但需防止粉质过多，以免踏曲时过黏，形成硬块，影响质量。

（2）拌水　取一大的竹匾，每匾约盛麦片22.5kg，加水8.0~8.2kg，翻拌均匀，以拌后用手握紧成团、放开即散为准，同时，匾内应没有湿块。

（3）踏曲　将轧好的麦片加水拌匀，然后倒入一方形木箱中，用脚踏实，箱角和中心踏平，厚度约3cm。每箱可盛20匾，踏成20层，每层踏实后，撒上一层稻柴灰作为隔离层，然后用曲刀裁成块状。

（4）挂曲　制作挂曲的曲室为普通瓦房，室内用木架分成上下两层，两端用木梁横架于木架上，将切好的曲块用稻草芯结扎，悬挂在木梁上，每根木梁约挂50块，上下层之间留有距离，曲块之间留有约3cm的空隙。

（5）曲房管理　当块曲入房48~72h后，品温已上升至42~44℃，此时，将窗户全部开启，以后，品温便逐渐回落，块曲依然悬挂在曲室中，两个月后方可使用。一般情况下，每100kg小麦可产块曲84kg。要求块曲中心无白色，无黑心、烂心，具有麦曲特有的曲香。

（三）　纯种接种生麦曲制作

纯种接种生麦曲制作始于20世纪50年代，苏州东吴酒厂首先研制和生产。旨在利用纯种米曲霉提高生麦曲的糖化力，该曲的优点是可降低用曲量，提高出酒率，缩短发酵期，而酒质基本保持原来的风格。

1. 原料要求

同自动化制曲。

2. 工艺流程

纯种接种生麦曲制作工艺流程见图3-3。

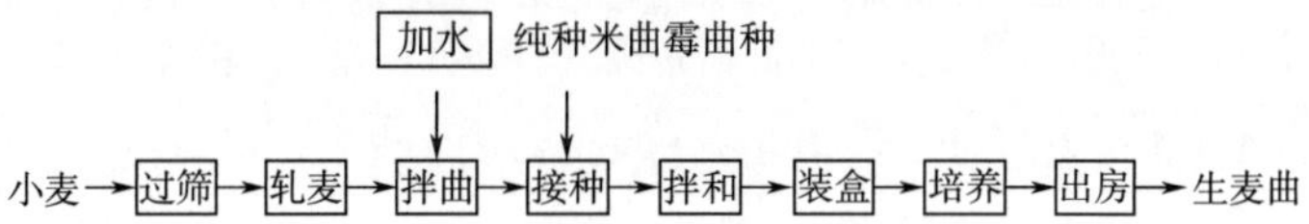

图3-3　纯种接种生麦曲制作工艺流程

3. 操作方法

（1）过筛轧麦　先将小麦过筛除去秕粒、石子、泥沙等，然后轧麦，每粒麦轧成3~5片。

（2）加水拌和　将轧好的小麦放入木桶等容器内，视季节不同加入30%~38%的水拌和，若气温低于10℃，则可采用温水，温度在30℃左右。

（3）接种培养　米曲霉菌种经过三角瓶培养扩大成种曲晒干备用。然后，视季节不同加入0.20%~0.35%的种曲翻拌均匀，装盒摊平，送入曲房叠成品字形，每堆12~13盒，在室温25~28℃条件下进行繁殖。

（4）调盒与扣盒　入房后20~24h，曲霉开始繁殖，中间品温达到30~32℃，上下两端在25~27℃，此时即可调盒，上下调换，使曲盒内品温均匀一致。调盒后5~6h，品温又达30~32℃，室温在28℃，曲料已结饼，即可进行扣盒。扣盒就是将曲翻到另一只空盒内，经8~12h，品温上升到36℃进行第三次扣盒，在繁殖过程中，应及时掌握室温、品温的变化情况，以确保成曲质量。

（5）出房　经过85~90h后，曲块培养结束，即可出房备用。

4. 质量标准

（1）外观　呈黄绿色，菌丝稠密，无黑色和白色杂菌生长，无酸味和不良气味，具有纯种曲特有曲香。

（2）理化指标　糖化力90~95mg/（g·h），酸度0.12%~0.18%，出曲含水分在25%以下。

（四） 纯种熟麦曲制作

熟麦曲是黄酒麦曲生产中的一项重大改革。采用纯种熟麦曲一是可稳定和提高麦曲质量，防止醪液酸败，提高成品酒质量；二是可以减少用曲量，提高出酒率，降低出糟率；三是生产熟麦曲不受季节限制，有利于常年生产。

熟麦曲起始用竹匾培养，后又采用地面法生产，但易受杂菌污染，故现在大多采用帘子法生产，效果较好。试举一例介绍如下。

1. 米曲霉曲种培养（苏16或3800米曲霉）

（1）试管斜面菌种培养　采用10°Bé左右的米曲汁或麦芽汁加2.5%琼脂，制成固体培养基。无菌条件下接种后，28~30℃培养箱里，经3~4d即成。

（2）三角瓶麸皮培养　取新鲜麸皮（粗细适中）加水85%左右，翻拌后使吸水均匀，然后装入500mL三角瓶中，每瓶曲料厚度约1cm，塞好棉塞，用牛皮纸包扎，于高压灭菌锅内以0.1MPa压力灭菌40min，取出冷却，在无菌条件下接种后，置28~30℃培养，经34h左右待结饼后扣瓶，继续培养，经3~4d即成。

种曲培养流程见图3-4。

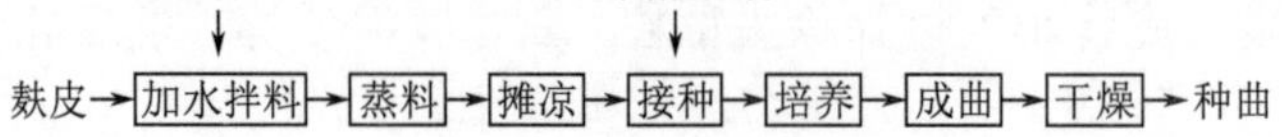

图3-4　种曲培养流程

2. 操作方法

称取新鲜麸皮10kg，加水85%左右（视麸皮质量而定），翻拌均匀后过筛，使曲料疏松而呈小团块，然后用白布包扎，置高压灭菌锅内在0.1MPa压力下灭菌40~60min（也可用常压灭菌，待全部圆汽后，再蒸40~60min），取出，在室内摊凉，趁热过筛，消除小团块，待冷到35℃左右即可接种。接种量为4~5个三角瓶种，方法是先将曲种与少量曲料混合均匀后，再撒到曲料上，经2~3次翻拌后，盛于竹箩内，其品温在30~32℃，再用已灭菌的麻袋覆盖之，放入28~30℃的曲室内，经7~8h小时堆积，品温上升到35℃左右，米曲霉孢子已发芽，有曲香即进行翻拌，使上下曲料均匀，然后装上竹帘或曲盒，曲料厚度1.5~2cm，然后在曲料上的架子上覆盖经灭菌的湿白布，以保证曲料的湿度。室内温度应控制在28℃左右，品温在28~30℃，经10h后，菌丝开始大量繁殖，品温已上升至34~35℃，曲料进行翻面，每小块（7~8）cm×(4~5)cm。翻曲要更换已干的白布，覆盖湿的白布，以保证潮湿，另一方面要经常检查品温、室温，做好温度管理工作，室温在25~28℃，品温在30~34℃，最高不超过36℃，促进菌丝生长孢子。共经72~96h，曲料的黄色孢子全部老熟，即可烘曲、晒曲。如烘曲时室温可提高到40~45℃，曲种水分可在12%以下。用塑料袋包扎好，置于干燥的室内保存备用。保质期3个月以上，最好是1个月做一次曲种。

3. 熟麦曲生产

操作要点如下。

（1）浸麦　将小麦倒入池或缸中，然后放水浸渍30min后，再把麦捞到米丝箩内，把水沥干。

（2）轧麦　先调整好轧麦机两个滚轴的合适距离，然后进行轧麦，要求麦粒轧成3~5片，略有粉状即可。

（3）蒸料　在轧好的麦片中，加水30%~35%，进行翻拌，使之均匀吸水，并堆积30min，然后上甑蒸料，待全部上汽后，再蒸40min左右即可出甑。

（4）接种与培养　曲料通过扬糟机，将团块打碎成疏松的曲料，在水泥地面进行摊凉，待达到35~40℃时可接种，拌种量为原料的0.3%~0.5%，先将曲种与2~3kg的曲料拌匀后再撒到全部曲料中，翻拌均匀进行堆积，每堆约150kg，打堆时的品温上升到30~35℃，室温在28~30℃，经7~8h后，品温上升到35℃左右，即翻拌均匀后上竹帘厚度约2.5~3cm，品温在30℃左右，结饼后翻曲一次。全程培养品温控制在30~40℃，一般在35~35℃，最高不超过45℃，共经45~48h即可出曲。摊于干净、清洁的水泥地面上风干。曲厚度不超过3cm左右，以防温度回升产生烧曲现象。

（5）质量鉴别　要求外观菌丝密布，色表层略淡，黄孢子生长，有熟麦曲的独特香气。

（五）　自动化生麦曲的制作

自动化生麦曲生产技术由浙江会稽山绍兴酒股份有限公司首创。项目通过对传统生麦曲和机制生麦曲发酵技术的研究，实现了生麦曲生产过程的自动化控制，建成了年产4000t生麦曲自动化生产线，实现了从传统手工制曲向仓储式自动化制曲的转变。

1. 原料要求

（1）麦粒完整，颗粒饱满，无霉变、虫蛀。

（2）干燥适宜，外皮薄，呈淡红色，两端不带褐色为佳。

（3）无特殊气味，当年产红皮冬麦为佳。

（4）品种纯净，一致。

2. 工艺流程

自动化生麦曲制作工艺流程见图3-5。

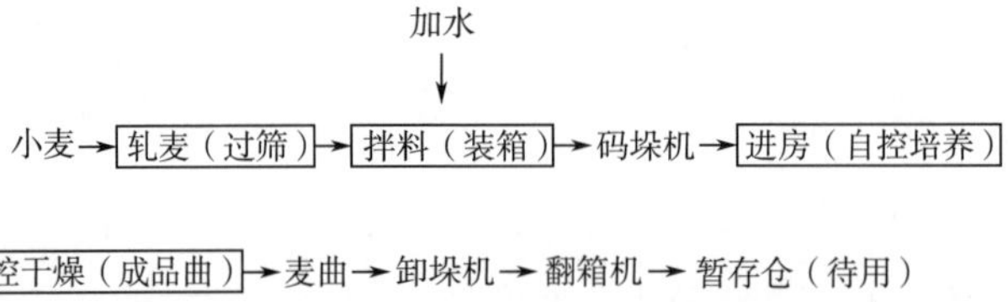

图3-5 自动化生麦曲制作工艺流程

3. 操作方法

（1）轧麦（过筛） 要求控制每粒小麦轧成3~5片，无整粒存在。细粉越少越好，即要表皮组织破坏，使麦粒中的淀粉外露，易吸收水分，又可增加糖化菌的繁殖面积。

（2）过筛 目的是将小麦中的各类杂质除去，确保麦粒整洁均匀，被均匀地粉碎，达到制曲要求。

（3）拌料（加水） 目的是有利于微生物自然培养繁殖，要求严格控制拌料水分，搅拌均匀，使麦粒吸水均匀；一般拌料后的水分为22%~24%，散曲培养水分会增加1%~2%。

（4）码垛 小托盘为42箱，大托盘为168箱。

（5）进房（培养） 培养房送满后，关闭房门，启动控制按钮，进行培养发酵。首次开机（或者间隔时间开机）必须先排干蒸汽主管道里面的冷凝水，如果设备连续使用则不需排冷凝水。

进房培养分6个周期，整个培养期为15d，周期如表3-11所示。

表3-11 培养周期

培养运行期	静止期	繁殖期	旺盛期	产酶期	成熟期	干燥期
时间						
温度/℃						
相对湿度/%						

4. 生麦曲质量鉴别

生麦曲质量好坏主要从感官和理化两个方面进行判别。

（1）感官方面　要求有独特曲香且香气正常，无霉味或生腥味；曲块坚硬、疏松；表面白色、灰白色菌丝丛生，茂密均匀，也有技工对表面略带黄绿色的曲的质量比较认可；曲块内部无霉烂夹心、黑心。

（2）理化方面　要求水分低（14%~16%），生酸低，液化力、糖化力高。

如有的企业要求糖化力≥800mg/(g·h)，酸度≤0.4（0.1mol/L，以 NaOH 毫升数计）。

在以往的黄酒酿造工作中，酿酒师们过于强调糖化力。研究表明，对于麦曲的理化指标检测，还需重视液化力对于黄酒生产过程的影响与研究，特别是机械化酿酒，这一指标对于确保正常良好的发酵显得尤为重要。

（六）熟麦曲圆盘通风曲制作

1. 质量要求

（1）感官要求　成品曲要求菌丝稠密、粗壮，有良好的曲香，无酸味及其他霉杂味。

（2）理化要求　糖化力大于 1400mg/(g·h)；酸度≤0.5mol/L（以 NaOH 毫升数计）；水分小于 24%。

2. 工艺流程

熟麦曲圆盘通风曲制作工艺流程见图 3-6。

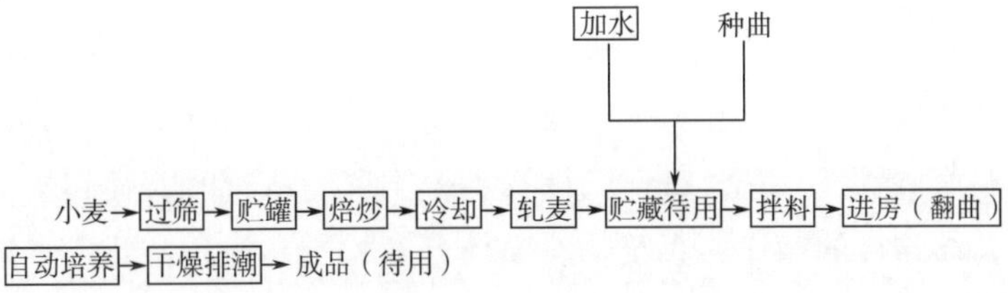

图 3-6　熟麦曲圆盘通风曲制作工艺流程

圆盘制曲机见图 3-7。

图 3-7　圆盘制曲机

3. 操作方法

（1）小麦　选用当年产的红皮软质小麦。

（2）炒麦（过筛）　将麦炒至七、八分熟，要求色泽黄亮，无焦烂，有炒麦的焦香，麦粒颗粒饱满。炒麦时注意控制麦粒流量和爆麦机炉火温度，确保炒麦质量一致。

（3）过筛　主要是除去小麦中的各类杂质，确保麦粒均匀粉碎，符合制曲要求。

（4）轧麦　要求轧扁，使淀粉外露，有利于微生物培养。

（5）拌料　炒好的曲料中加入40%~50%水，用绞龙充分拌匀，将种曲（按原料量的0.3%~0.5%接入）均匀地混入曲料中，要求严格控制拌料水分，使麦粒充分吸水，将水、种曲搅拌均匀。拌料后水分控制在22%~24%。有利于微生物种曲培养繁殖。

（6）进房　做好圆盘运行前的准备工作，调取预先设定的培养参数，必要时重新设定。

（7）圆盘干燥灭菌　为了减少制曲过程中杂菌污染风险，需在制曲前对圆盘进行干燥灭菌。

（8）焙炒进料　焙炒冷却至适当温度以下，由接种器均匀接入种曲，接种量根据工艺而定。进料时，将进出料绞龙升到适宜位置，大约80mm，转动圆盘并点击绞龙进料，此时在圆盘转动和绞龙推力的共同作用下，使物料均匀地平铺在圆盘上。

进料结束后，停止绞龙进料，如果物料在圆盘表面有起伏，先将物料用平料绞龙整平，如果物料起伏较大，要一层一层推物料，不要一次推完，免得大量物料堆积在平料绞龙处，持续这样的操作，直至物料整体分布均匀。注意：开启“绞龙进料”时不要将过多的物料向中间推挤，否则容易造成绞龙卡死及中间物料过实。正确做法是：调整绞龙高度，并配合绞龙正转/反转进行平料。

进房完毕后，再进行一次翻曲，使上下均匀，料温应控制在33~35℃（根据气候具体掌握）。关上房门，进行发酵培养。下降翻曲绞龙，对物料进行翻曲。翻曲结束后，点击上升翻曲机至前端在料层中10cm左右、进料绞龙在物料平面的合适位置进行平料操作，待圆盘再转动一圈平料操作完毕，然后将翻曲机上升完全，点击“停止翻曲”。

4. 初始温度调节

料层厚度一般控制在250~400mm，保持疏松、厚度一致，下料完毕后将“内、外”品温测控探头插入曲料下，如果品温低于或高于工艺控温要求，需进行一次调温，开启风机，适当开启新风分阀调节风温，在较短时间内调节曲料品温一致，关闭风机，检查完毕开启“自控”模式进入自动制曲培养程序。注意：温度要逐步调整，幅度不要过大，以免过凉或过热。

5. 培养

启动自动培养按钮。培养（发酵）分为6个周期，静置期、繁殖期、旺盛期、产酶期、成熟期、干燥期（在进入干燥期之后出料），每一段时间的温度、湿度、通风根据菌种的工艺要求而定，整个培养（发酵）期为2d。

第一阶段0~6h，其主要特征是孢子吸水分，萌芽、幼嫩菌丝形成阶段，控制重点应该在保温、保湿的工作上，房温30℃以上，相对湿度90%，料温32℃以上。

第二阶段6~12h，料温上升缓慢，菌体呼吸不旺，产热量少，此时通风量要小，控制重点在增加房温和湿度上，料温在32~34℃。

第三阶段12~24h，此时菌丝慢慢形成，呼吸开始旺盛，料温逐渐上升，风量逐渐增大，料温35℃左右。

第四阶段18~24h，菌丝大量形成，呼吸旺盛，并产生大量热量，此时风量要加大，料温38℃左右，但不能超过40℃。

第五阶段24~28h，曲霉菌的生命活动过程逐渐停滞，呼吸也不旺盛，开始形成分生孢粒和分生孢子，这是积累酶最多的阶段。

第六阶段28~36h，此时应提温降湿（也就是提高房内温度，降低湿度），房内温度为35℃。

注意：冬、春季节培养比春、夏季节高1~2℃。夏天温度高时可用冷冻机进行降温，冬天冷风适量使用。

视麦曲的培养情况和温度进行第一次翻曲。翻曲前温度急剧上升，由于菌体生长通风阻力增大。同时由于消耗了水分，曲料可能会开裂，造成漏风，需要密切关注。

6. 翻曲

翻曲时，关闭自动制曲，将温度探头上升，拔下料层中的酒精温度计，将风机转速调至20~30Hz，圆盘转动，将翻曲绞龙下降完全（自动停止下降，或视结曲硬度情况可逐层完成翻曲），翻动曲料，直至翻曲完成，将曲料整理为平整一致。

注意：应合理判断翻曲时机，防止过老或过嫩。工作结束关闭电源，做好设备的清洁卫生维护保养、现场的清洁卫生工作。

7. 出曲

将自动制曲程序切换到手动，升起测温探头，将出料口上的挡板拉开，开启圆盘转动，将风机设定到合适频率（20~25Hz，可防止漏料），开启“出曲气缸”，点击“绞龙出料”和“绞龙下降”，将进出料绞龙下降到合适高度输送出曲，将曲料连续送到干燥机。出曲完毕，切断电源，彻底打扫清洗圆盘内外部的卫生，清洗擦干净设备。检查蒸汽、高压空气和水是否关好。

8. 干燥排潮

确定空着的干燥房，开启“主电源”总开关，转动“控制电源”复位，“控制电源”灯亮。

9. 自动进料

开启侧室/室顶加热→扭开“自动进料”→ 手动调整圆盘转速（初次使用建议30Hz）→ 当自动进料结束时关闭“自动进料”（所有动作停止）→手控平料，圆盘转动→ 绞龙正/反转→ 点动绞龙升/降→平料结束关闭所有动作。

10. 自动烘干

将按扭转至“自动烘干”，通风风机至“自动”，根据气温等因素手动开启或关闭侧室、室顶加热，一般控温在35℃左右，切换室内/外风阀。

11. 自动出曲

“自动出曲”→调节圆盘转速→“出曲结束”。

12. 清洗后干燥

打开圆盘顶、上下室蒸汽阀→扭动制曲风机处手动运行状态→“风机”开（设置转速25Hz）→“干燥”开→调“风阀开度”至30%→待圆盘温度上升至65℃保持5min→“干燥”关→调“风阀开度”至100%→风机转速设置至45Hz→待圆盘温度下降至30℃，关闭所有设备的工作。

三、生麦曲与熟麦曲的性能比较

在黄酒传统生产工艺中，一直以来主要用生麦曲作为糖化剂。生麦曲中由于具有丰富的代谢物质，赋予黄酒特有的风味。但生麦曲有液化力、糖化力、蛋白质分解力较低的缺点。熟麦曲的液化力、糖化力、蛋白质分解力都较高，使得黄酒生产容易控制，这样又使研究人员对熟麦曲在传统黄酒生产中的应用兴趣倍增。但从目前的情况来看，用熟麦曲作为糖化剂，虽然能够达到以上目的，但所酿酒的风味却与生麦曲酿造的风味有一定区别，使它迟迟得不到广泛应用，特别是还没有在绍兴黄酒这类国家名酒的传统工艺上得到应用。通过在绍兴酒传统工艺基础上，结合生麦曲和熟麦曲的优点，进行应用研究，既能保持传统绍兴酒的风格特点，又能提高黄酒出酒率，达到质量、产量双丰收。

（一）液化力、糖化力、蛋白质分解力的比较

1. 实验材料

小麦、生麦曲、熟麦曲，由会稽山酿酒公司提供。

液化力、糖化力、蛋白质分解力测定参考《黄酒生产分析检验》。

2. 生麦曲、熟麦曲和小麦液化力、糖化力、蛋白质分解力的测定

生麦曲、熟麦曲和小麦的指标测定见表3-12。

表 3-12　　生麦曲、熟麦曲和小麦的指标测定

	生麦曲	熟麦曲	小麦
液化力/［g/(g·h)］	2.67	16	—
糖化力/［mg/(g·h)］	840	950	750
蛋白质分解力/［μg/(g·min)］	30	101	—

（二）酿酒试验

1. 实验流程

100g 糯米 → 浸米（15g/L左右）→（5~10d）蒸饭 → 装瓶（酒母 10mL、曲 16g、水 150g）→ 主发酵 →（30℃，2d）后发酵（25℃，2d）→（17℃，5d）过滤（15℃，10d）→ 成品

2. 酵母制备

100g 米 → 浸渍 → 蒸饭 → 装瓶（三角瓶培养液 10mL、水 200g、生麦曲 13.5g）→（pH4.1~4.4）培养 →（28℃，2d）酒母

3. 三角瓶培养液

菌种斜面 →（12°Bx，28℃，1d）一级液体培养液 →（12°Bx，28℃，1d）二级液体培养液

（1）二级培养培养液质量　酵母：0.5 亿/mL 以上，出芽率：20%以上，无杂菌。

（2）酒母质量　酵母：2 亿个/mL 以上，酸度：4g/L 以下，出芽率：10%以上，杂菌较少。

（3）加曲　分别加生麦曲、熟麦曲和混合曲。混合曲是根据实际情况，为了保证传统绍兴酒的风味，根据经验，认为在保持风味的前提下，尽量要增加生麦曲的加量，减少熟麦曲的加量，达到由生麦曲和熟麦曲组成的混合曲优势互补的目的，生产出质、量俱佳的产品。

（三）成品酒理化指标

三种曲传统发酵成品酒理化指标见表 3-13。

表 3-13　　三种曲传统发酵成品酒理化指标

	生麦曲	熟麦曲	混合曲（8∶2）
酒精度/%vol	15.8	16.9	16.5
还原糖/（g/L）	12.4	8.4	11.0
总酸/（g/L）	3.52	4.71	3.62
氨基氮/（g/L）	0.339	0.778	0.434

续表

	生麦曲	熟麦曲	混合曲（8：2）
挥发酸/（g/L）	0.0601	0.091	0.097
挥发酯/（g/L）	0.124	0.0993	0.118
杂醇油/（g/L）	0.336	0.345	0.326
除糖固形物/（g/L）	35.7	26.6	32.4
糊精/（g/L）	16.7	7.94	13.6
pH	4.15	4.36	4.20

如表3-15所示，不同曲的理化数据不完全一样。熟麦曲的糖化力、液化力和蛋白质分解力三个“力”高，表现为它所酿的酒酒精度、氨基氮和总酸最高；生麦曲的三个“力”较低，故它所酿的酒酒精度、氨基氮和酸度也最低；混合曲处于生、熟麦曲两者之间，故它的酒精度、氨基氮含量也处于它们中间。

还原糖、固形物、糊精也受到三个“力”的影响。生麦曲由于酶系复杂，酶活性低，故它所酿的酒还原糖、固形物、糊精含量最高；熟麦曲由于酶活性高，故它所酿的酒固形物、糊精含量最低，而混合曲所酿的酒则处于中间。

从氨基氮和杂醇油方面比较，熟麦曲所酿的酒氨基氮、杂醇油含量最高；生麦曲所酿的酒杂醇油含量其次，而氨基氮最低；混合曲的蛋白质分解力比较合适，分解的氨基氮处于中间，且比较合适，故它所酿的酒杂醇油含量比生麦曲所酿的酒含量还要低。

从糖谱（表3-14）中可以发现，熟麦曲所酿的酒低分子质量糖非常少，在糖谱上没有被测出，说明它发酵得比较彻底；生麦曲所酿的酒低分子质量糖、中分子质量糖和高分子质量糖都存在，且三种分子质量的峰面积最大；混合曲与生麦曲具有类似的糖类构成，峰面积只比生麦曲稍小些，这说明生麦曲和混合曲两者所酿的酒糖分比较相当。混合曲与生麦曲所酿酒的峰面积相比：混合曲的高分子质量降低，中分子质量和低分子质量增高，这不光使三者的比例更加合理，而且对酒的稳定性更加有利。这充分说明利用混合曲能较好地利用原料，使原料的出酒率更高些。

表3-14　三种曲所酿成品酒糖谱对比

项目	生麦曲		熟麦曲		混合曲	
	峰面积	比例/%	峰面积	比例/%	峰面积	比例/%
高分子质量	700529	68.3	274553	54.11	545685	66.06
中分子质量	265682	25.9	232799	45.89	223282	27.03
低分子质量	59441	5.8	—	—	57091	6.91

如表3-15所示，熟麦曲所酿的酒氨基酸含量最高，生麦曲所酿的酒氨基酸含量最

低，而混合曲所酿的酒氨基酸含量则处于中间，符合三者蛋白质分解力状况。从表中还可以得出，利用一定量的熟麦曲能够提高酒中的氨基酸含量，且补充了由生麦曲所不能产生的氨基酸，使酒中的氨基酸更加合理，提高了酒的营养。但由于氨基酸风味的复杂性，如氨基酸有甜、苦、鲜、酸和咸等味，它们对酒的风味将产生不同的效应。表 3-16 是三种曲所酿酒的苦味氨基酸的含量。从表中可以得出，生麦曲所酿的酒中苦味氨基酸含量最低，占氨基酸总量的比例也是最低，熟麦曲是它的 4 倍，混合曲是它的 2.2 倍。适当的苦味物质使酒产生刚劲丰满的效果，但过多的苦味物质往往使酒产生强烈的苦涩味，给酒带来不爽感。从下面感官品评结果中可得出结果：混合曲所酿的酒因有适量的苦味氨基酸，使酒刚劲丰满，而熟麦曲所酿的酒因有过多的苦味氨基酸，使酒苦涩味太重，这就达到了混合曲所酿的酒既能提高氨基酸含量，又能使酒的风味更丰满的目的。

表 3-15　　三种曲传统发酵成品酒氨基酸含量　　单位：mg/L

氨基酸种类	生麦曲	熟麦曲	混合曲（8：2）
Asp	319.16	1052.85	437.77
Glu	739.64	1896.95	960.66
Asn	296.87	390.54	340.70
Ser	269.35	582.71	351.42
Gln	633.07	1373.13	860.96
His#	175.78	465.16	218.10
Gly	365.53	882.57	443.05
Thr	210.75	448.27	260.21
Arg#	1177.91	2279.80	1158.21
Ala	—	2944.17	1236.64
Tyr#	—	1090.31	576.45
Cys-s	—	225.15	155.81
Val#	—	894.49	443.76
Met#	—	349.68	219.86
Trp#	280.88	123.12	104.39
Phe#	—	999.99	674.96
Ile#	135.91	462.35	262.64
Leu#	219.11	1278.52	749.67
Lys	33.83	972.91	544.26
Pro	575.91	1701.94	1896.95
总量	5433.71	20414.62	11896.47

注：带“#”氨基酸表示有苦味。

表 3-16　　三种曲传统发酵成品酒所含苦味氨基酸含量

	生麦曲	熟麦曲	混合曲
苦味氨基酸/（mg/L）	1989. 59	7943. 87	4408. 04
所占比例/%	36. 6	38. 9	37. 0
三者之间倍数	1	4. 0	2. 2

（四）成品酒感官品评

从表 3-17 得到以下结论：生麦曲所酿的酒与混合曲所酿的酒在感官风味上比较一致，特别是协调性和丰满度方面混合曲所酿的酒还要优于生麦曲所酿的酒；而熟麦曲所酿的酒由于含有较多的杂醇油、氨基酸，特别是苦味氨基酸较多，使它的苦味突出，鲜味过长，影响了它的风味。

表 3-17　　三种曲传统发酵成品酒感官品评比较

类别	生麦曲	熟麦曲	混合曲（8：2）
色	+	++	+
香	+++	++	+++
醇厚度	+++	++	+++
柔和度	+++	+	++
鲜洁度	+++	+++	+++
苦涩味	-	++	-
协调性	++	+	+++
丰满度	++	+	+++
典型性	+++	++	+++
分数	83	75	85

注：“+”表示程度，越多表示越重或越好；“-”表示无或轻。

（五）扩大试验比较

前面试验都是在 1000mL 的三角瓶中进行的，为了进一步验证配方在生产上的可行性，将实验扩大到缸中进行，原料取量为 100kg，加水量为 150kg，曲分别用生麦曲、熟麦曲和混合曲。表 3-18 为发酵后成品酒的质量。从表中数据可看出，三种曲所表现出的指标与小试相似。由于在较大环境下，使得发酵更为彻底，其中酒精度、氨基氮、挥发酯等都增高了些，而还原糖、固形物、糊精等都下降了些。除熟麦曲所酿的酒固形物低于绍兴酒元红酒国家优级标准外，其他两款酒各种指标都达到优级标准，且从感官品评上，混合曲在酒的鲜爽程度、协调性和丰满性方面都优于生麦曲，感官总体评价混合曲略好于生麦曲，可以作为生产性配方做进一步的试验，达到质量和产量都能提高的目的。

表 3-18　　三种曲扩大实验酒中各物质的含量

项目	生麦曲	熟麦曲	混合曲（8：2）
酒精度/%vol	16.3	17.3	16.8
还原糖/(g/L)	8.4	4.5	7.8
总酸/(g/L)	4.58	5.61	4.62
氨基酸/(g/L)	0.450	0.873	0.532
挥发酸/(g/L)	0.120	0.183	0.164
挥发酯/(g/L)	0.183	0.112	0.178
杂醇油/(g/L)	0.384	0.401	0.365
非糖固形物/(g/L)	33.5	25.4	32.4
糊精/(g/L)	14.5	6.38	14.2
pH	4.22	4.46	4.25
风味	柔和，较鲜爽，较协调，较丰满	较柔和，鲜太长，苦涩重	柔和，鲜爽，协调，丰满

从发酵结果来看，不但得出用生麦曲所酿的酒质量比熟麦曲要好的结论，而且还可以通过按生麦曲和熟麦曲的一定比例混合作糖化剂，能够加快发酵速度，并可以酿造出与生麦曲所酿的酒风味相媲美的酒，实现了用混合曲在传统工艺生产中能提高酒的质量和产量的研究目的，为进一步改良传统工艺打下良好的基础。混合曲中生麦曲与熟麦曲以 8：2 的比例混合较佳。

第三节　水

水的化学分子式为 H_2O，相对分子质量为 18.015，是一种无色、无味的液体，分布在大部分的地面。纯粹的水理论上的熔点（或凝固点）为 0℃，沸点为 100℃。

自然界的水一般不会是纯粹的，其化学结构有多种形式，例如，H_2O、H_4O_2（二聚水）、H_6O_3（三聚水），或者是它们三种的混合物。

水是地球上最丰富的化学物质。它的三种形式（液体、固体和气体）中的任何一种都有无穷无尽的用途。

酿造黄酒既需要水作为原料，也需要水作为媒介。有了水，就可以完成各种生物化学作用，也可以让微生物完成各种新陈代谢反应，从而形成酒精和有关的各种风味物质及芳香成分，所以说“水是酒之血”。

在黄酒生产中水的用量很大，包括酿造用水，浸米、制曲用水，洗涤、冷却用水及锅炉用水等，一般生产 1t 黄酒需耗水 10~20t。

一、 酿造用水的水质要求

（一） 酿造用水的基本要求

1. 应符合我国《生活饮用水标准》（GB 5749—2006）

具体指标见表 3-19。

表 3-19　　水质常规指标及限值

指　标	限　值
1. 微生物指标[a]	
总大肠菌群/（MPN/100mL 或 CFU/100mL）	不得检出
耐热大肠菌群/（MPN/100mL 或 CFU/100mL）	不得检出
大肠埃希菌/（MPN/100mL 或 CFU/100mL）	不得检出
菌落总数/（CFU/mL）	100
2. 毒理指标	
砷/（mg/L）	0.01
镉/（mg/L）	0.005
铬（六价）/（mg/L）	0.05
铅/（mg/L）	0.01
汞/（mg/L）	0.001
硒/（mg/L）	0.01
氰化物/（mg/L）	0.05
氟化物/（mg/L）	1.0
硝酸盐（以 N 计）/（mg/L）	10 地下水源限制时为 20
三氯甲烷/（mg/L）	0.06
四氯化碳/（mg/L）	0.002
溴酸盐（使用臭氧时）/（mg/L）	0.01
甲醛（使用臭氧时）/（mg/L）	0.9
亚氯酸盐（使用二氧化氯消毒时）/（mg/L）	0.7
氯酸盐（使用复合二氧化氯消毒时）/（mg/L）	0.7
3. 感官性状和一般化学指标	
色度（铂钴色度单位）	15

续表

指　标	限　值
浑浊度（散射浑浊度单位）/NTU	1 水源与净水技术条件限制时为 3
臭和味	无异臭、异味
肉眼可见物	无
pH	不小于 6.5 且不大于 8.5
铝/（mg/L）	0.2
铁/（mg/L）	0.3
锰/（mg/L）	0.1
铜/（mg/L）	1.0
锌/（mg/L）	1.0
氯化物/（mg/L）	250
硫酸盐/（mg/L）	250
溶解性总固体/（mg/L）	1000
总硬度（以 $CaCO_3$ 计）/（mg/L）	450
耗氧量（COD_{Mn}法，以 O_2 计）/（mg/L）	3 水源限制，原水耗氧量>6mg/L 时为 5
挥发酚类（以苯酚计）/（mg/L）	0.002
阴离子合成洗涤剂/（mg/L）	0.3
4. 放射性指标[b]	指导值
总 α 放射性/（Bq/L）	0.5
总 β 放射性/（Bq/L）	1

[a]MPN 表示最可能数；CFU 表示菌落形成单位。当水样检出总大肠菌群时，应进一步检验大肠埃希菌或耐热大肠菌群；水样未检出总大肠菌群，不必检验大肠埃希菌或耐热大肠菌群。

[b]放射性指标超过指导值，应进行核素分析和评价，判定能否饮用。

2. 下述项目的要求应高于一般生活用水的标准

（1）pH 最好为 6.8~7.2。

（2）总硬度为 2~7 度。

（3）硝酸态氮<0.2mg/L。

（4）细菌总数：无。

（5）大肠菌群：无。

（6）游离余氯量<0.1mg/L。

总之，优质的酿造用水应该是盐分低、硬度低、中性至微酸性（pH6.8~7.2），无沉淀、无悬浮物等杂质、无有机物杂质或有毒物质污染、无病原体、无色、无臭、无味、清亮透明的水质。如果天然水的水质较好，则尽量采用天然水，但如水质较差，则可采用现代的水处理技术改良，以达到酿造用水的要求。

（二） 酿造用水的物性指标要求

1. 色度

水的色泽主要是由胶质悬浮物和溶解性物质所形成，不包括可沉淀的悬浮物。即水的色度可分为真色和假色，水中存在悬浮物质所造成的色泽称为假色，除去这些悬浮物之后呈现的色泽称为真色。水质标准中色度不超过15度是指水的真色。纯洁的水应为无色、透明、无沉淀，江、河、湖泊、水库的水层浅时呈无色，深时似浅蓝色，但实际真色仍为无色。有色的水是受到严重污染的水，被腐殖质污染时呈浅黄色乃至棕黄色；低铁化合物含量多时，水为浅蓝色，高铁化合物使水呈黄色；硫化氢被氧化后析出的硫也使水呈蓝色；沼泽水通常因植物的单宁与铁化合而呈灰黑色。用色度不佳的水酿造黄酒，其成品黄酒的色泽不会鲜亮。

2. 浑浊度

浑浊度由悬浮物质和胶体物质所形成。悬浮物由不溶于水的泥土、有机物、硫化氢、矿物质等微粒组成。水质标准规定不超过5度（即1L水中悬浮物含量相当于白陶土5mg）。天然水略呈浑浊，浑浊度在5度以下时，虽无多大害处，但也应避免。对于由生活污水或工业废水污染所造成的浑浊水，则不应作为酿造用水。

3. 臭和味

臭和味虽是两种不同的感觉，但互相间有联系。水质标准规定，清洁的水，冷水或煮沸后均无异臭、无异味；而被污染的水往往产生一些不正常的臭气和异味。水中若有藻类、有机物、硫化氢、矿物质等天然成分或受工业废水的污染，则均会呈现异臭和异味。如水接触污泥呈泥土臭及涩味；水中藻类较多时有鱼腥气和霉味；氯化钠多时呈咸味；氯化镁、硫酸镁、硫酸钠多时呈苦味。氯化钠、氯化镁、硫酸镁的味觉阈值分别为16.5mg/L、135mg/L、250mg/L，铁盐的味觉阈值为0.15mg/L，水中含铁量在0.3mg/L以上时呈涩味。

含有异臭和异味的水是不符合标准的，不宜作为酿造用水。

4. 肉眼可见物

水中如含有肉眼可见的水生物及令人厌恶的物质，不仅使人有外观不快之感，更危险的是这些物体往往成为一些致病菌、病毒的掩护体。这些病原体包藏在里面，加氯消毒时不易杀灭，会导致传染病的流行，因此水质标准规定，不得含有肉眼可见物。

（三） 酿造用水的化学指标要求

1. pH

对于酿造用水只要求在中性附近就行了，理想的pH为6.8~7.8。水中酸度增高可能是大量钙及有机酸或重金属盐类水解所致，矿化度很强的水，都具有碱性反应，海水倒流入侵江河时 pH 可达 8.0 以上。将超过极限值的水用于酿造黄酒，则酒的口味不佳。

2. 硬度

水的硬度是指溶解在水中的碱金属盐的总和。而其中钙盐和镁盐是硬度指标的基础。酿造用水的适宜硬度为 2~7°d，最高不超过 12°d。

3. 铁含量

铁是水中的常见杂质，包括亚铁和高铁。含铁太高的水会影响酒的色、香、味。日本酿造清酒时，认为铁是最讨厌的成分，要求含量越低越好。日本 1966 年的酿造用水卫生要求铁含量应低于 0.02mg/L。我国啤酒酿造用水要求 0.3mg/L 以下，最高极限 0.5mg/L 以下；铁含量大于 1mg/L 时，会使酒中带有不愉快的铁腥味，口味粗糙，色泽差。黄酒酿造用水也应要求在 0.5mg/L 以下为宜（我国生活饮用水规定应小于 0.3mg/L）。亚铁和有机酸化合成的各种络合物，将会严重影响酒的色泽，产生褐色沉淀物，因此，过去黄酒厂都用高纯度锡制作设备和容器。目前黄酒生产走上机械化道路后，对于铁质容器应重视涂料保护层的选择，尽量避免酒和铁质的直接接触，有条件的单位，应当采用不锈钢来制作设备。

4. 锰含量

我国饮用水规定锰含量应小于 0.1mg/L。日本要求各种酿造用水应低于 0.02mg/L，由于水中微量锰对酵母生长有利，过量则使酒口味粗糙并有涩味，故酿造用水应要求锰含量在 0.1mg/L 以下。

5. 铜、锌、镉、铬、铅含量

虽然微量的铜对酵母的代谢有益，但总的来讲重金属离子过量不但对人体有害，而且对酵母也有毒性，且抑制酶活性，并易引起黄酒浑浊。因此，它们的含量必须符合生活饮用水标准，方能作为酿造用水。

6. 有机物（高锰酸钾耗用量）

有机物是水被污染的标志，因直接定量对于一般工厂有困难，通常用高锰酸钾的耗用量表示，超过 5mg/L 为不洁水，不能使用。

7. 氨态氮

氨态氮在水中是以游离或者成铵盐状态存在的，其来源较多，主要是由于有机物质被微生物分解而生成。氨态氮含量多，表示水源在不久前曾受到过严重污染。氨态氮对酒的品质有极大的负面影响，因此，要求其含量为零，最高极限为 0.5mg/L，最好为不检出。

8. 硝酸根态氮和亚硝酸根态氮（以氮计）

水中有亚硝酸根态氮，就表示水样中有机物质的分解过程并没有达到最后阶段。

亚硝酸根是致癌物质，并能引起酵母功能性损害，因此，要求其含量为零，不得检出。

水中硝酸根态氮的存在，绝大部分是从动物性物质污染分解而来，其含量要求0.2mg/L以下，最高极限为0.5mg/L。但当水中其他氮的化合物不存在时，表示有机物已分解完成，硝酸根态氮的含量可以放宽。

9. 氯化物（以 Cl^- 计）

氯化物在所有的水源中几乎都存在，一般是以钠、钙、镁等化合物形式存在。离海越近，水中的氯化钠含量越高。每升水中含量应在20~60mg。少量氯化物对微生物新陈代谢有利，但过量易引起酵母早衰，并使酒带有咸味。氯化物最高极限为80mg/L。

10. 游离氯（以 Cl_2 计）

城市酿酒使用自来水时，对余氯量要求不同，水厂供水按卫生要求，在接触30min后，游离余氯量不低于0.3mg/L，酿造用水要求不高于0.1mg/L，游离余氯量过高时会形成氯臭和氯酚臭。在一般情况下，氯臭在酿酒过程中会自行消失。

11. 硅酸盐（以 SiO_3^{2-} 计）

水中硅酸盐含量过高时，易形成胶体物质的胶团，影响发酵和过滤，引起成品酒胶体浑浊，并使口味粗糙。硅酸盐含量最好能在50mg/L以下。

12. 钾、钙、镁、磷酸根

钾、镁、磷酸是有助于曲霉和酵母增殖的成分，含量不足时，会使曲霉和酵母生长不好，影响糖化和发酵。钙是有助于从曲中溶出酶和促进酶作用的成分。因此，要求水中含钾为适量，磷酸盐在3~10mg/L以内，含钙、镁总量为36~90mg/L。

13. 总固体与总溶解盐类

水中所含总固体是总溶解盐类与悬浮性固体及胶体物质三者的总称。在一定的水质条件下，总溶解盐类与氯化物的比值接近于常数，总溶解盐类最好能在100mg/L以下，但一般在100~200mg/L，最高极限为500mg/L。用含盐量过高的水酿酒，口味苦涩、粗糙。

14. 氟、氯、砷、硒、汞等

氟、氯、砷、硒、汞等的含量都应符合生活用水卫生规程的标准。

（五） 酿造用水的微生物要求

天然水接触空气、流经农田或受生活污水的侵入，不免有各种微生物混入。细小的河道或靠近岸边的水，有机杂质及微生物含量会特别多。酿造用水必须防止生活污水和工业废水的污染，防止被伤寒杆菌、痢疾杆菌（志贺菌）等病菌和病毒侵入。因此，细菌总数和大肠菌群的量，应符合生活饮用水卫生标准，以免危害人体健康。

酿造用水与生活饮用水的主要差别如表3-20所示。

表 3-20 酿造用水与生活饮用水的主要差别

项目	单位	生活饮用水标准	酿造用水要求	
			理想标准	最高极限
pH		6. 5~8. 5	6. 8~7. 2	6. 5~7. 8
总硬度	度	<20	2~7	<12
硝酸态氮	mg/L	<10	<0. 2	<0. 5
细菌总数	个/mL	<100	无	<100
大肠菌群	个/L	<3	无	<3
游离余氯量	mg/L	<0. 3	<0. 1	<0. 3

二、 水源的选择

应选择水源充足、水质优良的地点作为厂址。

自然水源一般有雨水、地面水和地下水等。大气中的水蒸气在空气中凝结，成为雨水降落到地面上，也称之为天然蒸馏水。但是当它降落时，大多附着有悬浮在空气中的尘埃和微生物，并溶有各种气体。城市中的雨水很不清洁，尤其是受有害气体污染严重的地区更为不好。地面水是指海水、溪水、水和湖水，雨水和雪降落到地面后很快就被土壤微生物及其他物质所污染。一般溪水比较洁净，含微生物数量少。未经工业和生活污染的河水、湖水也比较洁净。地下水即水透过土层流至地下到了黏土或岩石层就积累起来的井水或深处涌出地面的泉水，因为水通过地层时有过滤作用，除去一部分或大部分微生物，故最为清洁。

清洁的水从感官检验应该是无色、无臭、无味的，带色的水常常是由于植物性物质或矿物质溶入水中或泥沙悬浮物所致。而被工业废水污染了的水其色、臭味就更为复杂。

从水的组成分析，江河水硬度较小，碳酸少，含氧量大，悬浮物多，有机物也多，水质随季节变化大，一般冬季水质优于其他季节。湖泊水与江河水相似，因移动性小，外观较清，但随着藻类、菌类的生长，有机物含量增高。地下水清而无悬浮物，但通常硬度较高，其硬度随地区不同变化很大。地下水由于有地层的保温作用，因而其温度较稳定，不受季节温度的影响。由于地下水硬度较高，若不加处理和去除，很容易受空气氧化而产生色、味变化等不良影响。

因此，选择水源时，必须选取宽阔洁净的河心水、湖心水或泉水、深井水与自来水。天然水从江、湖、河流或浅井的地表水至深井的地下水、泉水或水厂的自来水，首先都应达到水质清洁、无色、透明、无沉淀，冷却或煮沸后均无异味、异臭，口尝有清爽的感觉，没有咸、苦、涩味，符合我国的生活饮用水卫生标准的优良水质，才是理想的酿造用水。凡是浑浊不清，有悬浮物，有咸味、苦味、涩味，水源被污染，水质分析证实不符合生活饮用水卫生标准的，都不可直接作为酿造用水，应根据当地自然水源的水质状况，采取经济有效、简单方便的水处理方法，对水质加以适当的处理和改良，确保达到酿造用水要求后，方能使用。

三、水的净化处理

水的净化处理是将水中的悬浮杂质除去。悬浮杂质包括泥沙、黏土、微生物、藻类及原生动物等。它们使水质浑浊，产生异味、色度和影响卫生。用于酿制黄酒时，会影响黄酒的正常发酵，影响成品黄酒的色泽及口味。

（一）水的混凝

要使水澄清，通常可采用混凝、絮凝和沉淀等方法。混凝是通过带电荷粒子的电荷中和，使水中悬浮颗粒失去稳定，它们之间不再互相排斥而能够聚集在一起；絮凝是使失去稳定的或经过混凝的颗粒聚集在一起形成较大的聚合体；沉淀是用物理方法将经过混凝与絮凝的聚合体从水中除去。若不经过混凝处理，采用自然沉淀法只能除去水中较大的悬浮固体。

在进行混凝和絮凝时，常在水中加入一定量的混凝剂和助凝剂。由于地表水中悬浮粒表面起主导作用的电荷是负电荷，故混凝剂应能提供阳离子，以进行中和。常用的混凝剂有明矾和硫酸亚铁。

由于混凝剂的使用受 pH 的限制，而获得较大的絮凝体，又必须加入过量的混凝剂。为使混凝剂产生最佳效果，利用助凝剂来提高沉淀速度和澄清能力，可保证在较大的 pH 范围内获得良好的混凝效果，有助于提高现有澄清设备的处理能力。常用的助凝剂有碱淀粉、海藻酸钠、活性硅酸钠等。

为保证微生物指标，混凝和絮凝时，应加入适量的氯，以达到灭菌的效果，常用的氯有液氯、次氯酸钠等，使用时必须有专用的设备。

（二）水的过滤

过滤是将经过沉淀的水中的沉淀物除去的一种工艺过程。通常是使水通过一种多孔性或具有孔隙结构的介质（如砂），水中的沉淀物、悬浮物被介质截留，而水则通过介质得到净化。

过滤的工艺过程基本上由两个过程组成，即过滤和冲洗。过滤为生产清水的过程，而冲洗是从滤料表面冲洗掉污物，使之恢复过滤能力的过程。多数情况下，过滤和冲洗的水流方向相反，因而一般把冲洗称为反冲或反洗。

常用的过滤设备有滤池和砂棒过滤器。滤池是使用最广泛的过滤设备，它从上至下用细砂、中砂、粗砂、小卵石、大卵石等填充料制成，滤层总厚度为 60~70cm，过滤速度一般为 5~10m/h。砂棒过滤器是采用细微颗粒的硅藻土等，经成形后在高温下焙烧而成的一种带有极多毛细孔隙的中空滤筒。工作时，具有一定压力的水由砂棒毛细孔进入滤筒内腔，而杂质则被阻隔在砂棒外部，过滤后的水由砂滤筒底部流出，从而完成过滤操作。

滤池和砂棒过滤器都需要定期清洗，清洗时借助泵的压力，将清洁水反向输入过滤设备中，利用水流的冲力将杂质冲洗下来。

（三） 离子交换与电渗析

通过混凝和过滤，可以将自然界的淡水中的悬浮杂质除去，达到透明无杂味的要求。但有的地区由于水质硬度较高，通过混凝和过滤后仍达不到黄酒酿造 2~6°d 的水质要求，故仍需用离子交换法、电渗析法等水处理法处理硬度较高的水。

离子交换法是利用离子交换树脂来软化水的方法。它是一种能用一种离子交换另一种离子的物质，能暂时占有某种离子，然后再把它释放到再生液中，使水得到软化。

离子交换树脂是一种球网状固体的高分子共聚物，不溶于酸、碱和水，但吸水膨胀。树脂分子中含有极性基团和非极性基团两部分，膨胀后极性基团上可扩散的离子与水中的离子（如钙、镁离子）起交换作用；而非极性基团则为离子交换树脂的骨架。由于水中的钙、镁离子被树脂置换，水也就得到软化。

当离子交换树脂处理一定量的水后，离子交换能力下降，称为树脂的“失效”或“老化”。为此，必须进行再生，其机理是水处理的逆反应。再生方法因树脂的种类和使用方法而异。

电渗析法是通过具有选择透过性和良好导电性的离子交换膜，在外加直流电场的作用下，使水中的阴、阳离子分别通过阴离子交换膜和阳离子交换膜，从而除去水中的离子态物质。

电渗析器有立式和卧式两种方式，其基本部件均由离子交换膜、浓（淡）水室隔板、极水隔板和电极等组成。

酿造用水的各种净化处理方法见表 3-21。

表 3-21　　酿造用水的各种净化处理方法

方法	作用
砂滤	去除夹杂物、微生物
明矾等凝集	去除有机物、夹杂物、无机离子
曝气	去除气体、无机离子
紫外线照射	杀死微生物
氯处理	杀死微生物，去除无机离子等
离子交换树脂	去除无机离子

续表

方法	作用
活性炭过滤	去除臭气、有机物、氨、氯臭、有色物、无机离子
膜过滤	去除夹杂物、微生物
电渗析	去除无机离子等
反渗透	去除无机离子等

第四章

传统黄酒酿造技术

传统黄酒酿造基本上传承了古代“曲法酿造”的特点，并在传承中加以发展。这里以绍兴酒为代表加以介绍。

传统黄酒的酿造，季节性比较强，大多在低温的冬季生产。例如，绍兴黄酒的酿造，传统上多在立冬（农历 11 月 7 日左右）开始酿制淋饭酒母，在小雪以后开始酿摊饭酒，至立春便停止蒸饭投料。强调采用“冬浆冬水”，主要原因是冬天气温低，发酵时间长，酿得的黄酒口味鲜美、醇厚；同时冬天低温下，有害微生物不易生长繁殖，且冬季水中杂质和微生物也比较少，容易控制，有利于黄酒开放式发酵。

而酒曲（麦曲、酒药）的制作恰恰相反，在大热的盛夏中，气温较高，微生物比较活跃，易在谷物上生长，生产所需的酶。

二者对时令的选择，体现了古人的聪明才智。

黄酒的酿造分类如下。

（1）按落饭方式分　淋饭法、摊饭法、喂饭法等。

（2）按成品黄酒含糖量分　干酒、半干酒、半甜酒、甜酒等（见附录一）。

（3）按产品风格分　传统型、清爽型、特性等。

（4）按产地分　例如绍兴酒原产地保护（见附录二）。

第一节　大米原料的处理

一、浸米

（一）目的

（1）大米通过浸渍，使米粒充分吸水后便于蒸煮，易于淀粉糊化。

（2）较长的浸米时间，有利于乳酸菌生长繁殖、发酵，产生乳酸和乳酸菌素，有利于黄酒酿造时有一定的初始酸度，形成较低的 pH，有利于黄酒开放式发酵的顺利进行及黄酒较长时间贮存而不酸败，达到“以酸治酸”的目的。

（3）浸米浆水中含有较高含量的氨基酸和生长素，是酵母良好的营养成分，可促进酵母菌生长繁殖。

（4）浸米过程中产生的乳酸对黄酒柔和丰满的独特风味有着重要的作用。

（二）操作

（1）传统浸米操作都是在大缸中进行，需要占用大量的酒缸和场地。现在大多数酒厂都改用浸米池或浸米罐，节省了场地，减轻了工人的劳动强度，同时大容器浸米更有利于浸米时乳酸菌的乳酸发酵。

(2) 浸米时的浸米水一般高出米面6~10cm，米粒不得露出水面，也不宜米面上水量过大，浆水酸度较低，降低了浸米生酸的效果。若米面露出水面，一般不宜用清水补充而宜用浆水。

(三) 浸米期间的变化

(1) 浸米过程中如上所述，有乳酸产生，经分离培养得知，主要为乳酸链球菌。

(2) 浸米初期所溶解出的一部分淀粉，经米粒本身含有的淀粉酶作用，转化成糖，再被乳酸菌利用。同时谷物本身及微生物的蛋白质分解酶作用，将米表皮的蛋白质分解成氨基酸。如用长玻璃管从浸米开始逐日插入缸心吸取样品，测定其总酸及氨基酸的变化情况（表4-1）。从例一、例二的测定结果可以看见，总酸逐日上升，开始时酸度为0.4g/L，经16~20d，酸度上升至13.5~15.8g/L（挥发酸仅0.42g/L），氨基酸也从开始时的0.4g/L左右，上升至4.2~5.4g/L。浆水的总酸及氨基酸变化因气温不同而有高低，如例三，气温白天一般在5℃左右，早夜有冰冻，气温在0℃以下，取样测定总酸仅9.5g/L，氨基酸仅2.9g/L。

现将浆水中总酸及氨基酸变化情况列于表4-1。

表4-1 浸米期间浆水总酸及氨基酸的变化情况

日序	摘要	气温/℃			品温/℃			总酸/(g/L)			氨基酸/(g/L)		
		例一	例二	例三	例一	例二	例三	例一	例二	例三	例一	例二	例三
0	开始浸米	10	11.5	6	15	13	11	0.4	0.3	0.6	0.45	0.4	0.6
1		10.5	14	5	13	15.5	10	0.9	1.2	1.1	1.15	0.9	1
2		9.5	18	8	12	16	9.5	3.2	2.2	1.4	1.7	0.9	1.2
3		10	16	5	12	7	8	5.2	6.4	2.1	2	1.4	1.2
4		9	10.5	5	12	14.5	8	8.7	7.6	4.7	2.5	1.8	1.3
5		—	—	4	—	—	7	—	—	6	—	—	1.5
6		—	12	5	—	12	6.5	—	9.6	6.6	—	2.4	1.8
7		11.5	6.5	6	10.5	9.5	5	9.7	11	7.2	2.6	2.8	1.7
8		13	6.5	9	11	10	7	10	11.6	7.3	2.8	3.4	1.8
9		12	2	11	12.5	9.5	7	10	11.6	7.4	3	3.8	1.9
10		10	10	14	11	9	9	11.2	12	7.9	3.6	4	1.9
11		11.5	3.5	11	13	6.5	9	12.8	12	8.4	3.6	4.4	2.4
12		—	9	12	—	8	11	—	11.8	8.6	—	4.4	2
13		19	17	12	13.5	10	12	12.8	12	8	3.8	4.4	2
14		17.5	14	12	15.5	11.5	12	13	12.8	10.1	4.4	4.4	2.9

续表

日序	摘要	气温/℃			品温/℃			总酸/（g/L）			氨基酸/（g/L）		
		例一	例二	例三	例一	例二	例三	例一	例二	例三	例一	例二	例三
15		10.5	12.5	4	15	10.5	10	13.4	13.5	9.4	4.6	4.4	2.9
16	第二、三例抽米	9.5	12	1	14	10.5	5	14.8	8.8	5.4	4.6	4.2	1.6
17		12	—	—	13	—	—	14.2	—	—	5	—	—
18		8.5	—	—	12	—	—	15.8	—	—	5.4	—	—
19	第一例抽米	—	—	—	—	—	—	—	—	—	—	—	—
20		2	—	—	8	—	—	11	—	—	4	—	—

注：①品温为缸心温度；②样品为抽米后上下浆水混合后的样品。

绍兴黄酒糯米浆水中含有蛋白质、氨基酸、有机酸、淀粉、糖类、脂肪和微生物等十分复杂的成分，为研究米浆水中的氨基酸含量情况，曾进行了定量滤纸色谱法的研究，其结果如图 4-1 所示：

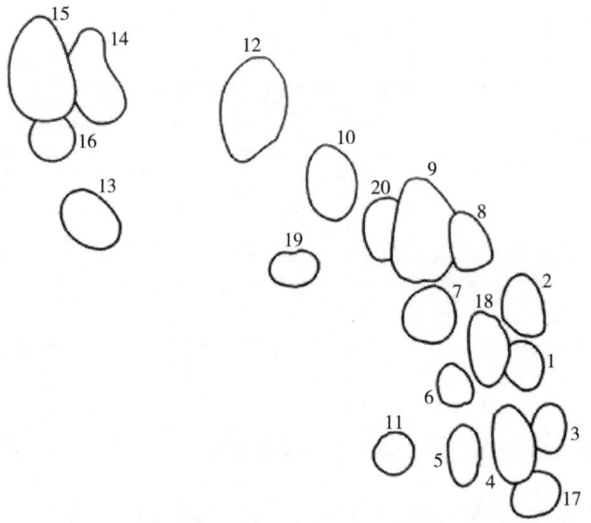

图 4-1　浆水中氨基酸的色谱图

1—天冬氨酸　2—谷氨酸　3—赖氨酸　4—精氨酸　5—组氨酸　6—甘氨酸　7—羟丁氨酸　8—γ-氨基丁酸　9—丙氨酸　10—酪氨酸　11—未知　12—缬氨酸　13—色氨酸　14—异白氨酸　15—白氨酸　16—苯丙氨酸　17—胱氨酸　18—丝氨酸　19—未知　20—脯氨酸

糯米浆水、米糠浸液内游离氨基酸含量见表 4-2。

表 4-2　　糯米浆水、米糠浸液*内游离氨基酸含量

氨基酸	糯米浆水中游离氨基酸含量/（mg/100mL）	米糠浸液内游离氨基酸含量/（mg/100mL）	备注
天冬氨酸	140	160	
谷氨酸	230	220	
赖氨酸 精氨酸　组氨酸	720	1400	
甘氨酸	微量	60	
苏氨酸（羟丁氨酸）	400	320	
γ-氨基丁酸	微量	微量	
丙氨酸	750	450	以精氨酸计
酪氨酸	290	390	
缬氨酸	230	200	
异亮氨酸（异白氨酸）	微量	微量	
亮氨酸（白氨酸）	400	730	以白氨酸计
苯丙氨酸	—	—	
胱氨酸	—	—	
丝氨酸	微量	1390	
色氨酸	微量	微量	
脯氨酸			

注：*米糠的浸渍方法与糯米同，作对照用。

（3）糯米浸渍前后的物理变化从表 4-3 可知，浆水中固形物含量高达 3.3%，浸渍后糯米损耗量达 6.5%~6.9%，淀粉的损失率达 4.5%~5.3%，但浆水中淀粉含量仅 0.2%左右，比淋饭法浸渍 40h 时还少。

表 4-3　　糯米浸渍前后的物理变化

项目	例一	例二	项目	例一	例二
浸渍前米重/kg	288	288	浸渍后米含淀粉/%	67.43	68.17
浸渍后米重/k	402	402	浆水中淀粉含量/%	0.237	—
浆水重/kg	168	165	浆水中固形物含量/%	3.35	3.32
原米含水量/%	14.61	14.61	浸渍后质量损失率/%	6.91	6.5
浸渍后米含水量/%	43	41.88	浸渍后淀粉损失率/%	5.28	4.54
原米含淀粉/%	72.71	72.71	浸米日数/d	15	15

注：浸渍后米含淀粉仍按原米湿基计。

二、 蒸饭

（一） 目的

（1）经加热蒸饭，大米中的结晶型β-淀粉转变成三维网状结构的α-淀粉，即α-化，也称为淀粉的凝胶化或糊化，容易被淀粉酶水解，转化为糖或糊精。糖化酶对上述两种淀粉作用的难易程度相差5000倍，说明蒸煮为淀粉酶作用创造了良好的条件。

（2）蒸煮同时可消除原料中的异杂味，使酒的风味纯正。

（3）蒸饭的同时也对浸渍后的米粒进行了杀菌。

（二） 蒸饭的要求

饭粒外硬内软，熟而不糊，透而不烂，内无白心，颗粒光洁，熟度一致。

（三） 蒸饭设备

1. 蒸桶

将沥干浆水的湿米捞入箩筐中进行过秤，一般每缸分四箩，将过秤湿米倒入蒸桶中摊平，进行上汽蒸煮。如果是糯米，蒸煮若干分钟，如果是粳米，则在穿汽后，添加若干高温水，让米粒充分吸水，并适当延长蒸煮时间，其时间长短控制与蒸汽压、温度、米质的软硬有关。采用间歇式手工操作，劳动强度大，效率低，大生产中现在已很少应用。

2. 蒸饭机

蒸饭机有立式蒸饭机和横式（卧式）连续蒸饭机两种。立式蒸饭机适合于糯米，不适合粳米蒸饭，且蒸饭时间较短，米饭质地较硬，虽然其具有结构简单、制作容易、造价低、占地小、能耗较低及操作简便等优点，但由于所蒸米饭质量不十分符合黄酒生产工艺要求，因此黄酒厂较少使用。目前行业使用较多的是横式蒸饭机。其结构如图4-2所示，主要部件是不锈钢网带及汽室。米由料斗进到网带，厚度约25cm。网带由两端的鼓轮带动，全程运行时间25~40min。在载米网带下有6~8个汽室，从锅炉来的蒸汽进入气压调节器调整压力后，分别进入汽室，各室的气压可相等也可不等。蒸汽通过米层后由上方的排汽筒排放。熟饭在尾部经过风冷或水冷后经出料口排出。由于粳米米质较硬，为了达到米饭的熟度和控制米饭的软硬程度，一般在蒸饭机的近中部处设喷淋热水和搅拌装置，以便在蒸饭途中追加热水喷淋，并进行搅拌翻动，促使饭粒吸水再次膨胀。

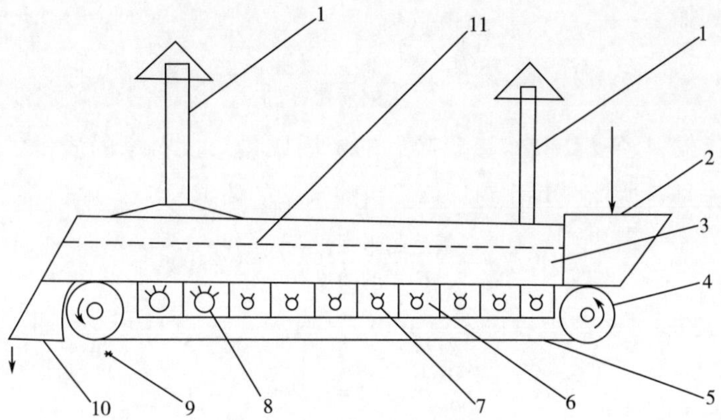

图 4-2 横（卧）式连续蒸饭机

1—排汽筒 2—进料口 3—米层高度调节板 4—鼓轮 5—不锈钢带 6—蒸汽室
7—蒸汽管 8—冷风管 9—刷子 10—出料口 11—米层

（四） 蒸饭操作

1. 放浆

蒸饭前应先将米和米浆水分离，只有将湿米沥干，才能将米饭蒸熟至符合黄酒酿造工艺要求。方法有三种：一是抽米操作，二是放浆操作，三是捞米操作。这三种方法以抽米操作最适合黄酒的工艺要求。但因浸米池的应用及人工劳动强度大，此法已很少有厂家使用。放浆后的大米不能让雨水淋湿，否则会将附着在米粒中的酸浆冲淡，同时也会让已沥干的米粒含水量增加，影响蒸饭质量。

2. 蒸饭

（1）蒸饭时间　在蒸饭的前半段，蒸饭的具体时间因米层厚度、蒸汽量、米温等不同而异。后半段所需时间随饭粒淀粉的消化性、含氮成分溶出等差异而不等。一般使淀粉 α-化的最短时间为 15min，因此无论采用蒸桶或机械化蒸饭，均自蒸汽接触米粒起蒸 20min。

（2）蒸汽及其用量　蒸饭时的蒸汽需要量，理论上按浸米的吸水率和米温而定，约为白米质量的 10%。但用蒸桶等蒸饭时，其蒸汽耗量较多，通常为理论值的 2~3 倍。

从锅炉出来的蒸汽经过管道会有铁锈等混入，需要安装 1μm 的蒸汽过滤器去除铁锈。另外，有的锅炉所产的高压过热蒸汽很干，会使所蒸的米饭饭粒也较干，出饭率较低，不利于糖化发酵。因此，应让蒸汽先经盛有清水的装置后成为饱和蒸汽再用以蒸饭。

（3）饭粒吸水率与出饭率　饭粒吸水率指自大米成为饭粒的总吸水率，通常为 135%~144%，其中蒸饭后质量约增加 10%，而淋饭后的饭粒总吸水率会达到 180%左右。其计算公式如下：

$$饭粒吸水率=\frac{米饭质量（kg）-大米质量（kg）}{大米质量（kg）}\times100\%$$

出饭率是指投料经浸渍吸水、蒸饭后的米饭质量与投料米的质量之比，它主要用来衡量蒸饭操作是否达标，并作为计算投料配水量的依据。

$$出饭率=\frac{蒸饭后的米饭质量（kg）}{投料米的质量（kg）}\times100\%$$

如投料米 100kg，经蒸饭后得米饭 160kg，则：

$$出饭率=\frac{160kg}{100kg}\times100\%=1.6\times100\%=160\%$$

3. 冷却

冷却的目的是使蒸熟的米饭温度迅速地降到适合于发酵微生物生长繁殖的温度，即达到落缸温度的要求，避免冷却时间过长被有害微生物侵袭而导致发酵异常。

“摊饭冷却”是将蒸熟的米饭连饭甑抬至木凳上，倒入竹簟中摊开冷却，故称为“摊饭”。

现在有的蒸饭机上已安装了鼓风设施，调节风量和鼓风时间，其冷却后的米饭更适合传统黄酒酿酒工艺，落缸温度更加均匀，有利于开耙操作、控制发酵。

4. 落缸

落缸的目的是使米饭、水、麦曲和酒母搅拌均匀，使糖化发酵剂与米饭和水均匀接触，并使缸内饭醅温度上下一致，利于糖化发酵。应于蒸饭前一天把发酵缸洗涤干净，并用沸水泡缸灭菌。

落缸温度的要求是：元红酒应控制在 26～27℃，加饭酒 23～25℃，如遇落缸温度超过 29℃以上时，可用淋饭酒母加入缸中心，把缸中心的品温降下来，以利升温正常。落缸温度的高低还需根据外界气温的高低进行调节，外界气温高，则落缸温度要低些，反之则高些。

第二节　淋饭酒母

酒母即“酒之母”，是酵母繁殖扩大培养的过程。淋饭酒母又称“酒娘”，因是将蒸熟的米饭采用冷水淋冷的操作而得名。淋饭酒母的生产，一般在摊饭酒生产以前的 15d 便开始。传统上安排在立冬以后开始，现在随着生产的发展，因天气转暖，为保证淋饭酒母的质量，在摊饭生产期间也有安排。酿成的淋饭酒母，经过挑选，质量特别优良的作为摊饭酒酒母，多余的作为摊饭酒发酵结束时的掺醅，以增强后发酵的发酵力。

一、 工艺流程及配料

淋饭酒母工艺流程如图 4-3 所示。

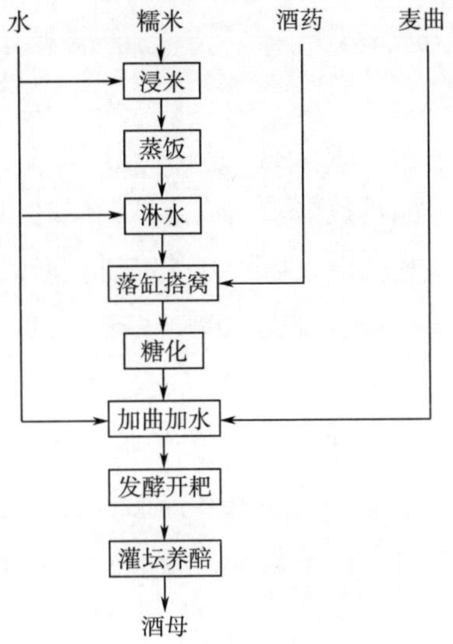

图 4-3　淋饭酒母工艺流程

制备淋饭酒母要采用颗粒饱满、千粒重大、精白度高的糯米为原料，每缸的投料量，根据气候不同有 100kg 和 125kg 两种，用酒药作为糖化菌和酵母菌的菌种，并添加生麦曲，以促进糖化和赋予酒母特有的风味。由于淋饭酒母的质量关系到整个酿季的生产能否正常进行，所以，生产淋饭酒母时一定要严格按照配方，控制加水量，并要求落缸时米饭的质量加上冲缸时的用水量为原料米质量的 3 倍。

二、 操作方法

1. 浸米

水面超过米面 10~15cm 为宜。时间根据大米的质量、气候和水温等因素来调节，一般控制在 30~48h。

清水淋净附着在米粒上的浆水，除去浆水带来的糠屑、脂肪和蛋白质等物质，以免影响成品淋饭酒母的清醇度。淋水后应沥干余水，并将每箩米按米的吸水率及配比要求称准。一般浸渍后米的吸水率约为 135%。

2. 蒸饭

蒸饭的熟度可以用淋饭后的出饭率来判断，一般出饭率在 175%左右比较合理，高于 180%则可认为过熟，低于 170%则可认为过生。

如用蒸饭机蒸饭，在出饭口安装计重秤，一般热饭的出饭率约为 140%。

3. 淋饭

淋饭的目的，一是使饭温迅速降低，适应落缸的要求；二是增加米饭的含水量，使饭粒软化，同时使饭粒表面收缩，从而使饭粒之间易分离松散，形成一定的空间，有利于糖化菌的有氧繁殖生长，可使糖化发酵正常进行。

保证淋水后饭的品温在28~32℃。

4. 落缸和搭窝

落缸、搭窝是将酒药粉与米饭充分拌匀后搭成凹形窝，以增加饭料和空气的接触面，为酒药中的菌类在米饭上能迅速繁殖创造条件，同时也便于检查缸内发酵情况。

传统上饭分三甑添加，每甑饭倒入后，打碎饭块，撒入酒药（按甑分匀），既要求酒药与饭料拌匀，又不能把饭拌糊。待倒入第三甑饭，继续撒药拌饭，拌均匀后将饭摊平，将缸内的饭搭成凹形窝，缸底窝口直径约为10cm的喇叭形状。搭窝时要掌握饭料疏松程度，窝搭成后，用竹帚轻轻敲实，但不能太实，以饭粒不会下落塌窝为度，然后在窝面撒上一些酒药，加盖保温。注意拌药时要捏碎热饭团，以免出现“烫药”，而影响菌类生长和糖化发酵的进行。落缸温度要根据气候情况灵活掌握，一般窝搭好后品温为27~29℃。

5. 糖化及加水、加曲

搭窝后根据气温和品温，及时做好保温工作，使酒药中糖化菌、酵母菌得以迅速生长和繁殖。加曲冲水使糖化和发酵作用大大加强，其机理如下所示。

（1）由于缸内适当的温度、湿度和有经糊化的淀粉作养料，根霉等糖化菌在米饭上很快生长繁殖，并开始将淀粉分解为葡萄糖，逐渐积聚甜液。

（2）酵母菌也开始利用糖液快速生长繁殖。

（3）在养窝过程中，由于根霉等糖化菌生成乳酸和延胡索酸，从而调节了糖液的pH，抑制了杂菌的生长。

一般在落缸后，经36~48h，缸内饭粒软化，香气扑鼻，CO_2较多，甜酒液充满饭窝的3/5。取甜液分析，浓度在35°Bx左右，还原糖为150~250g/L，酒精含量在3%左右，酵母细胞数达0.7亿个/mL。这时可以加入麦曲并投入水冲缸。

冲缸操作时，应根据下缸饭料的质量计算好每缸的加水量。先投入规定量的麦曲，再冲入冷水，一般冲缸后品温可下降10℃，约在25℃左右，刚好适宜酵母菌的繁殖。

6. 开耙发酵

加曲放水后，由于酵母菌的大量繁殖，开始酒精发酵，使醪的温度迅速上升，经6~8h，可升温1~2℃，即可开头耙，用木耙将缸内酒醅搅拌均匀，俗称“开耙”。开耙的目的，一方面是为了降低醪液温度并使缸内品温上下一致；另一方面是排出发酵醪中积聚的大量CO_2，同时补给新鲜空气，以促进酵母进一步繁殖，减少杂菌生长的机会。在开一耙或二耙后，可根据酒醅的成熟程度，立即灌坛降温，以保证酒母不致过老。

7. 后发酵（养醅）

淋饭酒母经过开耙培育阶段，酵母细胞大量繁殖并开始酒精发酵，酒精含量增长很快，冲缸后48h已达到10%左右。但是，酒醅的糖化与发酵作用仍继续进行，必须及时降低品温，使酒醅在较低温度下，继续进行缓慢的发酵作用，生成更多的酒精，这就是后发酵。后发酵一般采用灌坛养醅来完成。淋饭酒母经过20d到一个月的发酵期，酒精含量达到16%以上，对酵母能起到纯化作用。但是，为了确保摊饭酒的正常生产，淋饭酒母在使用前都要经过认真的挑选，以保证淋饭酒母的优良性能。

8. 酒母的质量要求及挑选

（1）酒母的质量要求　采用化学分析和感官鉴定的方法，从糯米淋饭酒中挑选出品质优良的酒醅作为摊饭酒的酒母，称为“拣娘”，这对摊饭酒的正常发酵和生产的顺利进行有着十分重要的意义。因此，历来各酒厂酿酒技工都非常重视这一工作。优良淋饭酒母应具备下列条件。

①酒醅发酵正常，老嫩适中，色泽微黄清澈。

②酒味鲜灵清爽，饱辣有刚劲，无异杂气味。

③养醅成熟后，酒精含量在16.0%vol以上，总酸度在6.0g/L以下。

（2）酒母的挑选　挑选酒母，目前还是主要依靠酿酒技工直接的感官品评结合化验数据进行确定。

采用淋饭法操作培育酒母的优点为：①起到了驯养酵母的作用；②能在酿造绍兴黄酒前一段时期集中生产酒母，可供给整个冬酿时期生产绍兴黄酒的需要；③酒母酿造后，需要再经品尝、化验，从中挑选最优良的酒母，有利于酿造优质的绍兴黄酒；④拣酒娘的时候，要注意先用的酒母需拣发酵较完全的淋饭酒醅；后用的酒母，则以嫩些为合适，以防酒母太老，影响发酵力。不能作酒母的淋饭酒仍可用于摊饭酒后发酵时的掺醅。

三、 黄酒的发酵类型

黄酒酒醅发酵由于原料（米、曲、酒母、水）的质量、原料配比、落缸的温度、外界气温等不同，发酵速度参差不齐，一般可分为以下四种类型。

1. 前缓后急

在酵母太老、酒母用量过少和落缸温度较低的情况下，糖化在不断进行，酒醅中已产生相当量的糖分，但由于酵母增殖迟缓，酒精发酵很慢，温度上升不快，经过24~26h才出现气泡，发生前期发酵迟缓倾向。一旦酵母繁殖至一定数量，就开始旺盛地发酵，这时糖分降低较快；这样易制成酒精度较高、口味相对淡薄的辣口酒。因其发酵透彻、糟粕较少，所以出酒率较高。此外这类发酵也比较安全。

2. 前急后缓

在使用嫩酵母、嫩曲，水中有效成分较多和落缸温度较高或自然气候较热的情况下，酵母很快生长繁殖，迟滞期很短，13~14h 后，就出现气泡，升温较快。由于发酵温度高、速度快，在短时间内生成大量酒精，酵母容易早衰，后发酵时发酵力减弱，酒醅中会残留一部分的糊精和糖分，可使黄酒的口味比较醇厚。

3. 前缓后缓

在酒母比较老，酿造用水过软，曲质量较差，以及落缸温度较低，自然气候过冷的情况下，落缸后酵母增殖极为缓慢，发酵迟滞期比较长，发酵速度慢和发酵不完全，残糟多，压榨过滤困难，出酒率低，酒品口味较弱，不够清爽。由于发酵始终不旺盛，如果掌握不当，容易引起杂菌感染，有产生酸酒的危险。

4. 前急后急

在酒母嫩、曲嫩，米的精白度低而富含蛋白质，落缸温度较高，或自然气温较高的情况下，发酵速度快，酵母受酒醅高温、高糖度、高酒精浓度的影响，易于衰老，短期内完成发酵，但酒醅中的糖分还较多，因此压榨时残糟较多，但制成的酒口味较为醇厚甘甜。如果开耙掌握不当，发酵品温下降过慢，就可能感染杂菌而酸败变质。

以上四种发酵类型，只具有参考意义，过度偏向某一种发酵类型，不一定能酿得好酒，需要酿酒师根据原料及其处理、气温、酒母老/嫩、落缸温度等具体环境因素进行具体的把握操作，总之要讲究适度的控制。

第三节　绍兴元红酒的酿造

绍兴元红酒采用摊饭法工艺酿造，以糯米为原料酿制而成。若采用粳米为原料，则称为粳元红，以示与糯元红相区别。元红酒与其他干型黄酒比较，具有以下特点。

（1）浸米时间长，米粒中含有一定的浆酸。

（2）用自然培养的生麦曲作糖化剂。

（3）用淋饭酒母作酒母，用摊饭法生产。

（4）时间长、温度低的后发酵，有利于糖化、发酵的交替进行，以增进酒的风味。

绍兴元红酒工艺流程如图 4-4 所示。

一、配料

元红酒每缸用糯米 144kg，麦曲 22.5kg，水 168kg（出饭率按 144%计），饭水总重为 375kg，淋饭酒母 5~6kg。出饭率低可增加放水量，出饭率高则要减少水量。古代有“三浆四水”的配比，目前已较少应用浆水作为配料。

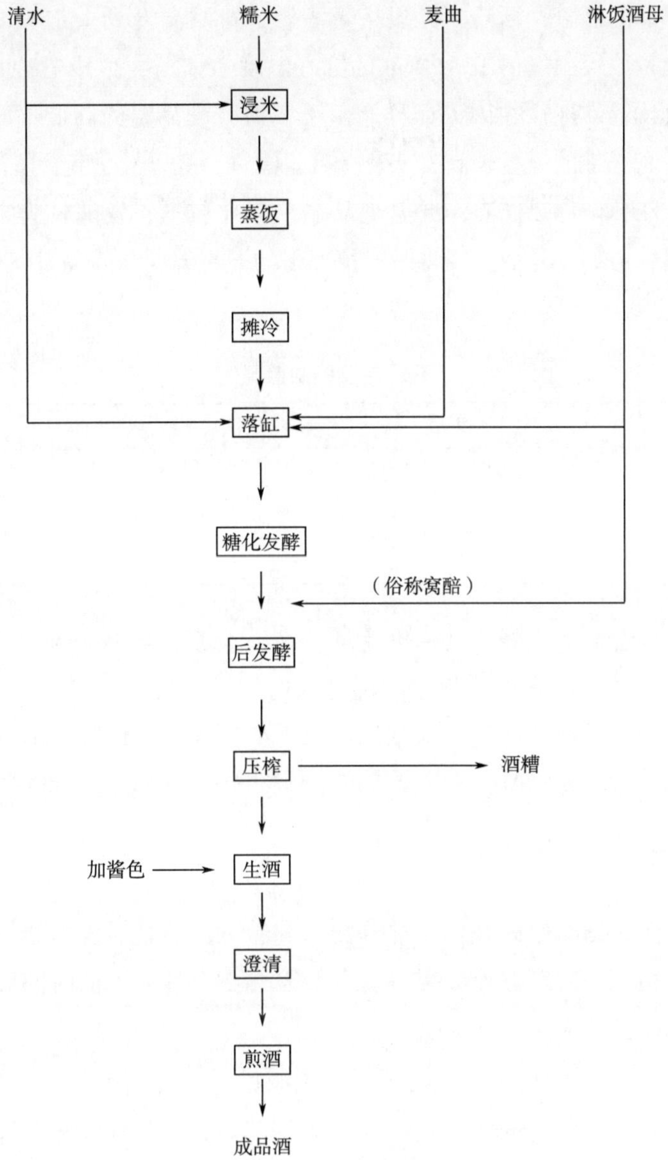

图 4-4　绍兴元红酒酿造工艺流程

二、 糖化和发酵

通过开耙来控制酒醅的品温，使酵母菌得到适当的繁殖，酒醅的糖化与发酵达到平衡。摊饭酒和淋饭酒的开耙操作看似一样，但是温度的掌握和酒醅的感官要求不同。

酿元红酒的饭料等落缸后便开始糖化和发酵，前期主要是酵母的增殖，温度上升缓慢，应该注意保温。一般经过 10h 左右，酒醅中酵母已大量繁殖，进入主发酵阶段，温度上升较快，缸里可听见“嘶嘶”的发酵声，并产生大量二氧化碳气体，把酒醅顶上缸面，形成厚厚的酒盖，酒醅味鲜甜略带酒香，待品温升到一定程度，就要及时开耙，一般品温测量以饭面以下15~20cm的缸心温度为依据。对开耙温度的掌握主要还是要靠经验，具体的掌握往往因人而异。由于掌握开耙品温的高低不同，从而影响到成品酒的风味，高温耙的温度较高（头耙35℃以上），酵母易早衰，发酵能力减弱，酿成的酒口味较甘甜，俗称热作酒；低温耙品温一般比较低，发酵较为完全，酿成的酒甜味少而酒度高，俗称冷作酒。现将一般情况下的开耙温度和间隔时间列入表4-4，以供参考。

表4-4　　开耙温度控制情况

耙别	头耙	二耙	三耙
间隔时间	落缸后，20h左右	4 h	4 h
耙前温度	35~37℃	33~35℃	30~32℃
室温	—	10℃左右	—

开头耙后，品温显著下降，其幅度为4~8℃，此后，各次开耙的品温下降较少。但是实际操作中，并不严格按照规定的温度和时间进行开耙，而是根据气温的变化、米质的软硬及糖化发酵剂的性能灵活掌握。适当的搅拌还可增加酒醅中的氧气，提高酵母活力，抑制杂菌生长，但应注意减少酒精挥发，并及时灌坛，进行后发酵。

三、后发酵（养醅）

经过主发酵后，酒醅中尚残留一部分淀粉和糖分，通过后发酵继续糖化发酵，从而进一步提高酒精度。后发酵十分缓慢，一般需要2个月以上的时间。经过这样长时间的后发酵，酒醅渐趋成熟，风味也变好了。

灌坛的操作是先在每缸中加入1~2坛淋饭酒母（俗称窝醅），目的在于增强发酵力，并充分搅拌均匀，然后将缸中的酒醅分盛于酒坛中，每坛约装22kg，坛口盖上一张荷叶，然后2~4坛堆为一列，堆置在室外，最上层坛口除盖上荷叶外并罩一小瓦盖，以防雨水进入坛内。

由于后发酵的品温是随自然温度而变化的。所以，前期气温较低，所酿的酒醅要堆在向阳温暖的地方，以加快后发酵的速度；在后期酿制的酒醅因压榨时天气转暖，则应堆在阴凉地方，以防止后期养醅时温度过高，产生酸败现象。

四、发酵期间酒醅的成分变化

1. 酒精

从头耙至四耙，酒精增加极快，几乎呈直线上升，落缸48h，酒精浓度即可达8%vol以上，往后增长速度渐趋缓慢，落缸后7d一般在10%~14%vol。经过后发酵，酒精浓度继续增长到 17%～18%vol，最高可达 20%vol。其机理是在黄酒酿造过程中，淀粉糖化和酒精发酵两个作用是在同一个空间同时并进完成的（边糖化边发酵）。为了使醪中含有 16%以上的酒精，就需要有 30%以上的可发酵性糖；但这么高的糖分所产生的渗透压是相当高的，将严重抑制酵母的代谢活动。而边糖化边发酵的代谢形式，能使淀粉糖化和酒精发酵相互平衡协调，避免糖分积累过多和高渗透压的出现，保证了酵母细胞的代谢能力，使糖逐步发酵产生 16%以上的酒精。

2. 糖分

开头耙时，缸中还原糖含量已达 6～8g/100mL，到主发酵结束后，已降到 20g/L 左右，当降至 10g/L 以下时，糖分的增长与消耗便逐渐成稳定状态。

3. 酸度

这是衡量发酵是否正常的一项重要指标，开头耙时的酸度（乳酸计）一般在 3～4.5g/L，只要控制得当，主发酵结束后，酸度的增长甚微，至压榨时，酒醅的总酸度一般均在 6.75g/L 以下。由于酒醅的缓冲能力较大，发酵过程中 pH 的变化很小，始终保持在 4.0 左右。

4. 酵母细胞数

由于淋饭酒母用量少，入缸时每毫升酵母数还不到 1 万个，但经过 17～20h，酵母已大量增殖至 3 亿～5 亿/mL。在整个开耙期酵母数差距较大，一般在 5 亿～8 亿/mL，多的达 10 亿/mL 以上。经过 2 个月以上的后发酵，酵母细胞也没有显著减少，酒醅中死亡酵母一般都比较少，在 1%～5%。

干型元红酒后发酵时期成分变化见表 4-5。

表 4-5　　干型元红酒后发酵时期成分变化

批次	后酵 8d		后酵 15d		后酵 30d		压榨前		
	酒精度/%vol	总酸/(g/L)	酒精度/%vol	总酸/(g/L)	酒精度/%vol	总酸/(g/L)	酒精度/%vol	总酸/(g/L)	总糖/(g/L)
1	13.6	5.93	15.6	5.62	16.4	5.93	18.0	5.32	7.6
2	13.1	5.62	14.5	5.17	16.0	5.32	17.6	5.47	8.4
3	13.2	5.78	15.1	5.47	17.0	5.78	18.8	5.78	7.2
4	13.2	5.78	16.0	5.17	17.8	4.86	19.3	5.78	5.8
5	13.4	4.86	15.3	5.17	16.7	5.17	18.1	5.17	7.5
6	13.9	5.32	17.2	5.32	18.0	5.17	18.9	4.86	5.7

绍兴地区酿造的干型黄酒元红酒，是普通的大众消费品，一般贮存时间不长就出售，因而这类酒的酿造时间选在冬酿前期和后期，中期是绍兴酒酿造的最适期，通常是酿造高品质的绍兴加饭（花雕）酒。

第四节　绍兴加饭酒的酿造

绍兴加饭酒含糖分在15.1~40.0g/L，称之为半干型黄酒。由于酿造选时特定，操作精良，酒质优美，风味独特，深受国内外消费者喜爱。特别是绍兴加饭酒，酒液为黄亮有光泽的琥珀色，香气浓郁芬芳，口味鲜美醇厚，甘润适口，为绍兴酒中之最佳品种之一，在国内外久负盛誉，多次获奖。绍兴花雕酒就是以绍兴加饭酒为原酒，经较长时间贮存而制得的，并装入花雕坛中，而成为名副其实的花雕酒。

一、配料

加饭酒每缸用糯米144kg，麦曲27.5kg，水131kg（出饭率按144%计），饭水总重为338kg，淋饭酒母6~8kg，糟烧白酒5kg。放水量与出饭率有关，出饭率低可增加放水量，出饭率高则要减少水量。

二、加饭酒生产工艺简介

加饭酒工艺流程见图4-5。

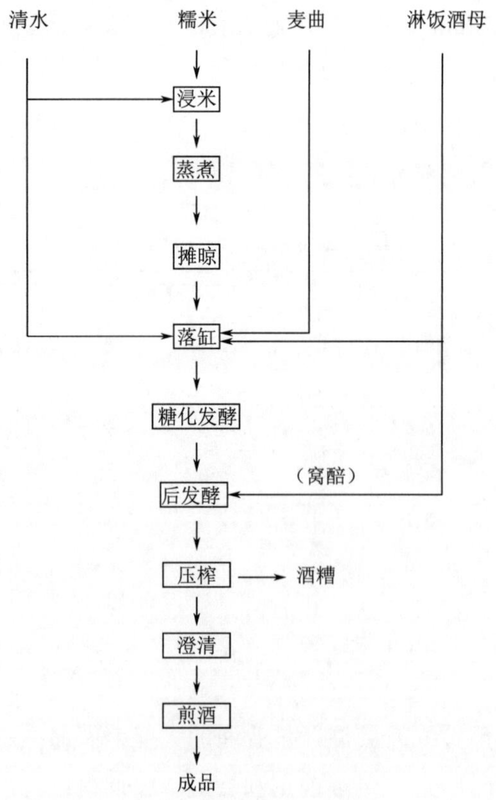

图4-5　加饭酒生产工艺流程

三、 摊饭法酿造工艺

（一） 加饭酒的特点

加饭酒，顾名思义，就是在配料中，增加了米饭的比例而命名的，是一种浓醪发酵酒。采用摊饭法酿制而成，比干型的元红酒更为醇厚。它的色、香、味是由多方面的因素造就的，主要是配料、酿造时节、发酵操作技术和多年的贮存陈化等因素的影响。下面介绍绍兴加饭酒与绍兴元红酒的不同之处。

（1）酿造时节选择在大雪至大寒这一时段。这一时段在一年中气温最低，有利于加饭酒的浓醪、低温、长时间发酵。

（2）原料要求选用当年的新糯米，这对形成酒中适当的糖分和非糖固形物，增进酒的醇厚甘甜风味，有着重要的作用。因为黄酒的香味和酒精大部分由原料及酵母等微生物对原料进行发酵转化而来，尤其是加饭酒，要求酿成的酒质要醇厚，酒精度较高，并含有 15.1~40.0g/L 的糖分，因而对米质的要求就更高。一般要求采用生长周期长的单季糯稻。

（3）冬天的低温有利于长时间浸米时的乳酸发酵，产生较多的乳酸，起调酸作用，促进酒醅中酵母的生长和发酵，保证加饭酒能在严寒季节中顺利地酿造。

（4）加饭酒与元红酒相比，在配料方面放水量减少，用曲量增加，米饭所占比重相对增大，所以发酵酒醅特别浓厚。

（5）因发酵酒醅浓厚，醅中淀粉多，发酵周期长达 80~90d。又由于发酵不太完全，所以形成糟粕多，压榨较为困难，出酒率低。但发酵不完全，使酒中的浸出物、糖分、糊精等物质的含量高，这是构成加饭酒风味的基础。

表 4-6 所示为加饭酒与元红酒的差别。

表 4-6　　加饭酒与元红酒的成分比较

项目	单位	元红酒	加饭酒
总酸	g/L（以乳酸计）	5.38	5.38
氨基态氮	g/L	0.69	0.42
真正糖度	°Bx	3.94	7.48
酒精度	%vol	17.3	19.1
挥发酸	g/L（乙酸计）	0.18	0.08
挥发酯	g/L（乙酸乙酯计）	0.33	0.296
还原糖	g/L	4.6	13.6
固形物	g/L（含糖）	36	68

加饭酒酿成后，一般要经过几年的贮存，使酒老熟，酒质变得香浓，口味醇和，故有“越陈越香”之说。

（二） 操作方法的说明

（1）绍兴加饭酒操作基本上与绍兴元红酒相同，但是因原料落缸时，减少了放水量，虽然用力搅拌，仍不能达到充分拌匀的要求。要将大饭块用手捏碎，以使曲饭均匀，温度一致。

（2）由于配料水少，酒醅浓厚，主发酵期间品温降低缓慢，所以都安排在严寒季节生产。落缸品温不宜过高，一般掌握在23~26℃。

（3）绍兴加饭酒的前发酵开耙温度要比元红酒高1~2℃。

（4）绍兴加饭酒都采用热作开耙法，一般在35~37℃。采用热作开耙法酿成的酒，口味醇厚。

（5）加饭酒的后发酵时间一般在80~90d，较长时间的发酵，酒中的大分子物质得到较好的分解，可使酒味更加细腻、鲜爽。

加饭酒后发酵时期成分变化见表4-7。

表4-7 加饭酒后发酵时期限成分变化

批次	后酵8d			后酵15d			后酵30d			压榨前		
	酒精度/%vol	总酸/(g/L)	总糖/(g/L)	酒精度/%vol	总酸/(g/L)	总糖/(g/L)	酒精度/%vol	总酸/(g/L)	总糖/(g/L)	酒精度/%vol	总酸/(g/L)	总糖/(g/L)
1	12.9	6.38	31.0	14.3	6.49	28.3	15.3	6.23	28.0	18.4	5.93	13.1
2	12.3	6.69	37.0	12.9	6.38	34.5	14.6	6.69	32.8	18.0	6.23	17.1
3	12.4	6.84	36.8	13.6	6.69	34.8	14.5	6.99	31.0	17.3	6.54	18.5
4	12.2	6.69	37.0	13.4	6.38	36.5	14.9	6.08	32.8	17.9	5.93	13.8
5	12.1	6.53	37.7	13.2	6.38	37.0	14.9	6.23	30.8	18.6	5.93	11.7
6	11.9	6.69	38.8	13.4	6.08	37.5	14.4	6.54	34.0	18.3	6.08	15.2
7	12.4	5.62	36.0	13.3	5.78	38.4	14.7	5.93	38.0	17.8	5.32	18.5
8	12.2	6.54	47.0	13.5	6.54	44.8	15.3	6.69	41.4	19.0	5.93	17.2

第五节 绍兴善酿酒和香雪酒的酿造

一、 绍兴善酿酒的酿造

绍兴善酿酒的糖分在40.1~100.0g/L，其传统酿造方法也采用摊饭法。绍兴善酿酒是用陈元红酒代水酿制而成的复酿酒。由于陈酒的香味，绍兴善酿酒具有特有的芳香，酒精度适中而味甘甜，也成为绍兴酒之珍品。

（一）配料

善酿酒每缸用糯米 144kg，麦曲 25.5kg，浆水 44kg，陈元红酒 100kg，饭水总重为 358kg，淋饭酒母 7~9kg。

（二）工艺

绍兴善酿酒生产工艺流程见图 4-6。

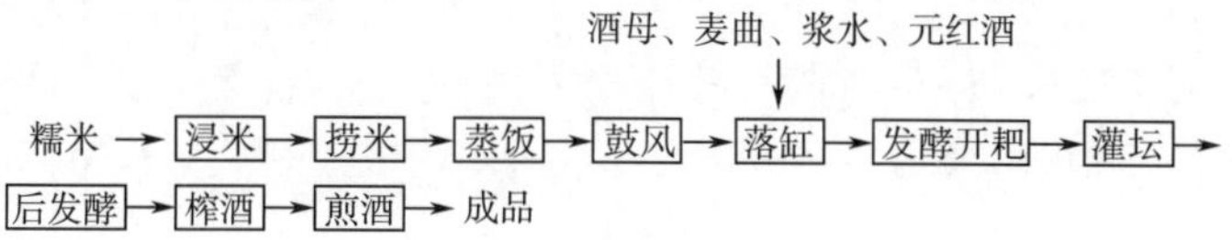

图 4-6　绍兴善酿酒生产工艺流程

为适应加酒后发酵缓慢的特点，增加了块曲和酒母的用量，同时使用一定量的浆水，目的都是为了促进糖化、发酵的顺利进行。

善酿酒落缸时加入了大量的陈元红酒，酒精度已在 6%vol 以上，要求落缸温度比元红酒提高 5~6℃，一般为 31~33℃。随着糖化发酵的进行，品温升到 32~33℃，便可开耙，开耙后品温下降 4~6℃。一般落缸后 4~5d 便可罐坛堆醅，使醪温进一步降低，进行缓慢的后发酵。经过 70d 左右，即可榨酒。但因其发酵不完全，压榨速度较慢，糟粕也多。煎酒和成品的陈化与加饭酒相同，但贮存期不可太长，否则反而影响质量。

对于善酿酒的开耙时间和温度的掌握，差别很大，开耙间隔时间就有长短，但发酵过于剧烈，则糖分降低也多。所以浆水的酸度要控制得当，一般以乳酸计算，要求为 3.0~3.5g/L。

二、绍兴香雪酒的酿造

绍兴香雪酒含糖分在 100g/L 以上，属于甜型黄酒。甜型黄酒一般都采用淋饭操作法酿制，即在饭料中拌入糖化发酵剂，当糖化发酵达到一定程度时，加入 40~55%vol 白酒，抑制酵母菌的发酵作用，以保证酒醅中有较高的含糖量。由于酒醅加白酒后，酒精度较高，不致被杂菌污染，所以生产不受季节限制。

传统绍兴香雪酒采用糯米、白药和陈年糟烧酿制而成，因麦曲加得较少，其酒糟白如雪，加之香气浓郁，定名为“香雪”。虽然是用白酒代替水酿造而成，但酒醅经过陈酿后，既无白酒的辣味，又有绍兴酒特有的浓郁芳香，上口香甜醇厚，为国内外消费者所欢迎。

（一）工艺流程

香雪酒生产工艺流程见图 4-7。

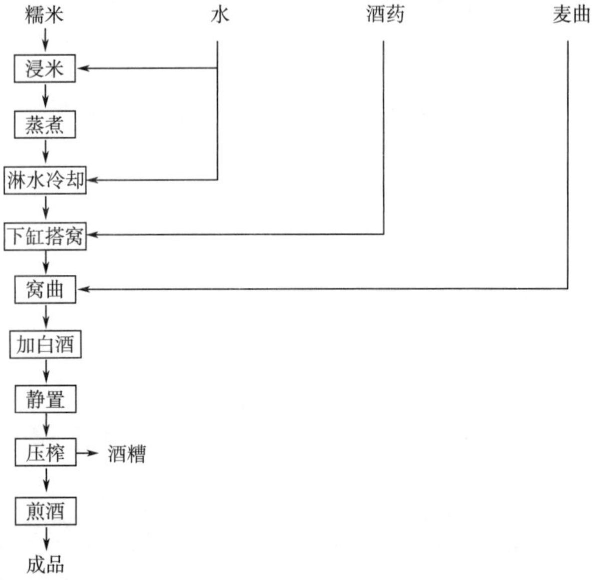

图 4-7　香雪酒生产工艺流程

（二）操作方法的说明

（1）香雪酒是采用淋饭法制成酒酿，再加麦曲继续糖化，然后加入白酒（黄酒糟蒸馏酒）抑制酵母的酒精发酵，最后经压榨、煎酒而为成品。冲缸以前的操作与淋饭酒母相同。

（2）酿制香雪酒时，关键是蒸饭要熟透而不糊，养窝酿液要满至九分再加曲（俗称窝曲），投白酒要适时。首先要把好蒸饭这一关，饭蒸熟了，吸水多、淀粉糊化彻底，就有利于淀粉糖化酶的分解作用，把更多的淀粉转变为糖；但是饭也不能蒸得太烂，否则淋水困难、搭窝不疏松，影响糖化菌的生长，不利于糖分的形成。窝曲的作用，一方面是补充酶量，促进淀粉的液化和糖化，另一方面是赋予香雪酒特有的色、香、味。窝曲过程中，酒醅中的酵母大量繁殖并继续进行酒精发酵，消耗糖分，所以窝曲后，糖化作用达到一定程度时，便要加入白酒以提高酒精度，抑制酵母的发酵作用。窝曲糖化的作用适当与否，也就是白酒加入是否适时，对香雪酒的产量、质量影响很大。各厂的掌握标准有所不同，但一般是酒窝满至九分，窝中糖液味鲜甜时，投入麦曲，并充分拌匀，继续保温糖化，约经 24h，酒醅固体部分向上浮起，形成醪盖，其下积聚醅液约 15cm 左右时，便投入白酒（糟烧、酒汗），充分搅拌均匀，然后加盖静置。白酒加入太早或太迟都不好，加入太早，虽然糖分高些，但是麦曲中酶的分解作用没能充分发挥，酒醅黏厚，造成压榨困难、出酒率低，而且酒的生麦曲味重，影响风味；相反，如果加白酒太迟，则因酵母酒精发酵过分，消耗过多的糖分，造成糖分较低，酒的鲜味也差，同样影响酒的品质。

有的酒厂为了提高香雪酒的总酸，白酒分二次加入，第一次加入后让醪液内的有益菌继续进行发酵作用，代谢产生部分酸类物质，然后经1~2d后再加入余下一半的白酒。

（3）酒醅的堆放和榨煎，加白酒后的酒醅，经一天静置，即可灌坛。灌坛时，用耙将缸中的酒醅充分捣匀，用洁净的空缸复盖，两缸口衔接处，用荷叶衬垫，并用盐卤拌泥封口。经4~5个月酿制，酒醅已无白酒气味，各项理化指标均已达到规定标准，便可进行压榨。香雪酒醅的黏性大、酒糟厚，榨酒时间比元红酒长。由于香雪酒酒精度和糖分都比较高，无杀菌的必要，但经煎酒后，胶体物质凝结，可使酒清澈透明。

（4）香雪酒养醅的作用，绍兴香雪酒醅一般在炎热季节时要堆放数月之久，进行养醅，这固然有生产安排的因素，但这一操作对于酒醅的继续成熟和酒中各种成分的变化也是不可少的。表4-8所示为香雪酒醅堆放期的变化。

表4-8 香雪酒醅堆放期的变化

项目	酒精度/%vol		酸度/（乳酸 g/L）		糖分/（g/100mL）		糖化酶活力/［葡萄糖 mg/（mL·h）］	
	例1	例2	例1	例2	例1	例2	例1	例2
酒窝液	—	—	3.66	—	13.75	—	—	—
加白酒后	—	—	3.66		13.75	—	35	—
灌坛	26.2	21	2.72	2.6	11	10	210	300
7d	26.4	21	2.6	2.4	11.75	10.25	160	204
14d	25.7	21	2.83	2.6	14.25	17	50	165
一个月	25.7	20.9	2.95	2.83	17.5	18.75	20	60
二个月	25.4	20.2	3.83	3.19	17.5	21	15	25
三个月	25.5	20.8	4.13	3.66	19	21.7	5	15

注：例1为实验室小型试验。

香雪酒醅堆放过程中，自灌坛以后酒精度稍有下降，主要是挥发损失所致，但酸度及糖分仍逐渐升高，这说明加白酒后，醪液中的糖化酶并非全部被破坏，而是逐渐钝化，最后还是能达到规定指标的要求。此外从7d酒醅镜检结果发现，酵母总数达1亿/mL以上，细胞出芽率在10%左右，更进一步说明绍兴酒中发酵的酵母，有着相当强的耐酒精能力。

第六节 绍兴酒的压榨、澄清

酒醅经过一段时间的后发酵，已经基本成熟。虽然黄酒发酵已经完成，但酒液和固体糟粕仍混在一起，必须把固体和液体分离开来。所以要进行压榨。压榨出来的生酒尚含有悬浮物而出现浑浊，还必须进行澄清。黄酒的发酵期都比较长，其中传统黄酒的发酵期一般为 2 个月左右，绍兴酒长达 80~90d。在漫长的发酵期间总有一部分杂菌从空气中侵入酒醅逐渐繁殖起来。另外麦曲的生产也是采用自然培养法，也会将杂菌带入酒醅中进行繁殖。榨出的生酒在历时几天的澄清过程中也会有杂菌生长繁殖，再加上黄酒本身的酒精含量只有 15%~18.0%vol，还起不到抑制或杀灭杂菌的作用，所以榨出来的生酒经澄清后，必须经过消毒灭菌，一般称为煎酒，福建称为炖酒，并进行灌坛、包装、封坛，方可贮存陈化。

一、 压榨

（一） 目的

将发酵成熟的酒醅中的酒（液体部分）和糟粕（固体部分）分离的操作称为压榨。

（二） 对酒醅的要求

酒醅的成熟期及压榨时机，因黄酒品种，气温高/低而变化。另外生产方法等因素也会使发酵期有长有短，因而成熟期也会产生差异。在生产实践中我们可以从以下几方面判断酒醅是否成熟。

1. 从色的方面判断

酒醅的糟粕已完全下沉，上层酒液已澄清并透明黄亮，有的已有酒油集聚在上面，这种情况可以判定已经成熟。如发酵期已到，色泽仍淡而浑浊，这就说明酒醅还未成熟或已变质。如色发暗，酒油较多且已散开，口尝有熟味，这是失榨（压榨不及时）现象，往往发生在气温较高的情况下。

2. 从味的方面判断

口尝已有较浓的酒味，口味清爽，后口略带苦味，酸度适宜。如有明显的酸味，说明酒醅已开始变质，应提前搭配压榨。最好取少量酒液经加温后，品尝及分析酸度更为确切。

3. 从香气方面判断

嗅之有正常的香气，无其他异杂气。

除了采用感官方面的判断外，还应该配合理化指标来进行判断，即酒精含量及酸度已达到工艺所规定的要求，而且基本趋于稳定，无明显变化，或酒精含量有下降趋势，酸度有上升趋势，并经品尝，基本符合要求，就可以认为酒醅已成熟，即可压榨。

（三） 酒醅的搭配

需压榨的酒醅，原则上应按酿造先后顺序压榨。但黄酒的发酵因操作和温度控制等方面的原因，酒醅与酒醅之间会产生一定的差别，因此一般以 3~5 个批次进行混合搭配，以改善酒的风味和保证理化指标的合格。

酒醅的搭配一般采用加权平均法：就是两批以上的成熟酒醅搭配时，按各自搭配的质量或坛数，分别乘上各自的酒精含量或酸度，各自所得的积加起来，所得到的酒精含量或酸度的总积数再分别除以酒醅的总质量或总坛数所得到的商，即为该几批酒醅的平均酒精含量或酸度。举例如下：

1. 求 A_1、A_2两批酒醅平均酒精含量

已知 A_1批酒精含量为16%，则酒精含量的积数为16×40=640，其中40代表吨数或坛数。

已知 A_2批酒精含量为15. 2%，则酒精含量的积数为15. 2×30=456，其中30代表吨数或坛数。

两批积数的和为640+456=1096，其平均酒精含量为1096÷（40+30）=15. 66，即15. 66%。此数为近似值，因为酒精含量为体积分数，而计算时的质量以吨（或坛）为单位。

2. 求 A_1、A_2两批酒醅的平均酸度

已知 A_1批酒醅的酸度为3. 854g/L，则其酸度的积数为3. 854×40=154. 16

已知 A_2批酒醅的酸度为2. 890g/L，则其酸度的积数为2. 890×30=86. 7

两批积数的和为154. 16+86. 7=240. 86，其平均酸度为240. 86÷（40+30）=3. 441g/L。

所以，A_1、A_2 两批酒醅搭配后的酒精含量为15. 66%，酸度为3. 441g/L（以乳酸计）。为了方便起见，可按以下公式进行计算：

$$\text{平均酒精含量或酸度（近似值）} = \frac{A_1W_1 + A_2W_2 + \cdots + A_nW_n}{W_1 + W_2 + \cdots + W_n}$$

A_1、A_2表示不同批次的酒精含量或酸度，W_1、W_2代表不同批次的重量（或坛数）。

（四） 压榨

在外力作用下，通过机械挤压将液体从固液混合物或物料中分离出来的固液分离操作称为压榨。

黄酒酒醅特性如下。

（1）酒醅中固体部分和液体部分密度接近。

（2）搅和后的酒醅成糊状，黏稠度较高。

（3）滤饼糟粕滤层是可以压缩的。

（4）最终产品为液体部分。

（5）糟粕要回收利用，所以不能添加助滤剂。

因此，要使固液分离，并且液体部分要求清澈，固体部分要求干燥，这样就不能简单地采用过滤或压榨的方法去完成。现在使用的榨酒机，正确的名称应是过滤压榨机，是过滤和压榨两种方法同时进行。其过程如下：①当酒醅开始进入压榨机时，由

于液体成分多，固体成分少，所以开始流酒阶段主要是过滤作用，这个阶段称为“流清”。在流清开始时，由于过滤介质只有滤布，因此酒的流速比较快，量也多，但比较浑浊。②随着滤室内固体酒醅（糟）的增多，这时这些糟也就成为了过滤介质，此时流酒则比较清澈。③随着时间的延长，滤室内固体的糟逐渐占据了整个滤室的空间，而液体部分酒的比例逐渐减少，因此过滤的难度在不断增加，进醪的压力也在增高。④这时就转入压榨操作。在压榨操作期间停止进醪，向气室内通入压缩空气，使橡胶膜逐渐鼓起，挤压滤饼，以将滤饼内所含的酒液尽可能地榨出来，这就是压榨阶段或“压清”阶段。在压榨时压力应慢慢地加大，如果开始时压力较大，固体部分就会从滤布孔隙中挤出来，这样流出来的酒也是浑浊的。所以，压榨时要求先轻压，再慢慢地加大压力，这样流出的酒能自始至终保持清而不浑，黄酒的压榨要经过较长时间的压滤才能保证流酒清澈，并且将酒糟压干燥，原因就在于此。

对压榨的要求主要是生酒清澈、卫生，酒糟干燥两个方面。

要使酒液既清，酒糟又干燥，同时效率又高，在操作时主要取决于以下三个要素。

（1）滤布选择要合适　对滤布的要求：一是既要使酒的清液能通过，又不能让酒糟等固体透过，而且空隙又不易堵塞；二是牢固耐用，吸水性能差且糟粕不易粘牢，容易与滤布分开。板框式气膜压滤机上一般采用牢度较强的尼龙、锦纶布作滤布。同时其孔眼也要选择得当，通常是选用36号锦纶等化纤布作为滤布比较适宜。

（2）过滤面积要大　相对压榨的效率会提高。原来的木榨一次要用生丝绸袋100多只，现在的板框式气膜压滤机每台有几十块压滤板，其目的都是为了扩大过滤面积；同时进醪操作时过滤层厚薄要均匀，一般要求应在进醪前将酒醅搅拌均匀。如果糟板厚薄不匀，就会产生板糟干湿不匀的问题。

（3）加压要缓慢　不论哪种形式的压榨机，开始时都没有加大压力的必要。因为开始时酒液比较多且混有空气，滤布上还没有形成过滤层，如加大压力，流速不仅不会加快反而会慢，且滤液浑浊。

需要注意的是糟板的榨干还与原料、蒸饭熟度、养醅时的气温和时间的长短有关。一般来说以糯米为原料的酒醅易于榨干，以粳米为原料的酒醅不易榨干，因为糯米全是支链淀粉，在蒸煮时易于糊化，而粳米中含有较多的直链淀粉，在蒸煮时不易糊化，在酒醅中含有较多的淀粉粒子，易于堵塞滤布的孔隙。

我国黄酒压榨工具长期以来是采用杠杆式的古老木榨。木榨具有结构简单，造价低廉、平日不用时可移动堆放则不占场地等优点，它是我国黄酒行业中结构最复杂、体型最大的重要酿酒设备。但在工业化时代，它的不足之处日渐明显：首先是压榨时间长；其次是生产能力低，很费人力。经多年的实践证明，板框式气膜压滤机比较理想，它具有性能良好、操作方便、生产能力大和出酒率高等优点，目前全国各地黄酒厂已普遍使用，木榨已经被淘汰。近年来又在滤布暗埋式、出酒管道暗流式、下糟后板糟由输送带输出等方面做了设计布局改进，在食品卫生安全、减轻劳动强度等方面有了很好的完善。但总体而言，板框式压滤机仍然采用间歇操作，如滤布整理装框、下糟、清洗等仍需进行手工操作，劳动强度仍较大，自动化程度低，还有待进一步研究和改进。

压榨操作步骤如下。

（1）先将滤布整理整齐，要求进醪口和进气口的部位都对正，滤布要放正；整理后，开动油泵顶紧榨酒机的滤板。

（2）安装和衔接好输醪管道后，开启压榨机进醪阀门和酒醅罐出醪阀门，开动输醪泵将酒醅逐渐压入压滤机。在进醪时，酒醅的厚薄要均匀。

（3）第一次进醪至醪泵压力为 0.40MPa 时，进醪暂停。开启空压机进行进气，进气压力由小到大，逐步增压，压力控制在 0.40~0.50MPa。进气约 1h 后，流酒较少时，进行第二次进醪，进醪和进气操作与上一次相同。一般进醪的次数需 3~4 次，才能进醪完毕。

（4）进醪完毕，关闭输醪泵、进醪阀门和酒醅罐阀门。

（5）打开进气阀门，前期气压 0.392~0.686MPa，后期气压 0.588~0.686MPa。进气 1h 后，要进行回醪操作，将进醪孔中的存醪用压缩空气吹入滤板。以后每隔 1h 左右，进行排气流酒 1 次，使机内存留的酒液放尽。

（6）从进醪起到压干，经过约 10 个小时，酒已榨尽，即可关闭进气阀门，排气松榨，准备出糟。出糟务必将糟除净，防止残糟堵塞流酒孔。

（7）排片时应将进料孔、进气孔、流酒孔逐片对直，畅通无阻。滤布也应整齐清洁。

二、澄清

澄清是一种重力沉降操作，即利用固液两相的密度差，将分散在酒液中的固体悬浮物在重力场中进行分离的作业。

在压榨过程中有些微细的固形物随酒流出，如发酵过程中的菌体以及酱色里的杂质等。所以刚榨出来的生酒并不很清，还需静置澄清 3~4d，使少量微细的悬浮固形物随着重力自由沉降到酒池（罐）底部，达到上面部分酒液清澈的目的。澄清的效果同原料、酿酒工艺操作、发酵控制、压榨操作以及添加的焦糖色等有关；一般来说，糯米酒、冬酿酒、开耙发酵正常的酒、发酵时间较长的酒，以及在气温较低环境下进行澄清操作，澄清效果显著，酒液清澈度好，反之澄清效果较差。澄清时间一般不宜过长，特别是气温在 20℃以上时更应注意，因为酒液本身是带菌的，酒池（罐）和空气中都有菌存在，再加上酒液里又有丰富的营养，有利于菌类的繁殖生长，这样就会使酒慢慢地浑浊起来，严重的酒味还会变酸，以至于无法挽救。这种现象俗称“失煎”。

有的在榨酒前，往酒醅里加少量陈石灰乳。这种石灰乳已充分吸收了空气中的二氧化碳，绝大部分已碳酸化，具有碱性，能中和黄酒里的酸，降低酒的酸度，还能起到澄清和改善口味的作用。

（1）色泽的控制　压榨出来的酒液颜色是淡黄色。按传统习惯必须添加焦糖色素，酱色是一种黑色的浓稠物，一般为30°Bé。使用时要用热水或热酒稀释。它的用量因酒的品种不同而有所不同，一般普通干黄酒用量约为1.2‰。加入焦糖色后，应用干净压缩空气翻动均匀。色泽的标准是：元红酒呈橙黄色，加饭酒的色泽比元红酒略深些，呈略深橙黄。甜型黄酒和半甜型黄酒可以少加或不加。

（2）糖度的控制　绍兴加饭酒压榨后如糖分不够时，可适当加入绍兴香雪酒进行调整，绍兴加饭酒的糖度一般控制在22.0~25.0g/L；绍兴善酿酒的糖度控制在60.0~80.0g/L。

（3）酒精度的控制　如果榨后的生清酒酒精度达不到要求，可适当地加入65%vol的酒汗（黄酒煎酒时酒精挥发中回收的白酒，也称“老酒汗”）进行调整，因此生清酒的酒精度要比成品酒酒精度的标准要求高1.0%~1.5%vol。

（4）总酸的控制　生清酒总酸的控制主要是榨前酒醅的搭配，这是最为关键的，如果生清酒总酸偏高或偏低，只能用总酸低的生清酒与总酸高的生清酒进行搭配调整，或可作为勾兑调味酒单独煎酒存放。

生清酒经加色及各项理化指标调整后，还必须进行品尝和化验测定，一般应达到表4-9的要求。

表4-9　生清酒感官和理化要求

	感官指标	酒精度/%vol	总酸/（g/L）	总糖/（g/L）
元红酒	色泽呈橙黄（加饭酒略深些，善酿酒呈米黄本色）清亮，香气纯正、醇香，酒味鲜爽、柔和、醇润	17.0~17.5	4.8~5.8	<15.0
加饭酒		19.0~19.5	5.2~6.0	22.0~25.0
善酿酒		15.5~16.5	7.0~8.0	60.0~80.0

经过澄清的酒液大部分悬浮物已沉到池底，但还有部分细小、相对密度较轻的悬浮微粒没有沉下，仍影响酒的清澈度。所以经澄清后的酒液必须再进行一次过滤，过滤设备一般采用硅藻土过滤机。过滤好的清酒应该边过滤边打入高位槽，流入煎酒器进行灭菌。

第七节　绍兴酒的灭菌、封口

为了便于黄酒较长时间的贮存和保管，必须进行灭菌，俗称“煎酒”，这是黄酒生产的最后一道工序。“煎酒”这个名称是自古一直传下来的，主要是指我们祖先根据实践经验，知道要把生酒变成熟酒才不容易变质的道理，因此采用了把黄酒放在铁锅里煎熟的办法，所以称为“煎酒”，从现代生物学意义上讲主要是灭菌。

一、灭菌的目的

因为经过发酵的酒醅，其中的一些微生物还保持着生命力，包括有益和有害的菌类，还残存一部分有一定活力的酶，因此必须进行灭菌、灭酶。通常采用加热的办法将微生物杀灭，将酶破坏。加热的另一个作用是可促进黄酒的老熟，并促使部分可溶性蛋白质凝固。经过贮存，被凝固的蛋白质沉淀下来，形成酒脚，使黄酒的色泽更为清亮透明。由于各地黄酒配方、操作方法以及酿造周期长短不一，酒脚也会有多有少。

二、灭菌的温度

选择合适的灭菌温度，对于黄酒煎酒操作的把握十分重要，既要达到杀菌的目的，但又不能太高，以免酒精挥发损失。选择怎样的温度比较合适呢？这应根据黄酒的沸点来定。黄酒是由酒精、水分、有机酸、糖分、氨基酸及酯所混合成的一种液体。但数量最多的还是酒精和水的混合液，其酒精含量在15%vol时，测定它的沸点为90.2℃；酒精含量在18%vol时，其沸点是89℃。一般黄酒的酒精含量在16%vol左右，少数品种超过18%vol。因此杀菌温度要求掌握在90℃以下，且绝大部分微生物在80~90℃的温度下是可以被杀死的，所以各酒厂采用的灭菌温度为80~90℃。煎酒灭菌的效果一方面同灭菌温度有关，另一方面同灭菌时间有关。灭菌温度高，灭菌时间可适当短一点，灭菌温度低，则灭菌时间要长一点。煎酒过程中黄酒会有部分酒精挥发，这部分挥发出来的酒精蒸气可以设法进行回收。其方法是在灭菌器出口储酒桶上面装个酒精蒸气引导管至冷凝器进行回收。这部分回收的白酒称为老酒汗，它可以并入糟烧出售，也可单独出售。有的工厂将其作为甜型酒的配料，也有的工厂调整酒精度用。生酒经过加热灭菌，酒精含量损耗在0.5%~1.5%vol，因此未灭菌的生酒酒精度应比规定的高0.5%以上，这样经加热灭菌后的酒才能达到规定酒精度。灭菌的温度和时间的设定，各厂都凭经验掌握，没有统一的标准。

三、灭菌设备与操作

（一）设备——板式换热器

黄酒生产中的灭菌设备主要是煎酒器，板式或管式热交换器进行消毒灭菌。使黄酒的消毒灭菌从传统的间歇操作变成连续操作。目前部分工厂已经采用了高效的自动控制板式或管式热交换器作为煎酒设备。

板式或管式换热器具有传热效果好，结构紧凑等优点，是新型换热器的一种。在温度不太高和压力不太大的情况下，使用这类换热器比较有利。

成套设备除了换热器主机外，还包括平衡槽、回流、温度控制等。

（二） 煎酒、封坛操作

（1）煎酒前准备　煎酒前一天，先将酒坛（带糟坛）洗涤干净。洗坛时要求坛底无沉积的小粉，坛肩没有糠油，坛口没有残留荷叶，坛外没有泥尘。洗坛后，用石灰浆刷白，印好牌印，印迹清晰，晾干后备用。若洗好的坛隔两天再用，必须复洗才能使用。

（2）蒸坛灭菌　将洗净刷白的酒坛置于蒸坛器上，坛口向下进行蒸汽灭菌。蒸坛时蒸汽大小要调节好，每只蒸坛孔的蒸汽大小要一致，以蒸坛口上有少量蒸汽冒出为宜。

（3）煎酒灌坛　先开启进酒阀门，再开启进汽阀门，进行进酒和进汽，待水温、酒温逐渐上升至煎酒工艺要求的温度时，开启出酒阀门。起初流出的酒不能灌入酒坛，可用相关容器接出，倒入澄清池（罐）回煎，接至达到规定的煎酒温度要求后，方可灌入已灭菌的酒坛中，转入正常煎酒工作状态。在煎酒时必须控制好进酒、进汽、出酒三者的平衡，并使煎酒灭菌的温度稳定，否则会出现煎酒温度忽高忽低的现象，严重影响煎酒的质量。煎酒灌坛时灌坛要满，不能浅，灌浅了坛内空气较多，易致黄酒在贮存过程中酸败。煎酒时还要注意计量的准确性。

（4）煎酒温度　绍兴黄酒的煎酒温度：元红酒控制在 90~92℃，加饭酒控制在 91~93℃，善酿酒控制在 89~91℃。

（5）包坛口及封坛　煎酒灌坛后进行包扎坛口及泥头封坛，立即在坛口上摆好两张荷叶，要求荷叶对放，并摆正；再放上一张油光纸、瓦灯盏头和方单（类似于商标标识），然后铺上竹箬，用篾丝（现在较多使用打包带作为扎丝）包扎坛口。在摆放竹箬时，要摆放均匀，不能有缺口（俗称“出脚”），所以一般要用三张竹箬，最上面一张要大一些。使用扎丝包扎时，扎丝要按下落槽，箬包要平整，扎紧扎实，要避免箬包脱起或走口而漏酒。坛口包扎后，把坛口四周多余的荷叶、竹箬剪除并剪齐，接着可进行泥头封坛。选择有黏性土质的黄泥，拌入适量谷壳拌和。

有的厂家为了美观，采用石膏做泥头。

泥头经干燥后，可移入仓库进行堆叠贮存。

第八节　绍兴酒的贮存老熟

一、 黄酒在贮存期间的变化

黄酒是由粮食经过发酵酿成的、成分非常复杂的有机液体。刚酿制的新酒，各成分的分子很不稳定，分子之间的排列比较混乱，所以，新酿成的酒存在口味辛辣粗糙，香气不足，不够柔和协调等缺点。如果要改变这些缺点，得到酒色澄亮，酒香浓郁舒愉，酒味醇厚、柔和、爽口的酒，除了在酿造工艺操作上需加强管理，酿得符合标准要求的酒以外，唯一的途径是通过贮存来提高质量，这个过程也就是酒的老熟过程，通常称为“陈酿”，也称“贮存”。一般黄酒的贮存期在3~5年，一些名优酒则要贮存5年以上。也正因为如此，黄酒的贮存年份成为了黄酒的品质特征之一，是黄酒的重要卖点。

黄酒贮存时间的长短，一般没有明确的界限，须根据不同的酒种和年份要求来确定贮存的时间。一般干型黄酒要有一年的贮存时间。因此习惯认为黄酒需要经过两次霉天，第一个是阴历5~6月的霉天，第二个是阴历8月桂花霉。经过两次霉天，到第二年春天，新酒味基本消失，已是一年陈了。陈酒醇香、绵软、口味协调，在香气和口味等各方面与新酒不同。

二、 黄酒贮存过程中色、 香、 味的变化

（一） 色的变化

酒通过贮存，其色泽随贮存时间而加深，这主要是酒中的糖分与氨基酸相结合，产生了类黑精等物质。这种褐变现象是美拉德反应的结果，逐步使酒色变深。色变深的结果因酒种而不同，一般含糖分和氨基酸、肽等多的及pH高的酒易着色。所以，含糖、氮等浸出物多的甜黄酒和半甜黄酒，要比干黄酒的酒色容易变深。有些不加麦曲的酒贮存着色速度就慢，这是因为没有加麦曲，蛋白质分解能力弱，含氮浸出物少的原因。所以，贮存期间色泽变深的快慢取决于酒中糖、浸出物的多少。一些干型、半干型黄酒在澄清时加入一定量的焦糖色，通过一定时间的贮存，其色泽会随着贮存时间的延长而变浅，这是因为加入的焦糖色会在贮存过程中发生沉降的缘故。此外，贮存环境温度较高，可促使酒的颜色变深。

（二） 香气的变化

黄酒的香气是其中所含的各种挥发性成分综合反应的结果。黄酒里既有酒精的香气，又有曲的香气，更有经过发酵产生的挥发性有机物的香气。由于原料、所使用的酒曲以及酿造工艺的不同，各类黄酒的香气也不完全一样，但是新酒总不及陈酿后的陈酒香。黄酒中的醇类物质，从化学角度来看，在不完全氧化的条件下，可以逐步氧化生成醛及酸，而酸和醇进一步反应，则可以生成酯类（化学上称作酯化反应），陈酿过程中的这一现象称为“酯化作用”，陈酒的香气主要源于酯化作用。由于黄酒中有不同的醇，因此，在长期的陈酿过程中会与酒中的有机酸发生酯化反应，产生各种酯类物质，各种酯都有其各自特殊的香气，如乙醇与乙酸结合产生乙酸乙酯，乳酸与乙醇结合生成乳酸乙酯。

黄酒的陈酿期越长，酯的含量会逐年增加，酒的香味也就越浓厚。但无限期地延长贮存期，香气虽好，乙醇含量却会下降，酒味会变淡，因此，并没有实际意义。

（三） 味的变化

黄酒经过贮存陈酿之后，味的变化主要是从口味辛辣变成醇厚柔和。新酒的刺激辛辣味，主要是由乙醇、高级醇及乙醛等成分所构成。酒经过长期的贮存陈酿，乙醇的氧化、酯化，乙醛的缩合和乙醇与水的缔合作用，再加上氧化物质与还原物质随着贮存年份的变化而引起较大的改变，以及其他复杂的各种化学变化，改变了新酒原有的刺激味，从而引起了酒体风味的改变，所以，黄酒经过适当时间的贮存会变得醇厚柔和。由于经过多年的贮存，黄酒中各有机物之间化学反应更趋完全，致使诸味趋于协调，而使酒味变得恰到好处。

另外，用曲量多的甜酒、半甜酒等糖分较高的酒，如果贮存陈酿时间过长，除了酒色变深外，也会给酒带来焦苦味。适当的焦苦味对许多地区的消费者来说还是喜好的，但过多的焦苦味则不被大多数消费者认可。

三、 贮存管理

（1）贮存黄酒的仓库要求干燥，潮湿的仓库容易使泥头湿润而致松散、产生倒桩事故。同时包口的荷叶、竹壳也会因潮湿而霉变，给酒带来霉气。没有通风、排湿装置的地下室、防空洞和山洞不宜贮存黄酒。

（2）黄酒仓库还必须通风良好，一是可以补给新鲜空气，利于黄酒陈化反应。二是通风的仓库昼夜温差明显，可促使液体内的分子运动，因为容器内的液体受外部温度变化影响，其分子就会无规则地流动起来，这种物理现象称为“布朗运动”，可促进黄酒的陈化。多层的黄酒仓库是今后仓库建筑的方向，黄酒上楼通风效果好，还可以节约用地面积，对具有投资能力的规模以上企业是个不错的选择。

（3）黄酒仓库还需要远离明火，不应建筑在有明火作业的旁边，如锅炉房、电焊等明火作业区，以免发生意外。黄酒含酒精不高，一般来说不是易燃品，但如遇火灾，大批黄酒的酒精蒸发，酒精气体燃烧，就会使火势越来越猛。

（4）由于黄酒是低度酒，长期贮存酒的仓库温度最好保持在5~20℃，过冷、过热都是不适宜的，过冷会减慢陈酿的速度，过热会使酒精挥发损耗，以及发生浑浊变质。

总之，黄酒贮存的仓库要自然通风良好、高大、宽敞、阴凉、干燥，堆叠好的坛酒应避免日光辐射或直接照射，酒垛之间要留有一定的距离，以利通风和翻堆。

提示：黄酒的贮存主要是用陶坛装为主，一般以三个或四个高堆叠在仓库内。每年天热时或适当时间，应翻堆一两次，即把上层的坛酒移位翻到下层，下层的翻到上层。这是因为上层的空间和下层之间空气流通的情况不一样，虽在同一个仓库内，但上面和下面的温度是不一致的，造成陈酿程度不一而引起质量不一致，工厂应做定期的翻堆工作。

第五章

现代黄酒酿造技术

第一节 现代黄酒酿造主要特点

现代黄酒的酿造工艺是在传统黄酒生产工艺的基础上发展起来的，为区别于传统工艺黄酒，现代黄酒酿造又称新工艺黄酒酿造。随着黄酒酿造装备的技术进步以及市场需求的不断拓展，新工艺黄酒生产逐渐在全国萌芽。新工艺黄酒的诞生最早是在对传统工艺黄酒装备进行不断改造后的情况下而逐渐发展起来的，20 世纪 50 年代初用蒸汽蒸原料和对成品酒进行杀菌取代原先的土灶铁锅；60 年代的板框压滤机取代传统的木榨；70 年代连续蒸饭机投入使用，80 年代的绍兴酿酒总公司和上海饮料机械厂联合开发的薄板式换热器研制成功；1985 年全国第一家采用微电脑控制发酵的万吨机械化黄酒车间在绍兴酿酒总公司正式投入使用。新工艺黄酒生产中由于大量使用机械化设备，故又称为机械化黄酒。可以看到，机械化黄酒一路走来是在对传统黄酒装备的不断改进的前提下才终于诞生，使绍兴酒的生产工艺全部实行机械化，从而打破了传统黄酒季节性生产的局限，做到全年生产。机械化黄酒生产从诞生之日起就在不断对装备和工艺进行改进，发酵容器逐渐扩大，前发酵罐容积从 $35m^3$ 扩展到 $65m^3$；后发酵罐容积从 $65m^3$ 扩展到 $125m^3$；板式换热器从 4t/h 发展到 10t/h；蒸饭机从蒸饭冷饭分体式到蒸饭冷却一体机，从 5t/h 扩展到 10t/h 生产量；圆盘制曲机在纯种麦曲生产上的成果应用，使纯种制曲生产实现自动化；会稽山的块曲自动流水线生产大大降低了劳动强度，为绍兴酒的自然培养麦曲的生产走出了一条新的技术线路；暗流式板框压滤机在生产上的应用减少了生清酒的酒精的挥发；陶坛清洗、杀菌一体机在生产上的应用和成品酒自动灌酒机的使用，大大地降低了黄酒大坛灌装的劳动强度，为陶坛黄酒的标准化灌装迈出了一大步；大罐储酒技术的成熟和生产应用为机械化黄酒生产效率的提高打通了最后的瓶颈环节，从此机械化黄酒物料输送可以全部实现管道化，为自动化勾兑提供了良好的基础，同时降低了黄酒成品运输、存储过程中各种物料的众多损耗成本。随着科技进步和自动化程度的不断提高，现代黄酒生产已经从机械化逐渐向采用全自动控制技术的自动化方向发展，对发酵整个工艺控制过程实行全自动控制，古越龙山和江南大学联合开发的国内第一套“黄酒大罐发酵自动计算机控制系统”是根据黄酒发酵动力学模型成功研制的黄酒生产控制系统，包括管理级、监控级，构成管控一体化的综合系统，对生产进行控制。该系统已在古越龙山、女儿红等众多机械化黄酒酿造车间使用，质量控制稳定性较好，生产效率得到较大的提高。随着机械化黄酒生产装备技术的不断改进和新工艺在生产上的不断成功应用，机械化黄酒生产质量的稳定性得到了很大的提高，生产效率也得到了有效的提升，机械化黄酒正从机械化生产逐渐向自动化生产转型，相信在未来不断会有新技术、新装备应用到生产之中。

机械化黄酒生产的主要特点如下。

1. 大容器深层发酵

以金属材料的大容器深层发酵替代传统陶缸和陶坛发酵，目前黄酒前发酵罐单体容量可达到 $65m^3$，后发酵单体可达 $125m^3$。

2. 纯种发酵

机械化黄酒采用纯种酵母培养繁殖发酵，糖化剂采用纯种曲和自然培养曲混合使用的生产工艺为多见，也有完全采用纯种糖化剂的方法进行生产的情况。近年来多有厂家采用含有纯种酵母和糖化酶的复合酿酒曲生产黄酒，其最大的特点是工艺方法简单，质量稳定可靠、成本低，产品的口感和风味上则较为单薄和单一，缺少传统黄酒的醇厚感和回味悠长的风味。在生产清爽型黄酒时，该方法有较大的优势，是现代黄酒生产工艺的方法之一。

3. 机械化生产

机械化黄酒的生产从浸米开始到成品杀菌后贮存，整个生产线是由各种机械组合来完成的，输米机、蒸饭机、压榨机、煎酒机、洗坛机、灌酒机，生产的各个阶段全部采用机械完成。

4. 自动化控制发酵

现代机械化黄酒生产发酵部分采用计算机全自动控制。包括发酵自动开耙、自动控制发酵不同时期温度，设定了标准的发酵温度曲线后，计算机会自动进行工艺控制，发酵曲线的控制精度和稳定性比人工控制有较大的提高。

5. 采用立体布局

生产车间的布局以物料流动为方向，采用高低位差让物料自由落体流动的方法进行装备布局，以节约动能，且总生产场地占地面积较小，结构紧凑。绍兴女儿红酒厂建成的一个年产量 3 万 t 的机械化黄酒车间总占地面积仅仅 8.3 亩（$5533.33m^2$），车间设计结构完全立体化。

6. 可常年生产

与传统工艺黄酒生产相比，现代黄酒酿造采用机械化生产，最大的优势是可以常年生产。所以无论从场地、设备的利用率还是人工的安排、生产效率方面都有了很大的提高，成品酒的成本上较传统工艺酒有较大的优势，机械化黄酒生产在实现自动化控制发酵后，其产品质量的稳定性更是有了非常大的提高，从成本、效率、劳动强度等方面来看，新工艺黄酒较传统工艺黄酒优势明显。

黄酒机械化生产工艺流程见图 5-1。

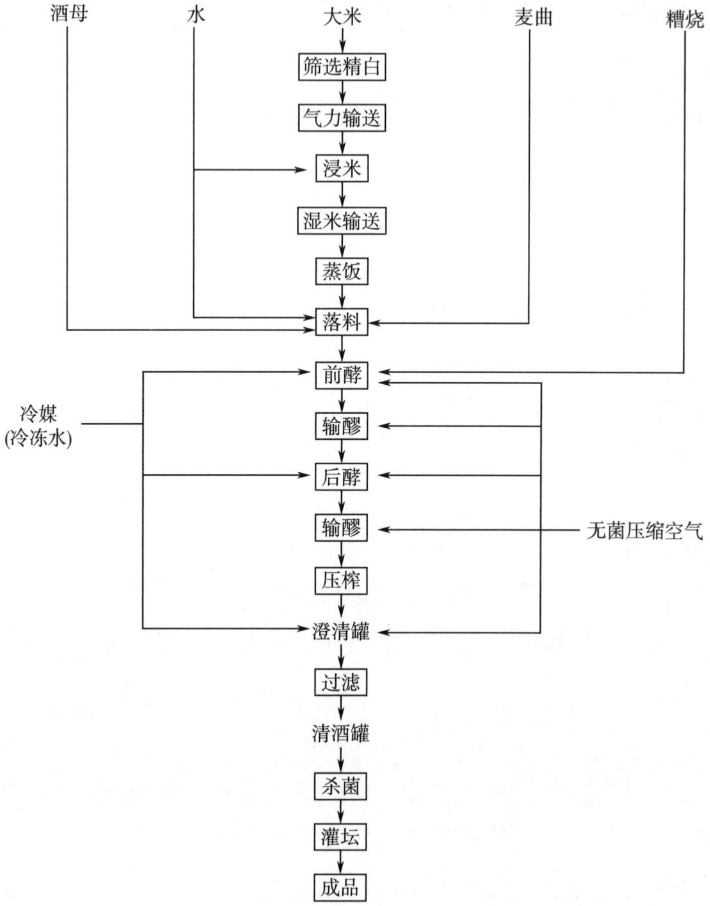

图 5-1 黄酒机械化生产工艺流程

第二节 浸米、蒸饭

一、浸米

浸米是机械化黄酒生产的第一道工序，是从原料米到蒸饭工序之间的工艺过程，主要作用是原料吸水和乳酸菌繁殖产酸。机械化黄酒浸米一般采用大罐浸米。可以在室内操作，敞口，可以加热水温和室内保温。

机械化黄酒浸米见图 5-2。

（一）机械化黄酒浸米的特点

传统工艺黄酒在冬季生产，采用露天浸米的生产工艺，时间长达 16d 以上。浸米的主要作用：一是让原料吸水膨胀，便于蒸煮糊化；二是在浸米过程中让乳酸菌繁殖，

图 5–2　机械化黄酒浸米

产生促进酵母生长繁殖的物质，酸浆水主要是由于浸米过程中部分淀粉溶解于水，经淀粉酶作用后产生少量的糖分被乳酸菌利用，原料表面天然带有的少量微生物所含的蛋白酶，将浆水中的蛋白质分解成氨基酸。浆水对黄酒酿造的作用，主要是通过调节米饭的酸度来调节黄酒发酵醪的酸度，给黄酒酵母的生长繁殖提供最佳的环境，促进酵母繁殖，从而使酒精含量迅速增加；同时米浆水中富含氨基酸和蛋白质等各种微量成分，也是形成黄酒独特风味的因素之一。但传统黄酒的这种浸米工艺需要较大的浸米场地和较多的容器，在浸米过程中淀粉的损失较高，一般达到原料总量的4%~5%。这是一个缺点。新工艺为了保持传统工艺浸米的目的，同时减少淀粉的损失，采用室内保温浸米的方法，由于增加了浸米水加温和浸米室内空气恒温装置，室内浸米在满足酿酒酵母需要的米浆水酸度上，大大缩短了浸米时间，在室温 20~25℃、水温 20℃以上的条件下，一般工艺上有 2~4d 的浸米时间，浆水酸度完全能够达到黄酒酿造所需要求，在满足工艺要求的同时又克服了传统工艺长时间浸米淀粉损失较大的缺点，减少了浸米容器，节约了场地，使大规模连续生产成为现实。

机械化黄酒生产工艺中关于浸米时间有逐渐缩短的趋势，究其原因主要是浸米时随着浸米时间的延长，淀粉损失逐渐增加；米浆水的“三废”处理成本较高。江南大学有科研项目在古越龙山、上海金枫酒业等厂做过生产试验，采用取消浸米环节或是仅浸米半个小时，通过在蒸饭的工艺中喷淋热水的方法，总体效果不错。有效地解决了米浆水问题，但成品黄酒和传统绍兴酒的风味相比还是有较大的差距，但其不失为一种创新的工艺方法。

（二） 机械化黄酒浸米的工艺过程和要求

机械化黄酒浸米工艺的作用主要是吸水膨胀和产生酸浆，一般是从气候状况来调节浸米水温和浸米室内温度，冬季自然温度较低时，采用浸米水加温的方法可以促使乳酸菌快速繁殖，达到提升浆水酸度的目的，春秋季一般采用自然的水温。浸米过程中务必在浸米罐中先放入部分的水，然后将米混合水一起输送入浸米罐，在输米入罐过程中可以用少量压缩空气翻搅，或是直接用工具搅拌，使米吸水更均匀。输米完成后应将水面的糠皮类杂质撇出浸米罐。在浸米 24h 后要求用压缩空气将米疏松一下，让米充分吸水。冬季加温必须先将水温加热调均匀，然后才可以输米入大罐，不允许一边加热一边输米入罐，以免温度不匀甚至出现米煮熟的现象。浸米时间的控制上一般要兼顾酸度和米的质量。有的原料米质较软，浸米时间应相应缩短，否则在浸米过程中米容易破碎而导致蒸饭困难。由于浸米时间的缩短容易导致的浆水酸度不足，一般工艺上可以通过在浸米水中添加老浆水的办法来弥补，这样可以大大缩短浸米时间，又能达到浸米酸度要求。但老浆水的添加比例要控制好，不能过量，如果其原料米是陈米（隔年陈粮），由于浆水中有害微生物较多，则米浆水尽可能不用为好。

（三） 机械化黄酒浸米的设备

机械化黄酒浸米的主要设备由敞口的原料筛选机、输米机械、浸米大罐、配套除尘设备等组成。

1. 原料筛选机

一般采用平面振动筛，主要目的是将原料中的小颗粒碎米以及少量杂质加以去除，通过预先选定振动筛的孔径可以将工艺规定的小碎米去除，一般浸米后小碎米容易粉状化，在蒸饭时造成蒸汽透过困难，所以工艺上要求预先去除。

2. 输米机械

（1）气流式输送机 浸米装置一般采用气流输送方法，其原理是利用强烈的气流带动干的颗粒状物料沿管道流动，到达指定目标位置。气流输送机由进料装置、物料分离装置、空气除尘装置、真空泵组成。

①进料装置：由吸嘴、旋转加料器组成。吸嘴是用于真空系统的进料装置，有单管型吸嘴、喇叭形双管型吸嘴、固定型吸嘴；旋转加料器在压送式系统中加料用。旋转加料器叶轮上的橡胶刮片在生产上是磨损件，使用一段时间后如果刮片和外壳之间的空隙变大应调节或更换刮片，以增加气密性。

②物料分离装置：物料沿输料管送达目的地后，必须有一个分离器将物料从气流中分离出来，然后卸出。常用的分离器有两种，旋风分离器和重力分离器（沉降器）。

③空气除尘装置：主要作用是进一步回收粉状原料，减少损失；净化排放的空气，

避免污染环境；防止粉尘损坏真空泵。

④真空泵：主要作用是在封闭的管道内形成气流，输送物料用。

（2）带式输送机　带式输送机常用于平面或斜坡面的物料输送。在酒厂中常见于将浸好的湿米输送进入蒸饭机，也有用于麦曲输送和酒糟输送的。带式输送机主要由主动轮、被动轮、食用级橡胶带组成。带式输送机使用比较灵活，可以固定也可以做成移动式的。在生产上可以一条线单一使用，也可以几条线组合使用。带式输送机运行平稳可靠，使用维护简单，运输能力强且消耗动能较小。带式输送机使用中由于输送带和外壳间隙较小，应注意观察皮带的左右平衡，发现有走偏现象要及时调整，以免输送带擦碰外壳造成皮带的意外磨损。

3. 浸米大罐

一般根据工艺上浸米时间要求和设计产能来确定浸米罐的数量，一般浸米罐的容量和前发酵罐的容量相配套，最好是 1∶1，浸米罐物料满容量一般不超过罐容积的 4/5，浸米罐一般设计成锥底圆形罐，浸米罐深度不能超过直径，过深的浸米罐底部的米粒吸水膨胀挤压后易破碎。浸米罐一般采用不锈钢材料制作，早期也有用碳钢加内防腐的方法，但米浆水的酸性较强，所以一段时间以后还是会腐蚀碳钢罐体，且内防腐要不断地更新，食品级的防腐材料也会在后续的使用中增加一定的成本，所以不锈钢是首选的制作材料。

二、蒸饭和落罐

蒸饭和落罐是机械化黄酒酿造过程中一个重要的工艺环节。蒸饭和落罐是连接浸米和发酵两个工序，蒸饭的主要作用如前所述有几项：一是让浸米后的原料通过蒸汽加热后充分地糊化，生淀粉转化成熟淀粉；二是通过高温蒸煮杀灭浸米过程中繁殖的一些有害微生物；三是可消除原料中的异杂味，使酒的风味纯正。落罐主要是将蒸煮后米饭混合酒母、麦曲、水后入大罐发酵。一般在蒸饭工艺过程中包含落罐。

（一）机械化黄酒蒸饭和落罐的特点

传统工艺黄酒蒸饭常用的有木蒸桶蒸饭，蒸桶在换甑时会有间隙停留，所以其作业方式是间隙式的。机械化黄酒从设计开始即采用蒸饭机蒸饭，一般黄酒厂蒸饭机多采用卧式连续蒸饭机，也有立式的加压蒸饭机，多用于较硬或糊化较困难的物料种类的蒸煮。卧式蒸饭机是连续作业的方式，较传统工艺的甑桶蒸饭，蒸饭机的连续作业方式主要的优点有生产效率大大提高，劳动强度降低，且节能效果可观，而且做到了蒸饭冷却一体化。由于蒸饭机设计有多个分隔的蒸汽室，可以根据原料的状况和米饭的质量灵活地调节蒸汽大小，蒸饭机钢带速度可以调节，饭层厚度可以调节，为蒸饭质量的保证打下良好的基础。机械化黄酒蒸饭、冷却和落罐是连续无间隙进行的，由于机械化黄酒车间在设计之初一般采用立体布局，故蒸饭和冷饭完成后，拌入麦曲，加入酒母，混合均匀后一起入罐发酵。整个过程连续不间断且实现机械化控制，和传统工艺相比效率提升、劳动强度降低，落罐温度控制的稳定性也有提高。

（二） 机械化黄酒蒸饭落罐的工艺过程和要求

机械化黄酒的蒸饭和落罐是两个连接在一起的工艺过程，浸米后的原料从蒸饭机的入口进入，通入蒸汽蒸煮、经鼓风或淋水的方法冷却米饭后，混合投料水、酒母、麦曲，搅拌均匀后进入大罐。这个过程称为蒸饭和落罐。和传统工艺的要求一样，机械化黄酒对蒸饭的质量要求也是“米饭颗粒分明、外硬内软、内无白心、疏松不烟、熟而不烂、均匀一致”。但不同品种原料在蒸饭过程中的控制要求是有差异的，在实际生产中需要根据不同的原料（糯米、粳米、籼米）以及浸米后的米质状况灵活调节蒸饭机 8 个汽室进汽量的大小，一般情况下米质松软的，适当减少进汽量，反之增加。饭蒸熟后需进行冷却，新工艺冷却有风冷和水冷两种，水冷法冷却速度较快，但米饭表面的淀粉易被水淋掉，淀粉及微量营养成分的损失较大，浸米后米粒表面自带的酸浆也会被水淋掉，给成品酒的风味造成较大的影响，对成品酒的出酒率有一定影响，同时淋米后的米浆水的处理也会提高成本。采用风冷法可以有效减少损耗，同时风冷法可以最大限度地保留米饭酸度。但应注意风冷后的米饭容易变硬结块，所以冷却后的原料必须及时充分搅拌打碎，和麦曲、酒母混合均匀后进入大罐发酵。要避免饭块进入发酵罐，酒母、麦曲混合必须要均匀；落罐温度要符合工艺要求，落罐温度太高容易烫死酵母（俗称泡娘），静置培养时间过短，开头耙时温度已到最高上限，但发酵醪液尚未疏松，用无菌空气强行开通，由于其中酵母菌的数量偏少，酒容易酸败，即便正常成品酒的口味也会苦味偏重。落罐温度偏低，静置培养时间过长，开头耙后酒温上升较慢，产酒精的速度较慢，感染杂菌的风险增加。一般根据气候环境温度变化，半干型酒的落罐温度控制在 24~28℃为宜。当然不同品种之间落罐温度会有较大差异，例如甜型酒（香雪酒）生产时的落罐温度就要求高一些，最好控制在 30~33℃。

（三） 机械化黄酒蒸饭的设备

现代机械化黄酒蒸饭的主要设备有蒸饭机、冷饭机以及配套的一些辅助设施。蒸饭机有卧式加压连续蒸饭机、立式加压间歇蒸饭机，还有立卧相结合连续蒸饭机。选择何种设备主要还是要根据酿酒的原料来看，一般原料黏性大但容易糊化的糯米选择卧式蒸饭机较为合适，而对于一些籼米或其他一些较硬的原料也可以选择立式加压蒸饭机。现在的卧式蒸饭机设计有喷水、翻拌等装置，对各种原料的适用性较好，饭的质量容易得到控制。早先机械化黄酒的卧式蒸饭机和冷饭机一般是前后连接在一起的两台机器，动力和传动是分别控制的。新一代的蒸饭机均带冷饭功能，也就是将两台机器合并在一起工作，减少了一套传动装置，蒸饭和冷却气室之间可以用密封橡胶板有效隔离，这种一体机优势明显，节约场地，减少动能，减少传送带故障概率。但对传动带（不锈钢带）的要求较高，因为几乎是两根传动带的长度，依靠一套主动轮带动，对动力的要求也有提高。蒸饭机主要由接米口、鼓轮、不锈钢网带、蒸汽管、排气筒等组成。

蒸饭机的操作要求为：根据米质合理灵活地调节蒸饭机速度、饭层的高度以及蒸汽进汽量的大小。蒸饭机正常工作基本要求是不锈钢带不能左右窜动，因为不锈钢带两边和蒸饭机身的间隙很小，所以发现有跑偏要及时加以调整，以免钢带损坏。

蒸饭和落罐的一些辅助设备主要是管道和一些搅拌装置，用来输送和均匀物料，将加入的酒母麦曲拌均匀后入罐发酵。一般没有特殊的要求。

机械化黄酒蒸饭机见图 5-3。

图 5-3　机械化黄酒蒸饭机

第三节　酒 母 制 备

与传统黄酒酿造类似，酒母制备是黄酒生产工艺中的关键工序。机械化黄酒酒母制作过程包含酵母培养和酒母培养两个阶段，机械化黄酒一般采用纯种酵母扩大培养的方法，从斜面试管到三角瓶扩大培养阶段属于纯种酵母培养。从三角瓶到酒母罐扩大培养属于酒母制作阶段。酒母质量对黄酒的发酵以及酒的风味影响较大，其中酵母细胞数和出芽率两项指标是衡量酵母质量的重要指标。除以上两项指标外，酒母质量还要参考总酸和酒精度两项指标，必须同时符合标准要求才属于合格品。机械化黄酒的酒母生产根据工艺不同一般有速酿酒母和高温糖化酒母两种，随着黄酒活性干酵母菌种的不断改良，现在也有较多的生产厂家选用活性干酵母生产机械化黄酒。

一、 机械化黄酒酒母制作的特点

机械化黄酒的酒母制作和传统工艺相比有较大的区别，传统工艺采用淋饭酒母，在摊饭酒生产开始前可以将整个冬酿期间需要的淋饭酒母（酒娘）一批或两到三批全部做好，再通过理化和感官指标挑选出优质的酒娘作为冬酿期间的发酵酒母。机械化黄酒由于整年连续生产，所以酒母的制作也和大罐酒一样采用连续每天投料生产。传统工艺采用酒药作为菌种，所以是酵母和糖化菌多菌种参与糖化发酵；机械化黄酒一般采用纯种酵母培养的方法制作酒母，可以是单一酵母，也可以是两种或以上的复合酵母，但都是采用纯种培养的方式。由于机械化黄酒采用纯菌种培养，所以制作酒母周期较短，从三角瓶酵母培养到速酿酒母可使用，一般只要48h，一般规模以上企业都有自己的酵母菌种保藏库，在生产开始前对保藏菌种进行接种、复壮。然后将保藏菌种接种到斜面试管，经过酵母液体试管培养和酵母三角瓶液体培养后供酒母制作用。

相对于传统工艺的淋饭酒母，纯种酵母的主要特点如下。

（1）菌种优良　使用的菌种是经过分离、选育出的性能优良的黄酒酵母，一般香味好、繁殖快、发酵力强、产酸少、耐酒精性能好、抗杂菌能力强。

（2）可以常年生产　由于采用速酿酒母，菌种保藏在低温干燥的环境中，酒母的生产周期短，只有两天，所以不受季节性限制，适合用于机械化黄酒生产。

（3）占用的场地少，设备的利用率高　相对于传统黄酒的酒母制作，机械化黄酒的生产效率和设备利用率大大提高。

（4）劳动效率高，劳动强度低。

二、 机械化黄酒酒母制作的工艺过程和要求

机械化黄酒酒母根据制作工艺不同可以分为速酿酒母或高温糖化酒母，速酿酒母也称为速酿双边发酵酒母。两种酒母都是选择优良的黄酒酵母菌种从斜面试管开始，逐级扩大培养增殖到一定数量的酵母供大生产使用。

（一） 速酿双边发酵酒母

速酿双边发酵酒母是仿照黄酒双边发酵的生产方式来制作酒母。由于生产周期短，所以又称为速酿酒母。

速酿双边发酵酒母的工艺流程见图5-4。

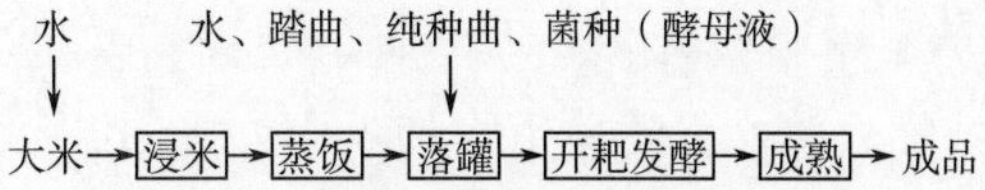

图 5-4　速酿双边发酵酒母的工艺流程

速酿双边发酵酒母工艺上参照机械化黄酒发酵，采用纯种培养的方法，通过斜面试管、液体试管、液体三角瓶、酒母罐四级扩大培养酵母。

具体操作方法和要求如下。

1. 斜面试管培养（略）

2. 酵母试管、三角瓶的培养

（1）酵母糖液的制作　酵母液培养基的制作过程：原料米浸泡 3~5d，充分吸水的同时，米浆水产生一定的酸度，沥干水分后带浆蒸煮，蒸饭要求和大罐蒸煮相同。

然后将米饭投入糖化锅后再加水蒸煮，糊化成糊状后冷却至 58~60℃，加糖化酶搅拌均匀进行糖化，糖化总时间为 4h，期间夹套内通热水保持糖化锅内温度在 58~60℃。糖化完成后进行过滤得到澄清的糖液，然后调节糖液浓度至（13.0±0.5）°Bx，调节 pH 至 3.8~4.1，然后灌入试管和三角瓶，封口后入高压灭菌锅进行杀菌，时间 30min，压力 0.1MPa，灭菌后必须采用自然泄压的方式打开高压灭菌锅，灭菌后的液体试管和三角瓶常温下 3~4d 内可以使用。

（2）酵母培养　将斜面试管内的酵母在无菌室内接种到液体试管后稍作摇动，入培养室培养，要求温度 26~28℃，培养时间 24h。液体三角瓶的接种和培养方法与液体试管完全相同。培养完成后的液体三角瓶酵母供酒母生产使用。液体酵母的主要质量指标有细胞数、出芽率、杂菌数量等。

3. 酒母的制作

根据速酿双边发酵酒母的工艺要求，酒母生产过程分为浸米、蒸饭、落罐、开耙等环节。

（1）浸米　由于酒母生产属于培养黄酒酵母阶段，酒母质量和黄酒发酵相关性较强，一般企业酒母生产选用的原料质量比大罐黄酒生产要高一个档次。在清洗消毒后的浸米容器中先放部分清水，然后倒入原料搅拌，以确保原料米均匀地吸水，浸米罐的水面以高出米表面 6~10cm 为佳，如果吸水后米露出水面要及时适量补充，水太多会影响米浆水的浓度。浸米时间一般控制在 3~5d，温度控制与大罐浸米相同，可以根据生产时气温、水温、米的品质等因素灵活调节浸米时间和温度。浸米后浆水总酸要求符合工艺，米不可有较多的碎粒以免影响蒸饭。

（2）蒸饭　机械化黄酒酒母蒸饭的总量不大，所以一般不用蒸饭机蒸饭，而采用木甑桶蒸饭。浸泡后的米沥干水分，放入木甑桶后，下部通蒸汽，待蒸汽穿透饭层后再加盖蒸，米饭要求做到熟而不糊、内无白心。

（3）落罐　将蒸好的米饭通过鼓风的方式降至一定温度，然后倒入缸中，一般一缸放两甑饭，缸中提前放好配方清水，然后依次加入配方麦曲、三角瓶液体酵母，充分搅拌均匀后再入酒母罐发酵，一般控制落缸温度在25~28℃，可以根据气温灵活调节。落罐完成后，如果在冬季周围温度较低时，可以在罐的外部采用盖棉被等方法来加强保温。

（4）开耙发酵　一般经过10~12h的自然发酵后，发酵醪温度逐渐上升，醪液面气泡排出慢慢地变得剧烈，这个时候需要开耙排出二氧化碳，送入新鲜的空气，使罐内的温度均匀。一般由于酒母罐的容量不大（常见的为1~2t），所以采用人工搅拌的方式进行开耙，头耙以后每隔2~3h后必须搅拌一次，以提供酵母大量繁殖所需要的氧气，同时根据酒母发酵升温的情况采用各种降温措施控制发酵品温不超过33℃，以免酵母衰老。一般的酵母培养罐都设计有夹套，可以在其中送入冷冻水或自来水进行降温。由于采用纯种酵母培养，所以酵母的繁殖速度较快，一般在开头耙后12h发酵温度逐渐降低到28℃以下，以后可以每隔4h开一次耙，又称为开冷耙。以后醪液温度可以逐渐下降，第二天成品酒母的温度要求降低到18℃以下。一般48h后酒母可以使用。在10℃以下的低温状态下，酒母可以保留一段时间的活性，但由于机械化黄酒是连续生产的，所以如果没有质量问题，生产上一般都是使用两天发酵期的成熟酒母用于机械化黄酒生产。

4. 成品酒母的质量

成品酒母的主要质量指标有出芽率、细胞数、酒母总酸、酒精度。要求总酸≤4.5g/L，酒精含量≥9%vol，出芽率≥15%，细胞数≥2亿/mL。

（二）高温糖化酒母

高温糖化酒母的生产特点主要是原料采用高温糊化，再将糊化后的稀醪在60℃的温度下进行糖化，经过灭菌降温后进行接种培养。其优点是：采用稀醪培养对酵母细胞壁的渗透压低，有利于酵母在短期内快速地繁殖生长。

高温糖化酒母的工艺流程见图5-5。

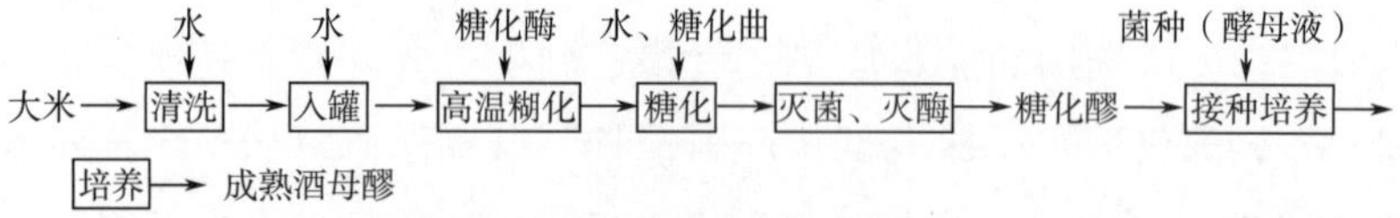

图5-5　高温糖化酒母的工艺流程

操作方法如下。

（1）原料清洗　可以采用糯米或大米作原料，用清水洗干净后加3倍原料米的清水入高压锅中蒸煮糊化。

（2）高温糊化　密闭压力锅用0.3MPa左右的压力蒸煮30min即可。

（3）糖化　将糊化醪液压入酒母罐后，采用夹套冷却的方法降温到58~60℃，加糖化酶保温 4~5h 糖化，每隔一个小时搅拌一次，使醪液均匀，充分糖化。

(4) 灭菌灭酶　将糖化液加热到 95℃ 保温 10min，以杀死醪液中的杂菌，并使糖化酶失去酶活力。

(5) 接种培养　灭菌后的醪液冷却至 28℃ 左右可接入酵母菌种进行培养，一般经过 15~20h 即可作为成品使用。

高温糖化酒母的质量标准和速酿酵母相同。高温糖化酒母相比速酿酒母，其生产周期更短且质量控制更稳定，但由于其糖化过程中采用糖化酶作为糖化剂，所以和速酿酒母采用麦曲作糖化剂相比，在酒母的风味上要差一些，口感也要淡薄一些。

（三） 黄酒活性干酵母

随着技术的发展进步，黄酒活性干酵母中的菌种不断地改良，现在已经有较多品种的活性干酵母可以直接用于机械化黄酒的生产。市场上就有多种不同风味的黄酒活性干酵母可供选用。黄酒活性干酵母具有酵母存活力高、便于保存、高效实用、工艺简单等特点，现在已经有部分的机械化黄酒企业采用黄酒活性干酵母。活性干酵母质量稳定性好，使用简单，在投料前用2%糖水或清水静置活化 0.5h 以上即可直接替代酒母用于大生产。

黄酒活性干酵母是现代生物技术培养而成的具有生物活性的黄酒酵母菌制成品。其保质期内酵母存活率必须大于 80%，含水量在 5% 以下。产品一般采用铝箔真空包装，保质期为两年。活性干酵母具有发酵力强，黄酒质量稳定、无需酒母制作等优点，一般规模以上企业使用较多，品牌企业多数还是采用自己的酿酒酵母菌种，自己制作酒母，活性干酵母作为补充，在酒母质量出现问题时可以应急使用。

三、 机械化黄酒酒母制作的设备

机械化黄酒酒母制作的主要设备有不锈钢浸米罐、不锈钢发酵罐、蒸饭桶、鼓风桶、木甑、陶缸以及其他一些制作酵母三角瓶的糖化、高压灭菌设备。

(1) 不锈钢浸米罐　其为圆柱形敞口罐，浸米罐的体积和每天的酒母生产量相配套，可以每天浸米两罐，或一罐也可以，根据设备工艺布局来定，没有特殊的要求，酒母浸米的条件和大罐浸米相同，都要有水温加热和室内温度保持的功能，以便酒母米浆水的酸度符合工艺要求。浸米罐底部有滤网可以排放米浆水，然后通过底部排料口将物料取出上甑。

(2) 不锈钢发酵罐　其形状为圆柱形敞口罐，一般外部有夹套可以送入冷冻水对发酵醪进行冷却。其材质一般采用不锈钢，酒母发酵罐必须有配套的盖，由于罐体较小，酒母开耙一般采用人工搅拌的方法。酒母温度测量有人工移动温度计测量，也有固定电子温度计显示测量。

(3) 蒸饭桶和鼓风桶　前者主要作用是送入蒸汽将米饭蒸熟，后者是将蒸熟的米饭进行鼓风冷却。两个桶可以分开，也可以合并成一个，都是圆形的设计，底部有入口可以送入蒸汽或空气。底部设计有排水口可以排放蒸汽中的冷凝水。上部做成宽边型，直径尺寸和木甑配套，木甑和蒸饭桶之间加密封材料。

（4）木甑　是酒母蒸饭的容器，采用杉木材料制作，外部刷一次红色的油漆防腐，底部带网状的金属底托上面垫一块配套的圆形粽垫，蒸饭时将木甑放蒸饭桶上后直接将米倒在粽垫上，通蒸汽即可。

（5）陶缸　作为酒母蒸饭落缸的容器，主要的作用是将米饭、酒母、麦曲、水充分混合均匀，通过落缸温度的高低来调节鼓风时间，从而达到合适的落缸温度。

机械化黄酒酒母发酵罐见图 5-6。

图 5-6　机械化黄酒酒母发酵罐

机械化黄酒酒母控制系统见图 5-7。

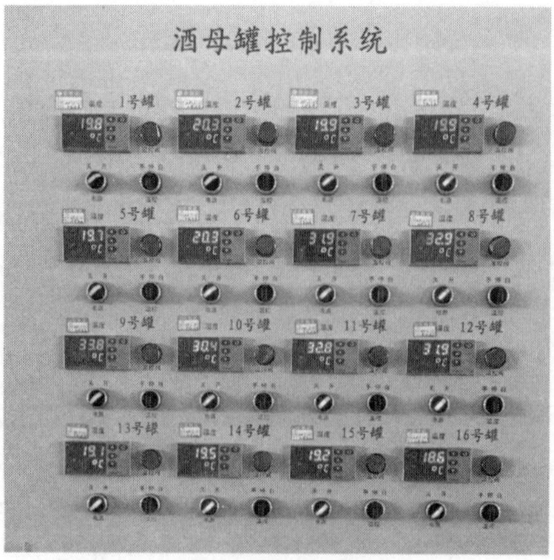

图 5-7　机械化黄酒酒母控制系统

第四节　大罐发酵

机械化黄酒采用大罐发酵工艺，与传统酿酒工艺相比具有生产周期短，发酵控制稳定、可常年生产等特点。机械化黄酒与传统工艺黄酒的最主要的差异之一就是发酵容器的变化，从传统工艺的陶缸和陶坛的前后发酵容器改为机械化黄酒的不锈钢大罐前后发酵容器。单体发酵容器的体积增加几十倍到几百倍，从而使得发酵周期缩短。机械化黄酒发酵可以分为两个阶段即前发酵和后发酵，前发酵是机械化黄酒的主发酵阶段，发酵周期一般为3~5d，发酵温度最高可以达到33℃以上，在此期间由于酵母菌的大量繁殖，产生大量的热量，工艺上需要定时进行开耙。开耙的主要作用是送入氧气和排出二氧化碳，同时开耙过程中可以带走一部分的热量，有利于罐体内的发酵醪温度均匀一致。机械化黄酒的后发酵主要是前发酵结束后到发酵醪成熟前的这一阶段，后发酵的周期一般为25~30d，温度应控制在15℃以下。工艺上采用低温长时间发酵，使酒醪中的残余淀粉慢慢地被利用，同时酒精度缓缓地提高，发酵醪中的一些风味物质慢慢地形成。

（一）　机械化黄酒大罐发酵的特点

机械化黄酒的生产中，发酵是最关键的工序，机械化黄酒大罐发酵的主要特点是采用纯种酵母，添加了纯种培养曲，采用大容器发酵（体积可从几十立方米至一百多立方米），采用冷媒热交换强制冷却的方式控制发酵温度。机械化黄酒发酵周期较短，可以常年生产，可以实现全自动化温度控制和开耙控制，有利于实现生产自动化。机械化黄酒大罐发酵由于罐体的深度达10m以上，故在发酵的过程中需要及时补充空气、排出二氧化碳，才能有利于酵母菌的繁殖生长。由于发酵容器单体体积较大，所以一般采用冷冻水换热的方法进行降温。机械化黄酒的发酵罐体一般采用瘦高圆形罐体，非常有利于罐体内发酵醪液的自然翻滚进行热交换。机械化黄酒由于采用纯种酵母，耐高温性能一般，根据纯种酵母的最佳培养温度和菌种对高温的耐受度，一般机械化黄酒前发酵的最高温不宜超过33℃。

（二）　机械化黄酒发酵的工艺过程和要求

机械化黄酒发酵的工艺过程一般分为静置培养期和主发酵阶段。静置培养期一般指前发酵落罐完成后到开头耙前的这一阶段，一般根据落罐温度的不同和酒母添加量的不同可以有8~12h。一般静置培养期的发酵属于半固体发酵，此阶段的发酵醪属于半固体，所以发酵醪的流动性较差，一般根据发酵升温情况和发酵醪液化、糖化、酵母繁殖产生气泡等各方面综合考虑开头耙，从而结束发酵静置培养期。发酵的静置培养阶段非常关键，其中各个方面的工艺参数的控制都将会影响发酵的静置期。

主发酵阶段主要是指开头耙以后到前发酵结束这个阶段。开头耙是黄酒发酵中最为关键的一个工艺环节，所以一般由经验丰富的开耙技工掌握。开头耙是静置培养阶段与主发酵阶段的分界线，必须时间火候掌握恰到好处，发酵醪静置培养尚未成熟而强行过早开耙，发酵醪液化糖化程度不够，发酵醪中过早送入氧气，其中的酵母数量较少，容易导致酒醪酸败。开头耙过迟，发酵醪中的酵母数量大量繁殖而没有及时送入氧气，容易导致酵母衰老，发酵醪生成酒精缓慢，同时发酵醪中的二氧化碳等气体不能及时排除也会影响酵母的繁殖和生长。

开耙的主要作用有：送入氧气、排除二氧化碳，使发酵醪液的温度均匀，从而提高散热效果。一般开头耙要求将整个罐体内的醪液彻底搅拌均匀，而且由于机械化黄酒大罐的体积较大，所以时间会相对较长，一般将压缩空气的入口设计在罐体的底部，在开耙的环节搅拌会相对容易。开头耙以后由于送入大量的氧气，所以酵母快速繁殖，发酵醪升温速度加快，工艺上要求密切注意发酵温度，根据工艺要求，最高温度不超过33℃，控制温度的手段是采用夹套冷却，配合发酵醪的搅拌，以增加冷却的效果。开头耙以后每隔2~4h开耙一次，所起的作用也是送入氧气、排除二氧化碳、均匀温度。由于此阶段的发酵醪液已经是均匀的液态状，所以开耙时间可以缩短些，实际的控制还需要结合发酵具体情况灵活掌握。

（三） 机械化黄酒发酵的主要设备

机械化黄酒前发酵温度控制系统见图5-8。

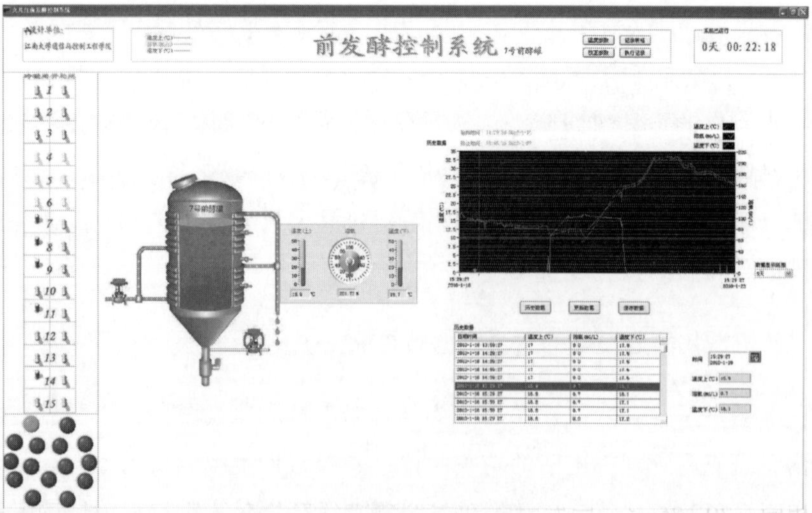

(1)

图5-8 机械化黄酒前发酵温度控制系统

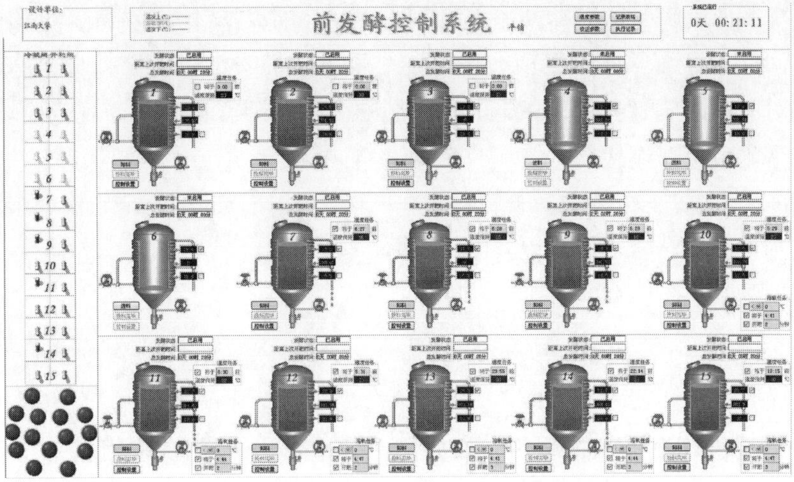

(2)

图 5-8　机械化黄酒前发酵温度控制系统

机械化黄酒发酵的主要设备是大罐，一般万吨产能的机械化黄酒车间的前发酵罐容量为 30~35m^3，每天 2 只罐投料，一般全年产能可达 1 万 t。年产 2 万 t 的车间可以采用 35m^3 前发酵罐，每天 4 罐的投料量；也可以用 65m^3 的前发酵罐，每天 2 罐的投料量，全年的产能大约都可以达到 2 万 t 以上。两种不同容量的罐体发酵，正常的工艺都是完全可行的，65m^3 大罐在古越龙山 2 万 t 机械化黄酒车间已经试用成功，发酵正常。目前国内还是以 30~35m^3 前发酵罐为主流。前发酵罐的形状一般设计成瘦高的圆柱形，底部和上部为锥形结构。罐体外部带冷却夹套。前发酵阶段由于酵母繁殖旺盛，所以产生大量的热量，要求发酵罐体设计有强制冷媒换热功能，一般采用发酵罐外层导向式夹套换热的方式，夹套外部最好能有保温材料防护，以提高冷却效率。根据发酵醪液输送方式的不同，前发酵罐体可以设计成压力容器，也可以是普通的罐体。前发酵罐的底部一般设计成醪液输送口和压缩空气的入口，发酵罐的上部有蒸饭后的物料输入口，一般黄酒大罐发酵采用敞口发酵，生产过程中不需要带罐盖，如果是采用压缩空气进行物料输送的，则罐体上以及罐盖上必须设计有压力表和安全阀、泄压阀门等安全装置。前发酵罐一般还设计有温度检测点，可以在固定位置采用 1~2 个电阻式探头进行测温，通过输入计算机的主机控制程序后，与设定的发酵程序相对应即可进行发酵自动控制降温和开耙。

后发酵的主要容器也是大罐，一般由于后发酵的发酵温度较低，发酵中产生的热量也较少，所以相对罐体的体积可以较大，一般有 65m^3，也有 125m^3，当然也可以和前发酵罐相同，30~35m^3，后发酵罐和前发酵罐的形状和结构相同，都是圆锥形底的圆柱状罐，外层可以带夹套冷却，也可以不带，采用顶部喷淋冷却水的方法，但冷却效果较差。

前发酵罐和后发酵罐的材质最好采用食品级不锈钢，这样可以省去后期防护方面的要求，早期的发酵罐多采用碳钢的罐体，一般每年都要进行防腐处理，麻烦且处理成本较高，对酒体的质量会带来一定的负面影响。随着国家食品生产规范要求的提高，此类碳钢罐体将被逐渐淘汰。

第五节　压榨与澄清

一、压榨

压榨是机械化黄酒生产过程中一个重要的工艺步骤，主要作用就是将发酵成熟的酒醪分离成清酒和酒糟，简单地概括就是固液分离。机械化黄酒的压榨采用板框压滤机进行酒醪的固液分离，板框压滤机相比早期传统工艺的木榨效率提高几十倍，而且劳动强度大大降低。正是由于板框压滤机在黄酒生产上的使用，才使得机械化黄酒的生产瓶颈得以打破，从生产效率提高的角度出发，传统工艺黄酒现在普遍也采用板框压滤机，所以板框压滤机在黄酒生产上的应用是一项革命性的装备进步，意义深远。

（一）机械化黄酒压榨的工艺特点

（1）较传统工艺木榨，生产效率提高几十倍。

（2）较传统工艺木榨，劳动强度大大降低。

（3）成品出酒率较传统木榨工艺高。

（4）与传统木榨工艺相比，黄酒的食品安全卫生条件得到较大的改善，更符合现代食品生产卫生安全要求。

（二）压榨的工艺过程和要求

机械化黄酒发酵成熟以后的下一步工艺就是压榨，压榨工艺的工作质量直接影响黄酒的产量，也在一定程度上影响产品质量。由于压榨主要是进行固液分离，所以酒糟的干燥程度直接影响出酒率。在压榨的工序上要求员工严格按照作业程序进行操作，从板框压滤机的清洗、滤布的整理和清洗、进料压力的控制、进料结束后加压的时间、加压过程中板框压滤机的现场管理等各个方面都有一整套严格的要求。

1. 板框压滤机的清洗和整理

板框压滤机必须预先清洗，按照压板和滤板间隔穿插排序的方式进行压滤机排序，在滤板上要预先套上定制的滤布，压板上预先装橡胶板，排序后用油压机顶进待用。

要求滤布不能堵住底部的压气孔，橡胶板安装到位，上下部的密封橡胶圈必须压紧不漏气。

2. 酒醪的搅拌

进入板框压滤机的酒醪必须预先加以充分的搅拌使其均匀，由于发酵成熟的黄酒一般是上层清酒，底层麦曲酒糟等固态物质沉淀较多，为防止在压榨过程中麦曲堵塞管道，必须提前将大罐中的成熟发酵醪进行充分的搅拌，才能有效预防堵塞现象的发生。

3. 进料和压榨

搅拌均匀的酒醪可以通过压缩空气经管道送入板框压滤机，也可以通过管道泵将发酵罐中的醪液送入板框压滤机，原理相同，在此过程中酒醪通过滤布过滤后，清酒从滤板的流酒孔流出，酒糟就积存在两张滤布中间。在进料结束后可以关闭进料阀，再通压缩空气进行酒糟压干，一般经过 2~4h 可以将滤布中的酒糟完全压干，此阶段要控制压缩空气的压力不超过 0. 6MPa/cm^2。

4. 脱糟

压干酒糟后可以打开板框压滤机，将两块滤布中挤干的酒糟去除，然后进行清洗后又可以开始下一次进料。酒糟可以打碎后再次进行固态发酵，是生产糟烧的原料。

（三） 机械化黄酒压榨的主要设备

压榨的主要设备就是板框压滤机，板框压滤机从 20 世纪 60 年代诞生至今经历了至少 3 代的改进。最早的板框压滤机机身压板、滤板均采用铸铁材料，该种铸铁的板框质量大，移动时比较费力，一块板的质量在 150kg 以上，板框更换时也比较麻烦。第二代板框材料采用食品级工程塑料，材料轻但强度好，特别是韧性较铸铁板有非常大的改进。第一代的铁板由于只有刚性而没有韧性，所以在作业中如果压气压力过高，非常容易打坏压板。采用第二代的食品级工程塑料材质的压滤板后，一般不再出现板框损坏的现象，这是材料上的创新带来的装备进步。第三代的板框压滤机和第二代相比主要改进的地方是采用清酒暗流的方式代替第一、二代的敞开式的流酒方式。第一、二代的过滤机过滤后的黄酒直接流入敞开的接酒斗，再收集后从管道流入清酒罐。在接酒的过程中不但容易受空气中各种外来污染物的影响，而且酒精在此过程中有一定的挥发。经过测算，一般夏季酒精挥发量可以影响酒精度 0. 5%以上，冬季挥发相对较小，但也有 0. 2%左右。由于压榨区域是黄酒生产的洁净区域，敞开式的接酒方式也对现场环境提出了更高的要求。相对来说，直接管道接酒的暗流方式更科学合理，具有更好的经济效益。

机械化黄酒压滤设备见图 5-9。

图 5-9　机械化黄酒压滤设备

二、 澄清

黄酒经过压榨，酒液与酒糟分离，酒液送入清酒罐内进行澄清。澄清这一工艺过程主要包括清酒勾兑、澄清、过滤三部分，下面依次论述。

（一） 清酒勾兑的工艺要求

酒醪通过压榨机压滤以后得到的清酒，首先要进行勾兑。勾兑在机械化黄酒中主要的作用是通过调整酒精度、糖度、酸度等指标使各批次酒的质量符合工艺要求。广义上的勾兑概念包括压榨前成熟酒醅的搭配、压榨后灭菌前清酒的调配、灌装前原酒的组合和调整等。本节的清酒勾兑是指灭菌前清酒的调配工艺，其主要作用是协调酒体，稳定各批次酒的质量。

1. 糖度的调整

黄酒在发酵过程中，由于米质的差异、发酵时温度控制的差异、糖化发酵剂的差异等因素，会导致每一批次酒液的指标有一定的落差。特别是机械化黄酒，由于使用纯种酵母，酵母菌活力强，发酵旺盛，发酵结束时残糖指标的差异较大，一般生产上会使用添加酿造甜酒的方法调整清酒的糖分，使之符合产品质量要求。比如在加饭酒的清酒中添加香雪酒可以提高糖分。一般来说，机械化黄酒发酵结束后，糖度在5~12g/L，常用的方法是通过添加香雪酒调节糖度达到22g/L。具体计算方法见其他章节论述，这里就不再重复。

2. 色率的调整

黄酒发酵结束后，带糟的上清液或者经过压榨的酒液，一般呈现大米、主要是小麦带来的浅黄色，而不是成品所要求的橙黄色。这就需要添加一定量的焦糖色（焦糖色的添加比例可以根据成品黄酒质量要求和焦糖色的色率确定）。经过搅拌，使焦糖色与酒体充分混合，从而使黄酒呈现出特有的色泽。

这里需要注意一点，当清酒罐的沉淀物（酒脚）重新回流到酒醪中经过压榨时，由于回流的沉淀物中已经带色，所以该批次清酒在进行勾兑时要适当减少焦糖色的添加量，否则颜色会较深。

3. 酒精的调整

酒精的调整虽然在机械化黄酒中不常见，但是工艺上是允许在清酒中添加部分的老酒汗，以提高清酒的酒精度。一般情况下只要发酵正常，机械化黄酒发酵结束时的酒精度完全能符合产品质量标准，所以一般不需要添加。但有时候部分批次酒如果清酒酒精度不够，就要调整提高酒精度，可以采用上述方法调整。

（二） 清酒澄清的工艺要求

黄酒经过压榨，酒液与酒糟分离。但是在压榨开始阶段，由于压滤机内部尚未形成完好的滤层，一些小的酒糟颗粒会随着酒液出来，这一阶段的酒液较浑浊。还有在进料过程或者压气过程中，由于榨机出现故障，会出现“喷料”现象，一些带糟的酒也会混入酒液中。所以经过压滤和勾兑的黄酒需要先澄清，使酒体中的一些颗粒物质沉淀下来，然后再进行过滤，澄清后的清酒过滤效率较高。

一般来说，勾兑合格的黄酒需要澄清 2~3d，便于酒液充分沉淀。

特别指出，过滤后的酒液中，仍然存在大量的酵母菌，如果澄清过程温度适宜，酵母菌仍然会繁殖发酵，并产生二氧化碳，当二氧化碳逸出时产生气泡并导致酒液运动，从而影响沉淀的效果，同时会改变生清酒的各项理化指标。所以澄清罐在设计时要设置冷却带及保温层，在气温较高的生产阶段，可以维持酒液的低温（因为后酵醪液控制温度小于 15℃），确保酒体各项指标稳定的同时保证澄清效果。

（三） 清酒过滤的工艺要求

黄酒经过澄清，一些较大的颗粒物或者一些小的颗粒物相互凝聚，形成大的颗粒物或絮状物，都会沉淀在罐底。同时仍然会有较多的细小颗粒悬浮在酒液中，这些颗粒物包括蛋白质以及多酚类物质、淀粉颗粒、糊精及一些不溶于水的焦糖色颗粒，只能通过过滤的方式去掉一部分，否则经过加热杀菌以及贮存，会产生较多的沉淀物。

一般黄酒过滤有硅藻土过滤、膜过滤以及两者相结合串联起来等几种方式，在机械化黄酒生产过程中，由于基础酒还需要经过一段时间的陈化贮存，所以机械化黄酒生产上只要用硅藻土过滤即可达到工艺要求的精度，以前也有用棉饼过滤机过滤的方法，由于棉饼洗涤液对环境的污染较大，现在已经普遍淘汰。

采用硅藻土过滤的原理就是利用硅藻土的多孔径吸附沉淀物。硅藻土有粗土和细土之分，一般生产上使用时会按照黄酒沉淀情况，按照一定的比例混合以后，预涂在硅藻土过滤机的金属滤板网面上，然后让酒液慢慢地通过该涂层，通过硅藻土涂层后的酒液清亮透明，有光泽，呈琥珀色，符合工艺要求，注入煎酒罐内备用。

特别地，现在也有些厂家采用了大罐贮酒（详见本章第六节），为节约成本，黄酒经过沉淀后，直接进行杀菌贮存，经过存放澄清，将上清液直接用于瓶装酒的勾兑，在瓶装酒灌装前再进行过滤。从生产成本的角度来看，可以降低人工成本、动力成本、生产费用等，效果也不错。

（四） 机械化黄酒澄清过滤的主要设备

机械化黄酒过滤的主要设备是硅藻土过滤机。硅藻土过滤机根据其结构不同有卧式和立式两种。一般立式的硅藻土过滤机内部滤板是竖着放的，所以在清酒过滤的时候对于硅藻土机器内的压力控制要求较高，由于滤板是竖着放的，所以上面硅藻土的涂层要有一定的压力才不会脱落；如果是卧式的过滤机，由于板片的放置是卧式的，所以在过滤的时候不用担心压力的降低，滤板上的涂层也不会因为压力的降低而脱落。

澄清的主要设备是不锈钢大罐。澄清罐的设计要采用锥底或锅底，便于颗粒物质沉淀在底部。这些沉淀在底部的沉淀物，称为酒脚。生产上会将沉淀物直接回流到压榨前的酒醪中重新压滤，或者是全部的沉淀物混合后有更长时间的澄清后再次过滤，这个时候澄清时间要比第一次要长，因为都是罐底部的一些浑浊的酒拼成一罐，所以再次澄清要延长时间。经过澄清的清酒可以直接进入硅藻土进行过滤，在罐底的上部开口作为出料口，过滤时要避免将酒脚带入过滤机而影响过滤效率。根据工艺要求，澄清罐在设计时要设置冷却带及保温层，主要是保证清酒在澄清过程中的低温状态，确保清酒的澄清效果和各项质量指标。

机械化黄酒过滤设备见图 5-10。

图 5-10　机械化黄酒过滤设备

第六节　大罐贮存

过滤后的黄酒，由于酒液中还存在酶、酵母菌和其他微生物，一般要立即通过杀菌将其全部杀死，然后封口，才可以长期贮存。

一、灌装贮存

机械化黄酒生产上根据工艺装备的不同，分别有普通的灌装贮存、一体机灌装贮存和大罐灌装贮存。由于机械化黄酒单体生产单位的产量都比较大，为节约生产成本和降低劳动强度，目前采用后两种方式的灌装贮存较多。

（一）一体机灌装

一体机灌装是将浸泡、洗坛、灰坛、蒸坛、灌装、封口等一系列的工序都在一台机器上完成。

一体机灌装坛酒，由于坛子的容量一般在22~26L，注酒需要一定的时间，所以其动作是间歇式的，根据生产速度，一般大约15s完成一个动作循环。其流程如下。

1. 上坛

人工将场地上的空坛送至机器的入口处，如果使用老酒坛，此处员工要将坛口粘连的旧荷叶用刷子处理干净。

2. 浸泡

在一体机移动的初始阶段，机器自动将热水（60℃左右）分两次在两个循环周期内将空坛注满热水。注水口的位置是固定的，空坛经过时，依次被注入热水。随着坛子在机器内部的移动，坛内一直被热水浸泡着。

3. 内外冲洗

机器通过机械手将坛子反转，将坛内的浸泡水倒出，注意在倾倒浸泡水的地方要加装滤网，将倒出的大块异物过滤并及时清理，避免下水道堵塞。然后反转的坛子随着移动前进，通过加压的热水对内壁和外壁进行冲洗。通过可升降的旋转毛刷对坛子的内壁进行刷洗，从而确保坛内的清洁。

4. 刷石灰

用机械手将经过反冲洗的坛子翻正，移入石灰水池内，进行浸泡，使坛子的外壁沾满石灰水，然后移出石灰池。

5. 蒸坛

用机械手将经过浸泡石灰水的空坛再次反转，随着坛子的移动，用蒸汽喷嘴对坛子内部喷入蒸汽，通过蒸汽对坛子的内壁进行高温杀菌消毒。喷嘴的位置是固定的，当坛子移动时，停止工作；当坛子停顿时喷出蒸汽。

6. 灌装

蒸坛结束后，机械手将坛子翻正，移入灌装阀下，开始注入经过杀菌的黄酒，在两个动作周期内分两次注入黄酒。

对黄酒的杀菌采用巴氏杀菌法，用板式热交换器将经过过滤的黄酒进行高温瞬时杀菌。

7. 封口

封口这一环节目前仍然采用人工进行。依次将荷叶、油光纸、仿单、双盏、竹壳将坛口封口，再用竹篾丝将坛口扎紧，最后在坛口制作泥头。

整个清洗、刷灰、空坛、杀菌以及热酒灌装一体完成，所以称为一体机灌装。该套装置的生产劳动强度较传统的灌装方式低，劳动效率也有一定的提高。较传统的灌装方式可以减少劳动人员20%以上，同时节约用水量50%以上。

（二） 大罐灌装

现代黄酒的生产规模越来越大，从年产1万t到年产2万t、4万t、6万t，再到目前已经有企业规划年产10万t的单体生产车间。鉴于此，一些黄酒企业已经在尝试、探索采用大罐灌装。大罐灌装就是把经过过滤的黄酒通过板式热交换器杀菌，直接泵入不锈钢大罐内贮存。采用的大罐有60t、100t、200t和240t等规模，虽然罐体大小不等，但灌装的工艺基本相同。

新制作的大罐内壁，尤其是内壁的焊缝可能会有油迹等一些附着力较强的脏物，在第一次使用时，一定要使用酸液和碱液对罐体的内壁进行清洗。

大罐在贮酒过程中，由于容积大，随着温度的变化，罐内的压力变化也较大，所以在设计时，在罐顶安装有呼吸阀，确保罐内的压力稳定。在对大罐进行热水清洗及注入酒液时，要确保罐内的压力不能过高，当然在放出罐内酒液时也要求保持罐内压力不能形成负压。可以采用将呼吸阀内的滤芯取出来，以加速空气进出的方法进行调节，待大罐酒液注满之后，再将滤芯装好。

贮酒罐在使用完后要及时清洗，由于罐底有酒脚沉积，需要立即进行清洗。一只大罐用完之后先用清水洗，然后用90℃的热水进行清洗，再用70℃、浓度为5%的热碱液进行清洗。如果是马上注入酒液，还需要再用热水进行清洗，用pH试纸检测排放液的酸碱性，直到呈中性为止，然后开始注入酒液。如果这只大罐要几天甚至一段时间之后再注入酒液，在用碱液清洗之后，暂时不要用热水清洗，因为大罐内壁及罐底残留的碱液，可以抑制杂菌的生长繁殖。等下次使用时再用热水清洗，一方面干燥的碱很容易溶解于水而被清洗干净，另一方面由于罐内没有杂菌从而可以提高清洗的效果和贮酒的效果，并且还可以减少清洗用水。

总之，大罐灌装的工艺比较简单，可以大大降低劳动力成本、物流成本、酒耗等。但是对操作的要求很高，一定要清洗干净，否则在贮酒过程中有可能变质而造成损失和浪费。

（三） 传统的灌装方法

现代机械化黄酒采用前两种灌装方式较多，但早期的机械化黄酒一般都采用传统的陶坛灌装的方法进行作业。其生产过程从陶坛的清洗开始，到刷灰、空坛杀菌、到热酒入坛全部采用人工的方法完成。整个过程不但劳动强度大，而且生产效率相对较低，整体的作业环境也和现代食品安全要求有一定的距离。但是早期的灌装方式投资少，工艺简单，维护简单。在灌装一体机出现以前的很长一段时间内，这种传统灌装酒的方法一直占据主导地位。到目前为止也有部分的厂家仍在正常使用。其中传统工艺黄酒中这种方式较为常见。

二、 贮存

机械化黄酒的成品贮存早先都采用陶坛，陶坛具有透气性好、取用方便等特点，在大罐贮酒出现以前，黄酒贮酒都采用陶坛。一般 25kg 贮酒量的陶坛最为常见。近年来随着生产自动化程度的提高以及产量的提高，大罐贮酒技术不断成熟，一些机械化生产车间已经具备大罐贮酒的条件，大罐贮酒具有生产效率高、成本低、人员节约等诸多优点，但同时也有一次性的投入成本高，灌装工艺、罐清洗工艺要求较高等特点，相对于传统的陶坛贮存，大罐贮酒在风味上也有一定的差异。此处重点介绍大罐贮酒工艺。

大罐贮酒与传统陶坛贮酒的比较见表 5-1。

表 5-1 大罐贮酒与传统陶坛贮酒的比较

项目	传统陶坛贮酒	大罐贮酒
容器特点	小、易碎	大、坚固
投资造价	小	一次性投入大
物流搬运	方便、灵活、劳动强度大	固定地点、管道输送
仓储占地	较大	占地小
酒的损耗	有一定比例的酒损	零酒损
工艺要求	简单、灌装后堆放即可	相对复杂、要求内外压力平衡、预防杂菌感染

（一） 大罐贮酒工艺要求

大罐贮酒和陶坛贮酒相比其优点明显，但其一次性投入高，工艺相对要求较高，在较长时间段所贮酒的风味和传统的陶坛贮酒相比还是有一定的差异，所以一般企业一年以内中短期贮酒可以考虑采用大罐，如果一年以上或更长时间的贮酒采用陶坛风味相对更好。

大罐贮酒的操作工艺也有一定的要求，由于大罐注满酒液之后，温度较高，会有一个逐渐冷却的过程，因此会产生热胀冷缩现象。在冷却的过程中罐内会产生负压，需要通过安装在罐体顶部的呼吸阀来调节罐内的压力。在生产实际使用中要确保呼吸阀畅通，又要隔离外界空气直接接触酒体，必须合理选择呼吸阀内滤芯的空气通量和口径的尺寸以保持洁净空气进出畅通，使罐体内外压力达到平衡。呼吸阀的滤芯经过一段时间的使用，空气中的灰尘会逐渐粘附在滤芯上，甚至会产生霉斑，所以要经常检查杀菌或更换，以免影响洁净空气的进出。

大罐贮酒过程中，要定期对罐内的酒液进行检测。主要检测感官指标、理化指标和微生物指标。一般每周从取样阀取出一些酒液，目测鉴定感官指标。正常的酒液，应该是清亮透明的，如果变质的话，酒液就会浑浊。每月检测理化指标和微生物指标，判断酒体的稳定性。

如果大罐贮酒的酒质发生变化，主要是杂菌污染，一经发现，需要立即对酒液进行再次杀菌，避免酒液的进一步变质。

（二） 大罐贮酒的主要设备

大罐贮酒的主要设备是不锈钢大罐，罐体的容量从 50~250m^3 甚至更大都是可以的，但较大的罐体冷却和管理上的要求会相对更高，材料一般采用食品级的不锈钢，体型以圆形的瘦长罐体为主，底部可以设计成锥形，也有采用平底或倾斜底的。一般锥形底的贮罐沉淀效果会好一些，贮罐中的沉淀物会相对更集中。平底罐和倾斜底罐的酒脚会多一些，因为平底罐底部容积比锥底罐大。但相对地同样容积的平底（倾斜底）罐的造价会比较低一些。只能说是各有所长，两种都是成熟的设备。

大罐贮酒设备中的贮罐上的一些辅助设备也是比较关键的，其中呼吸阀上面已经重点强调，其作用是保证罐体内外压力平衡，从而保证罐体的安全。还有罐体上的空气补充阀、取样阀、自动清洗喷淋装置。CIP 清洗系统中还包括辅助的清洗罐，以及黄酒进罐贮酒之前的杀菌设备等一系列的辅助装备。

黄酒贮酒大罐见图 5-11。

图 5-11　黄酒贮酒大罐

（三）大罐贮酒的特点和发展方向

大罐贮酒和传统的陶坛贮酒相比，特点非常明显，效率高，成本低，管道化连接，劳动强度较小，占地面积小，酒的损耗几乎为零。虽然在初期设备投入上的成本较大，但和传统方式每年不菲的搬运物流费和大量的辅助包装材料费相比，投入和成本回收快的优势相当明显。随着大罐贮酒工艺的不断成熟，在贮存过程中发生产品质量变化的概率也已经非常地低，可以说随着这些年不断地试验，大罐贮酒技术已经成熟。贮酒容器是现代黄酒生产的最后一道瓶颈，打破这道瓶颈后，现代黄酒生产线从此告别劳动力密集现象，真正实现生产全程物料输送管道化。这对于黄酒生产效率的提高和劳动强度的降低有非常大的意义。大罐贮酒已经是现代黄酒贮存的主要方式之一。

应该看到，虽然大罐贮酒的优点非常明显，但和传统的陶坛贮酒相比，贮酒后的风味上还是有一定的差异。特别是随着存放时间的延长，陶坛的优势会更明显，体现在香味上的变化最为明显。分析原因，一是和容器的材料有较大的关联，不锈钢基本上不透气，外界交流的呼吸阀起调节作用，定期补充空气的技术难点有待完善。由于体积较大，在贮存中发生的一系列的物理化学反应中，空气的作用较弱。而传统的陶坛体积小，陶土特有的透气性让贮存在其中的黄酒有着微弱氧化，陶坛的表面积大，其中的酒和外界接触面大，使陶坛中的黄酒贮存期内发生的一系列的物理化学变化中，都有微量的空气参与其中，这样导致两种方法贮酒在现阶段还是有一定的差异。现在已经有试验采用微氧溶解技术在贮酒期内定时定量释放氧气，以模拟陶坛，目前还在试验阶段的技术。原因二是陶土中的某些特异性成分对黄酒陈化的作用，这方面也有专家做过一定的研究，可以参考相关的文献。

大罐贮酒技术仍在不断地完善和进步，这是现代化黄酒生产的一个发展方向，随着技术的不断进步，相信大罐贮酒在风味上会逐渐接近和达到传统贮酒，从而逐渐取代传统的陶坛贮酒。

第六章

清爽型黄酒酿造技术

第一节 概　述

根据国家标准，清爽型黄酒的定义为以稻米、黍米、玉米、小米、小麦、水等为主要原料，经蒸煮、加入酒曲和/或部分酶制剂、酵母为糖化发酵剂，经糖化、发酵、压榨、过滤、煎酒（除菌）、贮存、勾调而成的、口感清爽的黄酒。

一、清爽型黄酒产生的时代背景

从20世纪90年代起，得益于中国的改革开放，社会经济得到了快速发展，人们的物质生活水平不断提高，再加上人口流动频繁，不同风俗习惯、饮食口味间相互交融，使得人们对饮食的喜好出现了多样化。对黄酒的消费，出现了追求时尚、健康的饮酒需求。为了适应消费者需求的变化，市场上出现了口感清爽柔和、淡雅醇香，包装新颖、低酒精度、低糖低热量的黄酒新产品。

1992年，江苏张家港酿酒有限公司开始向市场推出酒精度为12度的沙洲优黄六年陈黄酒，受到了消费者的喜爱。2005年首次确定该类型黄酒为清爽型黄酒，2007年将清爽型黄酒纳入国家标准。

二、清爽型黄酒的酿造特点及机理

（1）所用原料是新鲜优质大米（粳米）　大米成分中直链淀粉比糯米多，黄酒中糊精含量大幅减少，且低分子糊精占多数，新大米脂肪氧化少，具有新鲜感。

（2）减少麦曲用量　麦曲用量减少使黄酒蛋白质类物质，包括肽类、氨基酸等减少，见表6-1。

表6-1　清爽型黄酒与传统型黄酒主要成分比较　单位：mg/L

指标	清爽型黄酒	传统型黄酒
β-苯乙醇	36.8	98.9
正丙醇	83.5	81.0
异戊醇	178.9	324.0
乳酸乙酯	192.5	257.5
非糖固形物	11100	17500
α-氨基氮	300	410

注：稻米半干黄酒，检测值都折成酒精度12%vol计。

以上两点使黄酒中固形物有所降低，黄酒口感趋向清爽。

（3）适当降低酒精度　适应理性饮酒、健康饮酒需求。

三、 清爽型黄酒酿造方法

依据定义，清爽型黄酒酿造方法可分为加曲发酵法和部分加酶发酵法两种工艺，详见本章其他章节。

四、 市场运作

清爽型黄酒的生产是一个不断改进与发展的过程，随着市场的发展，消费地域在扩大，生产企业在增多，产量在增加。得益于消费者的欢迎，企业降低成本、增加效益，有利于改造升级。以江苏省张家港酿酒有限公司为例，其利润连续三年在中国黄酒行业位居前列。

清爽型黄酒是生产实践的总结，科学经验的积累。既传承“曲法酿造”特色，又符合新时代改革创新举措。为中国黄酒增添了新品种、新工艺。

清爽型黄酒的酿造脱胎于传统黄酒酿造工艺，从原料到成品主要工序基本相同。某些工艺条件做适当调整，个别工艺改革创新。

三种工艺模式如下。

（1）前缸后罐模式。

（2）厢式发酵槽模式。

（3）大罐发酵模式。

第二节　前缸后罐模式

前缸后罐模式与传统黄酒酿造工艺基本类似。前缸后罐模式是指淋饭酒母及主酵（前酵）皆在缸内完成，后酵转移到发酵罐中。它是黄酒发展的承前启后模式，具有设备利用率高，投资小的优点，但其劳动强度仍然较高。

一、 工艺流程

前缸后罐模式的工艺流程见图 6-1。

二、 配料

以南通白蒲黄酒有限公司为例，采用的是以粳米原料为主的工艺。以每缸为单位，其物料配比如下。

淋饭酒母用标一粳米：50kg。

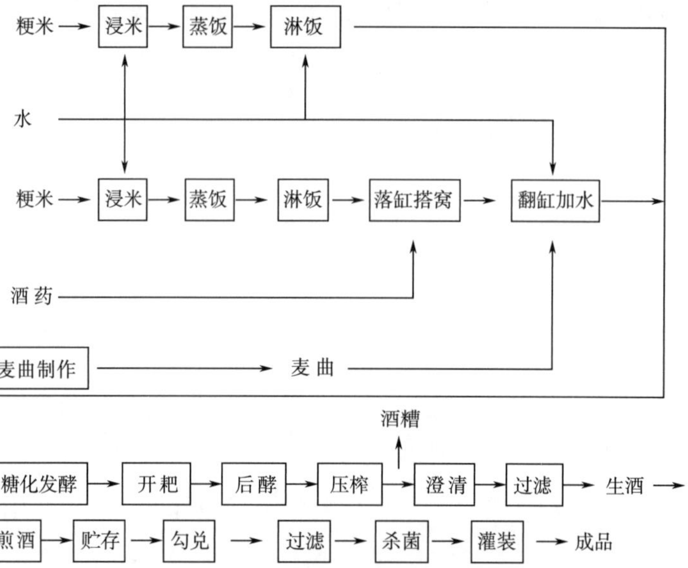

图6-1 前缸后罐模式的工艺流程

喂饭用标一粳米：25~50kg。

酒药：每缸淋饭酒母用量250~400g。

麦曲：原料粳米的4%~8%。

总物料控制：料（粳米）：加水量为1：(1~1.2)。

三、淋饭酒母的培养

淋饭酒母的培养主要采用喂饭法。喂饭发酵法是将酿酒用的原料分成若干批，第一批先做酒母，在培养成熟后，陆续分批加入新原料，起扩大培养、连续发酵的作用，使发酵继续进行的一种黄酒酿造方法。

（一）喂饭法的工艺特点

（1）酒药用量少　酒药内含有极少量的黄酒酵母，在培养淋饭酒母的过程中得到扩大培养、驯化、复壮和迅速繁殖。

（2）喂饭法发酵旺盛　醪液边糖化边发酵，逐渐从稠厚状态转变为稀薄状态，为下一步投入新原料做好准备。这种方法就是使用少量的酒母生产出较多量的黄酒。

（3）酵母不易衰老　在喂饭连续发酵过程中，酵母菌不断获得新营养，起了扩大培养的作用。

（4）原料出酒率高　由于酿造过程中糖化和发酵两个作用的齐头并进，糖分不断地产生又不断地被转化，酒醅中不致积累过多的糖分，也不会因糖液浓度过高而影响酵母活力，使得酵母的发酵能力得到充分的发挥。

(5) 工艺条件易控制　可在喂饭时调节和控制喂饭量及喂饭的品温，以适应气候变化。这对防止酒的酸败有一定的效果。

（二） 操作方法

南通白蒲黄酒有限公司采用粳米的喂饭操作方法，根据外界气温情况采用“大搭小喂”“等搭等喂”并辅以“双蒸双淋”的蒸饭方法。

喂饭发酵一般在大缸中进行前发酵和主发酵，南通白蒲黄酒有限公司采用的是前缸后罐的模式。

四、 工艺操作

（一） 浸米

一般室温在20℃左右时，浸渍时间为24h左右；室温15℃以下时，浸渍时间为36~48h；当然也要根据米质的软硬及时调整浸渍时间。为了让米吸水充分，水面应高出米面10~15cm。浸米的要求与传统工艺相同。

（二） 蒸饭

“双蒸双淋”是粳米蒸饭质量的关键。可采用两只立式蒸饭机（图6-2），中间串联上不锈钢输送带，实现半连续蒸饭。

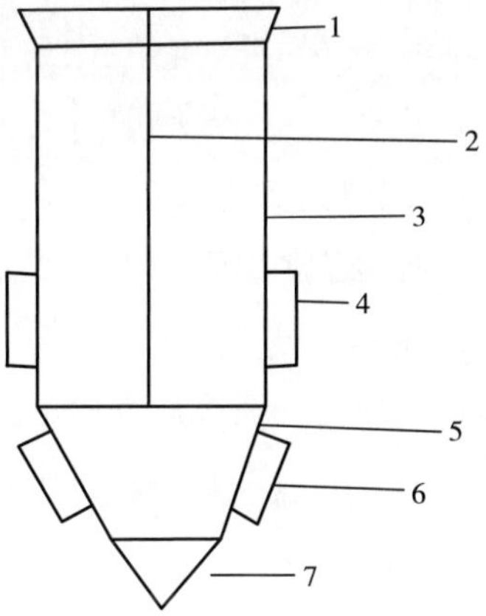

图6-2　立式蒸饭机示意图

1—进料口　2—中心汽管　3—筒体　4—上汽室　5—锥体　6—下汽室　7—出料口

1. 蒸饭操作

(1) 蒸饭前，须将振动筛、加曲机及接饭筒等蒸饭设备用沸水进行消毒杀菌。

(2) 蒸饭前，先关闭一道蒸饭机出料口，打开蒸汽阀空排一会蒸汽，以排尽汽室中冷凝水，并提高蒸饭机的温度及其内壁的湿润度。

（3）生米进入蒸饭机，大约为蒸饭机容量的一半的时候，打开中心汽管和汽室蒸汽阀门，继续落米。

（4）米落满后，需焖蒸 15min 左右，等米熟透后打开出饭口出饭，在此过程中保持蒸汽压力为 0.2MPa 左右。

（5）饭落入不锈钢网式传动带进入二道蒸饭机前，在饭面上浇 80℃热水。

（6）打开二道蒸饭机汽阀进行空排。

（7）米饭落入二道蒸饭机，打开蒸汽阀继续蒸饭，要求蒸汽压力保持在 0.1MPa 左右，饭温保持在 105℃以上。

（8）待米饭落满后就打开出饭口出饭。

（9）打开清水阀对米饭进行淋冷，淋冷的同时打散饭团。

（10）打开加曲机，均匀拌入酒药。

（11）隔 10min 左右，对饭样进行外观和指捻检查，以调节出饭速度。蒸饭速度一般为 2000kg/h。

（12）蒸饭结束后，关闭蒸汽，清洗蒸饭机，清除设备上的饭粒。

2. 蒸饭操作的注意事项

（1）米层高度不超出蒸饭筒筒口。

（2）把蒸饭过程中产生的饭团打碎，否则饭团会在发酵后期老化返生，不但糖化率低，榨酒时还会堵塞管道及滤布。

（3）发现米饭有夹生现象，应返回重蒸。

（4）根据米饭的质量及时调整蒸汽的进汽量和出饭口的大小，若出饭口开得太小，底层的米饭受压而挤紧，影响米饭的排出，致使周边的米饭不能畅流，或者导致筒体内中间部位流速过快，因而产生米饭夹生现象。

（5）出饭口大小调整好后，不宜经常变动。

3. 双立式蒸饭机蒸饭的特点

（1）蒸饭质量稳定，淀粉充分糊化。蒸饭过程中可根据大米的性质及品种在米饭进入二道蒸饭机前控制淋水（称之为泡饭水）量及淋水温度，确保米饭蒸透蒸熟，保证米饭的疏松度以及米饭品温的一致性。

（2）结构简单，容易操作。

（3）耗水量大。除冬天外，米饭冷却到搭窝及喂饭所要控制的品温，需要消耗大量的洁净水。

（4）与现在普遍采用的卧式蒸饭机的密封性及风冷比，米饭暴露在空气中的时间相对较长，存在二次污染的风险，大米的营养流失多，蒸饭岗位操作人员多。

（5）用水量的增大，给环境保护带来了一定的压力，增加了污水处理成本，降低了企业的利润。

（三） 淋饭冷却

一是使饭粒表面光滑，米粒间相互分开，从而有利于米饭与酵母的充分接触，有利于好氧型的根霉和酵母的生长，有利于搭窝操作。二是米饭淋饭后应沥去多余的水分，若拖带水分过多，酒药被水化，就会减弱酒药微生物的繁殖、糖化、发酵能力。三是淋饭过程中对淋饭后的品温控制要灵活，室温高时品温低，室温低时品温高，但品温不宜超过酵母的最适发酵温度 34℃；品温偏低，发酵延缓：品温偏高，甚至其中混有烫手的饭团，则会将酒药中的有益微生物烫死，俗称“泡药”。

（四） 落缸搭窝

一般品温控制在 26~34℃，随气温适当调节。饭搭成圆窝，窝底直径为 10~15cm，搭窝要求不实、不松、不倒塌，以利于酵母的有氧呼吸。然后盖上草盖，缸的四周围好草帘，做好保温工作。经 18~22h 开始升温，经 24~36h 开始来酿，来酿品温 28~34℃。来浆前掀动一下缸盖，既排出缸中二氧化碳等废气，又能换入新鲜空气，供应微生物所需氧气，来酿时形成的附着缸壁上的冷凝水含有苦、涩味物质，对酒的风味有一定影响，要用毛巾擦干。来酿后，为防止醅面硬化，调节品温，应每天浇酿 2~3 次。

搭窝操作实际上是培养淋饭酒母的过程，淋饭酒母成熟时，应是酿液满窝，呈白玉色，有正常的酒香，不带酸馠等异常气味。镜检酵母数为 0.8 亿~1.1 亿/mL。

酒母的培养期不宜过长，一般以搭窝后 3~4d 为宜，若过短，翻缸放水后，酵母繁殖力强，导致主发酵前期品温偏高而引起酵母早衰，使酒醪最终含量偏低，酸度偏高，残糖多；若过长，则由于酵母较老而繁殖力也较弱，并且因酵母有氧呼吸消耗较多的糖分，使原料的出酒率降低。

（五） 翻缸加水及加曲

翻缸前进行加曲，麦曲以自制的生麦曲为主，并辅以一定量的外购熟麦曲。加曲量一般为原料粳米量的 4%~8%，翻缸加水实际上就是加水起到降低渗透压，提高 pH，促使酵母大量繁殖的作用。须注意：一是根据酿液的老嫩适时加水；二是加水时根据气温、品温的高低灵活调整加水温度及时间，放水后品温一般控制在 22~24℃；加水量一般为原料量的 1~1.2 倍。

（六） 喂饭

翻缸次日进行喂饭，喂饭的数量为每缸 25~50kg，操作须注意：一是要根据品温及时调整饭温，控制品温在 25~28℃，有益于酵母的增殖；二是要搅拌均匀，大的饭块要捏碎，防止出现发酵死角。

（七） 糖化发酵

糖化发酵实际上从米饭落缸搭窝开始已经在进行，本厂工艺中特指喂饭后的过程，这一阶段对于黄酒的整个酿造过程至关重要，控制得当与否，将直接影响酒的质量。主要通过开耙操作来控制酒醅的温度，使酵母菌得到适当的繁殖，促使酒醅的糖化与发酵达到平衡，是主发酵过程。在这个阶段主要是加强温度的管理，及时开耙，一般测量品温以饭面下 15~20cm 缸心温度为依据，应掌握“前低后高”的原则，并需缓慢上升，适时地增减用于保温的草帘、关/开门窗，发酵前期品温控制较低，有利于维持淀粉酶等酶类的活性，并有利于增强酵母耐酒精的能力，有效抑制杂菌的生长。

（八） 开耙

开耙的注意事项：①要及时开耙，尤其是头耙，头耙耙前温度不超过 35℃，若大于此温度，酵母易早衰，发酵能力减弱，易导致杂菌生长旺盛，酿成的酒含糖高，总酸高，出酒率低；二耙后的品温控制在 26~30℃，有利于正常发酵；三耙、四耙则要结合感官检查，判断酒醅的成熟程度，及时捣耙和裁减保温物，以保证发酵的正常进行；②开耙时的第一耙应正对缸心，因这里是 CO_2 及异杂气体的富集区，耙开在这里对这些物质的有效排出有着很重要的作用；③开耙不是搅拌，搅拌易形成糊状而阻碍酵母菌的活动和发酵力，还易影响压榨。主发酵结束时，酒醅的理化指标如表 6-2 所示。

表 6-2　　主发酵结束时酒醅的理化指标

项目	理化指标
酒精度/%vol	12.5~16
总酸/（以乳酸计，g/L）	≤5.0
氨基酸态氮/（g/L）	≥4.0

（九） 后酵

后酵在 65 只 20t 的大罐中进行，相对于传统的陶坛来说，这种方法既提高了土地利用率，又能降低劳动强度，提高劳动生产率，相对于在缸中完成后酵，还能提高 1%~2%的出酒率。喂饭后一个星期左右，将酒醅从发酵缸中泵入发酵罐中进行后酵养醅。后酵的目的为：①经过主发酵后，醪酒中还残余部分淀粉和糖。通过后酵过程，继续进行糖化和发酵，以提高酒精浓度；②好的成品黄酒要求色、香、味俱佳，这就需要酒醪中的微生物及酶在后酵过程中继续作用，生成醇、醛、酯、酸等影响酒类风味的物质；③促进酒的老熟，使得酒体更加丰满、醇和、协调。后酵养醅时间一般为15~20d。后酵的控制指标如表6-3所示。

表6-3　后酵结束时酒醪的理化指标

项目	理化指标
酒精度/%vol	13~17
总酸/（以乳酸计，g/L）	≤5.5
氨基酸态氮/（g/L）	≥5.0
非糖固形物/（g/L）	≥22.0

在醪酒进入后酵罐前，对后酵罐进行严格的热水清洗、蒸汽消毒杀菌工作，并检查进料阀及出料阀的关闭情况，防止漏醪。发酵后期，酵母的新陈代谢以厌氧为主，但繁殖仍需要供给微量的氧，而发酵罐的钢质结构，不具陶质缸坛与外界相通的毛细孔结构。为此，在后酵期间，需每隔一段时间（一般是每两天一次）给发酵罐通微量的无菌空气，让醪液翻腾一下，以吸进氧气、排出二氧化碳，这样既保持了酵母的活力，又能抑制厌氧菌的生长，控制酒醪酸度的上升。严禁过量通气，否则会造成酒精挥发，酒醅的过度氧化，破坏后发酵所需的厌氧环境，其结果是酒精损失，酒的风味欠佳，出酒率降低。后酵成熟的标志：感官判断酒醅沉降，上层酒液澄清并透明黄亮；口尝有较浓的酒味，口味清爽，后口略带苦味，酸度适中；嗅闻有正常的新酒香，无其他异杂气；理化指标判断酒精度及酸度趋于稳定，或者说酒精度有下降趋势，酸度有上升趋势。

（十）压榨、澄清

压榨是指将发酵成熟醪中的酒液和糟粕加以分离的操作过程，是一种过滤和压榨相结合的操作。压榨设备采用的是板框压滤机，工作压力为5~15MPa；接酒装置目前大部分黄酒生产企业采用的是不锈钢盆及明流的形式，从环保、食品安全、提高出酒率方面考虑，有部分厂家已采用暗流的形式。压榨的要求及注意点与传统工艺相同，此处不再赘述。

澄清是指将生酒中的大分子沉淀，并有改善黄酒风味的作用。澄清一般以2~4d为宜。经过澄清后的酒液必须再进行2~3次的过滤，过滤设备一般采用硅藻土过滤机，过滤好的清酒应该及时煎酒灭菌。

（十一）煎酒、贮存

煎酒的操作过程是将过滤好的生酒，用泵输入预热装置，再输入热交换器进行灭菌。灭菌后的热酒在调节罐中停留一定时间后趁热进行灌装。煎酒设备主要是盘龙杀菌器和薄板式热交换器，目前有部分厂家已采用了高效的自动控制板式热交换器。清酒经煎酒后灌装贮存。

黄酒是有机液体，刚酿出时分子不稳定，分子间排列紊乱，导致新酒有口味粗糙、香味不足、不柔和、不协调等缺点。为了改变这些缺点，除了加强工艺上的管理，其唯一的途径就是“陈酿”。一般黄酒要有 1 年的贮存期，名优黄酒要有 3~5 年的贮存期。

1. 贮存方式

（1）陶坛贮存　黄酒注入陶坛后，用荷叶、箬壳及食品级塑料薄膜等材料扎好，用泥头或猪血封口，干燥后，以 3~4 个为一叠，堆放在阴凉、干燥、通风的仓库。陶坛贮存可加速氧化反应，有利于酯类物质的形成，对酒的陈化具有很大的作用；同时内部部分有害性挥发性物质也会通过微孔结构逸出，但也存在占地面积大、劳动强度大、易破损、酒损大、不美观等缺点。

（2）大罐贮存　随着科学技术的进步，不锈钢大罐贮存由于占地面积小、劳动强度小、美观大方、安全卫生系数高，正越来越多地被广大生产企业所采用。

2. 黄酒贮存过程中色、香、味的变化

（1）色的变化　由浅变深，主要是美拉德反应的结果。

（2）香气的变化　由淡变浓，主要是陈酿过程中的酯化反应的结果。

（3）味的变化　由口味粗糙辛辣变为醇厚柔和，主要是酒精的氧化、酯化，乙醛的缩合及酒精和水的缔合作用。

3. 贮存管理

（1）贮存的时间　时间长短根据酒的成熟速度而定，成熟速度与浸出物的多少及 pH 高低有关。

（2）贮存的条件

①温度　5~20℃。

②仓库　通风良好、高大、宽敞、阴凉；避免阳光照射，需定期翻堆。

（十二） 勾兑

勾兑是将不同口味、不同或相同时期工艺不同的酒，按某种比例兑在一起，使酒中各呈味物质的含量保持平衡、协调，烘托出标准的酒香、口味和风格特色，形成一个符合标准的成品酒或半成品酒的过程。

勾兑是将具有不同特点的原酒，重新进行组合，调整各种成分之间的比例。这种组合和调整多数属于物理变化的范畴。勾兑时利用甲酒具有的某长处弥补乙酒的某短处的长短互补机理、某酒具有的某种明显的优点起带头作用的优点带领机理、对某原酒的某些明显缺点进行稀释处理的缺点稀释机理、对黄酒具有的各种滋味进行协调处理的平衡协调机理对黄酒进行处理。

勾兑是一项技术性、艺术性和原则性很强的工作。勾兑前要做好以下准备工作：

一查阅库存酒质量档案，选取勾兑用酒；二抽样测定理化指标；三准备勾兑工具；四拟订勾兑方案。

勾兑步骤如下。

1. 小型勾兑

（1）先进行大综酒组合 大综酒一般占整个酒基用量的70%以上，先按照生产班组、生产时间、原料、贮存容器的不同，选取理化指标相差不多的不少于5种大综酒进行等量组合，后对组合好的酒进行品评，力求质量平衡，口味统一。

（2）试加搭酒 搭酒有好多种，一般是存在缺陷的酒，有酸度高、涩味重、有杂味等。先取250mL烧杯4只，再用量筒分别量取100mL已经组合的大综酒注入其中，分别在其中添加0.5mL、1mL、2mL、4mL的一种搭酒，后进行品评，要求以搭酒的缺陷不显现为宜，如2mL不显露，4mL显露，那么就知道可添加的适宜范围在2~4mL，这时可选取2mL、2.5mL、3mL、3.5mL再做一次试验，如3mL不显露，为保险起见，就选择添加2.5mL的方案。在一种搭酒得出结论的基础上再添加第二种、第三种……最后计算出添加值。

（3）添加带酒 带酒有陈香带酒、骨子带酒、鲜爽带酒等，如以大综酒加搭酒为基础酒样，按总体积的5%、10%、15%、20%添加陈香带酒。经品评15%的和标准样接近，但酒的骨子较弱，则以15%的样为基础，再按4种比例添加骨子带酒得4种酒样A、B、C、D，经品评A样最好，但缺少鲜爽感，则又以A样为基础添加不同比例的鲜爽带酒样E、F、G、H，经品评H样最好。最后根据产品标签要求兑入一定量的洁净水，与标准样相比基本相符，得出表6-4所示的一例勾兑方案。

表6-4 勾兑方案举例

酒样类别	比例
大综酒1	11.2%
大综酒2	11.2%
大综酒3	11.2%
大综酒4	11.2%
大综酒5	11.2%
搭酒1	1.2%
搭酒2	1.6%
搭酒3	0.8%
带酒1	8.4%
带酒2	4.4%
带酒3	8%
水	20%
合计	100%

最后以此配方，直接配 1000mL，品评与标准样相符，则过滤，进行理化指标测定，如理化指标达到要求，勾兑方案定案。

2. 进行中型试验

试验一般在大缸（容量为 375L）中进行，先加入大综酒，再加搭酒，再加带酒，加搭酒及带酒时，每加一种，搅拌均匀后，都需与勾兑小样进行对比，若无差错，才可加入后一种原酒，最后加入一定量的水，中试与小试相符后，才可进行正式生产勾兑。

3. 正式勾兑

根据勾兑配方，先泵入大综酒，再加入搭酒和带酒，最后根据产品标签要求兑入一定量的洁净水，全部混合后，搅拌 5~10min，静置一会儿后取样品尝，与标准样一致后方可过滤、灌装。

勾兑平衡计算如下。

以加水量及酒精度的平衡计算为例。

（1）酒精度与体积的平衡方程式

$$V_1 \times \varphi_1 + V_2 \times \varphi_2 + \cdots\cdots + V_n \times \varphi_3 + V_{水} \times 0 = V \times \varphi \quad (1)$$

$$V_1 + V_2 + \cdots + V_n + V_{水} = V \quad (2)$$

式中 V—— 勾兑后目标的体积

φ—— 勾兑后目标酒的酒精度

$V_{水}$—— 需加水的体积

V_1、V_2、……V_n—— 各种基酒的体积

φ_1、φ_2……φ_n—— 各种基酒的酒精度

（2）总糖的平衡计算　根据 GB/T 13662—2008 中规定，清爽型黄酒按总糖分为干黄酒（<15.0g/L）、半干黄酒（15.1~40.0g/L）、半甜黄酒（40.1~100.0g/L），其总糖的幅值较宽，勾兑时易达到目标酒型。

总糖的平衡方程式如下：

$$V_1 \times \omega_1 + V_2 \times \omega_2 + \cdots\cdots + V_n \times \omega_n + V_{水} \times 0 = V \times \omega \quad (3)$$

$$V_1 + V_2 + \cdots + V_n + V_{水} = V \quad (4)$$

式中 V—— 勾兑后目标的体积

ω—— 勾兑后目标酒的总糖量

$V_{水}$ —— 需加水的体积

V_1、V_2、……V_n—— 各种基酒的体积数

ω_1、ω_2……ω_n—— 各种基酒的总糖量

（3）总酸的平衡计算　黄酒的总酸，国家标准要求在 2.5~7.0g/L，其幅度也较大，易达到要求。通常采用高酸基酒与低酸基酒相搭配的方法。总酸的平衡方程式可对照总糖的平衡方程式。

（4）缺陷平衡计算　黄酒中的总糖、总酸、固形物、氨基酸态氮、氧化钙等指标易出现过剩或不足，通过勾兑，达到符合质量要求的平衡点。

按计算结果进行勾兑后，还需与实测结果相对照，再进行一定的微调，方能达到相关标准的要求。

（十三） 过滤

压榨澄清好的贮存酒及勾兑好的酒还需进行过滤，如硅藻土粗滤、膜过滤精滤等。其目的都是为了去除酒中的大分子物质甚至杂菌，延长产品的货架期，过滤好的酒要求：澄清、透明、有光泽、无悬浮物、无沉淀物。

（十四） 杀菌、 灌装

杀菌要求、设备与煮酒工序一样，杀菌温度为85~88℃，杀菌保温时间为30min。

灌装操作与要求与前同。

第三节　厢式发酵槽模式

厢式发酵槽模式其工艺中淋饭酒母及主酵在厢式发酵槽内完成。厢式发酵槽工艺是加曲发酵工艺的创新版，是直接发酵生产清爽型黄酒原酒，简称“直接发酵法”。

一、 厢式发酵槽

厢式发酵槽大小可根据各企业需要而定。一般控制宽1.5m、高1.0m左右，方便米饭入厢及搭窝，长度范围可大一些，一般2.0~20.0m均可。其外形如图6-3所示，两边底部有冷却带。

图6-3　厢式发酵槽外形图

其主要特点如下。

(1) 容量可大可小，适合不同规模企业使用。

(2) 设备整洁，场地清洁卫生。

(3) 进出料及清洗管道自动化，操作简便。

(4) 实现机器开耙，自动控温，理论上可实现全年生产。

(5) 单位厂房面积投料量大，是陶缸发酵的 1.6 倍。

二、 淋饭酒母

1. 原料

以新鲜优质大米（粳米）为主，占原料用米的 70%。浸米时间不超过 36h，整个酿季水温控制在常温。无需浸米酸浆水，因此可使发酵起始酸度较弱，有利于控制大分子成分的产生。

2. 酒药

清爽型黄酒酿造目前一般采用纯种培养酒药，接种根霉及酵母，菌种单纯，糖化发酵时高分子有机产物少，所酿成的酒酒体清爽柔和。一般纯种酒母含有 2 亿~3 亿个/mL的酵母。

3. 搭窝

落饭、拌药（投米量 4%）后开始搭窝，搭成凹形沟，加盖保温，品温为 26~29℃，经 36~48h，甜液充满饭窝的 2/5 时，表明酒母已成熟。其主要指标见表 6-5。

表 6-5 淋饭酒母培养成熟主要指标

主要指标	数值
糖度/°Bx	≥35
还原糖/（g/100mL）	20~30
酒精度/%vol	3.0~6.0
酵母细胞数/（个/mL）	≥7.0×10^{8}

三、 糖化发酵

1. 麦曲

(1) 原料　应选当年新小麦，新小麦的脂肪和皮内多酚氧化少，有新鲜感。优选红皮小麦，产地以长江以北为好。

(2) 接种　小麦轧制后按 2%比例加入上年品质较好的曲种进行接种。其目的主要是能够让曲心很快有糖化菌生长，获得较高的糖化力。

（3）培养　以中温曲为主，中温曲不超过45℃，高温曲达到50℃以上。检测糖化力1000单位以上，能达到1200单位更佳（为保证糖化发酵完成，必要时需用适量提高酶活性的麦曲）。

2. 加水发酵

（1）加水量　加水量是清爽型黄酒酿造的关键之一。

加水量与投米量之比达到（2.4~2.8）∶1（投米量包括后面的加饭量，为搭窝投料的一半），根据不同品种要求加以调整。

加水后品温控制在20~25℃，使醪液进入主酵期。

（2）水质深度处理　黄酒生产中水是重要的原料，特别是勾调用水，对水质的要求很高。为了生产优质产品，对酿造用水进行深度纯化，其处理工艺采用离子交换加反渗透组合，纯化后水电导率不超过10μS/cm。纯化实例见图6-4。

图6-4　酿造用水深度纯化工艺实例

其工艺流程如下。

自来水⟶[砂滤]⟶[活性炭过滤]⟶[微孔保安过滤]⟶[离子交换]⟶[反渗透过滤]⟶[暂存]

3. 加饭加曲

进入主酵期20h左右，进行加饭加曲。

加曲同样是清爽型黄酒酿造的关键之一。

加曲量是投米量的8%~12%（投米量包括后面的加饭量），具体曲的分配见表6-6。

表6-6　曲的分配　单位：%

基准物/%	加曲量	生曲	熟曲	中温曲	高温曲
投米量	8~12	—	—	—	—
加曲量	—	80	20	—	—
生曲量	—	—	—	80	20

4. 控温

主酵时间从搭窝开始约持续一周。由于醪液稀释和麦曲持续的糖化作用，醪液营养丰富，酵母大量繁殖和酒精发酵，CO_2大量生成，并产生热量。

清爽型黄酒主酵温度较传统工艺略低，一般控制在32~36℃。当品温升到35℃左右，即需开耙或夹套冷却。主酵温度控制见图6-5。开耙使其散热、均匀醪液、补充少量的氧气。主酵结束时，必须及时降低品温至25℃，以便进入后酵。主酵结束时理化指标见表6-7。

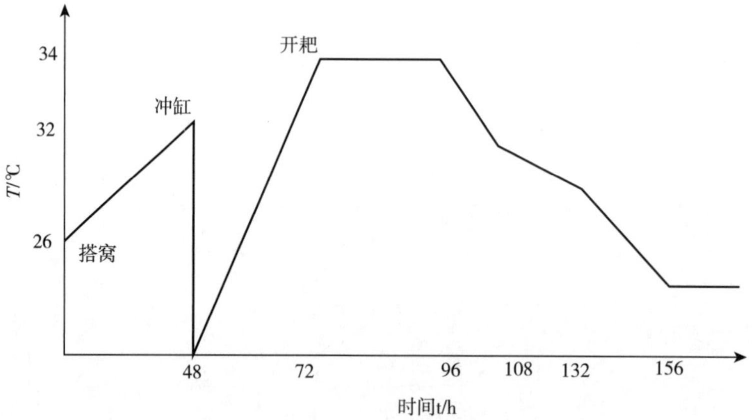

图6-5 清爽型黄酒主酵温度控制

表6-7 主发酵结束理化指标

主要指标	数值
品温/℃	24~26
残糖（以葡萄糖计）/（g/L）	1.0~7.0
酸度（以乳酸计）/（g/L）	5.0~6.5
pH	4.0~4.8
酒精度/%vol	10.0~12.0

四、后酵

后酵设备采用200m³立式锥底发酵罐，如图6-6所示。可设置在室内或露天，为了减少厂房投资，一般设置为露天，配备进出料与清洗系统，一般不需配备温度控制系统。

主酵期结束，醪液中仍残留少量的可发酵性糖，酵母开始衰老，且后酵温度下降，发酵缓慢，经30d左右，酒精度一般增加1%~2%vol。开始澄清进行压榨、灭菌。后酵发酵醪成熟指标见表6-8。

(1)后发酵罐　　(2)锥底

图 6-6　后发酵罐及锥底

表 6-8　后发酵醪成熟指标

主要指标	数值
外观	醪清、黏度低
残糖（以葡萄糖计）/（g/L）	<5.0
酸度（以乳酸计）/（g/L）	6.0~7.5
pH	4.0~4.8
酒精度/%vol	12~14

注：清爽型黄酒酿造由于浸米时间短，发酵起始酸度较弱，主发酵产酸也少，因此整个酒体酸度不足。为了得到所需的酸度，在后酵阶段可进行温度、浓度的调控，可使其自然适量产酸。这是清爽型黄酒风格形成的关键控制点之一，也是与传统酿造的不同点。

五、 低温贮存

经杀菌后的黄酒称为原酒或基酒，需经一定时间贮存或称陈酿。由于清爽型黄酒原酒酒精度只有 9%~12%vol，生物稳定性低，因此采用低温贮存。

1. 贮存容器

低温贮存罐容积达到 300m^3，主体采用食品级 304B 不锈钢材质，底部基础衬垫防腐枕木，罐体与建筑基础见图 6-7。

2. 工艺流程

原酒经煎酒后（85~90℃），进行二次降温，再进行冷冻降温至-5℃，进入低温贮存罐。贮存期间保持酒温在-5~15℃，如果温度上升至 15℃时，需对原酒进行再冷却，一般一年左右重新降温一次，具体工艺流程见图 6-8。

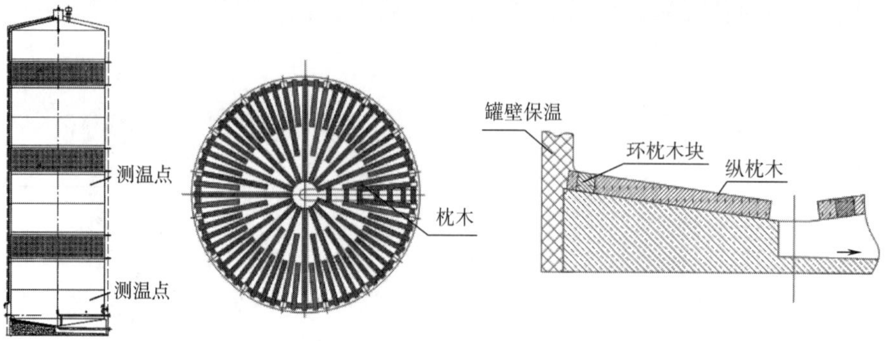

图 6-7　低温陈酿大罐及基础

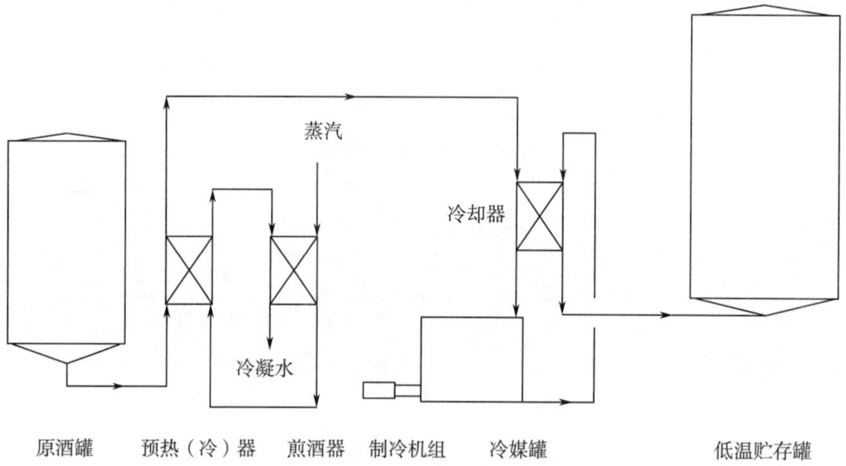

图 6-8　低温贮存工艺流程

3. 具体操作

（1）容器及管道灭菌　为了保障贮存黄酒的生物稳定性，首先要将容器及其相连的阀门、接头、管道内的污垢清除干净，然后用水进行冲洗，沥去余水后，用黄酒专用容器消毒液进行容器及管道的消毒灭菌。

（2）酒液进罐　经煎酒后的原酒与冷酒进行热交换预冷后，再经冷媒冷却至-5℃，从罐底部进入冷贮罐，直至所控制液位。

（3）监控　为了保证原酒在陈酿过程中的生物稳定性，对贮存过程进行严格的监控，指标为外观、酒精度、酸度及菌落数。频率一般为进罐第一个月每周一次，第二个月两周一次，第三个月每月一次，以后每两月一次，连续跟踪。

（4）排渣　原酒进罐一个月后，就进行底部排沉淀物一次，然后至原酒贮存结束出罐时再排放一次。

4. 与陶坛贮存比较

两种贮存方式的比较见表 6-9。

表 6-9　　大罐陈酿与陶坛陈酿的比较

项目	陶坛陈酿	大容量陈酿
三年耗损/%	8~10	0.5
劳动生产率/（人工/t）	0.45	0.03
场地占用/（m^2/t）	1.2	0.09
能源消耗/（t 蒸汽/t）	0.15	0.05
耗电/（kW·h/t）	3	0.6
污水排放/（t/t）	0.25	0.01

六、勾调

勾调是黄酒生产过程中的关键工序之一，不同风味的陈酿黄酒经过勾调工序，可生产出各种品种规格的产品，满足不同市场需求。

1. 工艺流程

自动勾调工艺流程如图 6-9 所示。

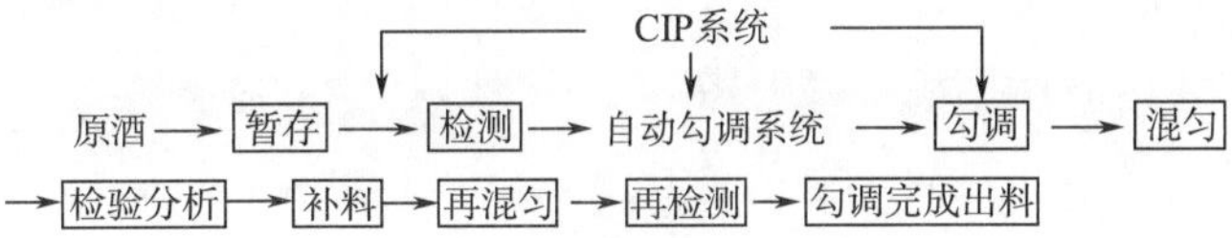

图 6-9　自动勾调工艺流程

2. 具体操作

（1）原酒暂存　将所需各种原酒分品种移入暂存罐，移入的原酒可来自坛装或大罐贮存。对大罐贮存的移入操作实现了自控，只需连接好管路及设定移入量、速度，启动程序，操作自动完成，目前暂存罐容量设置已达到 320m^3，一次可实现大量移入。

（2）原酒检测及勾调方案制订　对移入的各种原酒进行理化检测，根据检测结果及所需生产品种的指标要求，制定勾调方案。

（3）勾调　根据勾调方案，选定暂存罐及勾调罐，同时设定勾调用量，启动程序，勾调自动完成。勾调所需的焦糖色，同样通过小配料罐自动加料完成。

（4）混匀　目前勾调罐最大已有 300m^3，容量大，因此勾调后需对物料进行混匀操作，由于勾调罐专设了混匀装置，只需启动混匀程序，整个操作自动完成。

（5）检测　对勾调混匀后的物料进行理化检测，如果需补料，则由专职人员制定补料单，由班组执行补料程序，再混匀、检测。直至符合勾调要求。

（6）出料　勾调完成后，只需连接好管路，选择出料程序，即可完成出料操作。

（7）CIP 清洗　勾调系统配置了 CIP 系统，实现对缸和管路的自动清洗。分热碱、热水及双氧水清洗杀菌三个步骤。只需连接好管道，选择需清洗的罐或者管道，启动清洗程序即可。整个操作自动完成。通过控制清洗的温度、时间、电导等参数确保清洗操作达到工艺要求。

（8）后修饰　用陈年香雪酒和干型黄酒进行微调，配方比例以各企业各产品的口味特色设计，陈年香雪酒可补足产品所要的色泽、糖度和陈香，陈年干黄酒提供一定的酯香。通过微调得到的产品口感清爽，柔和，收口净爽，闻香淡雅，饮后无后劲，呈现清爽型黄酒独有的风格。

（9）色泽控制　色泽要求清亮透明，有光泽，胶体稳定性好。

色泽的勾调通过计算来确定，比同类传统型黄酒低 0.5 个色度单位。色度单位是指黄酒在 430nm 光波下的最大吸光度，与焦糖色的添加量呈线性关系。

其线性方程：

$$x=\frac{y-b+0.08}{500a}$$

式中　a——斜率，一般 $a=0.0022$

b——截距，焦糖色添加前酒的原始色度

0.08——截距校正因子

500——测定 a 值时所用酒样毫升数

x——每升酒样中加入的焦糖色毫升数

y——酒样的色度（吸光度）

3. 与传统方法比较

自动勾调与传统勾调方法的比较见表 6-10。

表 6-10　自动勾调与传统方法的比较

内容	自动勾兑	传统方法勾兑
检验频次/（次/t 酒）	0.007	0.1
每罐检验次数/（平均）	1	3
劳动用工/（工/t 酒）	0.007	0.1
清洗等辅助用水/（t/t 酒）	0.003	0.03

七、黄酒热灌装技术

1. 工艺流程

黄酒热灌装工艺流程见图 6-10。

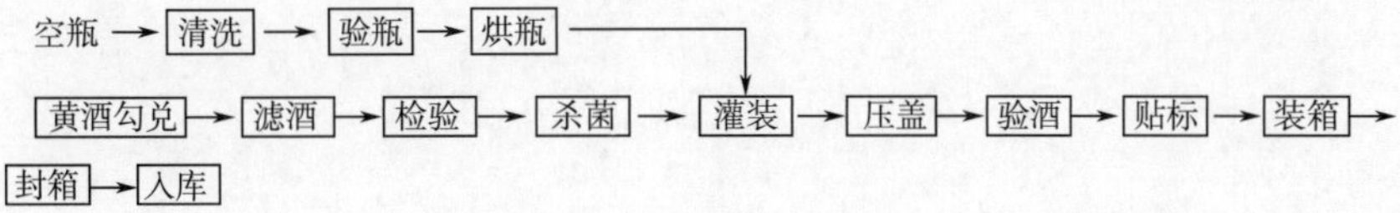

图6-10　黄酒热灌装工艺流程

2. 工艺特点

黄酒热灌装工艺是先对过滤后的清酒进行直接高温杀菌，再进行装瓶封口的方法，也称先杀菌后灌装。由于酒液在封口前先经高温，酒体中的一些易挥发组分如低分子醛类等会挥发去除，同时高温又会促使酒中醇类等物质与水分子缔合，促使酒体成熟，因此，热灌装方法能使酒体更柔和、适口，特别是清爽型黄酒，产品酒精度普遍低，更适合用热灌装工艺。

3. 和冷灌装工艺相比

热灌装直接加热酒体，而冷灌装需先对酒瓶加热，再通过瓶子的传导加热酒体，热灌装的热效率明显高，所消耗的水、电量也少很多。经测算，热灌装的耗汽、水、电只是冷灌装的70%、60%、40%。

热灌装所用的装备是一组酒体加热保温系统，冷灌装所用的是类似啤酒灌装所用的巴氏杀菌机，同样的生产能力，前者只是后者造价的30%，投资少得多。

300m^3 低温贮存罐外形见图 6-11。

图6-11　300m^3 低温贮存罐外形图

第四节　大罐发酵模式

大罐发酵模式基本工序与现代黄酒酿造相同，其特点是加曲的同时加入适量的酶制剂，是清爽型黄酒的另一种酿造模式。

酶制剂在现代酿酒行业中已广泛应用。本例中由于减少了麦曲用量，适量添加酶制剂，利用酶的专一性与高效性，使黄酒的糖化、发酵仍能正常控制与进行。

一、浸米、洗米、蒸饭

原料是粳米，浸米条件：春秋季浸米温度 30~40℃，浸米时间 15~24h；冬季浸米温度 25~35℃，浸米时间 20~36h。

浸米泔水的酸度控制在≤12g/L（以乳酸计）。

蒸饭采用卧式蒸饭机，其压力分布如表 6-11 所示。

表 6-11　　蒸饭机压力要求

位置	一室	二室	三室	四室	五室	六室	七室	八室	九室	十室
压力/MPa	0.06	0.16	0.16	0.18	0.18	0.16	0.08	0.06	0.03	0.02

注：大米种类为粳米。

操作要点如下。

大米进入蒸饭机二室时进行停机焖饭 10min，三室和四室，四室和五室之间有喷水装置，根据需求采用 80℃热水进行喷淋，提高粳米的糊化程度。

落罐通过管路输送到落罐输送泵中，落罐过程中每隔 20min 采用压缩空气翻动 10min，落罐温度控制在 24~28℃。

二、酒母制备

酒母制备在酒母罐中进行，总体积为 $2m^3$，径高比 1∶2.5，详见图 6-12。

圆筒锥底不锈钢罐为敞口式发酵罐，设有出料口、温度触点、冷却夹套等部分。

1. 酒母配方

酒母制备原料配方见表 6-12。

表 6-12　　酒母制备原料配方

配料	大米/kg	水/%	麦曲/%	菌种/%	糖化酶/mL	淀粉酶/mL
用量	500	180~200	6~10	2~3	300~500	500~600

注：糖化酶为 10 万 U/mL，淀粉酶为 3000U/mL，配方百分比以大米质量为基准。

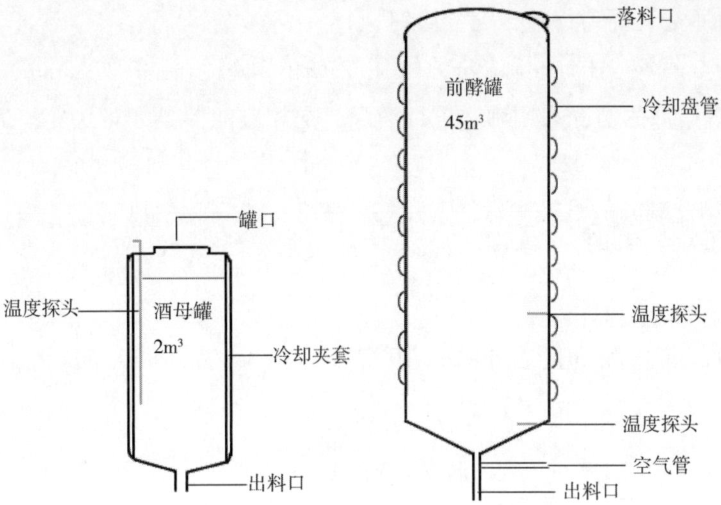

图 6-12　酒母罐和前酵罐（前酵罐与后酵罐相同）

2. 酒母品种

速酿酒母属于纯种培养双边发酵酒母（酒母为工厂从酒醅中分离纯化得到），将米饭、麦曲、酶制剂、酵母培养液同时投入酒母罐中，发酵 2~3d。

3. 开耙

当温度达到 30.8~31.2℃或者距离落罐结束 10~14h 时进行开头耙，可采用耙头进行人工开耙，也可采用压缩空气翻动进行开耙。开耙时间一般只需 3~5min。

4. 温度控制

最高温度不超过 31℃，最高温度下维持 4~6h，逐步降低醅液的温度，酒母使用前温度降低至 24~26℃。

5. 酒母培养过程

每隔 1~2h 翻动 1~3min。

6. 酒母的主要指标

酒母的主要指标见表 6-13。总酸不超过 4.5g/L（以乳酸计），细胞数 2 亿/mL 以上，杂菌平均每个视野不超过 1 个。

表 6-13　　酒母培养主要指标

主要指标	数值
总酸/（g/L，以乳酸计）	≤4.5
酵母细胞数/（个/mL）	$\geq 2\times10^8$
酵母出芽率/%	>15
杂菌数/（个）	<1

注意事项如下。

酒母落罐要求物料均匀，需要进行搅拌，当温度调整为 29~30℃后，再添加三角瓶菌液，然后通空气翻动物料，混合均匀。

酒母罐清空后应立即进行清洗，采用75%的酒精喷洒10~15min，并密封20~25min。当出现染菌的情况采用沸水进行消毒，把相应的器具如耙头等一起放进去煮沸消毒30min。

二、发酵（前酵、后酵）

1. 清爽型黄酒酿造配方

清爽型黄酒酿造配方见表6-14，发酵罐容积为45m³，径高比为1∶2.8，如图6-14所示。

表6-14　清爽型黄酒酿造配方

原料	大米/kg	水/%	生麦曲/%	熟麦曲/%	速酿酒母/%	糖化酶/kg	淀粉酶/kg
用量	15000	120~150	4~10	0~2	12~15	8~10	9~11

注：糖化酶为10万U/mL，淀粉酶为3000U/mL。配方百分比以大米质量为基准，酶制剂称重添加。

2. 工艺要求

（1）落罐准备　水温控制在20~30℃；生麦曲经过粉碎机粉碎；熟曲经过24h培养，将温度降低至30℃以下。酶制剂通过添加自来水稀释为1/150~1/100。速酿酒母温度控制27℃以下。

（2）落罐　将以上物料经过不同的管路输送到落料输送泵中，同蒸熟的米饭一同输送到前酵罐中。物料落罐过程中一定要注意均匀，每种物料控制添加速度，做到与米饭同开始、同结束。落罐过程中每隔20min采用压缩空气翻动10min，落罐温度控制为24~28℃，天冷天热可适当调整。

（3）前酵

开耙控制点：当发酵温度升到30~31℃或距离落罐结束8~10h进行开耙。

温度控制：最高温度不超过33℃，最高温度一般维持3~5h，逐步降温。72h后可以压醅至另一发酵罐中进行后酵。前酵主要质量指标如表6-15所示。

表6-15　前酵主要质量指标

主要指标	数值
酒精度/%vol	≥9.0
总酸/（g/L，以乳酸计）	≤4.6
杂菌数/个	<0.1

注：还原糖作为监测指标，不作为控制指标。

（4）后酵　温度不宜过高，发酵温度不超过22℃。一般2~5d翻动一次。一般后酵时间15~25d。后酵酒醅的酒精度可达到16%~18%vol。酒醅逐步澄清，可进行压榨。

注意事项：前酵罐压醅结束时要及时进行清洗，保证没有醅液残留，若有醅液染菌，一般采用75%的酒精喷洒10~15min，并密封20~25min。

四、压榨、煎酒、贮存

1. 压榨

压榨操作及要求同前。

2. 煎酒

煎酒温度86~89℃，通过保温桶保温40~60min后进行贮存，可以用陶坛或不锈钢大罐（250m^3），如图6-13所示。

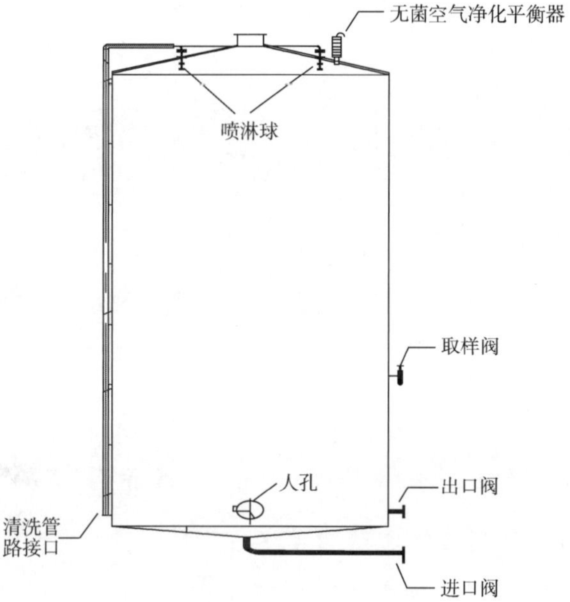

图6-13　250m^3 贮存罐

3. 大罐贮存

（1）清洗　罐体需清洗彻底后，采用酒精喷洒20~30min后密封，24h内煎酒入罐。

（2）冷却　由于大罐容积大，不宜使热酒直接进罐，煎酒保温后酒液冷却至30~50℃后进入贮酒大罐。若采用冷媒降温较为方便有效，但冷却成本相对较高。

五、勾调与修饰

1. 目的

（1）保障产品风味的一致性。

（2）适当降低酒精度，增加产品的品种。

2. 操作

不同酒龄、不同类型的原酒按照产品配方，并加适量水调配而成。应注意，酒精度指标应比成品的酒精度要求适当提高，因为在以后的过滤、灌装工序中会有酒精的损耗。

六、澄清、过滤

勾调好的半成品黄酒需要进行澄清，一般采用冷沉淀的方式。采用冷媒经过换热薄板将酒液冷却到-4～-1℃，放置2～5d。

为了防止温度升高时冷凝固物复溶，需趁冷过滤。一般采用硅藻土过滤机进行粗滤。之后使用纸板精滤机或者膜过滤机进行二次精滤。

七、成品灌装（热酒灌装）

详见第十一章第二节。

第七章

特型黄酒酿造技术

特型黄酒的酿造工艺来源于江浙一带的手工酿造工艺，是以传统黄酒的菌种和工艺为基础，在企业的发展过程中，根据消费者的口味需求及技术的升级，逐渐形成了如今的特型黄酒酿造工艺。在 GB/T 13662—2018《黄酒》中，对特型黄酒进行了定义，即由于原辅料和（或）工艺有所改变，具有特殊风味且不改变黄酒风格的酒。因此，在特型黄酒生产过程中，可以添加符合国家规定的、既可食用又可药用的物质，使黄酒具有了添加物的特殊风味。

特型黄酒的酿造工艺，其工艺原理与传统工艺基本一致，但在几处关键工艺环节上，都有不同的特点，这也是酿造出不同口味的关键之处。特型黄酒酿造工艺过程包括浸米、蒸饭、投料、发酵、压榨、煎酒、贮存等过程，在勾兑过程中，还增加了营养物萃取、精滤等过程，使特型黄酒脱胎于传统黄酒，并弥补了发酵工艺上的不足之处。尤其是特型黄酒的勾兑过程，利用萃取营养物质或改变工艺的方法，使酒体的甜、酸、苦、咸、鲜等五味达到平衡，弥补了基酒的不足，解决了陈年黄酒苦味突出的问题，使黄酒的风味更协调，产品的品种多样化，满足不同人群的个性化口味需求。

在特型黄酒的发展过程中，还吸收了其他酒种酿造的新技术，并引进应用了一些新设备，使得其生产效率也有了很大的提升。特型黄酒酿造过程中，通过技术控制能力的提升，企业有选择性地酿造不同品种的黄酒，以便于生产不同档次的成品酒。其中，部分工艺有利于降低企业生产成本，提升企业产品竞争力，因此部分黄酒品种在原料或生产工艺方面，与传统黄酒有很大的区别。

在原料品种选择方面，通过技术的升级，实现了不同淀粉原料的利用，提高了生产的灵活性。例如，以玉米淀粉或碎米代替大米，吨酒原料成本可以下降 20%。以粳米代替糯米生产甜酒，成本的下降也非常可观。

在原料处理工艺方面，传统的蒸饭工艺会消耗大量的蒸汽，且采用风冷、水冷技术，可回收的热能较少。采用液化法工艺后，可以通过热能的交换，减少能源的消耗，实现吨酒能源成本的降低。

在污水处理方面，采用液化法或者淋米法，减少了米浆水的产生，可以实现酿造过程米浆水的零排放。

第一节　酿造原料

特型黄酒生产过程中，根据企业的技术条件，可以选择使用不同的原料来进行发酵。选择原料时，黄酒企业应根据企业产品的需求、市场的供应情况等因素来采购不同品种、不同品质的原料，因此原料处理方式也会有所不同，不仅会调整浸米的工艺，也会采用其他更合适的酿造工艺。

一、 主要原辅料

特型黄酒酿造工艺中，酿造黄酒的原料主要是大米和小麦，也包括部分的淀粉质原料，如玉米和薯类。对于大米，需要参考国标进行检测，包括碎米率、互混率、外观、不完善率、吸水率和膨胀率。每一批原料投料前，需要提前进行小规模的浸米试验，分析常规的浸泡条件对大米的影响。

水是发酵过程中重要的物料，质量差的水中氯含量较高，对酵母的生长和发酵有一定的抑制，易引起发酵不正常现象。因此，需要在水投料前，对其进行活性炭过滤，除去水中的有害物质。

除了黄酒的主要原料外，各种加工助剂如酶制剂等，对发酵过程也影响较大。进行发酵前，需要检测酶制剂的酶活力，尤其是发酵 pH 条件下，24h 内酶活力的变化。部分酶制剂中，添加了大量防腐剂进行保存，因此，需要检测酶制剂中防腐剂的含量，避免影响酒的食品安全指标。

二、 麦曲制备

特型黄酒酿造中，麦曲也是主要的糖化剂。麦曲制备技术，按照培养基质不同一般分为生麦曲和爆麦曲，按照微生物来源一般分为纯种麦曲和生麦块曲，此外按照设备不同，也分为圆盘通风制曲和曲房通风制曲。

种曲必须在无菌室中接种，培养箱 30~32℃温度范围内培养，时间为 2~5d。成熟种曲用洁净油光纸包扎，置于 3~5℃冰箱内保存，备用。

（一） 纯种生麦曲制备

将生麦片与拌料水混合，混合之比为 1 :（0.30~0.35），拌料水必须经煮沸、冷却至常温待用或使用经活性炭处理的纯净水，严禁使用未处理的水。然后将种曲与适量拌料水混合、浸泡，浸泡水温小于 40℃，种曲量为麦片质量的 0.25%~0.35%。用剩余的拌料水进行所有物料的混合，料温控制在 26~34℃，室温控制在 28~36℃，并进入静置培养阶段，待料温逐渐上升至 35~39℃，开始进入通风培养阶段，期间风量控制由小到大，时间控制由短到长，使料温不超过 45℃，总培养时间控制在 36~48h。

（二） 纯种爆麦曲制备

将小麦经除杂后进行烘炒，并趁热压扁，做到麦粒熟而不焦，麦片淀粉外露而不散。接着用冷却开水拌料，麦片与拌料水之比为 1 :（0.45~0.55），料温控制在 30~40℃，拌料后堆积润料，润料时间不少于 30min。待料温稳定在 30~40℃时接入种曲，接种量为麦片质量的 0.25%~0.35%。接种后的麦片用专用车送入培养室的培养箱，麦片用畚箕均匀地撒于曲箱内，麦层厚度控制在20~25cm，料层疏松，料面平整，根据气温情况，进箱料温控制在25~33℃，室温控制在28~42℃。进箱结束后关闭大门，进入静置培养阶段，待料温逐渐上升至33~36℃，开始进入间断通风培养阶段，期间风量控制由小到大，时间控制由短到长，使每次通风后品温下降1~2℃。在此条件下，若无法使料温降至35℃以下时，进入连续通风培养阶段，此时曲霉菌进入生长旺盛期，注意控制好风量，使料温不超过45℃，室温不超过45℃。爆麦曲总培养时间为36~48h，出房后捣碎成小块摊开，存放处必须通风透气，先出先用。

第二节　浸米、蒸饭

一、浸米

浸米过程如下。将大米放入浸米罐中与水混合，使水位高出米面，满罐品温控制在5~35℃，浸米1~3d。浸米过程中，避免浸米温度太高，引起有害微生物的过度繁殖以及浸米水出现异味。浸米时间的长短，与原料有密切关系。部分品种浸泡时间太长，会出现米粒破碎等情况，加大后期蒸饭过程的困难，使米不容易蒸熟。

浸米过程中大米与浸米水的比例在1∶1.1左右，随着浸米过程的结束，会产生大量的酸性浸米水。米浆水中含有大量的淀粉、有机酸及蛋白质，总酸含量在5~15g/L。部分酸度较低的浸米水可以循环利用，或者杀菌后用于投料。

二、蒸饭

黄酒企业普遍以大米为原料，并经蒸饭后投料发酵。蒸饭过程的主要目的是使大米淀粉进行吸水糊化，米饭膨胀，晶体结构破坏，淀粉颗粒变得疏松，才能在发酵过程中被酶制剂液化、糖化，并最终被酵母利用。

浸米过程结束，将浸渍过的大米沥干后输入蒸饭机，蒸汽压力控制在0.05~0.40MPa，然后将蒸熟后的米饭用鼓风冷却至35~65℃后与水、曲、酶制剂及酒母进行混合后输入发酵罐发酵。蒸饭过程要求米饭蒸熟，软硬适中、不夹生，米饭中米白较少。此外，需要避免蒸饭机的局部出现大米过烂、米饭结团、米饭回生的现象。

以上是普通蒸饭情况下，大米的糊化蒸煮过程。在实际生产情况中，为了提升蒸饭效率，将两台蒸饭机进行串联，从而提高米饭的蒸煮质量。

三、原料处理新技术

在最新工艺中，大米蒸煮也采用了一些新技术，包括淋米蒸煮技术、焖煮技术、液化法等，来进一步减少能耗、污水排放以及提高生产效率。

1. 淋米工艺

淋米蒸煮技术，是将未浸过的大米经提升斗直接输入料斗，使大米在料斗和米水分离器中进行喷淋吸水，要求水温控制在60~80℃，喷淋时间20min左右，再输入蒸汽压力为0.05~0.40 MPa的蒸饭机中，然后将蒸熟后的米饭用鼓风机冷却至35~65℃后与水、曲、酶制剂及酒母进行混合后输入发酵罐发酵。通过淋米蒸煮，避免了浸米过程，减少了米浆水的处理量，缩短了生产周期。

2. 焖煮工艺

焖煮技术，是将酿造水泵入糊化罐中，水量达到定量时进行大米投料，同时开启搅拌机和压缩空气，并添加适量耐温型α-淀粉酶，加热进行液化。品温升至70℃左右时关闭蒸汽阀，使品温保持在90℃左右，保持10min，保温结束后使醪液品温降至32℃左右时添加适量蛋白酶和葡萄糖淀粉酶，品温降至26℃左右时与水、曲及酒母进行混合后输入发酵罐发酵。

3. 液化工艺

液化技术，在部分酒厂已有应用，通常选择酶法喷射液化。将粉碎后的淀粉质原料调整pH，加入耐高温淀粉酶，经过105℃高温喷射液化，再经闪蒸，温度降至90℃左右，保温液化90min。液化结束后降温，与水、曲及酒母进行混合后输入发酵罐发酵。

第三节　酒母制备

特型黄酒发酵工艺中，主要采用酒母和麦曲作为糖化发酵剂，同时添加部分酶制剂作为补充。酒母的微生物活力是发酵成功的关键因素，当酒母活力不足，酿酒酵母弱小或数量少，易造成发酵迟缓、生酸等问题。在发酵过程中，各企业普遍采用大罐发酵，发酵气体与空气直接联通，因此必然存在外界有害微生物污染，因此酵母的活力尤其重要，它是实现抑制杂菌的主要因素之一。

酒母制备技术，一般分为高温糖化酒母及双边酒母两种。两种培养方式均要求酵母活力强，具有一定的酒精发酵速度，并能抑制其他有害微生物的繁殖。

高温糖化酒母制备过程中注意增加酵母所需营养，从而减少黄酒发酵酸败情况，可以适量使用麦芽粉。将米饭：麦芽粉：水按1：(0~0.2)：(3~5）比例混合，加入适量α-淀粉酶、葡萄糖淀粉酶和曲，在60℃左右糖化4h，然后升温到90℃杀菌30min，冷却到常温后，接入培养成熟的三角瓶酵母液0.5%~0.7%；保证培养温度不超过31℃，培养时间12~26h，培养成熟后备用。

双边酒母的制备过程，将米饭和三角瓶酒母、麦曲、酶制剂等一起投料，投料温度控制在28~32℃，培养条件与高温酒母类似。

由于特型黄酒酿造工艺与传统黄酒酿造工艺的要求不同，对酿酒酵母和米曲霉的菌种筛选要求也不同。对于酿酒酵母，要求乙醇发酵速度快，耐糖性能高。一般大罐发酵时，5d 酒精度已经达到 16%vol 以上，且普遍能发酵达到 20%vol。此外，酵母是黄酒风味的主要形成因素之一，要求高级醇含量低，酒体刺激感弱，并有淡淡的酯香，不与枸杞、话梅等物质的风味相冲突。

第四节 发 酵

特型黄酒发酵过程一般分为投料落罐、前发酵和后发酵。投料落罐，是以大米、纯种生麦曲、天然块曲为主要原料并添加酒母和适量 α-淀粉酶、葡萄糖淀粉酶，混合均匀后投入发酵罐中。前发酵一般发酵速度较快，温度较高，而后发酵一般发酵速度较慢，温度较低。根据酵母发酵速度的快慢，决定不同的发酵时间，一般在 15~30d。特色品种黄酒，如甜酒，发酵时间可以适当延长到 60d 以上。当后酵罐中醪液上层澄清，则标志着发酵过程基本结束，可以进入压榨等工序。

一、 投料落罐

米饭蒸煮冷却，与麦曲、酒母、酶制剂、投料水混匀后，一并投料落罐。投料过程中尤其注意各种物料要缓慢添加，并采用转子泵将米饭团等粉碎，避免发酵时米饭结块沉在发酵罐底部以及米饭团粘结测温探头等情况，避免温度检测数据不准。

投料入罐见图 7-1。

图 7-1 投料入罐

二、前发酵

特型黄酒品种较多，一般分为甲级黄酒、加饭酒、特酿加饭酒、香雪酒、蜜清醇、精酿等品种，各品种的发酵工艺也不同。通过不同品种黄酒的搭配，可以勾调出不同风味特色的成品酒，满足不同区域消费者的口味嗜好。典型品种发酵工艺如下。

1. 加饭酒

加饭酒以大米、纯种生麦曲、天然块曲为主要原料添加酒母和适量 α-淀粉酶、葡萄糖淀粉酶在26℃投入发酵罐发酵15d左右生产的半干型黄酒，是黄酒产品中使用最广泛的一种酒。

加饭酒落罐品温控制在24~28℃，发酵在6~11h开头耙，前发酵温度不超过31℃，整个发酵总时间控制在20d左右。

2. 精酿黄酒

精酿黄酒则是以大米、纯种生麦曲为原料，添加酒母和适量 α-淀粉酶、β-淀粉酶、酸性蛋白酶进行发酵，发酵一段时间后加入加饭酒，再发酵一段时间生产出的半甜型黄酒，由于其总糖和非糖固形物较高，所以主要用来调糖和非糖固形物使用。

精酿落罐品温控制在25~32℃，发酵在15~18h开头耙，前发酵温度不超过31℃，整个发酵总时间控制在7d以上。

三、后发酵

后发酵过程较缓慢，每1~2d对后发酵罐进行通气搅拌，促进发酵醪的成熟。后发酵过程中，受气温和卫生情况的影响，需要密切注意发酵醪的总酸和pH变化，避免酸度快速上升。

第五节　压榨、澄清、煎酒

一、压榨

压榨工序，是将发酵醪中的固体残渣与黄酒进行分离。该工序主要采用板框压滤机进行操作，首先将发酵罐内成熟酒醅进行合理搭配后输入压力罐，并向压力罐中输进压缩空气，将料液压入榨机中进行压榨，榨酒结束后关闭榨机进气阀，然后打开排气阀，再松板出糟，清理榨机。

压榨过程中，醪液的黏度严重影响压榨的速度和最终的出酒率。为了减少损耗，提高生产效率，可以使用酶制剂或多菌混合发酵的方式，使成熟醪液的黏度迅速降低。

二、 澄清

压榨完成后，得到清酒。此时的酒体较浑浊，混杂了固悬物、微生物等杂质，还不能直接使用，需要经过澄清工序。澄清时间一般控制在 1～2d，当气温较高时，酒体中的微生物，尤其是醋酸菌容易大量繁殖，需要根据总酸变化情况及时处理。

三、 煎酒

澄清后的黄酒中，还存在大量微生物、芽孢和活性酶，需要通过煎酒工序将微生物和酶杀死，同时通过加热使不稳定的蛋白质沉淀，帮助提高酒体稳定性。

煎酒过程中需要重点关注酒液的杀菌强度及灌装设备的卫生状况。对于陶坛，部分企业已经采用自动化设备进行连续的清洗和灌装，减少了人工操作，如图 7-2 所示。

图 7-2 陶坛自动化清洗流水线

煎酒工序如下，将黄酒在 86～90℃ 杀菌，然后将已杀菌的酒液灌入用水和高温蒸汽清洗杀菌后的酒坛中，再用已杀菌的荷叶覆盖坛口，之后覆盖一层薄膜，并用已杀菌的竹箬和塑料带包扎牢固，修剪整齐，最后用拌好的专用泥或猪血纸封头，印上标记，贮存。目前，煎酒工序基本已实现机械化操作，通过自动化灌装设备、流水线及机器人辅助操作，降低了对人力的需求，减轻了劳动强度。自动化煎酒灌坛流水线如图 7-3 所示。

煎酒工序操作不当，则坛酒容易出现酸败等情况。首先，加强酒坛的清洗，避免坛底残留污物。其次，检查酒坛的破损情况，及时更换裂缝较深、维修较困难的酒坛。最后，监控杀菌设备操作温度，避免实际温度不达标的情况。

图 7-3　自动化煎酒灌坛流水线

第六节　贮存与过滤

黄酒经煎酒后，还必须经过贮存，酒的口味、稳定性等才能提升。根据容器的大小，黄酒贮存一般分为坛酒贮存和大罐贮存。

一、坛酒贮存

坛酒贮存前，将坛装新酒运至指定阴凉、干燥、通风的场地上进行自然冷却降温，同时采用合理的方式保护封口，避免贮存过程中坛口的损坏。待坛酒冷却后，检查酒坛的坛壁、坛底及坛口是否有泄露。最后运至仓库陈化贮存，并做好标识。

贮存过程中，尽量减少坛酒的搬运，避免坛口的破损。每隔一年，对坛酒进行检查和化验，了解坛酒在贮存过程中的质量变化。

二、大罐贮存

对于一些短期内将使用的原酒，以及不容易变质的甜酒，一般采用大罐贮存。首先，将不锈钢大罐用清水冲洗干净，并用适量酒精进行循环消毒。其次，将煎好的酒液输入保温罐中保温 0.5h 左右，用薄板换热器冷却至 35℃左右后输入大罐中贮存。大罐应配备有压力平衡和空气净化系统，同时注意取样和抽酒时的操作，避免微生物污染。

三、 澄清过滤

特型黄酒生产工艺中，成品酒勾兑后酒液按需要添加食用单宁等澄清剂，并进行澄清过滤处理。按照成品酒浊度要求的不同，澄清分为常规澄清和冷冻澄清两大类。

（1）常规澄清工艺　符合勾兑要求后的酒液经过薄板换热器将酒温冷却到 5~15℃，澄清时间视实际情况控制。

（2）冷冻澄清工艺　分为直接冷冻澄清、升温冷冻澄清和升温冷冻恒温澄清三种方式。

①直接冷冻澄清方式：符合勾兑要求后的酒液经过薄板换热器将酒温冷却到-5~0℃，并泵送到保温冷贮罐或恒温冷贮罐，澄清时间控制在 48~240h。

②升温冷冻澄清方式：符合勾兑要求后的酒液经过薄板换热器将酒温加热到86~90℃后泵送至保温罐中，并在保温罐中保温 0.5h 左右，再用薄板换热器将酒温冷却到-5~0℃，并泵送到保温冷贮罐或恒温冷贮罐，澄清时间控制在 48~240h。

③升温冷冻恒温澄清方式：符合勾兑要求后的酒液经过薄板换热器将酒温加热到86~90℃后泵送至保温罐中，并在保温罐中保温半小时左右，再用薄板换热器将酒温冷却到-5~0℃，并泵送到恒温冷贮罐，澄清时间控制在 120~360h。

经过澄清处理的酒液一般还要经过硅藻土过滤，进入清酒罐备用。

第七节　营养物萃取

在特型黄酒的生产过程中，需要将枸杞、话梅、黑枣、姜等物质进行萃取，并将其主要成分融入黄酒中，但又不改变黄酒的原有风味。萃取营养物质的方法主要分为水浸提及酒浸提两种，以下以黄酒浸提为例进行说明。

分别将枸杞、话梅、黑枣等药食同源的物质倒入洗净的浸泡大罐中，再将 80℃左右的黄酒泵入浸泡大罐中进行浸泡，使药食同源的物质的含量为黄酒含量的 10%左右，输酒完毕后及时用压缩空气对物料翻拌，每天至少翻拌 1 次，浸泡 4~6d，品温冷却到室温后压滤，最后将压滤所得的母液进行 90℃杀菌、灌坛、陈酿。

枸杞营养物质萃取工艺流程见图 7-4。

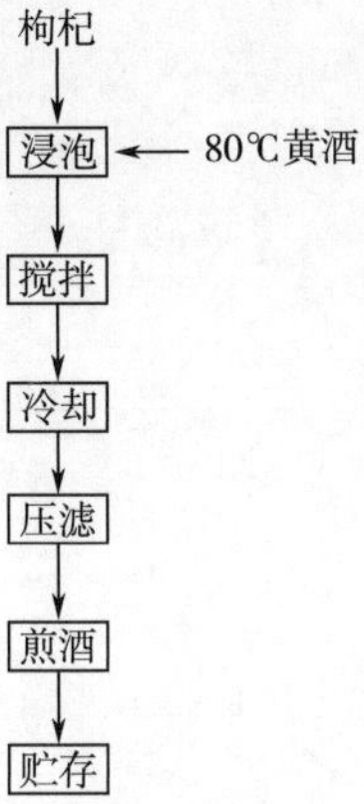

图 7-4　枸杞营养物质萃取工艺流程

为了提高营养萃取物在酒体中的稳定性，可以采取以下措施。首先，需要对萃取液杀菌后进行一段时间的贮存，使酒体中的不稳定物质能充分沉淀。其次，尽量用水或黄酒进行营养物的萃取，避免用酒精萃取，减少后期勾兑时的再次浑浊。

应用以上萃取技术，使特型黄酒中出现特殊风味，主要风味包括枸杞、话梅、黑枣、蜂蜜、低聚糖风味等。

1. 枸杞风味

枸杞中能融入黄酒的风味成分主要是枸杞多糖，具有促进免疫、抗衰老、抗肿瘤、清除自由基、抗疲劳、抗辐射、保肝、生殖功能保护和改善等作用。增加枸杞特型风味后，不仅可以感受到枸杞的香气，还利用多糖提升了甜度和口感。

2. 话梅、黑枣风味

话梅和黑枣具有鲜明的风味特点。其中，话梅的主要风味成分是一些酸类物质，具有生津止渴的作用，能改善黄酒的口感。黑枣，又称乌枣，是鲜枣经过特殊的加工之后制成的，给酒体带入烟熏的风味。

3. 蜂蜜、低聚糖风味

蜂蜜中含有果糖、葡萄糖、酶、蛋白质、维生素及多种矿物质。

低聚糖主要有两类，一类是低聚麦芽糖，具有易消化、低甜度、低渗透特性，可延长供能时间，增强肌体耐力，抗疲劳等；另一类是低聚异麦芽糖，无法被人体直接吸收，这类糖进入大肠能有效地促进人体内有益细菌——双歧杆菌的生长繁殖，抑制腐败菌生长，长期食用可减缓衰老、通便、抑菌、防癌、抗癌、减轻肝脏负担、提高营养吸收率。

蜂蜜和低聚糖除功能上的作用外，在风味方面，能改善黄酒的口感，促进酒体协调，使其更加柔和。

第八章

即墨老酒[1]酿造技术

① 当地俗称黄酒为“老酒”，源于古代“醪酒”的说法。

我国北方各省酿造黄酒多采用黍米、玉米、谷子等原料，主要产地分布在山东、河南、山西、河北、内蒙古、东北三省等。山东即墨老酒是我国北方黄酒的典型代表，它以悠久的历史、独特的酿造工艺和典型的地方口味，受到人们的喜爱和赞誉。即墨老酒的主要品牌有“即墨牌”即墨老酒和“妙府牌”即墨老酒。近年来，即墨老酒得到了快速发展，即墨老酒年产量变化见图 8-1。

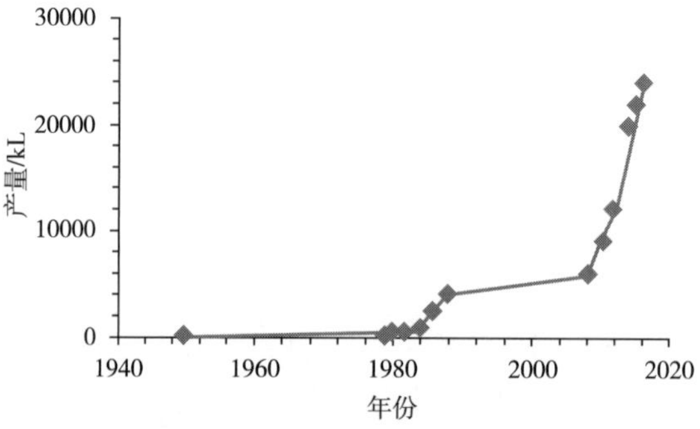

图 8-1　即墨老酒年产量变化

第一节　酿造原料

一、黍米

即墨老酒主要原料是黍米（也称“大黄米”）。其中以大粒黑脐的黄色黍子酿酒品质最好，俗称龙眼黍子，是黍子中的糯性品种，煮糜时容易糊化，适于酿酒，出酒率较高，见图 8-2。

图 8-2　黍米

即墨老酒要求“黍米必齐”，生产所用原料黍子均匀无杂质，黄米率在 80%以上，淀粉含量在 70%以上，其中支链淀粉在 85%以上，千粒重不低于 40g，以当年收成黍子为好。黍米的化学成分见表 8-1，要求干燥，颗粒完整、饱满，当年产，没有虫蛀、变质、霉烂现象及农药污染。黍米等级指标见表8-2。

表 8-1　黍米的化学成分

成分	含量/%	成分	含量/%
水分	10.14~14.00	糖分	0.75~1.28
粗蛋白质	8.32~9.66	糊精	2.80~4.01
脂肪	1.24~2.61	淀粉	62.46~72.36
粗纤维	0.43~1.18	灰分	1.02~1.38

表 8-2 黍米等级指标

黍米等级	好米/%	油米/%	白米/%	矿物质/%	黍粒/%	水分/%	不完善粒
1	≥70	≤20	≤6.0	—	—	—	—
2	≥60	≤30	≤10.0	≤0.02	≤0.7	≤14.0	≤4.0
3	≥50	≤40	≤15.0	—	—	—	—

以二等为中等标准，低于三等者为等外黍米，不适用于酿酒生产。

二、麦曲

“曲蘖必时”即必须每年中适时踏曲，以保证各种微生物在适宜条件下作用，生成丰富的糖化发酵剂酶系，并且要求麦曲必须陈酿两年以上，以增强酶系活力和增香作用，达到曲香返浓的效果。

每年 6~9 月高温季节踏曲，主要原料为高筋小麦，成曲时间为 40d，每年踏曲 2~3 批次，麦曲如图 8-3 所示。近十年在使用曲的过程中结合糖化酶使用也非常适应发酵。

三、水

图 8-3 酿造原料——麦曲

“水泉必香”“水为酒之血”，水是酿造黄酒的重要原料，它既是微生物繁殖所必需的养分和催化剂，同时又是调节氢离子浓度的重要缓冲剂。传统即墨老酒酿造所用的崂山麦饭石水为即墨老酒的酿造创造了先决条件。

即墨老酒酿造用水完全用崂山北麓顺流而下的地下矿泉水，该处水正位于青岛麦饭石矿上，水硬度低，4 度左右，属软质水，并含有丰富的矿物质、微量元素等，见表 8-3，图 8-4。

表 8-3 崂山麦饭石水中的矿物质和微量元素含量 单位：mg/L

微量元素	含量	微量元素	含量	微量元素	含量
钡	0.10	钾	0.48	锌	0.060
锂	0.0125	镁	13.82	银	0.0015
锶	0.225	钼	0.0014	锡	0.1800
铁	0.036	钠	45.72	钒	0.000591
硒	0.0005	钙	140.0	铅	0.009
锰	0.0025	镍	0.0034	砷	0.00046

注：此数据由中国海洋大学检测得出。

图 8-4　酿造原料——崂山麦饭石水

第二节　即墨老酒的酿造工艺

即墨老酒沿用传统的“古酿六法”工艺，即“黍米必齐，曲蘖必时，水泉必香，湛炽必洁，陶器必良，火齐必得”，是即墨老酒工艺精华所在。

即墨老酒生产工艺具体流程如图 8-5 所示。

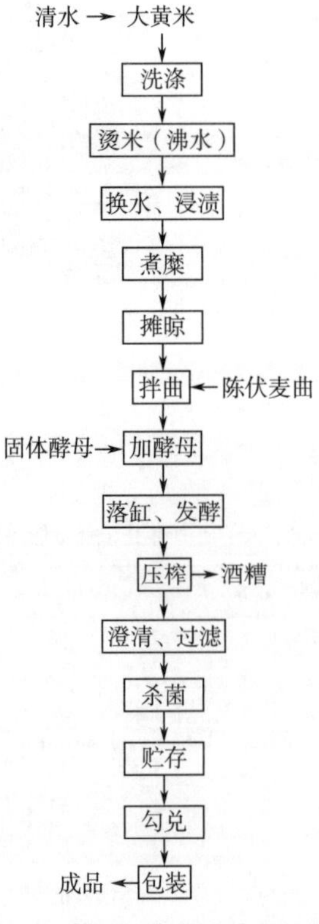

图 8-5　即墨老酒酿造工艺流程

一、浸米、烫米、洗米

由于黍米的外壳较厚，颗粒较小，黍米如不充分吸水，会给蒸煮造成困难。通过浸米、烫米，使黍米外壳软化吸水，颗粒松散，以利蒸煮。一般浸渍12h左右，烫米24h。

现代即墨老酒机械化大生产已经将烫米瓦缸改成了不锈钢大罐，不仅提高了场地的利用率，还因烫米罐的水温下降缓慢，保温时间长而保证了烫米质量。洗米已采用振动筛，在筛的上部安装喷淋管进行清水喷淋，洗米就可以做到连续操作。洗米机见图8-6。

注意事项：烫米时要求先把水加热到合适的温度，以不烫熟米为原则，水温太低达不到烫米预期效果，水温太高又容易把米烫熟、结团，不利于煮糜，烫米水温以60℃为宜。由于气温、水温、米质，以及酿造工艺的不同，各厂浸米、烫米时间也略有不同。大致时间在48~60h，天气暖的时候，时间应短些，冬季天气冷，时间长些，但最长时间不能超过96h。

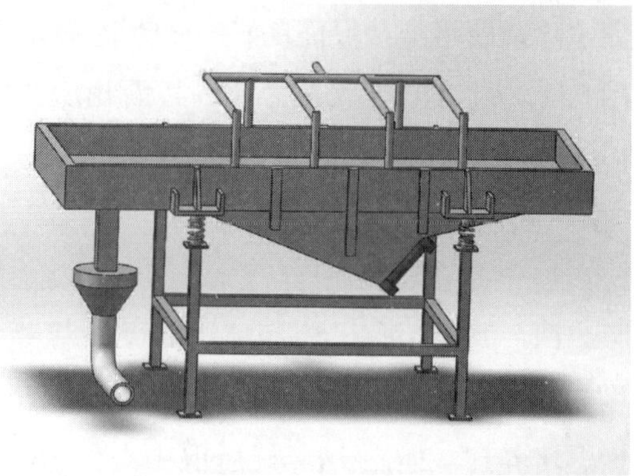

图8-6　洗米机

二、煮糜

煮熟的黍米俗称“糜”，因此这一操作称为煮糜。煮糜是为了使生淀粉受热糊化，也对原料进行了杀菌，同时在此过程中产生独特的焦香味。黄米的蒸煮采用直接火煮糜的方法（也称糗糜法）。“火齐必得”即糊化原料时必须适火铲糜，以糜色的变化掌握，控制焦而不煳的火候，不稠不彻（稀）的黏度，达到糜呈棕红色，香味俱佳，以确保发酵彻底。铲锅频率随煮糜时间逐渐提高。当糜的色度达到要求后进行培火、焖糜。培火后应继续铲锅5~8min，盖上锅盖焖糜40min，煮糜的时间共计2h左右。焖糜结束即可出锅。

图8-7　电动锅铲

现代即墨老酒机械化大生产，已将原来人工铲糜改用电动机械铲糜，而且加装了烟气和蒸汽的集中排放设备，既符合环保要求，又保障铲糜质量，提高了工作效率，而且也大大改善了工作环境。电动锅铲见图8-7。

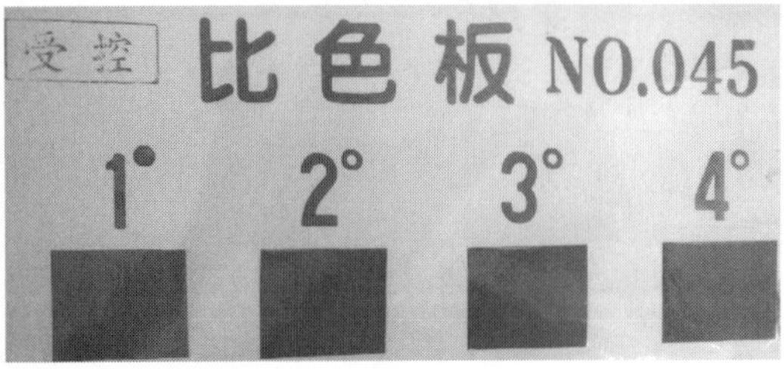

图 8-8 比色板

注意事项如下。

烧火一定要掌握“前缓、中急、后慢”的原则。糜的质量要求：呈红棕色，色度达到 3°（比色板见图 8-8），无生团，无积糜，无炭化块，外硬内软，熟而不烂，均匀一致。

“湛炽必洁”，即酿造过程中，所需要的各种容器必须加热烫洗，以达到清除杂菌污染，保证良好的微生物繁殖环境。所使用的锨、手工铲等工器具用前应用 95℃ 以上的沸水彻底杀菌，以及出糜斗子用前用蒸汽至少杀菌 5min 以上。

三、 酒母制备

1. 酒母菌种的制作

（1）取蒸煮好、熟而色浅的少许蒸煮糜，降温至要求温度，放入下铺自制麦曲的培养箱中，加入少许白酒使之均匀，制成软硬适中的饭团，放入 28℃±2℃ 的培养箱中，恒温培养18～24h，培养好后取中心作为酒母种子，按以前步骤继续培养 3 次后，再取中心（不加酒）作为种子培养 4～5d 后，取样化验细胞数、出芽数，达到标准后，生产中便可用作酒母菌种了，这样取得的菌种为混合酵母菌种，具有一定的耐高渗透压和耐高酒精度的特性，而且有利于改善酒的香气。

（2）在制作酒母菌种时，要求手及使用的工、器具用前必须洁净并杀菌消毒，确保无菌状态，特别是在细菌容易繁殖的季节，以保证菌种的纯正。

图 8-9 酒母培养箱

2. 发酵酒母的制作

（1）取煮好色浅的蒸煮糜，糜量适中，降温至要求温度，并接入酒母菌种，将其均匀放入麦曲中，制作成大小、软硬适中的饭团，放入下铺麦曲的培养器中，移入（28±2）℃ 培养箱，保温培养 16～18h，打开后用所铺麦曲拌匀。酒母培养箱见图 8-9。

（2）酒母质量要求　酒母质量主要指标如表 8-4 所示。发酵酒母培养成熟的温度以 32～35℃ 为最佳温度。

表 8-4　酒母质量主要指标

主要指标	数值
酵母活细胞数/（亿个/g）	≥0.30
出芽率/%	≥10
酸度/（g/kg，以乳酸计）	≤1.5

四、糖化

将煮好的糜放在杀过菌的糜案中（古代用木头制作，现在一般为不锈钢），摊凉至(60±2)℃，加入陈伏麦曲，用量为黍米原料的7.5%，充分拌匀，堆积糖化20~30min，保温期间应进行2次翻拌。糖化操作见图8-10。

现代即墨老酒机械化大生产已将糜案改成了糖化机，而且在糖化机底部夹层内通入了冷却水，缩短了糜降温的时间，为扩大生产提供了良好的条件。糖化机外形图及结构图见图8-11。

图8-10　糖化

（1）外形图

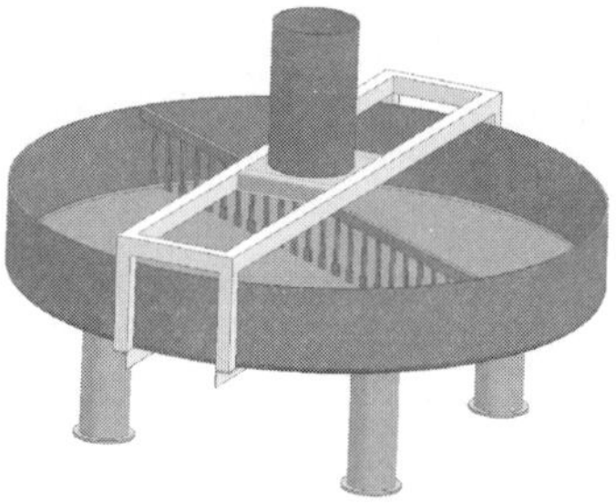

（2）结构图

图8-11　糖化机

注意事项：糖化前糜案应干净整洁，先用2%~4%的食品级次氯酸钠溶液进行杀菌，一般不少于10min，之后再用95℃以上的沸水冲刷干净，无次氯酸钠溶液残留；将锨、温度表、糜匙等工、器具用前清洗干净后，要用95℃以上的沸水杀菌10min以上，确保达到无菌状态。

五、发酵

糖化保温结束后，将品温降至28~30℃，接入大黄米原料量0.5%的固体酵母，拌匀后入缸（罐）中发酵，入缸品温按季节而定，一般要求为25~35℃。发酵期一般约为7d。

即墨老酒对开耙时间有明确的标准规定，头耙开耙时间为落入缸后22~24h，二耙开耙时间为落入缸后46~48h。头耙温度一般控制在30℃左右，二耙温度控制在39℃左右。一般测量品温以缸面往下15~20cm的缸心温度为依据。

现代即墨老酒机械化大生产已将发酵用的瓦缸改为28m^3的发酵槽，并且发酵槽的两边和底部均有夹层，夏季里面通入冷却水降温，既扩大了产量，又容易对发酵过程进行控制，提高了黄酒的质量和出酒率。

注意事项："陶器必良"，酿造容器必须质地优良，无渗漏、无污染，小生产以瓷缸为好，大生产以不锈钢缸和大漆涂料缸为好，避免容器中成分与酒中成分起化学变化而影响酒质。

六、压榨、澄清、过滤、杀菌（煎酒）

现代即墨老酒机械化大生产已改用黄酒行业普遍使用的气膜式压滤机，大大提高了压滤效率和出酒数量，减轻了劳动强度。

刚压滤所得的酒液称为生酒，要先进入澄清罐中进行澄清，一般澄清16~18h以上。为了提高酒的非生物稳定性，还要对其进行过滤。过滤后的黄酒进行煎酒杀菌。

酒精度较高的酒，杀菌温度可适当低些，但不宜低于80℃。

七、贮存

黄酒酿成后，称为新酒，虽然也可以直接饮用，但口味辛辣、粗糙、不柔和，香味不浓郁，酒体组分不够协调，风格上有缺陷。所以要经过一定时期的贮存，使糖、酒、酸协调，酒质芳香醇厚，这个过程也称为老熟或陈酿。

杀菌后的黄酒，一般密封在陶坛中，并经过较长时间的贮存，使酒老熟，香味更加浓郁、醇和。洗坛过去是手工操作，现已采用洗坛机，大坛灌装流水线使洗坛、坛灭菌、灌坛机械一体化，大大减轻了劳动强度，提高了工作效率。但酒坛搬上搬下仍然是手工操作，很费力，还有待进一步改进。

第三节　即墨老酒的酿造特点

即墨老酒呈褐红色或黑褐色、透明，带有焦苦味。其成品酒基本理化指标如表8-5所示。

即墨老酒香味独特，具有焦糜香，味醇和适口，微苦而回味悠长。主要风味特点有以下几点。

（1）色泽褐红透明，具有光泽，醇厚挂杯，这是即墨老酒风味的一大特点。

表8-5　即墨老酒成品酒主要理化指标

主要指标	数值
酒精度/%vol	11
糖度（以葡萄糖计）/%（质量体积分数）	8
糊精/%（质量体积分数）	5
浸出物浓度/%（质量体积分数）	18~22
氨基酸态氮/（g/L）	>0.20

（2）口味醇厚，焦香浓郁、突出，酒香、焦香协调，给人一种特有的芳香和美的感觉，这是即墨老酒的突出特点。

（3）鲜甜醇厚适口，由于酒液中含有低糖和大量多种氨基酸及糊精、无机盐等成分，所以给人以鲜甜醇厚的感觉。

（4）微苦余香，回味悠长。微苦使人感到入口甜而不腻，欲饮不止；味全优美，余香悠长，使人感到甜、苦、酸、鲜、涩等各味的柔协、丰满，酒体组分协调，风格别具。

此外，即墨老酒营养成分丰富，含有丰富的氨基酸、微量元素以及维生素等。表8-6为即墨老酒中的氨基酸含量。

表 8-6　　即墨老酒氨基酸含量　　单位：mg/L

氨基酸	含量	氨基酸	含量
丙氨酸	1388.9	赖氨酸	334.04
精氨酸	810.36	甲硫氨酸	211.46
天冬氨酸	355.42	苯丙氨酸	670.36
胱氨酸	227.5	丝氨酸	325.42
谷氨酸	497.04	苏氨酸	165.32
甘氨酸	414.22	酪氨酸	353.66
组氨酸	104.38	缬氨酸	371.08
异亮氨酸	152.52	亮氨酸	522.58
合计		10110.94	

注：该数据由吉林大学分析测定。

即墨老酒含有丰富的营养，酒液具有晶莹、醇厚、盈盅不溢、醇香、焦香馥郁的中华传统老酒的独特风格。造就即墨老酒传统风味的根本原因是它独特的传统工艺，即墨老酒的独特风格与沿用传统的“古酿六法”工艺密切相关，这是即墨老酒工艺上的特色之处。

我国改革开放以来，人民生活水平逐步提高，生活饮食趋向营养化、保健化，即墨老酒年年发展，一直供不应求。近年来随着酿造科技的进步，蒸料法代替煮糜法，纯种麦曲和酵母的应用，自动糖化机的使用等新工艺和新装备的应用，提高了即墨老酒的出酒率和生产效率，红薯黄酒、紫薯黄酒、清爽型、低糖型即墨老酒等新产品的开发，使即墨老酒得到了进一步发展。

第九章 红曲黄酒酿造技术

红曲黄酒是中国黄酒产业的一朵奇葩，历史悠久，文化积淀深厚，以福建红曲酒最具代表性。在酿造微生物菌群、风味品质、饮酒文化上不同于江浙麦曲黄酒，红曲黄酒具有自己的独特特色，其中以龙岩沉缸酒、福建老酒等为典型代表。

红曲黄酒是以稻米（和/或其他淀粉质原料）、水为主要原料，红曲为主要糖化发酵剂，可添加或不添加其他酒曲、酵母或酒药酿制而成的发酵酒。可分为本色红曲酒、功能性红曲酒和特型红曲酒。

本色红曲酒是以稻米、水为主要原料，仅以红曲为糖化发酵剂，采用传统工艺经蒸煮、糖化发酵、压榨、过滤、炖酒（除菌）、贮存、勾兑，并且不添加焦糖色生产的发酵酒。

功能性红曲酒是以稻米（和/或其他淀粉质原料）、水为主要原料，红曲米（粉）和/或功能性红曲米（粉）、酵母为主要糖化发酵剂，经蒸煮、糖化发酵、压榨、过滤、炖酒（除菌）、贮存、勾兑而成的发酵酒。

特型红曲酒是由于原辅料和/或工艺有所改变，具有特殊风味且不改变红曲酒风格的红曲酒。红曲含有可调节血脂的洛伐他汀成分，红曲黄酒中红曲红色素和红曲橙色素也具有很强的抗氧化特性。

第一节　红　　曲

红曲是以大米为原料，以红曲菌属（*Monascus*）——红曲霉为主要微生物，可添加少量曲霉属（*Aspergillus*）——黑曲霉，经发酵而成的具有一定酶活力的酿造用曲。以大米为原料，用红曲霉发酵生成含有自然发酵产生的具有生理活性物质的红曲也称为功能性红曲。

我国红曲的产地主要是福建、浙江、台湾等地区，其中以福建古田县的红曲最为闻名。福建红曲又分为库曲、轻曲和色曲，主要用于酿酒、豆腐乳和食品着色。其中库曲主要用于酿酒，色曲用作食品天然红曲色素，轻曲应用介于两者之间。现代研究发现红曲中含有降血脂和降血压等的活性成分，因此红曲产品的开发成为热点。目前红曲的生产有的已采用纯种厚层通风法和液态法培养工艺，但仍以传统法生产为主。

一、红曲的生产

红曲是以籼米与粳米为原料，在一定的温度和湿度条件下培养而成的一种紫红色米曲。它是我国黄酒生产中使用的一种特有的糖化发酵剂。红曲中的微生物主要有红曲霉菌和酵母菌等。由于经过了长期的人工选育和驯养，使红曲达到了现有的纯粹程度，这是我国古代在微生物育种技术上的一个成就。

红曲要求颜色为紫红色，无灰红或带粉白红色，断口为红色，无灰白点，大多数为断粒，但不能太碎；纯度均匀一致，没有夹杂色，外观清爽；以手捻成粉状后呈红色，略带紫色，不能有灰红色，不见有白色粒状（白砂粒）。此外，还要求将红曲置于水中，大部分能浮于水面，浸渍 5~6h 后下沉率只有 20%左右，气味芳香。

（一）制曲主要原料

制作红曲的主要原料是曲种、上等醋和米类。

（1）曲种　红曲菌种来源于福建建瓯土曲，也称为乌衣红曲，或采用福建建瓯、政和、松溪等县酒厂的土曲与糯米酿酒所榨得的酒糟，俗称“糯米土曲糟”或称“建糟”。现也有使用纯种培养法制作红曲。

（2）上等醋　制造库曲、轻曲，采用贮存一年半载的优良米醋即可；而制造色曲，由于生产周期较长，对醋的质量要求较高，则要求贮存 3 年以上的陈年老醋，其味酸带甜，性缓而经久的为佳品。

（3）大米　根据制曲品种不同而有所区别。色曲，应选用上等的粳米或籼米；库曲、轻曲，最好选用高山红土地生产的籼米，这种米制成的曲色红且颗粒整齐，或用福建屏南县东丰、上楼一带的白早米，其横断面稍呈蓝色，所以又称“蓝骨米”。一般要求上等的精白大米。

（二）制曲工艺流程

红曲制造工艺流程如图 9-1 所示。

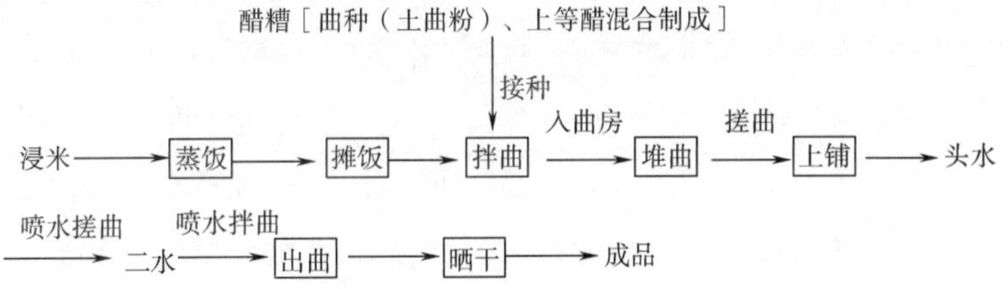

图 9-1　红曲制造工艺流程

（三）操作方法

1. 浸米

将选用上等的白米淘洗除去糠秕，用水浸泡 2~3h，以用手指一搓即碎为适度，即可捞起沥干，上甑蒸煮。

2. 蒸饭

当釜中水沸腾后，把沥干的米倒入甑内，待全面冒汽后加盖，并开大蒸汽续蒸 40~60min，用潮湿的手摸饭不粘手即可。饭蒸熟软透时，将饭摊散于竹篓内。

3. 接种拌曲

饭冷至40℃，就可以拌曲接种，原料配比见表9-1。根据该配方拌匀，使饭粒全部染成微红色时，即可入曲房。

表9-1　　红曲生产原料配比

曲类	配料/kg			成品数量/kg
	米	土曲糟	醋	
库曲	100	2.5	3.75	50
轻曲	150	3.75	5.375	50
色曲	200	5	7.5	50

有的曲厂创造出一种醋糟混合物。制曲种是将糯米25kg经浸渍蒸熟，淋水降温至40℃左右，拌入土曲粉10~12kg，然后装入坛内，经12d的糖化发酵，再掺入醋15~25kg，陈放2~3个月后备用。制红曲时每50kg白米仅用醋糟3~3.5kg。此法操作方便，成本较低。而浙江省制红曲，是先用红曲做成酒醪后再用于接种。也有使用纯种红曲霉菌培养液作为曲种。拌曲时应搅拌均匀，然后入曲房保温培养。

4. 曲房管理

将拌好曲种的米饭挑到曲房堆放，盖以洁净麻袋，保温24h，由于菌丝繁殖，使品温升高，待品温升高至35~40℃时，进行搓曲摊平，以后每隔4~6h搓曲一次，以调节温度。翻曲换气对于红曲菌的生长也极为重要。

经过3~4d后，菌丝逐渐透入饭粒的中心，呈红色斑点，这阶段为半成品，俗称“蛋花”或“上铺”。这时可以把曲装入麻袋或竹筐内，在水中漂10min，使曲粒大量吸水，有利于红曲霉的繁殖。沥干后再堆半天，待升温发热时将它摊散铺平，每隔4~6h翻拌一次。当菌丝发育旺盛且分泌红色素，曲粒出现干燥现象（用手接触曲粒有响声）时，可适当喷水增加湿度并注意调整室温，使品温维持在25~30℃。自喷水后3~4h，曲粒全呈绯红色，称为“头水”。此后，关键在于保持适当的温度和湿度，若喷水过多，升温太高，易使曲腐烂或生杂菌；若过于干燥，菌丝体不易繁殖，因此对温度、湿度要严格控制。操作时每隔6~8h翻曲一次，头水后3~8d，称为“二水”曲，曲粒表现为里外透红，并且有特殊的红曲香味，此时可将红曲移至室外，在太阳下晒干，库曲8~10d，轻曲10~13d，色曲13~16d，即为成品。

红曲的酶活性及色度范围见表9-2。

表9-2　　红曲的酶活性及色度范围

曲名称	糖化力/（U/g）	液化力/（U/g）	水分/%	色度
库曲	0.35~0.76	17.1~31.6	8.6~9.7	0.120~0.145

续表

曲名称	糖化力/（U/g）	液化力/（U/g）	水分/%	色度
轻曲	0.60~1.82	70.5~150.0	10.7~11.8	0.150~0.170
色曲	2.10~2.73	155~184.6	10.5~11.2	0.200~0.230

注：糖化力以每克风干曲在60℃下，1h产生的葡萄糖克数。液化力即每克风干曲在37℃下，1h液化淀粉克数。色度即浓度曲：水=1：500，用科伟光电比色计，520波长滤光片测得的光密度。

（四）注意事项

（1）所谓的库曲、轻曲、色曲除了配料之外，主要在于制曲过程的后期管理不同。轻曲和色曲需要更多次喷洒少量水分，使菌丝的繁殖期持续时间更长些，使曲的质量更轻些，色素生成更多些。制库曲所需时长为8~10d，轻曲为10~13d，色曲为13~16d。还可根据气温高低，将生产周期适当延长或缩短。

（2）红曲的繁殖，要在适宜的温度、湿度和酸度下进行。室温过高或翻曲不及时，会使品温过高，将烧坏菌丝；室温过低，品温不好，菌丝难以繁殖，致使酶活力不高，影响成曲质量；红曲霉菌的生长特点是耐酸，制曲时应调节适宜的酸度，以利曲菌繁殖和减少杂菌污染。

（3）红曲的糖化力较强而发酵力较低，所以红曲酿酒时最好添加些酵母培养液，改善发酵效果。

二、乌衣红曲

乌衣红曲主要产于浙江省温州、金华、衢州、丽水等地及福建省建瓯、松溪、南平等区域。其以籼米为原料，主要含有红曲霉、黑曲霉和酵母菌等，是我国黄酒酿造中的特种糖化发酵剂。现以浙江温州乌衣红曲制作工艺为例进行说明。

（一）乌衣红曲的制作

福建的建瓯土曲和浙江的乌衣红曲的生产方法略有不同，主要表现在曲种的制作方面。建瓯土曲的曲种是培养曲公、曲母和曲母浆的方法作为种子而进行扩大化培养的。其方法如下。

（1）曲公　把50kg大米淘洗、浸透、蒸熟、摊冷至40℃左右，拌入曲公粉40g，曲母浆250~400g。在竹箩中保温至43℃才翻拌入曲房，品温维持在38~40℃，喷水一次，经过4~5d出曲，晒干。其品质以粒硬、有纯青红色者为佳。

（2）曲母　把50kg大米淘洗、浸透、蒸熟、摊冷至40℃左右，拌入曲公粉5~10g，曲母浆0.8kg。待升温至43℃左右，可入曲房维持品温在38~40℃，3~5d就可出曲干燥。质量以曲粒硬、色微红色为佳。

（3）曲母浆　将 1. 5kg 大米洗去糠秕杂质，加约 7. 5kg 水煮成粥状，冷却至 32℃左右，拌入 1kg 曲母粉。待发酵 7d 左右，有酒味并带辣时就可使用。

浙江的乌衣红曲的曲种培养实际上是：乌衣红曲中的乌衣——黑曲霉进行纯种培养。红曲霉与酵母菌培养是用红曲种进行扩大培养成红糟，再扩大到大米上。其方法是：把 0. 5kg 的红曲种浸于 1. 75kg 的冷开水中，约 20h，以曲粒能浮起为准。再将 1kg 糯米所蒸得的饭冷却到 35℃左右时加入。下缸品温一般在 28～30℃，发酵旺盛时品温不可超过 33℃，投料 24h 开耙，培养繁殖 5～7d 后便可以使用，接种量为 0. 6%～0. 8%。

乌衣红曲制造工艺流程如图 9-2 所示。

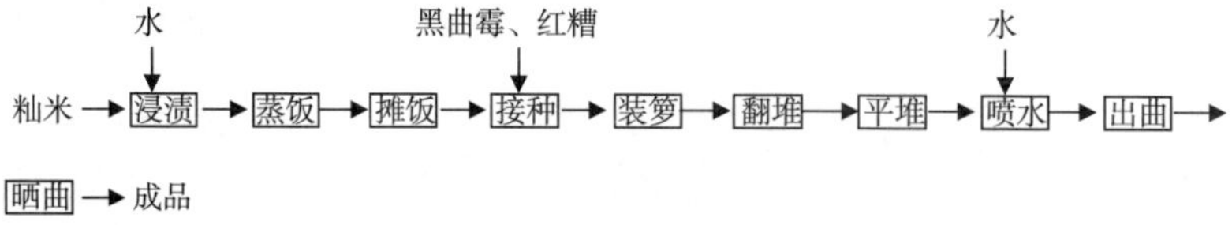

图 9-2　乌衣红曲制造工艺流程

（二）　乌衣红曲的操作方法与要求

1. 浸米、蒸饭

一般气温在 15℃以下，浸渍 2. 5h；气温 15～20℃时，浸渍 2h；气温 20℃以上时，浸渍 1～1. 5h。浸后用清水漂洗干净，沥干后常压蒸煮，圆汽后 5min 即可，要求米饭既无白心，又不开裂。

2. 摊饭、接种

摊饭时间要尽量短，摊冷至 34～36℃，每 50kg 米接入黑曲霉 3. 75g（这是指一般情况，主要应视其品质而定），略加拌匀，随后再加红糟 0. 625kg，充分拌匀，便可装箩进行培养，这时品温下降 1～2℃。

3. 装箩

接种后的米饭装入竹箩中，轻轻摊平，盖上洁净的麻袋，送入曲房保温培养。一般室温在 22℃以上，大约经过 24h，品温可以达到 43℃（以箩中心温度为准）。此时米粒已有 1/3 有白色菌丝（如为黑曲霉其米粒呈黄色）和少量红色斑点，其他仍为原饭粒。这是由于不同微生物繁殖所需的温度不同所致，箩心温度最高，适宜红曲霉繁殖；箩心外缘温度在 40℃以下，黑曲霉繁殖旺盛；接近箩边处温度低，饭粒仍为原色。

4. 翻堆

待箩中品温上升至 40℃以上时，即可倒在曲房的砖地或水泥地面上，加以翻拌，重新堆积，品温下降。以后，在第一次品温上升至 38℃时，翻拌堆积一次；第二次品温又上升至 36℃，再翻拌堆积一次；第三次品温上升至 34℃左右，再翻拌堆积一次；

第四次品温上升至34℃，最后翻拌堆积。每次翻拌堆积的间隔时间，气温在22℃以上时约1.5h；气温在10℃左右，有必要延长至5~7h才翻拌堆积。

5. 平摊

待饭粒已有70%~80%出现白色菌丝，按照蒸饭装箩的先后次序，每堆翻拌摊平。平摊所用的工具为木质有齿的耙，耙齿经过的曲层，凹处约3.5cm，凸处约15cm，形成波浪。

6. 喷水

平摊后，品温上升到一定程度时，便可以喷水了。但天热和天冷时操作略有不同。

气温在22℃以上的热天，当曲料耙开平摊后（一般均在下午5点翻堆，主要是为了晚上不喷水，便于白天喷水时间的掌握），至次日早晨品温上升至32℃（约经15h），每50kg米的饭喷水4.5kg，经2h将其翻耙一次，再经2h品温又上升至32℃，再喷水7kg，至当日晚上止，中间翻拌两次，每次间隔3h左右。而晚上便可不翻拌，至第4天（喷水的第2天）早晨8点又喷水5kg，经3h后（中间翻耙一次）品温上升至34℃，再喷6.25kg，这次用水必须按饭粒上霉菌繁殖情况来决定。如用水过量，容易腐烂而被杂菌污染。用水过少，又容易产生硬粒影响质量。所以要根据曲粒的繁殖情况适当确定加水量，一般每50kg米用水量在23kg左右。最后一次喷水的当日晚间要翻耙两次，每次相隔3~4h，但晚上仍可不必翻动。第5天（喷水的第3天）也不翻动，品温高达35~36℃，此时为霉菌繁殖最旺盛时间，至第5天下午5点后，品温才开始下降。一般控制室温在28℃左右。

气温在10℃左右的冷天，室温只能保持在23℃左右，所以曲料自耙开平摊后，经11h左右品温才逐渐上升至28℃，此时每50kg米的饭喷水3.5kg并进行翻拌。经5h，品温又上升至28℃左右，此时再喷水4.25kg并翻拌一次，约经4h，品温又上升至28℃，喷水5kg再翻拌一次，又经3h再翻拌一次。因为第三次喷水一般在下午5点，而又要经过一夜的较长时间，会使上下繁殖不均。第2天（指喷水的第2天，即蒸饭算起的第4天），同样喷水三次，时间基本与前一天相同。总之以品温上升至28~30℃就进行喷水和翻拌操作，唯前两次喷水翻拌每50kg米的饭，每次用水4.5kg。第三次翻拌操作也以饭粒霉菌繁殖的程度而定，用水量与天热时掌握的大致相同。其总用水量以每50kg米为26.5kg左右。而最后一次喷水翻拌后3h，要检验一次，以没有硬粒为准，否则次日早晨再使用适量的水翻拌一次。第5天（从蒸饭算起）同样不翻动。

7. 出曲、晒干

一般情况下，第6~7天曲已经成熟，即可出曲。目前制曲过程大多凭自然气温而定，因此出曲时间也因气温不同而有所不同。上述操作仅为生产中的一般情况。曲出房后，将其摊在竹簟上，经阳光晒干，否则贮存期间易产生高温，易被杂菌污染而使曲变质。出曲于竹簟上要摊薄，以防烧曲。

此外，还有一种黄衣红曲，生产方法与乌衣红曲基本相同，不同点是菌种使用黄曲霉代替黑曲霉。

三、纯种红曲制作

纯种红曲制作步骤如下。

（一）斜面菌种培养

培养基制备：取 7~8°Bé 的饴糖液 100mL，可溶性淀粉 2g，蛋白胨 0.5~1g，硫酸镁 0.1~0.2g，硫酸铵 0.1~0.2g，磷酸氢二钾 0.1~0.2g，加热溶解后，分装于试管，并于 0.1MPa 高压灭菌 30min，放置斜面，并于 27~28℃培养箱空白培养 72h，斜面培养基上无杂菌生长，即可接种。然后，于 30℃培养箱里，经 7~8d，待斜面上呈紫红色菌体即可，于 4℃冰箱内保存备用。

（二）三角瓶米饭培养

（1）浸米　取籼米 1kg，加水 1.5L（内加食用乳酸 3~5mL），浸米 22h 左右。

（2）蒸饭　取已浸好的米淋水去浆，沥干，然后在 500mL 三角瓶内装米 80g 左右，塞好棉塞于 0.1MPa 高压锅灭菌 30min，降温至 30℃左右接种。

（3）接种与培养　于无菌室中，每支试管斜面菌种可接 3~5 只三角瓶。接后将米饭摇至瓶内一角，于 30℃条件下培养 30h，待米饭上有斑点菌体生长，即可摇瓶摊平，每天摇瓶 2~3 次，经 7~8d 即成。

（4）干燥　如当时要生产种曲，可不干燥。若暂时不用，可置搪瓷盆内于 35~40℃条件下烘干，使水分含量至 12%以下。用塑料袋包装，贮存，备用。

（三）种曲制作方法（以 100kg 籼米原料为例）

（1）制种　按籼米原料的 1%称取三角瓶红曲种即 1kg 红曲，粉碎或研磨成红曲粉末（越细越好），加 4~5kg 冷开水，再加 5mL 乳酸，浸泡 20~30min 即可用于接种。接种时再根据籼米原料加 0.1%乳酸，摇匀后立即接种到米饭中，这一点必须牢记！以免在高酸条件下杀死红曲霉孢子。

（2）浸米　春夏季浸 10~12h，秋冬季浸 20~24h。米浸泡后吸水分约 130%。

（3）蒸饭　先将米捞入竹丝箩内，用清水淋去米浆，沥干后上甑蒸饭，待全部圆汽后，再蒸 10~20min，要求米饭内无白心，熟而不烟，出饭率 135%左右。

（4）接种与养花　米饭出甑后倒在竹簟上，趁热将饭打碎呈粒状，摊平冷却至 35℃左右，接种。方法是将制种的红曲种液，分别晒到米饭上，一人晒种液，一人迅速翻拌均匀，然后装入清洁麻袋，扎紧袋口放于 30℃曲室内。经 24h 左右，品温从入袋时的 30~32℃，升温至 49~50℃，即可倒包，倒包时米粒已长白色菌体斑点，有特有的曲香，然后将其放在4个大竹匾内培养，室温28～30℃，品温控制在43～45℃，最低不低于40℃，最高不超过46℃，通过控制曲的厚度和适当的翻拌次数来控制合适的品温。这一阶段主要是养花阶段，即红曲菌体较快地布满于米饭表面，达到齐花的目的。40～50h，饭粒表面全部长满菌丝并有红色斑点，即可装盒或分多个竹匾内继续培养。

（5）曲盒（竹匾）培养　将4个大竹匾的曲粒分装于曲盒内，每盒约2.5kg米曲，因为大竹匾内厚度高、升温猛，不适合后期品温要求，故要分装曲盒内，同时通过调整厚度，适时翻曲，调整室温等方法控制品温，曲盒品温一般控制在40～42℃。这一阶段，布满白色菌丝的曲粒渐呈红色，约经过60h，曲料全部呈红色。当曲粒表面出现干燥现象时即可进行吃水，方法是将曲盒内的曲分别倒在一个大塑料盆内堆积，用喷水壶洒水，用水量为20%～25%，边洒边拌，确保曲料吸水均匀，堆积3～5min后，继续在曲盒中培养，室温28～30℃，品温35～37℃，最高不超过40℃，最低不低于30℃。

①第一次洒水后，红曲霉已进入繁殖旺盛期，品温上升快，水分挥发大，曲粒由浅红转向深红，表面呈干燥现象，若不及时洒水，则曲干而停止繁殖。第一次洒水后约24h即可进行第二次洒水。

②第二次洒水操作方法与第一次相同，洒水量一般在20%～25%，室温28℃左右，品温在34～35℃，进行培养，再进行2～3次翻拌，经24h培养，曲粒红色加深，菌丝体向内生长，曲粒呈干燥现象时即可进行第三次洒水。

③第三次洒水操作方法与第一次相同，洒水量一般在20%左右，室温28～30℃，品温在33～34℃，进行培养，再进行2～3次翻拌，曲粒红色加深，当出现干燥现象时即可进行第四次洒水。

④第四次洒水操作方法与第一次相同，洒水量10%～15%，室温28～30℃，品温32～33℃，曲粒已呈紫红色，一般经3～4次洒水，曲粒已成曲，如要求曲的紫红色更深，可再培养1d，制酒曲种，一般经6～7d即成。

（6）烘干　将红曲摊在竹匾上，越薄越好，并放在40～45℃室温的曲室内烘干，要求水分控制在12%以下。曲粒紫红，粒粒均匀，有曲香，无异气。

（7）包装　将红曲装入塑料袋内，外套编织袋，扎紧后置干燥室内保存，严防霉变、虫蛀。

（四）红曲制作

制作红曲的操作方法，其原料处理、培养室温、品温、洒水量、接种方法等与种曲制作基本相同。不同的是，在1%的接种量中添加适量0.01%～0.02%黄酒活性干酵母和生香干酵母，使红曲不但有糖化力而且也有发酵力，并产生香气。由于制曲时投料量大，可在室内地面培养，但要注意做好环境卫生。

制红曲种和制红曲的时间，最好安排在夏季30℃左右的气温条件下培养，这样做有利于保证红曲质量，同时节约制曲成本。此外，夏天制曲、冬季酿酒也有利于劳动力的安排和生产管理。夏天制好红曲可供全年黄酒生产需要。

四、 红曲质量鉴别

福建红曲和温州乌衣红曲质量标准如下。

（一） 福建红曲质量标准

福建红曲质量标准见表 9-3。

表 9-3 福建红曲质量标准

曲名	糖化力（葡萄糖 60℃、1h）/（g/g 曲）	液化力（淀粉 37℃、1h）/（g/g 曲）	水分/%	色度（曲：水=1：5000，科伟光电比色计，520nm 波长滤色片）
库曲	0.35~0.76	17.1~31.6	6.7~8.6	0.120~0.145
轻曲	0.66~1.82	70.5~150.0	10.2~11.8	0.150~0.170
色曲	2.10~2.73	155.0~184.0	10.5~11.2	0.200~0.230

注：库曲出曲率 45%~50%，轻曲出曲率 35%~38%，色曲出曲率 28%~30%。

（二） 温州乌衣红曲质量

1. 感官鉴定结果

温州乌衣红曲感官特性见表 9-4。

表 9-4 温州乌衣红曲感官特性

项目	鉴定结果
外观形态	米粒状，表面呈黑红色，中心白色，并夹杂红色斑点
皮张	有菌丝
颜色	黑红色
泡度	有泡度
中心菌丝	无菌丝
闻味	有酸味

2. 直接测定结果

温州乌衣红曲基本质量检验结果见表 9-5。

表 9-5 温州乌衣红曲基本质量检验

项目	测定结果
水分/%	14.38

续表

项目	测定结果
酸度/%	1.4413
pH	5.90
液化力/（U/g）	531.6
糖化力/（U/g）	383.00
发酵力/%vol	6.36
酵母数/（$\times10^6$ 个/mL）	18.56

3. 间接测定结果

温州乌衣红曲其他质量检验结果见表 9-6。

表 9-6　温州乌衣红曲其他质量检验

项目	测定结果
酸度/%	0.0959
淀粉糊精酶/（U/g）	133.3
淀粉糖化酶/（U/g）	57.00
麦芽糖酶/（U/g）	7.75
最终糊精酶/（U/g）	10.5
淀粉利用率/%	29.26

第二节　红曲黄酒的酿造工艺

红曲酒的工艺流程如图 9-3 所示。

一、浸米

糯米要求选用米粒肥美整齐，圆实洁白，腹白部分小，质地柔软，纯度达 90%以上，淀粉含量达 75%以上，含杂质少，不霉变污染的糯米。浸米时，浸米水高出米面 28~32cm，浸泡 12~16h，使其充分吸水膨胀；米粒充分吸水膨胀后，要求保持米粒完整，米粒透心，以用手指捻米粒时呈粉状为宜。浸渍后的浆水要求不能有馊臭味和黏稠感。浸渍后的大米经过清水淋冲，洗去附着在米粒上的黏性浆液，流出的水不浑浊为止，使蒸汽能均匀地通过饭层，否则，这种黏性浆液易造成局部蒸汽通过不畅，也易产生夹生饭。

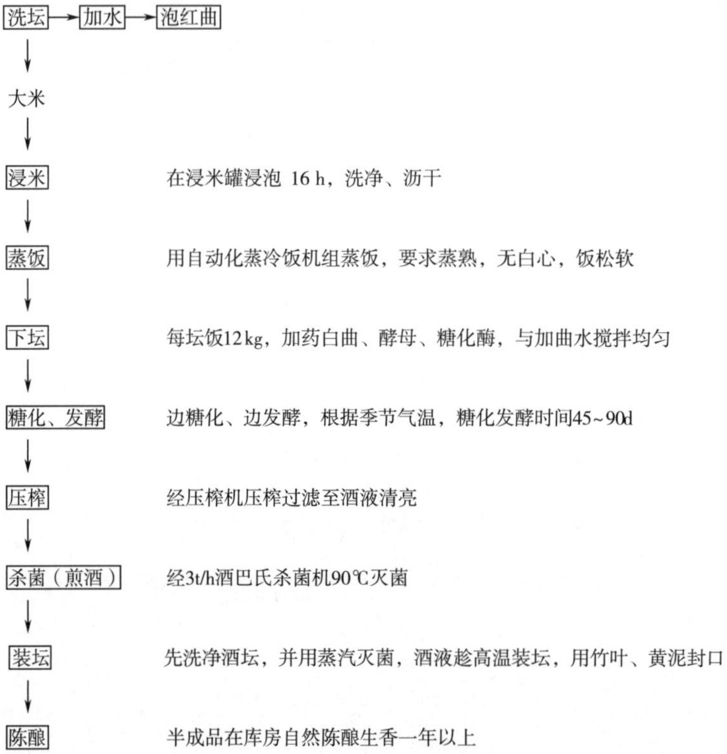

图 9-3　红曲酒的工艺流程

二、 蒸饭

将浸泡后的糯米通过振动筛沥干；将沥干后的糯米置于蒸饭机中，使米保持疏松均匀，蒸至熟透而不烂为宜，当蒸到以手推米，米粒不动，以手捻米，内外一致，米粒无白心，得到糯米饭。

以福建省宏盛闽侯酒业有限公司蒸饭机为例，蒸饭前，先关闭一道蒸饭机出料口，打开蒸汽阀空排一会儿蒸汽，以排尽汽室中冷凝水，并提高蒸饭机的温度及其内壁的湿润度；生米进入蒸饭机，大约为蒸饭机的一半的时候，打开中心汽管和汽室蒸汽阀门，继续落米；米落满后，需焖蒸 15min 左右，等米熟透后再打开出饭口出饭，在此过程中保持蒸汽压力为 0.2MPa。

注意要点如下。

（1）米层高度不超出蒸饭筒筒口。

（2）把蒸饭过程中产生的饭团打碎，否则饭团会在发酵后期老化返生，不但糖化率低，榨酒时还会堵塞管道及滤布。

（3）如发现米饭有夹生现象，应返回重蒸。

（4）根据米饭的质量及时调整蒸汽的进汽量和出饭口的大小，若出饭口开得太小，底层的米饭受压而挤紧，影响米饭的排出，致使周边的米饭不能畅流，或者导致筒体内中间部位流速过快，因而产生米饭夹生现象。

（5）出饭口大小调整好后，不宜经常变动。

三、摊晾

糯米饭置于冷饭机中冷却，打开清水阀对米饭进行淋冷，淋冷的同时打散饭团倒在饭床上，并随时翻动，使它迅速散发热量，同时用排风扇加速冷却。饭冷却的温度，以下坛拌曲需要的温度而定，一般为35℃。每隔10min左右，对饭样进行外观和指捻检查，以调节出饭速度。蒸饭速度一般为2000kg/h；蒸饭结束后，关闭蒸汽，清洗蒸饭机，清除设备上的饭粒。

注意要点如下。

（1）使饭粒表面光滑，米粒间相互分开，从而有益于米饭与酵母的充分接触，有利于好氧型的根霉菌和酵母的生产。

（2）米饭淋饭水分不能过多，否则酒药被水化，这会减弱酒药微生物的繁殖、糖化和发酵能力。

（3）淋饭过程中对淋饭后的品温控制要灵活，室温高时品温低，室温低时品温高，但品温不宜超过酵母的最适发酵温度34℃；品温偏低，发酵延缓；品温偏高，甚至其中混有烫手的饭团，则会将酒药中的有益微生物烫死，俗称“泡药”。

四、下坛

拌曲下坛是酿酒操作中的主要环节之一。拌曲后的温度要适合微生物糖化和发酵。品温过高，虽然对糖化有利，但升温太快，糖的积累过多，酵母不能及时利用，易产生酸败；品温过低则糖化不彻底，淀粉利用率低。因此下坛拌曲的品温应根据季节、气温不同而随时变化。

首先在酒坛内加入上述红曲1份与120份的水（以质量计），常温浸泡14h；将上述黄酒活性干酵母溶解于38℃的水中，所述黄酒活性干酵母与水的质量比为1∶15，复水活化22min，加入上述糖化酶，搅拌均匀得到酵母-糖化酶混合液；然后将摊晾后的糯米饭投入上述酒坛中，加入药白曲、酵母-糖化酶混合液，搅拌均匀，落坛品温控制在25℃。

五、糖化发酵

落坛后，用坛盖盖住坛口（坛口留有一定空隙，未完全密封），送入发酵车间，于常温下静置发酵，下坛48h开始前发酵，品温开始上升，最高达35℃左右。7d左右主发酵结束，进入后发酵，发酵8d后（此时，糯米饭液化，手能插入坛底），将酒醅进行一次上下翻动，目的是捅破结疤饭面，降低品温，酒醪能正常新陈代谢，吸入氧气，排出二氧化碳。搅拌均匀后继续静置发酵得到酒醪，根据气温，发酵期为45~90d可以压榨，使酒液与酒糟分离。

六、压榨

将上述酒醪放入压榨机内压榨得到酒液，压榨设备采用的是板框压滤机，工作压力为5~15MPa；目前大部分黄酒生产企业采用的接酒装置是不锈钢盆及明流的形式，从环保、食品安全、提高出酒率方面考虑，有部分厂家已采用暗流的形式。

（一）压榨要求

酒液要清，糟粕要干，时间要短。如果酒液不清，糟粕不干，就起不到榨酒的作用，既影响过滤酒的质量，又降低原料的出酒率。

（二）压榨的注意事项

1. 滤布的要求

滤布孔径适当，酒液透过性能良好，滤布能截住糟粕等固形物，滤布孔隙不易阻塞；滤布牢固耐用、吸水少、易于和糟粕分开。

2. 过滤面积宜大，滤层要薄而均匀

若过滤面积大并且糟粕形成的滤层薄，压滤速度就快；滤层厚薄不一，会造成压榨单元的压滤速度不一，产生板糟干湿不匀的问题；上榨进料不宜太多或太急，否则会使滤层厚薄不匀。

3. 加压要缓慢

开始时不需要大的压力，此期间随着酒液的自然流出，醪液中的粒子同时堆积在滤布上，自然在滤布壁形成大粒子，顺次向内为中小粒子的助滤层；为形成良好的助滤层，使酒液自然地流出，加压要迟些；加压速度必须缓缓上升，到结束时达到预定的最大压力。

4. 保持卫生

榨酒间应保持洁净，否则在压滤过程中会污染杂菌，造成酒液酸度增高。应做好压滤设备、滤布以及管路等的清洗和灭菌工作。

七、澄清

酒液置于澄清罐内静置澄清36h，得到一次上层清液和罐底浑浊液；罐底浑浊液继续经过压榨澄清得到二次上层清液，合并一次与二次上层清液。

澄清沉淀大分子，可改善酒风味，是将生酒中的淀粉、糊精、不溶性蛋白质、微生物等微细的悬浮物逐渐沉淀下来，使酒液更加澄清。适当的澄清期对提高酒的质量有促进作用，太短则起不到澄清的效果；然而澄清期太长，特别是气温大于20℃时，酒液中丰富的营养物质有利于杂菌的生长，则易引起酒液浑浊，甚至变酸；一般以2~4d为宜。经过澄清的酒大部分悬浮物已沉到澄清池底部，但还有部分相对密度较轻的物质分子没有沉淀下去，仍然影响着酒的透明度。所以经过澄清后的酒液必须再进行2~3次的过滤，过滤设备一般采用硅藻土过滤机。过滤好的清酒应该及时煎酒灭菌。

八、杀菌

煎酒是为了灭菌、灭酶，有利于黄酒的生物稳定性；促使酒中蛋白质及其他热凝物凝固，提高黄酒的非生物稳定性；使酒中的部分杂醇油等不良成分挥发，促进黄酒的老熟，并消除生酒的杂味，从而改善酒质。

煎酒设备主要是盘管杀菌器和薄板式热交换器，福建省宏盛闽侯酒业有限公司采用了高效的自动控制板式热交换器。

煎酒的操作过程是将上述合并后的上层清液输入板式热交换器进行灭菌。灭菌后的热酒在调节罐中停留一定时间后趁热进行灌装。

现大部分厂家仍沿用陶坛贮存的方式。灌装一般需经过浸坛→洗坛→沥坛→蒸坛→灌坛→封口→加封头等工序。

煎酒时需注意：一是煎酒前、煎酒后的煎酒容器和管道的清洗、杀菌必须彻底；二是煎酒的温度控制在88~92℃，灭菌时间30min；对酒精含量较高且糖度较低的黄酒，可采用较高的温度；对糖度较高的黄酒，则采用较低的温度，否则温度高，焦糖化反应多。若煎酒温度较高、酒液pH较低、酒精含量高，则煎酒的时间可较短，反之，则需适当延长煎酒时间；三是煎好的酒注入空坛时，要求需注满，坛口先用竹叶捆扎，再用黄土、谷皮制成的混合土密封。

九、贮存

（一）贮存操作

红曲酒注入陶坛后，用荷叶、箬壳及食品级塑料薄膜等材料扎好，用泥头或猪血封口，干燥后，以3~4个为一叠，堆放在阴凉、干燥、通风的仓库。将密封后的酒坛置于酒库贮存一年，最终勾兑成红曲酒。

一般红曲酒要有一年的贮存期，而名优红曲酒则要有5~10年的贮存期。

（二）红曲酒贮存过程中色、香、味的变化

（1）色的变化　由浅变深，主要是美拉德反应的结果。

（2）香气的变化　由淡变浓，主要是陈酿过程中酯化反应的结果。

（3）味的变化　由口味粗糙辛辣变得醇厚柔和，主要是酒精的氧化、酯化、乙醛的缩合以及酒精和水的缔合作用。

（三）贮存的条件

（1）温度　5~20℃。

（2）仓库　通风良好、高大、宽敞、阴凉；避免阳光照射，需定期翻堆。

第十章 黄酒的勾调与品评

第一节　黄酒的勾调

黄酒勾调的技艺已有很长的历史，从前称为“拼酒”，当时，这项工作是在酒店、饭馆中进行，把不同品牌、不同酒龄的坛装散酒进行组合和调整，拼出“太雕”“远年”“陈陈”“市酒”等不同档次、不同风格的黄酒，以满足不同消费层次的需要。

一、黄酒勾调的含义

以粮谷为原料，按黄酒工艺发酵而成的原酒进行组合和调整，是保证和提高质量的一道工序。

黄酒勾调的工作对象，包括压榨前成熟酒醅的搭配、灭菌前清酒（贮于罐或池）的调配和装瓶前原酒的组合与调整三个方面。

二、黄酒勾调的目的和作用

黄酒是依靠糖化剂和酵母的作用，使粮谷淀粉发酵成黄酒。在整个生产过程中，批与批之间总是存在着种种差异，如原料质量有优劣，糖化发酵剂有差异，生产季节有前后，发酵期有长短，工艺操作有差别，致使不同批次的黄酒，其质量也有所不同。在贮存后熟期间，又受到贮存条件（容器、温差、湿度、通风）和贮存时间的影响，使酒质发生不同的变化。这些质量各异的黄酒，需要进行组合、调整、分档等措施。其目的和作用为以下三个方面：统一酒质、稳定质量、维护品牌；提高合格率、优质率；增加品种档次，提高经济效益。特别在新产品开发试制中（与工艺、品评相结合）起重要作用。

三、勾调的基本原理

勾调是将具有不同特点的原酒，重新进行组合，调整各种成分之间的比例。现从物理变化的范畴来探究勾调的基本原理。

（一）长短互补机理

不同生产批次的原酒，其成分是有差异的。就以酒精、糖分、总酸三个主要理化指标来说。有的酒精度偏高，有辣口，酒体不够柔和；有的酒精度偏低，有柔弱无刚的感觉。总酸高了有酸感；低了又觉得木口和不鲜爽。糖分的偏高与偏低，也同样有其长处和短处。黄酒的微量成分是很丰富的，如有机酸的成分有：乳酸、乙酸、柠檬酸、琥珀酸、酒石酸及少量的苹果酸。由于工艺的不同，乳酸的含量可以相差一倍多。黄酒还含有丰富的氨基酸，总量在4000~10000mg/L，氨基酸种类达26种之多，不同氨基酸呈不同口味，如甘氨酸、丙氨酸、丝氨酸呈甜味；亮氨酸、组氨酸、蛋氨酸、苯丙氨酸、缬氨酸、精氨酸呈苦味；谷氨酸钠、天冬氨酸钠呈鲜味，苏氨酸是又甜、又苦、又酸；赖氨盐是又甜、又苦、又鲜。此外，黄酒还含有醇类、醛类、糖类、维生素类及微量元素。上述各种成分含量多寡及其成分之间的比例关系，都影响酒的风味，有的成分少了是一种缺陷，多了也是一种缺陷。如呈苦味的氨基酸太多，酒味就显得苦口、老口。而勾调可能取长补短，甲酒的某长处弥补乙酒的某短处，这就是长短互补机理。

（二） 优点带领机理

某些具有某种明显的优点，而有的却缺乏这种优点，为具备这种优点，就让那种具有明显优点的酒（称为带酒）起带头作用，从而获得提高。这种机理称为带领机理。

（三） 缺点稀释机理

某原酒具有某些明显的缺点，又是无法矫正的，如酸度过高的酒，带有异杂味的酒等，如将此报废则损失很大，这种酒称为“搭酒”，勾调时可以用稀释的机理，把它的缺点稀释到“许可程度”。必须遵守两条要求：一条是理化指标不能超标；另一条是感官指标不能降低要求。平常说的是“酸不挤口”“甜不腻口”“苦不留口”“咸不露头”等，是比较笼统、粗糙的概念，搭配起来，要因酒制宜，慎之又慎，别因小失大，败坏了大批酒的质量。

（四） 平衡协调机理

勾调的目标之一，是实现酒体的平衡协调，如有的酒，酸度并不超标，但喝起来有酸感，查其原因是酒体较薄，负荷不起酸度。对这种酒除降酸的办法以外，还可以采用增加酒体的醇厚度，使它载得起酸度，使酸度与酒体相协调。如酒体比较弱的酒，加一些较老口的酒使之刚劲。总之，要用平衡协调的机理，把酒体变得协调、平稳、丰满、结实，这才是一款完整的黄酒。

勾调时还需要有标准酒样作为对照，以确定勾调后的酒质是否达到质量要求，制备标准酒样应听取有关部门的意见，对成品酒的品牌质量（包括市场形象）负责。制定以后作为勾调和质量监督的依据。

标准酒样是有时限性的，要定期更换。

四、 勾调操作

（一） 勾调基本工作

1. 建立存酒的质量档案

每批黄酒，在入库的同时，要建立质量档案，入库时应进行理化指标测定和感官品尝，把相应的内容填入档案，并初步确定其使用时可用于何种产品。

2. 掌握库存情况，按质选酒

勾调首先需要了解库存酒的质量和数量情况，并根据库存酒的质量档案把存酒进行质量分类。

（1）带酒　带酒是库存合格酒中具有独特香和味的好酒，带酒又可分以下三类。

①陈香带酒：具有 4 年以上的酒龄，陈香纯正、浓郁，酒味甘顺，酒体协调，典型性明确、完整，用作增香酒。

②骨子带酒：具有 2 年以上的酒龄，酒体结实、刚劲，色、香、味正常、良好，用作调整酒体骨子的酒。

③鲜长带酒：具有 2 年以上的酒龄，酒味柔和、鲜长、清爽，用作调味酒。

（2）大综酒　是库存的合格黄酒，它的感官评尝总分是合格的，但各批酒有不同的优点和缺陷。大综酒可以是同一批次，也可以是几个批次。为了保持品牌质量的长期稳定，尽可能以多批次、按比例混合为好。

（3）搭酒　搭酒可按其特征进行细分。如总酸、氧化钙、酒精度等有缺陷的，有气味缺陷的等。搭酒也往往是一分为二的，有的本身的缺点可能成为优点。如总酸高的酒，可以稀释甜酒的甜腻感，使之变得鲜灵爽口；氧化钙高的酒，可用来调整散口感的酒。

3. 处理好比例关系

（1）陈酒与新酒的比例　要根据质量要求和库存情况来决定，使用陈酒应有一定的规划性，在每年新酒入库时就应有相应的使用计划，确保每年酒的质量稳定及陈年酒使用的需要。另外年份酒的勾调还需按标准要求的酒龄进行。

（2）带酒与大综酒的比例　带酒主要起优点带领要求，其比例应小于大综酒。

（3）大综酒内部的比例　由于每年车间、每个生产批次的酒，质量有一定的差别，为了取长补短，稳定出厂成品酒的质量，勾调时应对各批酒的特点、每年的生产情况等有所了解，以制订出完善的勾调方案。

（二）勾调方法

1. 小型勾调

小型勾调是以从酒库中抽来的样酒进行勾调的，样酒是否具有代表性关系重大，应多挑几个样，按适当比例混合成为勾调样酒，小型勾调可多做几个方案，从中优选。

（1）大综酒组合　因为仓库中大综酒的生产车间、方式、时间等各不相同，有必要先进行组合，可分几个组进行品尝。选择标准一是达到合格酒要求，二是质量水平的统一。

（2）试加搭酒　大综酒组合好以后，可进行试加搭酒，添加标准是以达到标准要求，且无缺陷露头为宜。

（3）添加带酒　以大综酒中搭酒为基础酒样，根据品评口味，加入各档带酒，以达到标准酒样要求。

配酒完成后进行理化指标测定，如合格，可作为正式成品酒配方。

2. 正式勾调

在正式勾调前，需进行中型试验，一般为生产量 1/10 的量，按配方进行调配，并与标准样对照，如有差距应加校正，等试验组结果与小试相符后，才可进行正式生产勾调。

生产勾调时，特别是首次使用配方时，应根据配方逐一加入基酒，静置后取样品尝，如与标准样尚有一些距离，可进行必要的调整。

（三）勾调计算

1. 酒精度的平衡计算

酒精度是黄酒重要的理化指标，被组合的各种原酒酒精度往往不同。为达到标准的酒精度指标，需要进行平衡计算。黄酒与白酒不同，它含有糖分、蛋白质等固形物，而且含量不一致，其相对密度是不同的。在勾调时只能将黄酒的实际相对密度放在一边，采用酒精相对密度进行计算。酒精度与质量的平衡方程可以这样列出：

$$W_1\times\omega_1+W_2\times\omega_2+\cdots+W_n\times\omega_n=W\times\omega \tag{1}$$

$$W_1+W_2+\cdots+W_n=W \tag{2}$$

式中　W——勾调后目标酒的质量

ω——勾调后目标酒的酒精度的质量分数

W_1、$W_2\cdots W_n$——酒精度是 φ_1、$\varphi_2\cdots\varphi_n$ 的各种原酒的质量

ω_1、$\omega_2\cdots\omega_n$——酒精度是 φ_1、$\varphi_2\cdots\varphi_n$ 的各种原料酒质量分数。

例 1：有 18%vol 和 15%vol 两种黄酒，欲调成 100kg 16%vol 的黄酒，问实现该勾调目标需这两种酒各多少？

解：设 W_1 为 18%vol 黄酒的质量，W_2 为 15%vol 黄酒的质量。

代入上述方程，并查出 18%vol 酒精的质量分数为 14.5605%，15%vol 酒精的质量分数为 12.0934%，16%vol 酒精的质量分数为 12.9141%。根据上述方程式代入：

$$W_1\times 14.5605\%+W_2\times 12.0934\%=100\text{kg}\times 12.9141\% \tag{1}$$

$$W_1+W_2=100\text{kg} \tag{2}$$

$0.145605W_1+0.120934W_2=12.9141\text{kg}$

$W_1=100-W_2$

由式（2）代入式（1）：

$(100-W_2)\times 14.5605\%+12.0934\% W_2=12.9141\text{kg}$

$14.5606-14.5605\% W_2+12.0934\% W_2=12.9141\text{kg}$

$$W_2=\frac{1.6465\text{kg}}{0.024671}=66.74\text{kg}$$

$W_1=100\text{kg}-66.74\text{kg}=33.26\text{kg}$

例 2：有酒精含量为 22%vol 的香雪酒 500kg，因酒精度高，口感偏硬，欲调配成酒精度为 18%vol 的甜黄酒，需加 15%vol 元红酒多少千克？

解：设：W_1 为 22%vol 香雪酒，其酒精质量分数为 17.8742%，W_2 为 15%vol 元红酒，其酒精质量分数为 12.0934%，W 为 18% vol 甜黄酒质量，其酒精质量分数为 14.5605%。

解：设 W_1 为香雪酒质量，W_2 为元红酒质量，W 为 18%vol 甜黄酒重量。

写出方程式：

$$W_1\times\omega_1+W_2\times\omega_2=W\times\omega \quad (1)$$

$$W_1+W_2=W \quad (2)$$

$500\times 17.8742\%+W_2\times 12.0934\%=W\times 14.5605\%$

$500+W_2=W$

$W_2=W-500$ 代入（1）

$89.371+(W-500)\times 12.0934\%=14.5605\% W$

$89.371+12.0934\% W-60.467=14.5605\% W$

$12.0934\% W-14.5605\% W=-28.904\text{kg}$

$W=\dfrac{-28.904}{-0.024671}=1171.58\text{kg}$

$W_2=1171.58-500=671.58\text{kg}$

2. 糖分的平衡计算

根据 GB/T 13662—2008 的规定，黄酒按糖分分为干酒（<15.0g/L），半干酒（15.140~40g/L），半甜酒（40.1~10.0g/L），甜酒（>100.0g/L），可以看出每个类型糖分幅度是很宽的，勾调时容易纳入目标酒型。所以可以采取简便的复名数法。即把糖分 20g/L 看成 2 度，50g/L 看成 5 度。酒的质量仍以千克为单位，度、千克为复名数。

例 3：现有含糖分为 230g/L 的浓甜黄酒 100kg，欲勾调为含糖 140g/L 的甜黄酒，拟用含糖为 70g/L 的半甜酒勾调，问需要半甜酒多少千克？

解：设 X 为所需半甜酒千克数。

甜黄酒复名数值为 $23\times 100=2300$ 度 · kg

半甜黄酒复名数值为 $7\times X=7X$ 度 · kg

目标酒——甜黄酒的复名数值为：

$14\times(100+X)=1400+14X$

列方程式为：

$2300+7X=1400+14X$

$7X=900$

$$X=\frac{900}{7}=128.57\ (\text{kg})$$

3. 酸度的平衡

黄酒发酵醅酸度偏高是一种常见现象，通常采用高酸醅与低酸醅搭配的办法，以达到标准。有的采用石灰乳以中和酸度，但有弊病，一是氧化钙指标易超标，成为不合格酒；二是酒风味不好，有“灰气”和“苦涩”味，所以通常的办法是低酸与高酸勾调，其计算办法也可采取复名数法，即（酸）度、千克法。

4. 过剩、不足平衡计算法

黄酒中的糖分、总酸、固形物、氨基酸态氮、氧化钙等指标，其缺陷不外乎是过剩（包括数值上的超标和口感上的过头）与不足，通过勾调，达到符合质量要求的平衡点，其计算方法如下。

设：A 为勾调目标指标，B 为原酒实测指标，C 为原酒质量（kg），D 为调整酒的实测指标，X 为需要调整酒的数量。

（1）平衡过剩公式，即原酒某指标过剩，求需要低指标调整酒的数量。

$$X=\frac{B-A}{A-D}\times C$$

（2）平衡不足公式，即原酒某指示不足，求需要指标调整的数量。

$$X=\frac{A-B}{D-A}\times C$$

例 4：有原酒 1000kg，实测氧化钙含量为 0.8g/L，为改善风味，拟把氧化钙含量降低到 0.6g/L，仓库中另有一批原酒实测氧化钙含量为 0.3g/L，可作调整酒，问需要多少千克？

解：根据平衡过剩公式：

$$X=\frac{B-A}{A-D}\times C$$

式中　A——调整目标，0.6g/L

B——原酒实测指标，0.8g/L

C——原酒质量，1000kg

D——调整酒实测指标，0.3g/L

X——需要调整酒质量数

$$X=\frac{B-A}{A-D}\times C=\frac{0.8-0.6}{0.6-0.3}\times C=\frac{0.2}{0.3}\times 1000=666.67\text{（kg）}$$

注意：以上计算结果应用实际测定结果加以检验。这是因为复名数法和调整过剩不足法，都没有把不同的糖分，不同的相对密度、不同的温度及计量误差等因素考虑在内，因此是不够精确的方法。为此按计算结果勾调后，还须与实测结果进行对照，再加以调整（一般来说应是微调），方能符合预定目标（有关标准）的要求。

第二节　黄酒的品评

一、 黄酒品评概述

（一） 黄酒品评的由来

早在3000年前，《周礼·天宫》记载："辨三酒之物，一曰事酒，二曰昔酒，三曰清酒。"已经把酒区分为三类，这是对酒在品评基础上的分类。到了南宋，以品评区分酒质优劣，已制度化。据吴自牧在《梦粱录》中记载："临安府点检所管辖城内外诸酒库（酿造黄酒的作坊），每岁清明前开煮……择日开沽呈样……至期侵晨，各库排列整肃，前往州府校坊，伺候点呈。首以丈余高白布写'某库选到有名高手酒匠，酝造一色上等醲辣无比高酒，呈中第一。'"从这段文字看，酿造黄酒的各个酒库，到清明节前，煮酒（杀菌）成品时，把酒样呈到"点检所"，经过品尝检查后，排列质量名次，还要组织游行，称为"诸库迎煮"。南宋时，区别黄酒的质量，不仅以浓厚与淡薄为标准，还注意黄酒的风格，罗大经在《鹤林玉露》中的一篇《酒有和劲》中说："小槽珍珠太森严，兵厨玉友专甘醇。"这里的"小槽""珍珠""兵厨""玉友"都是当时的酒名，而"森严""甘醇"表示酒的两种不同风格。

新中国成立后，于1952年举行了第一届全国评酒会，1963年举行了第二届全国评酒会，1979年举行了第三届全国评酒会，使我国评酒活动走上规范化道路（见附录三）。

（二） 黄酒品评的意义和作用

黄酒品评是黄酒酿造及消费、监管中常用的一种判断质量的方法，它是以人的客观感觉的界限，通过对黄酒的色、香、味、格的综合检验、评价，并以量化的方法加以比较区别，从而了解人类对黄酒的感受及喜欢程度，确定黄酒的品质高低或是否符合标准要求。

黄酒是一种以满足人们味觉为主的享用性食品，鉴定其品质好坏的方法，总的来说，可分为理化、卫生指标分析检验和感官品评两种。理化卫生分析检验是用各种仪器和生物化学分析的方法精确地测定出黄酒中理化及微生物指标。但分析仪器只能分析出各种单一的成分，不能全面反映黄酒的风味品质，而人的感官可以将黄酒的色、香、味各方面综合成一体，全面地反映出其特点，这是分析仪器无法比拟的。因黄酒风味品质的形成，不仅取决于各种成分数量的多少，还决定于各种成分之间的平衡、协调、衬托、缓冲、掩盖关系。经常可见两个酒样的理化分析数据十分接近，但在酒的风味上却有明显差别，所以对黄酒品质的鉴定，不但要进行理化、卫生分析测定，同时还必须进行感官品评，才能全面地反映出黄酒风味品质的整个面貌。直到现在，虽然随着分析科学的发展，分析技术在不断进步，但理化分析还不能完全替代人的感官品评，世界各国几乎都建立了感官品评组织，从事饮料酒产品的定级和选拔优质酒等活动。

（三） 黄酒品评的类型

1. 消费者品评

这是目前黄酒企业为了解产品的市场接受情况所常用的方法，有集中品评、特定人群品评、抽样品评等多种方式，由于消费者喜好不同，主观性较大，一般作为企业进行产品改进与销售方案确定、新产品开发等的依据。

2. 评选品评

通过对参选厂家送样或抽样进行感官品评，确定酒质的优劣，以分出高低，对优质的酒授以相应的荣誉，参加品评的一般是某一级别的评酒委员。

3. 质量检验

一般是在企业内部，对半成品进行的感官检验。目的是保证出厂产品符合要求，可在企业内部对产品进行等级划分，对黄酒来说还需要通过品评来确定贮存方案，一般在企业内部组织相关人员进行品评。

4. 研究品评

通过品评，查明新的酿酒工艺、新型糖化制曲剂的应用、新的产品等的实践情况以确定新工艺、新技术、新产品的开发应用与否，这类品评由相关专家及消费者进行。

5. 符合性品评

监管部门在对黄酒进行监管时，在进行理化、卫生指标的检查时，也会组织专家对市场抽取的样品进行感官检查，以确定其质量是否符合其明示的要求。

（四） 黄酒品评的基本方法

1. 一杯法

先拿出一杯酒样，品尝后将酒样取走，然后再拿出一杯酒样，要求品评后做出两酒是否相同的答复，此法常用于研究品评及企业质量检验品评，对出厂产品进行感官评定。

2. 两杯法

同时提交两个样品，对品尝者要求比较二者的差别，确定优劣，常用来进行研究课题及新产品的品评，确定产品等级、勾调配方。

3. 三杯法

三杯法又称三角法，同时提交三个样品，其中有两个是相同的，另一个是不同的，常用于研究试验的品评，确定产品的差异是否来自成分、工艺、包装和贮存期的改变，确定两种产品之间是否存在整体差异。

4. 二、三杯法

先拿出一杯标准酒，使品尝者记住，然后再拿出两杯酒，一杯是标准酒，另一杯是酒样，要求对两种酒判断是否存在差异，及差异的大小，并以原有酒作为标准酒，此法常用于成品的感官检验及新工艺的确定等的品评。

5. 顺位法

将几个酒样分别在杯子上编号，然后要求品评者按质量优劣顺序排列。前几种方法是用于寻找与较少参数有关系的差别，如果要分析的样品数量大，一般常用顺位品评法，常用于新产品试验、消费者品评、市场调查等。

6. 评分法

对几个酒样按一定的要求进行评分，确定优劣，并用数字标度形式进行计算。在各类食品质量评比活动中普遍采用评分和质量描述相结合的方法，这样既可以从分数上看出各样品之间的关联和差别程度，又可从质量描述中看出各样品的优缺点和特征。

二、 黄酒品评的生理与心理

（一） 黄酒品评的感觉器官生理知识

黄酒品评是运用人的感觉器官，主要是用视觉、嗅觉、味觉的分辨能力，用眼看、鼻闻、嘴尝的方式对酒的色、香、味进行感知，来鉴定酒的风味质量。

1. 视觉生理

人的视觉器官是人们认识客观世界的主要器官，人们对酒的色泽的判断主要是靠眼睛的观察。

在正常情况下，两眼所感觉到的波长为400~750nm。在可见光谱范围内，不同波长将分别产生各种颜色的感觉。

2. 嗅觉生理

嗅觉是人的自然本能，是一种基本感觉，是有气味的气体分子或溶液在鼻腔外部或在口腔内蒸发后，随空气进入鼻腔，刺激鼻腔嗅觉细胞，并在中枢神经引起的感觉。当平静呼吸时，被吸入的空气，通常通过下鼻道和中鼻道进入鼻部，这种情况下，含有气味物质的空气，只能以弥散的状态进入上鼻道接触嗅膜区，所以只感到有轻微的气味，甚至感觉不到；当人们有意做呼吸动作，气流进入鼻腔的速度加快，便在鼻道中形成空气涡流，使带有气味的物质分子进入嗅膜区，对嗅觉的刺激加强了，就获得了较明显的气味，但持续时间、数量以及用力吸气的间隔显然都不能对已感知到的气味强弱产生影响。较好的闻香方式是把头部低下，把被嗅的物质放近鼻下，做适当的深呼吸，即收缩鼻孔或翕动鼻翼的急促呼吸，让气味自下而上地进入鼻腔，增强了气味分子与嗅膜接触，从而获得十分明显的气味。

通过鼻腔的嗅觉有两种，一种是直接嗅觉，由鼻孔进入，另一种称为回流嗅觉，是喝到嘴里的酒挥发上升至鼻腔的，由于人在吞咽时会产生一种微小的内部压力，使在口腔里已温热的酒蒸发，产生挥发性的分子，进而上移到鼻腔和嗅黏膜区，增强了嗅觉，回味有长短，并可分辨出是否纯净（有无杂气）、有无刺激性。

（1）嗅觉的灵敏度　嗅觉的灵敏度用“阈值”来衡量。嗅觉阈值或气味阈值，是指人们对某一物质的气味能感觉到的最低含量。某人对某物质的气味阈值越低，就表明某人对某物质的嗅觉灵敏度越高。但是，由于人的嗅觉灵敏度不同，气味阈值应根据大多数人的感觉而定。

人的嗅觉是非常灵敏的，即使空气中只有极其轻微的有味气体，也能引起嗅觉细胞兴奋。如对某些物质（例如异戊醛、正己醛）来说，人的嗅觉比气相色谱仪还灵敏，人对正己醛的感知灵敏度，相当于气相色谱的10倍。50L空气里，乙硫醇的含量只有2×10^{-12}g，人就能嗅出来，家里煮萝卜时的硫醇味，红薯患有黑斑病的番薯酮味，在极稀薄的情况下人们就可嗅到。空气中只要含有$3\times10^{-8}g/m^3$的麝香，人就可以嗅出，而用仪器测定相当困难。重要的是气相色谱仪只能测定单体成分，而对两种以上香味成分的复合体就无能为力了。

（2）嗅觉的差别　嗅觉的个体差异相当大，稍加调查就会发现嗅觉敏锐的人和嗅觉迟钝的人之间的差别很大，即使嗅觉敏锐的人也是因气味而异，并不是对所有气味敏锐，有时对其他气味敏锐，但对某种气味却非常迟钝。

人的嗅觉灵敏度，不仅在不同的人之间差别很大，即使同一个人的嗅觉灵敏度，其变化范围也很大，因为外界的条件和人体的内在因素，都能随时对嗅觉发生影响。如环境的温度、湿度、空气流动、气压等都会使嗅觉灵敏度起变化，人体的内在因素，如患鼻炎或感冒时，造成鼻腔黏膜发炎而肿胀，嗅细胞与黏膜损伤，嗅觉灵敏度就大为降低，当身体疲劳或营养不良时，嗅觉灵敏度也就会下降，同时，嗅觉灵敏度也与经验有关，如有的气味接触较少，甚至没有接触过，即使气味较浓，也一时难以分辨清楚。若对某些气味平时接触较多，一闻就能分辨出来。

（3）嗅觉容易疲劳　人的嗅觉虽然很灵敏，但也容易疲劳，嗅觉疲劳后，对某些物质的香气会分辨不出来，而对另一种香气却能分辨出来，这称为“有时限的嗅觉缺损”。例如，对某一种气味嗅得稍久，嗅觉就会迟钝，即使同样性质、同样强度的香气或臭气，闻久了反而不觉得香或臭了。人的嗅觉对某一种气味迟钝之后，对其他气味的嗅觉仍可保持灵敏。

（4）嗅觉受各种因素影响大　嗅感物质的阈值受身体状况、心理状态、实际经验等人的主观因素的影响十分明显。当人身体疲劳、营养不良、生病时可能会发生嗅觉减退或过敏现象。心情好时，敏感性高，辨别能力强。

（5）香味物质之间的相互影响

①中和反应：两种不同性质的香味物质相混合后，失去各自单独香味的现象。

②抵消反应：两种不同性质的香味物质相混合后，各自独有的香味有减弱的现象。

③掩盖反应：两种不同性质的香味物质相混合后，只有一种香味物质呈现香味现象，另一种香味物质的香味全部被掩盖。

④间段反应：两种不同性质的香味物质，初嗅是混合的，继嗅是单一的，有分段感觉。

⑤加强反应：在一种香味物质中，添加了另一种香味物质，使原香味物质的香味有加强的感觉。

⑥不同浓度的反应：香味物质浓度不同，使嗅觉有不同的反应。酪酸浓度变高时呈腐败的酯臭气，稀薄时具水果样香气；丙酮浓度高时有特异的丙酮臭，稀薄时呈果实样香气。

3. 味觉生理

味觉是可溶性呈味物质溶解在口腔中对人的味觉受体进行刺激后产生的反应。这种刺激有时是单一的，但多数情况下是复合的。味觉器官就是口腔中的舌。舌头之所以能分辨出各种味道，是由于舌面上的味觉乳头和味蕾的作用。

（1）舌头各部位对味的感受　舌体可分为舌尖、舌面、舌边、舌根。舌面上的黏膜分布着不同形状的味觉乳头，舌尖和舌边上缘有菌状乳头，舌边缘有叶状乳头，舌后部有轮状乳头。味觉乳头的四周存在着味蕾，味蕾是味的感受器。有味的物质进入味蕾刺激味觉细胞，使神经兴奋，传到大脑，经过味觉中枢的分析，就产生各种味觉。

由于舌头上味觉乳头的形状和分布不同，各部位的感受也各不相同。舌尖部分对甜味感觉最灵敏，舌尖两侧的前半部对咸味较敏感；舌体两侧边缘对酸味感觉最灵敏，舌根部对苦味感觉较高，而舌中部和背面没有味觉乳头，因此这些部位就不能感受有味物质的刺激兴奋，而无分辨滋味的能力，但对压力、冷热、光滑、粗糙、发涩等有感觉，嘴唇、面颊的黏膜、牙床和硬腭对滋味也没有感觉，但软腭、喉头、会咽等处有少量味觉乳头分布，也有一定的味感能力。

（2）基本味觉　从生理学角度来说，人的基本味觉目前可分为甜、酸、苦、咸、鲜五种，但其他还有以下几种味感。

①脂肪味：美国科学家认为人类还有另外的味觉，味蕾中有一种可以识别脂肪分子的特殊化学受体。

②辣味：是人们常遇到的一种感觉反应，但不是味觉，是刺激口腔黏膜引起的疼痛感觉，酒中辣味的生成，主要与醛类、高级醇等有关。

③涩味：这是一种舌体黏膜的收敛感，主要是单宁引起的。

（3）味觉阈值　即最低呈味浓度，表示最低刺激味蕾的浓度值。一般来说，阈值小的物质，味觉范围大。

①辨别阈值：是指刚好能区别出刺激差异，也称为最小可知的差异。

②等价深度：当比较两种不同的呈味物质时，就某一共同特性达到同样感觉时的深度称为等价深度。如醋酸与柠檬酸具有不同的味值，而 0.0118%的醋酸溶液的酸味强度与 0.0263%的柠檬酸溶液相同。

（4）味觉之间的相互影响　各种味觉还有相互影响及深度影响的现象。以咸味为例，咸味的咸度会因为添加砂糖而降低，在 1%~2%的食盐中添加 7~10 倍砂糖，咸味几乎完全消失。而在 10%的糖溶液中添加 0.15%的食盐，不但不会降低甜度，相反可以增加甜度。咸味与酸味的关系，如 1%~2%的食盐溶液中添加 0.01%的醋酸，其咸味明显提高，但在 1%~2%的食盐溶液中添加 0.5%以上的醋酸，其咸味明显下降。

（5）味觉与食物温度的关系　人对各种味道的敏感度是随着温度的不同而变化，因此，温度左右着食物的味道。如甜味在 37℃左右时感觉是甜，高于或低于这个温度，甜味会变淡，酸味在 10~40℃，其酸味基本不变，苦味和咸味则与温度成反比。

（6）味觉的灵敏度与性别、年龄的关系　成年人男子约有 1000 个左右的味蕾，女子要比男子多一些，儿童又比成年人多，人到老年其味觉就要衰退。因此，女子的味觉灵敏度比男子敏感。有些轻微的味感，男子还感觉不出来，女子就感觉出来了。老年人的味觉衰退首先表现在对甜味、咸味的衰退较快，而对苦味、酸味感觉衰退比较缓慢。

（7）味觉灵敏度与身体健康的关系　人们一旦患病往往就会引起不正常的味感。如胆肝郁热会出现口苦，肝火犯胃会嗳气、吐酸水，肺热则口味有辛辣感；胃热会口腔发臭，消化不良则产生腻的感觉等。

（二）品酒与心理的关系

通过上面的叙述，不难看出品酒与心理有着密切的关系。多年的品酒实践也证明，品酒效果如何与品酒师人员的心理状态关系很大。为此从多个方面来分析研究品酒与心理的关系，就显得很有必要。

1. 环境与心理

环境条件会对心理活动产生重要的影响。其中突出的有。

（1）光照　波长400~750nm的电磁波是可见光，感觉为白色。有平衡兴奋与镇静的作用，能提高情绪和工作效率。

（2）阴离子　空气中的气体分子，一般呈中性，受到外界理化分子的强烈作用，会形成阳离子或阴离子。阴离子在一定浓度下，能使机体镇静，降低血压，增进食欲，增强注意力及提高工作效率；不过阴离子也有许多不良作用。

（3）噪声　声音在30~40dB是比较安静正常的环境；超过50dB对睡眠和休息有影响；超过70dB会干扰谈话，造成精神不集中，心烦意乱，影响工作。

（4）温度和湿度　温度直接影响到香味物质被人感知的程度。如舌温在60℃以上和0℃以下不再有味觉。又如，5℃时果糖甜于蔗糖，在60℃时蔗糖甜于果糖。空气湿度一般与气压有关，而气压影响到机体味组织的疏松和压缩。所以低气压下味感灵敏，高气压下味感迟钝。

综上所述，对品酒环境的选择，应考虑到尽可能使品酒师身心得到最大放松，产生的正效应多，负效应少。

2. 香味与心理

经研究，香味是由大脑做出判断的：视觉和听觉的信号是由代表理性和智力的高级神经承担，由大脑的“新皮质”来执行，而嗅觉的信号是由反映本能和感情的“老皮质”来执行。从这两个不同的来源来看香味物质与心理的关系更复杂和微妙。

（1）香味可引起人的感情变化　研究测试表明，人接触某种香味时，可使脑波发生变化，主要是右脑，也称为感情脑引起变化，进而产生感情的变化。

（2）不同香味对人体有不同的作用　香味对脑细胞有作用，脑细胞还受到自律神经的影响。所以有人实验，当闻到茉莉花香味时，支配身体活动的交感神经呈活动状态，使人兴奋；闻到春黄菊时，交感神经呈迟缓状态，使人郁闷。

（3）香味与记忆关系密切　首先，香味可引起记忆。提到柠檬，见过、吃过的人就会想起它的球形、橘黄色、酸味等特征，像这样不需要其他线索，直接可在脑中现出事物对象的现象称为记忆的再生。其次，香味记忆不易消失。有人做过两个试验。第一次只出示物品的颜色让人记忆；第二次只出示物品的香味让人记忆。两者比较，视觉记忆准确率为99.7%，而嗅觉记忆的准确率为70%以下。但过了一年，再进行类似实验，视觉记忆准确率急速下降而嗅觉记忆准确率只下降了3.5%。从这个结果看，香味的再认是比较容易的。

使用香味记忆方法，第一要多接触，人的记忆库就像一个装满了书的书架，而且进行了分类摆放，常用的放在外头，不常用的放在里面，靠记忆强度来决定提取每种书的速度，香味记忆的强弱与接触香味的次数、时间有关，要想记忆某种香味，就得多接触。第二，是相似参照，香味除反复接触记忆外，也可先限定该味可以与过去记忆中的某种香味相似来帮助和加深记忆。第三，香味记忆的鲜明性如偏爱性，接触记忆香味时，时常引起愉快或不愉快的感情变化，就是说记忆香味时往往带有一定感情色彩，这种感情色彩称为鲜明记忆。

3. 工作程序与心理

黄酒品评工作程序的安排应以保持品酒人员感官灵敏、心情舒畅、轻松为原则，做到科学有序。每轮的杯数、每天的品评量等均应合理安排。

4. 干扰与心理

大脑对香味判断时极易受到外界信号的干扰，如其他评酒人员的意见，非评酒人员的议论，或者在某一轮次的酒中出现不同类型的酒等都可能对评酒人员产生干扰。

5. 压力与心理

在品酒的整个过程中，品酒人员的心情始终应保持轻松、愉快的状态。而品酒人员的压力会大大改变心理状态，使品评结果产生极大的误差。

6. 心理状态与品评训练

人的知觉能力是生来就有的，但人的判断能力是靠后天训练而提高的。由于经常接触各种香味物质，刺激了感知的脑中的“新皮质”，使其工作处于最佳状态，久而久之也促进了人类对香味认识的提高。一个好的评酒人员，第一，加深各类酒的认识，尤其是新出现的类型酒的认识，这要靠个人努力，不断主动接触，品尝各类新酒。第二，加强心理素质方面的训练，注意克服偏爱心理、猜测心理、不公正心理及老习惯心理。注意培养轻松、和谐坚定的心理状态，努力做到不因心理状态不佳而影响品评结果。

7. 精密度与准确度

有时候环境和身体某些原因会影响品评的准确性。

精密度是一组品评中重复性的好坏（高、低）。

准确度是一组品评中与真实情况符合的程度（高、低）。

在一组品评中，有时精密度很高，但准确度不一定高；反之，有时准确度高，但精密度不一定高。两者都需要注意。

三、黄酒色、香、味的来源

（一）色的来源

黄酒的色，主要来自原料的自然色，麦曲带来的淡黄色及红曲带来的红色。麦曲酒中加入适量的焦糖色来增加酒色，北方黄酒在原料处理中的煮糜工艺也使酒呈黄褐色。此外黄酒在贮存过程中酒中的糖分与氨基酸相结合发生美拉德反应，产生类黑精物质，引起酒色褐变。其他类似的反应如蛋白质与糖、醛、酮之间的反应，也会使酒呈色。还有设备上的铁成分有可能溶解在酒中形成呈色物质铁可因，也使酒增色。

（二）香的来源

1. 黄酒的香气

不是指某一种化合物的突出香气，而是一种复合香。黄酒的芳香成分与原料、麦曲、生产工艺及贮存时间等有着密切关系。例如原料中所含的淀粉、糖类、氨基酸及其天然香味物质，经发酵过程中酵母和酶及多种微生物的代谢作用而生成香味物质。

2. 麦曲带来的香气

每种曲都有它自己特有的香气，因麦曲生产过程中由于升温较高，使小麦的蛋白质和衰老死亡的微生物残体自溶转化为氨基酸等物质而产生曲香，这种香气在黄酒生产过程中转入酒中，则形成酒的特殊曲香。

3. 贮存

黄酒在贮存陈酿老熟过程中，有机酸与醇的酯化反应生成各种酯类而产生的特有香气构成酒香。除酯类外，还有醇类、醛类、脂肪、氨基酸等；此外北方黄酒因生产工艺特殊，原料处理中的煮糜工序，使酒带有焦香。贮存时间较长的甜型黄酒，因酒中的糖、氨基酸等在贮存中起化学反应，形成类黑精，呈焦香味。

（三）味的来源

黄酒中的风味物质非常丰富，从大量的感官品评和理化分析得出，主要由甜、酸、苦、辣、咸、涩、鲜七味融合在一起，形成一种醇和、柔顺、丰满、浓郁、圆润、浑厚、悠长的感觉形象，使人回味无穷。

1. 甜味物质

黄酒中的甜味物质，一是来自原料中的淀粉，经淀粉酶（主要是葡萄糖淀粉酶）的水解作用而生成的糖类；二是发酵中脂肪酶催化下水解脂肪产生的甘油；三是分解蛋白质产生的甜味氨基酸如丙氨酸、甘氨酸、组氨酸等；四是某些醇类也有甜味，如乙醇有少量甜味，2，3-丁二醇有甜味。

2. 酸味物质

酸是黄酒中的重要口味物质，黄酒中的酸是由有机酸构成的。

3. 鲜味物质

鲜味主要是氨基酸构成的。氨基酸味是中国黄酒区别于各种酒类的一大特点，氨基酸中的谷氨酸、天冬氨酸、赖氨酸以及蛋白质水解所生成的多肽和含氮碱，这些物质均呈鲜味，氨基酸具甜、鲜、酸、苦、涩、咸等多种味感，还有多种味道兼有的，正是这些大量多味的氨基酸，赋予黄酒丰富的味觉层次，使黄酒具有鲜美、醇和、浓郁、柔润、协调和多滋多味的特征。

4. 苦、涩、辣味物质

黄酒中的苦味物质，主要是氨基酸、肽、酪酸、5-甲硫基腺苷和胺类等物质。此外，用曲量多及贮存时间长的话也会带来苦味，这些物质在陈酿中多发生变化和减少，减弱了黄酒的不愉快感。苦味是黄酒的诸味之一，在极其轻微的情况下赋予黄酒刚劲和爽口的风味，但苦味过重则破坏酒的协调。

涩味物质主要是乳酸、酪氨酸、缬氨酸和亮氨酸等物质，过量时涩味难耐。此外有的酒（半成品）酸度较高而加放石灰过量而产生涩味，某些曲质量差也会给酒带来涩味，是酒味不纯的表现，但黄酒中需要保持适量涩感，以增加浓厚调和感。实际上在陈酿过程中，这些成分也呈减少趋势，使涩味达到适当的程度。

辛辣（味）物质主要是乙醇、高级醇和醛类成分，新酒较明显。

四、 黄酒品评的组织与操作

（一） 品酒组织工作

1. 品酒顺序安排

组织品酒，应讲究品酒顺序的合理安排，这是因为品酒人员的嗅觉和味觉容易疲劳，如先品酒精含量高的酒，再品酒精度低的酒，就有一种淡而不知其味的感觉，因为高度酒已把味觉器官刺激得疲劳了，就难以分辨低度酒的微小差别。同时在生理上和心理上有一种感觉暂留效应，引起品评误差，例如品了含糖量高的甜黄酒，就难以分辨含糖量在15g/L以下的干酒和含糖量15~40g/L的半干酒了。因此在品酒顺序安排上，应遵循下列原则。

（1）酒精度　先低后高。

（2）香气　先淡后浓。

（3）滋味　先干后甜。

（4）酒色　从无到有，先浅后深。

（5）酒龄　先新后陈。

然后再结合各酒种的特点，组织评比，如黄酒分型以含糖量为主，即以“先干后甜”组织品酒。

2. 酒样品种、数量、倒酒

根据以上品酒顺序安排，同一组酒样必须有可比性。品评酒样的多少，以不使品酒员的感觉器官产生疲劳为原则。一般情况下，每组酒样以 4 个为宜，最多不应超过 6 个，过多会加速感官疲劳。一天之内品评的酒样数为 24~32 个为宜。

倒酒操作必须谨慎、小心，取酒样的动作要轻稳、垂直，减少酒的振荡，开启瓶盖、瓶塞应小心，不使任何异物落入，倒酒时瓶口与杯口距离要近，让瓶中酒液缓缓流向酒杯，不要引起酒液冲激和飞溅，酒液在杯中盛满高度约为 3/5。

3. 酒样温度

酒的温度不同，香与味的感觉区别较大。温度高、香大，有辣味（高度酒表现明显），刺激性高，会引起炎热迟钝的感觉。温度低于 10℃时，会引起舌头麻痹的感觉，所以一般说来，温度在 10~38℃时，人的味觉最敏感。同时，酒样温度偏高也会增加酒的异味；偏低则会减弱酒的正常香味。对黄酒来说最适宜的品评温度为 15~25℃。同时要注意同一次评酒的酒样温度保持一致。

（二） 黄酒感官指标的内容

黄酒的品种繁多，其感官评价的质量要求，主要以色、香、味、格四方面加以评定。

1. 色泽

橙黄、橙红、黄褐、红褐、深褐等色（一般麦曲酒为橙黄色、红曲酒为橙红色，黍米酒为黄褐色，贮存时间较长的甜酒为红褐色或深褐色），清亮透明，有光泽（如颜色深的酒，可举杯对光观察，也必须是清亮、有光泽的）。无悬浮物或沉淀物。

2. 香气

黄酒应具有特有的香气（包括黄酒的酒香，麦曲酒的曲香，黍米酒的焦香等方面），醇香浓郁（陈酒酯香）无异气或异香。

3. 滋味

醇和（指干型黄酒）、醇厚（指半干型以上的黄酒）、柔和、爽口、鲜灵、鲜甜（甜型黄酒）、清爽，无其他异杂味。

4. 风格

黄酒的风格是色、香、味及酒体组分协调即典型性的综合评价，不同品种黄酒都有其独特的风格，但总的要求是酒体组分协调，具有本类型黄酒的典型性。

（三） 品酒操作

品酒操作包括四个方面：观色、嗅香、尝味、品格。掌握正确的操作方法是至关重要的。其中还有一些技巧问题，也需要掌握。

1. 观色

观色是评外观，用手指夹住酒杯的杯柱，举杯于适宜的光线下，进行直观或侧观。这种对光观察必须逐只进行，一点细微现象也不能放过，再用白纸作背景观察一组酒中杯与杯的差别。还可用俯视的方法，置一组酒杯于白纸上，从上往杯底俯视，观察澄清度。观色的项目如下。

(1) 呈色（色泽、色调、颜色） 是否具备应有的色泽，具备应有色泽也称为“正色”，否则是“异色”，与黄酒应有的色泽不符。

(2) 清浑 酒的澄清度是酒体健康的标志，标准是澄清、透明。

(3) 光泽 对光检查酒液的亮度，是发暗、失光，还是晶亮。

(4) 杂质 有无悬浮物、沉淀物。沉淀物的形状有片状、粉状；白色、灰白色、深褐色。悬浮物是纤维状、絮状、尘埃状、晶体状。

(5) 流动度 能反映酒液的浓厚程度，黏稠性，酒液挂杯情况，应予观察检查。

2. 嗅香

置酒杯于鼻下2寸（≈6.7cm）处，头略低，轻嗅其气味，这是第一印象，应特别注意。嗅完第一杯，应立刻记下香气情况；接着嗅第二杯，避免各杯的相互混淆。稍稍休息一会儿，再以逆次序各嗅一次，并核对记录。有出入者，做好存疑记号。

稍停，再做第二轮嗅香。第二轮嗅香可以说是深嗅。深嗅的方法是，酒杯可以接近鼻孔，同时可转动或轻轻摇动酒杯，以增加香气的逸发量，可翕动鼻翼，做短促呼吸，扩大鼻孔接受气流的容积，用心辨别气味。先顺次序嗅一遍，再逆次序嗅一遍，这样就能对该组酒列出浓淡、优劣的次序了。

接下来的问题是：是否还有疑点和相同或相近的两杯，是否还有微小差别。为了解决这两个问题，经休息一会后，针对性地找有关杯，进行第三轮嗅香。

嗅香时要注意的几个问题：一是呼吸，嗅香前先呼气，然后再拿杯于鼻下吸气，不能对酒杯呼气，吸气时间、间歇、吸入气量要尽可能相等；二是杯与鼻的距离，每杯都应一致，以使嗅入量保持相等；三是嗅香气不能忽快忽慢，忽远忽近，忽多忽少，要有一定的节奏性，还要注意鼻子有一定的间歇休息时间，不要一下子搞得很疲劳。

3. 尝味

尝味应掌握下列要点。

(1) 尝味次序 一般根据香气浓淡排列，先尝香淡的，后尝香浓的，再尝异杂味酒，以免异杂味酒对口腔感觉产生干扰。由淡到浓尝完以后，再由浓到淡进行复尝。

(2) 尝味要慢而稳，使酒液先接触舌尖（味觉最灵敏部位），次两侧，再至舌根部，然后鼓一下舌头，使酒液铺展到舌的全面，进行全面判断；并有少量酒液入喉，以辨别后味。不能将酒液全部吐掉。尝味最珍贵的是第一印象，要立即做好记录。

（3）尝味的量要一致　先是小尝，每口应为 4mL。小尝一遍后，再增量尝一遍，但一般不超过 8mL。

（4）酒液在口中停滞时间，应不少于 9s。时间过短难以细致分辨味觉，时间过长，酒液掺和唾液后，具有稀释与缓冲作用，影响判断结果。同时还会加速品酒人员的疲劳。一般以 9~10s 为好。

（5）酒含在口中，要从各个角度去探讨其滋味，一般经历 4 个阶段。

①初感：获得主味感，如甜黄酒在 1~6s 主要有甜味感受，6~7s 出现酸味。

②触感：7~9s 时获得酒体感觉，如粗糙、细致、柔软、绵和等。

③刺激感：在 9s 以后，露出苦味和收敛（涩口）以及酒精强（辣口）的感觉。

④回味：接着检查余味长短、尾子是否干净，鲜长还是后苦、生涩，有无刺喉和不快感，有无余香和回味等。

（6）尝味后要漱口，用等于体温或比体温稍低的开水或蒸馏水漱口，可将口中的残余香味除去。

（7）要注意顺效应和后效应

人的嗅觉和味觉经过较长时间的刺激兴奋，就会逐渐降低灵敏度而迟钝，甚至麻木，显然最后评的一两款酒，就会受到影响，这称为顺效应或顺序效应。

评两款以上的酒时，品评了前一款酒，往往会影响后一款酒的正确性，例如评了一款酸涩味很重的酒，再评一款酸涩味较轻的酒，就会感到没有酸涩味或很轻，这称为后效应。

为了避免这些影响，评酒时，应先按 1、2、3…顺序品评，再按…3、2、1 顺序品评，如此反复几次，再体会感受。每评一个酒后，要稍稍休息一下，以消除感觉疲劳。特别是评完一轮次后，要有适当的间歇，并漱口。

4. 品格

品格，指综合判断酒的风格，包括三个方面。

（1）检查酒体是否协调　酒体是由包括色、香、味感官情况和理化成分的统一体，要互相协调，如一支酒尝味有酸度偏高的感觉，但理化指标测定显示酸度没有超过规定，是因为酒体其他成分偏少，酒体不能承载其酸度，产生偏酸的感觉，这也是一种酒体不协调。

（2）检查是否“落型”“入格”　如标注是半干酒，但尝起来酒体很淡薄，与半干酒的要求“醇厚”相去甚远，这称为不“入格”。

（3）检查典型性　典型性是由原料、配方、工艺、贮存年份以及上述“落型”“入格”等方面形成的。如山东即墨老酒，其典型性是由大黄米原料、使用陈伏曲、采用煮糜的工艺形成其典型性，主要表现在，呈深褐色，有焦香，后口有焦苦味，但不留口，余味清爽。

（四） 黄酒品评的基本方法

1. 评价黄酒质量的共性与个性的关系

所谓“共性”，就是对各种类型、品种的黄酒，有着相同的要求。例如，对它的色泽要求，均应清亮透明，富有光泽，无沉淀物和悬浮物及其他杂质；对它的香气要求，均应有黄酒特有的醇香，无其他异香和异杂气味；对它的滋味要求，均应柔和、清爽、协调，无其他异杂味，这是任何黄酒都应符合的感官质量要求。

所谓“个性”，就是对不同类型品种的黄酒，有着不同的要求。例如，对它的色泽，可以是橙黄的（是大多数黄酒的色泽）、橙红的（是红曲黄酒的色泽）、黄褐的（是黍米黄酒的色泽）、深褐的（是陈甜型黄酒的色泽）；对它的香气，可以是醇香浓郁的（是半干型以上黄酒的香气）、醇香较浓郁的（是普通黄酒的香气）、焦香的（是黍米黄酒允许带有的焦香）、焦糖香气的（是半甜型以上的陈黄酒在贮存老熟时产生的焦糖香气）；对它的酒味，可以是醇厚的（是半干型以上黄酒的酒味）、醇和的（是干型普通黄酒的酒味）、甜润的或鲜甜的（是半甜型以上黄酒的酒味）、有轻微焦苦味的（是北方黍米黄酒的酒味）、有轻微焦糖味的（是甜型陈黄酒的酒味）。这些“个性”是形成各种黄酒独特风味和典型风格的基本要求。因此，在评酒时必须熟悉了解自己所评酒的类型、品种及其风格，正确判断。

2. 品评的顺序

品评时，应先观察色泽，因这时杯内酒量，杯与杯之间浅满是一致的，容易比较色泽的浓淡、清浑、亮暗程度。其次嗅闻香气，切忌见酒就尝，因先尝酒后闻香就会对酒的香气判断产生误差。再次品尝酒味，切忌把酒闻一个尝一个，如边闻边尝就会对后一杯酒的闻香产生干扰。最后综合评价风格，因已知道酒的色、香、味后，才能综合评价风格。

品评时应先评干酒，然后依次评半干酒、半甜酒、甜酒，最后再评一些加香型等花式酒。

（五） 黄酒品评的术语

品评术语是酒类品评的常用语，由于黄酒种类、风格不同，使用的术语也不同。但很多术语是概念性的词汇或比较性的形容词。所以，在选用时必须正确理解它的意义，恰如其分地使用色、香、味术语（表 10-1）。

表 10-1 黄酒评酒术语表

项目	术语
色	橙黄（指大多数黄酒应有的色泽）、橙红、深褐、清亮透明、有光泽、失光、微浑、浑浊、悬浮物、沉淀物等
香	黄酒特有的香气（是指酒香纯正、自然）、醇香浓郁、醇香欠浓郁、醇香不明显、无醇香、焦（糖）香、暴香、异（杂）气；正常的黄酒香包括：原料品种香，工艺香，曲香和陈酿酯香，特型黄酒添加物的香五种及焦糖色香，除此以外的非自身发酵产物的气味，均属异气。臭气、石灰气、烂曲气、霉烂气、恶性异气、白酒气（包括糟烧气、食用酒精气）、异香（指黄酒中不应有的香气）
味	醇和、醇厚、柔和、鲜爽、鲜甜、甘甜、绵甜、浓甜、蜜甜、甜润、甜腻、清爽、爽口、淡薄、苦味、涩味、弱味（缺乏“刚骨”）、酸感、酸败、异杂味、异香、酒精涩辣味、柠檬酸涩味、糖精钠涩苦味、石灰涩味、曲苦味、焦苦味、糙味、酸味、辣味等
风格	酒体组分协调、酒体组分欠协调、酒体组分不协调、具有本类型黄酒的典型风格、具有本类型黄酒的风格、典型性不明显、失去典型性等。品评半甜型黄酒时，要对各种甜味感加以细分，以便正确判断是否“鲜甜”

第十一章
黄酒的过滤与灌装

黄酒的过滤操作工艺处于压榨之后或者灌装之前，压榨操作工艺只是将黄酒酒醪进行了初步的固液分离。为了提高分离效率，一般选择孔径较大的滤布，这也就决定了压榨后酒液的浑浊程度，而且黄酒在后续的陈化（后熟）阶段，由于分子间吸附、絮凝作用，蛋白质等有机物还会再次析出，形成“酒脚”，故黄酒有“千层脚”之说。对于瓶装酒，为了追求货架期内成品酒的外观，也需要在灌装之前进行深度的过滤，以最大限度地提高酒的感官指标，使之达到“透明、有光泽”的要求。于是出现了硅藻土过滤、纸板精滤、膜过滤（微孔过滤、错流过滤等）。随着要求的不断提高，又在过滤操作之前，对黄酒进行适度的冷冻趁冷过滤，按照溶解度的变化规律，在低温下加速大分子物质的析出，然后取上清液进行过滤，提高后续过滤的效果，又能去除冷凝固物，进一步延长货架期内成品酒的稳定，保持“清亮透明、有光泽”的状态。

黄酒过滤的主要形式分为硅藻土过滤、膜过滤和纸板过滤。棉饼过滤现已很少采用。

第一节　黄酒的过滤

一、 硅藻土过滤

硅藻土过滤是利用天然硅藻土具有结构形状和直径不同的微粒（直径是微米级别的，形状多样无规则），相互交错重叠形成空隙，通过截留和吸附作用滤除酒中的杂质粒子。一般需预涂硅藻土，在滤清液出口配备袋式捕集器，以防止硅藻土意外逸漏。

硅藻土过滤机的类型较多，目前在各黄酒生产企业使用的主要类型：①无机膜滤盘过滤机；②立式叶片式过滤机；③水平圆盘式过滤机；④烛式过滤机。各类型硅藻土过滤机特点简述如表 11-1 所示。

表 11-1　各类型硅藻土过滤机特点

名称	特　点
无机膜滤盘过滤机	（1）能在不添加任何助滤剂的条件下，获得澄清的酒液，过滤成本低；污染少，对环境的影响小，节约资源；也可以根据需要添加预涂硅藻土 （2）滤盘用纯天然材料制成，主要成分 SiO_2 含量≥85%，化学性质稳定，对滤液无污染；耐酸、碱性能好 （3）孔径分布窄，孔隙率高，过滤效率高
立式叶片式硅藻土过滤机	优点：可以使硅藻土在叶片两面沉积，过滤效率高，过滤机的体积相对较小 缺点：不打开机壳，难以清除干净附着的硅藻土；在中间停机阶段，必须对过滤罐体进行保压，防止硅藻土涂层脱落下来；过滤过程对压力的波动要求比较高

续表

名称	特　点
水平圆盘式 硅藻土过滤机	（1）过滤元件水平放置，过滤床的稳定性比立式叶片式好，不易受过滤中进酒压力的波动而影响过滤效果 （2）更适合于间隙式过滤操作，过滤床不会脱落 （3）卸渣干净，清洗彻底。清洗时离心卸渣，滤盘旋转自动排渣，不用开盖
烛式硅藻土过滤机	烛式过滤机的优点是滤层在柱上，滤柱为圆形，其过滤表面积会随滤层的增加而增加，具有过滤性能稳定、过滤能力大、效率高并且使用寿命长、操作方便等特点，排渣清洗采用反冲法，干净迅速，耗水量少，排污少等 优点：传动部件少，维修保养较简单 缺点：必须连续过滤，中途失压硅藻土易脱落；若遇到酒液较浑浊，压力升高快；过滤过程中若反复洗机，硅藻土用量将加大；设备一次性投入比较大等

注：各厂根据实际情况选用。

二、 膜过滤

膜过滤是利用有机高分子材料制成折叠式过滤膜柱，酒液在一定的压力下通过膜，杂质粒子受到膜的阻隔被截留和吸附而过滤掉。

膜过滤属于微孔过滤，微滤孔径在 0. 05~10μm。用过滤的方式除去微生物和细菌，无须将酒加热，避免了热对酒的影响。

（一） 微滤膜主要特性

1. 分离效率高

由于有机高分子类微孔滤膜孔径较为均一，所以过滤精度较高。

2. 孔隙率高

有机高聚物类微孔膜，孔隙率高达 70%以上，每平方厘米有 107~1011 个孔，过滤速率比同等截留能力的滤纸至少快 40 倍，折叠式膜的过滤面积达 0. 7m^2/10″，工作流量为 4~5t/（h · 10″）（10″表示 10 英寸，约 25. 4cm）。

3. 厚度薄

可以显著减少过滤介质的吸附损失量，这一点对贵重液体来说尤为重要。

4. 均匀的连续体

过滤时无纤维脱落和杂质融出，自身污染少，能保证得到高纯度的滤液。

（二） 微滤的分离机理

微滤的分离机理主要为筛分机理，膜的物理结构起决定性作用。微滤的分离机理示意图如图 11-1 所示。

1. 膜表面层截留

机械截留作用，指膜能截留比它孔径大或相当的微粒等杂质。

吸附截留作用，主要指电性能的影响。例如，带正电荷的微滤膜能够去除热原。

架桥截留作用，就是一些比孔径小的微粒堆积挤压在孔口，不能透过而被截留。

2. 膜内部截留

膜的网络内部截留作用是将微粒截留在膜内部而不是在膜的表面。这主要是针对深度过滤膜而言。

以上两种截留方式比较：表面层截留，易于清洗，但捕捉量少，而膜内部截留，捕捉量多，但不易清洗，属于用毕弃型。

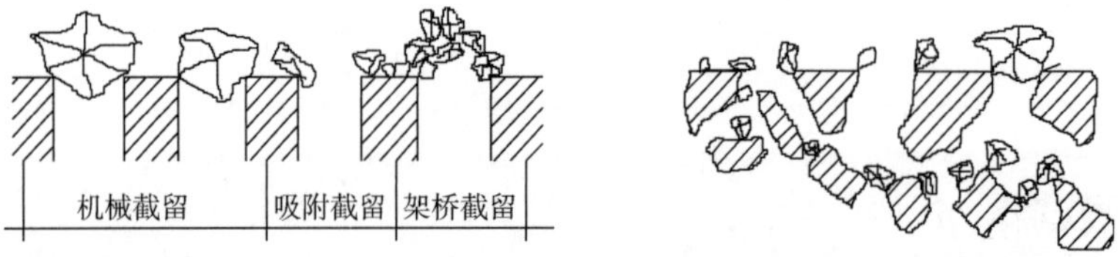

(1)在膜的表面层截留　　(2)在膜内部的网络中截留

图 11-1　微滤的分离机理示意图

膜过滤一般分为：外压式膜过滤、错流膜过滤。

（1）外压式膜过滤　膜过滤有单级、两级和三级过滤，前面的过滤称为预过滤，最后一级过滤称为终过滤。预过滤的膜孔径略大些，一般为0.65μm或0.7μm，终过滤膜孔径小一些，一般采用0.45μm或0.22μm，保证过滤后有害菌被完全截留。

完整的膜过滤操作流程：

冲洗→完整性测试→杀菌→过滤→冲洗→再生→背压

①冲洗：用大量的冷水沿着过滤方向冲洗，流量2~3m^3/h。

②完整性测试：向过滤器中充空气或二氧化碳，对膜组件进行故障检测，防止膜穿孔短路，以保证过滤的安全性。

③杀菌：先用85~90℃的热水杀菌30min，再用0.1MPa压力的饱和蒸汽按过滤方向杀菌30min。

④过滤：先用二氧化碳或无菌空气将过滤器水分顶干，并背压，然后开始过滤，当过滤压差上升到0.05MPa时停止进料，并用二氧化碳或无菌空气将过滤器内的酒排压到残酒回收罐内。

⑤冲洗：过滤后用冷水和温水反复冲洗。

⑥再生：先用温度70~80℃、浓度为2%的氢氧化钠溶液清洗，再用冷水冲洗。

⑦背压：再生完毕后，将过滤器排空，用二氧化碳或无菌空气背压至0.1MPa

待用。

膜过滤过程可以手动，也可以自动控制。全自动膜过滤系统，从过滤到清洗再生以及杀菌和完整性测试全部自动控制，从而保证了过程的安全性和连续性。

膜过滤系统配置包括主过滤系统和辅助过滤系统。主过滤系统为物料通道，辅助过滤系统为气体（蒸汽、压缩空气、二氧化碳）通道和 CIP 清洗通道。图 11-2 为常规使用简图。

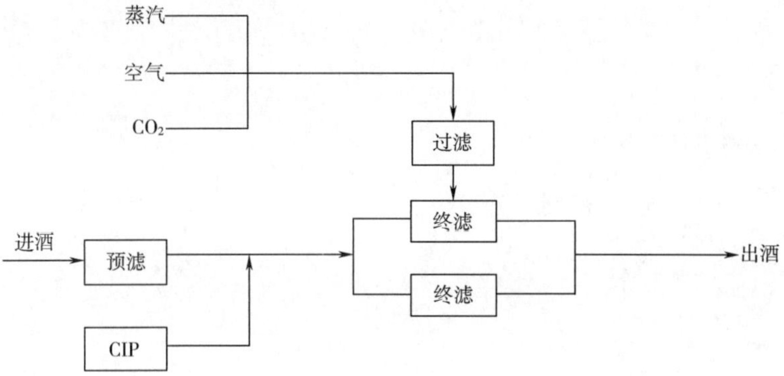

图 11-2　膜过滤系统

物料通道的过滤采用预过滤及两组无菌终端过滤（并联）的组合形式。预过滤孔径 0.45~0.65μm，为深度过滤芯，用以保护终端滤芯。滤芯的特点：容颗粒量大，压差小，总的流通量高于其他产品，对微粒的截留率是同等产品中最高的。终过滤芯绝对过滤精度 0.22~0.45μm，100%截留有害菌。为实现生产的连续性，终端无菌过滤配两组并联安装，正常生产时一条过滤线处于过滤状态，而另一条过滤线处于待机状态。

气体通道的过滤也采用两级过滤的形式，先经一般的粗过滤，滤芯可选用 0.45~0.6μm PP 材质的滤芯，先进行除去水分、油雾、杂质等，第二级采用单根滤芯，孔径选用 0.2~0.45μm（相当于气体过滤的绝对精度为 0.01μm），过滤精度高，除菌安全性能好。

CIP 清洗通道的过滤，选用水、碱液过滤器，滤芯性能同物料通道的预过滤芯。

（2）错流膜过滤　待滤物流方向与过滤介质界面平行的过滤方式称为错流过滤（图 11-3）。错流过滤可以增大膜表面的液体流速，使膜表面凝胶层厚度降低，从而可以有效降低膜的污染。

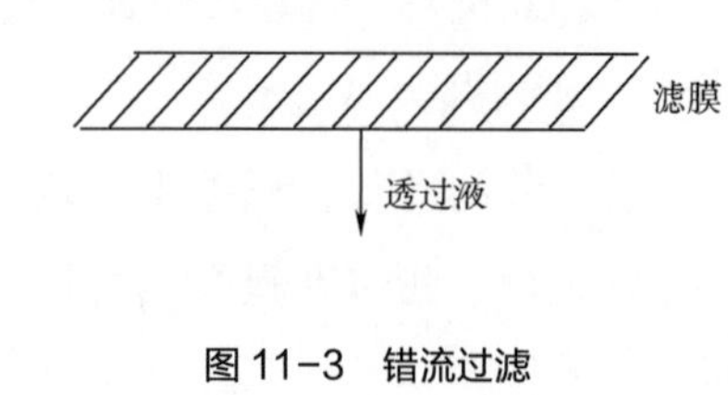

图 11-3　错流过滤

特点：固定孔径截留，不添加滤料；适用

于高浊度、高黏稠度酒液过滤除菌、澄清。

超滤即为错流过滤。

三、 纸板过滤

纸板过滤可以看成是棉饼过滤的改进形式，将厚重的棉饼预先制成纸板状，使用时直接装在设备上就能使用，用毕后能再生回用。

纸板过滤装置见图 11-4。

(1)立体图

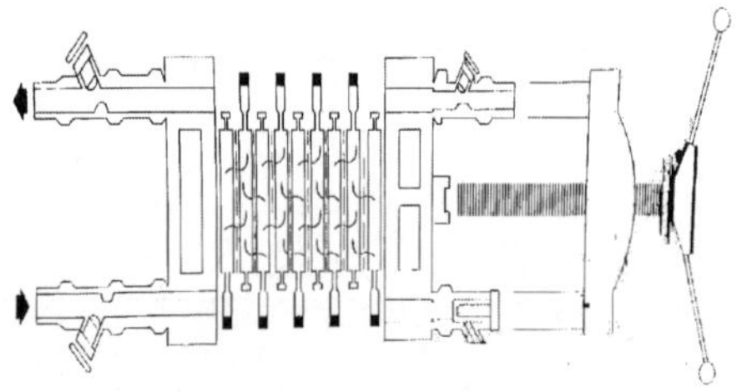

(2)平面图

图 11-4　纸板过滤装置

（一） 工作原理

纸板精滤机由若干个过滤单元组成，每个过滤单元是由滤板夹纸板所构成，被滤液在一定压力的作用下，进入机内，分别流入各个过滤单元。在纸板的吸附、截留作用下去除被滤液中的残留物，经各个过滤单元过滤出的清液汇聚在一起，流出过滤机，从而使滤液得到进一步的净化。

（二） 操作

1. 送液排气

一边向机内输入被过滤酒液，一边排出机内的气体，直至被滤液充满过滤机，关闭各排气阀门。

2. 正常过滤

调节控制流量，从视镜中观察到滤液清亮透明，即为运行正常。

3. 结束过滤

随着过滤的进行，压差不断增大，流量逐渐减小，当压力达到 0.3～0.4MPa 时，不能正常运行，此时纸板失去性能，滤纸的滤孔大部分被杂质堵塞，滤液无法通过，纸板必须更换。

（三）特点

(1) 结构简单，维护部件少，操作方便，过滤精度由纸板的精度保证，过滤效果明显。

(2) 通常接在硅藻土过滤机之后，作为精滤使用，浊度可以降低 0.2EBC 以上。

(3) 纸板在使用后可以通过用 50℃左右的热水和 50℃以上的 0.5%的氢氧化钠溶液反冲操作来进行再生。

一般黄酒企业以硅藻土过滤作为粗滤，以膜过滤作为精滤。当然，各企业根据实际情况而定。

第二节　黄酒的灌装

包装是黄酒生产的最后一个工艺过程，也是最繁杂、对产品质量影响最大的过程。它不仅影响产品的内在质量，同时也影响产品的外观质量。在市场竞争日益激烈的今天，人们越来越重视产品的包装，追求产品的优良品质与外在美的和谐统一。只有最大限度地满足消费者的心理需求，才能赢得市场。

一、大坛灌装

大坛灌装一般指 5L 以上产品的灌装生产。大坛的材质是陶土，主要的规格有 5L、9L（10L）、21L、22L、23L、24L、25L 这几个规格。大坛灌装产品是黄酒企业的传统产品，在小包装瓶酒未出现时，大坛产品以零售的形式占据整个市场。开坛后，即可饮用，价格低廉、品质上乘。

大坛灌装黄酒在灌装前要经过勾兑和过滤。

（一）传统灌装工艺流程

传统灌装工艺流程如下所示。

循环水洗坛 → 控水 → 净水、高温水冲坛 → 控水 → 灰坛 → 蒸坛 → 灌装 → 荷叶、箬壳等封口 → 糊泥头（石膏） → 烘干 → 入库陈化或出售

传统坛装酒的灌装操作处于煎酒工艺之后，与煎酒工序前后衔接，紧密相连，属于热灌装的范畴，灌坛之后不再进行杀菌操作，直接用荷叶、箬壳、灯盏头、泥头等捆扎后封口封坛。

由于整个灌装过程温度高，工作环境食品安全风险大，生产安全隐患大（如酒坛破裂造成烫伤事故），对操作工的体力要求高等原因，因此，这种生产方式越来越不适

应大批大量的生产和安全保障。

（二）机械化黄酒灌装生产

1. 灌装工艺

与传统黄酒的灌装是一致的。

2. 灌装容量的控制方法

灌装容量的控制是用电磁流量计来实现的。电磁流量计的脉冲数与流量值之间建有一定的函数关系，通过调整脉冲数来调整计量，根据设定的脉冲数来开闭灌装阀，以获得合格的灌装计量。

一般可分成定容量灌装和按坛子容量来实时调整容量两种方式。

定容量灌装在控制上相对比较简单一点，对坛子的容积要求高一点，要求坛子的容积比较匀称。

按坛子容积实时调整容量的方式在控制上就比较复杂一些，需要液位传感器来输送信号。当液位传感器发生信号时，根据当时已经产生的脉冲数，对照事先设定的数组，进行流量取整计算，补足到相应的合理设定值。这样就可以对不同容积的坛子灌装不同的酒量，充分利用坛子的有效容积，减少仓储空间。

3. 喷码

将灌装的脉冲数值通过一定的函数运算转化成容积值信号，传输给大字符喷码机，实现容量的喷印。

4. 机械化、自动化程度

在整个灌装生产中，基本实现了机械化和自动化。从坛子放到输送带开始，循环水浸泡、坛口刷洗、反置控水、坛内壁刷洗和冲洗、浸石灰乳、再次反置控水、蒸汽内壁杀菌、下坛、自动灌装，都实现了自动化、机械化，除了挑出漏坛外，一般不用人工干预。

二、小包装

小包装一般指5L以下产品生产的玻璃瓶、陶坛装黄酒产品。

小包装基本流程：黄酒经勾兑、调配、澄清、过滤后按不同的形式灌入玻璃瓶中，加以封口、杀菌、贴标、装箱、封箱才最终成为产品。

小包装灌装可分为传统灌装、热灌装、无菌冷灌装。

（一）传统灌装

以玻璃瓶为容器，包装基本工艺流程如下：

玻璃瓶→洗瓶→验瓶→灌装→封口→杀菌→贴标→装箱→封箱→堆垛→入库

（二）热灌装

以玻璃瓶为容器，包装基本工艺流程如下：

玻璃瓶→洗瓶→暖瓶→瓶杀菌→验瓶→灌装→封口→贴标→装箱→封箱→堆垛→入库

热灌装与传统灌装的区别在于热灌装对灌装前瓶子的处理比较重要，需要对瓶子进行无菌处理，灌装的黄酒是经过杀菌后才灌装的，灌装完毕封口后不再进行杀菌处理。

（三）无菌冷灌装

以玻璃瓶为容器，包装基本工艺流程如下：

玻璃瓶→洗瓶→暖瓶→瓶杀菌→无菌水冲洗→控水干净→验瓶→灌装→封口→贴标→装箱→封箱→堆垛→入库

包装工艺与热灌装一致，但酒的事先处理不一样。灌装的黄酒是通过无菌膜过滤，将杂质和细菌用膜过滤去除，灌装后不再进行高温杀菌。冷灌装的优点是可以较好地保留黄酒的原始风味，酒体不受加热的影响。主要的不足是，生产过程的无菌化要求很高，对使用的水、压缩空气等与容器和酒体接触的物料都要求无菌。

三、洗瓶

（一）洗瓶基本知识

1. 洗瓶的要求

瓶子的内壁、外壁洁净、光亮；无异味；瓶子无破损；酸碱度适中，pH 为 7；瓶内无过多残液，一般要求容量为 500mL 以上的瓶子内积水少于 3 滴，500mL 以下的瓶子内积水少于 2 滴；微生物检验合格，无大肠菌群，细菌菌落不超过 2 个。

洗瓶结束要对瓶子进行检验，以确定是否符合要求。洗净瓶的质量可以凭经验目视检验。如果瓶子看上去被一层水膜完全覆盖，则可认为机械清洗充分彻底。如果清洗不彻底，玻璃表面会因不完全浸润现象而形成水珠。从瓶中滴下的水与酚酞指示液应呈无显色反应，生产现场操作工可用酚酞试纸检测积水是否为中性。

影响洗瓶效果的因素：时间、喷冲压力、温度、清洗剂、添加剂等。

2. 洗瓶基本方法

瓶子清洗的基本方法分为浸泡、喷射、刷洗三种。

（1）浸泡　将瓶罐浸没于一定浓度、温度的洗涤剂或碱液中，利用其化学能和热能来软化、乳化或溶解粘附于瓶罐上的污物，并加以杀菌。浸瓶时注意两点：①NaOH最高浓度为5%，温度为65~75℃，超过此温度、浓度时，对玻璃瓶会有损伤（烧剥）；②当用多个浸泡槽时，各浸泡槽之间温差必须在30℃以下，若温差过大则会引起爆瓶。浸泡后将瓶内污水倒去，并用清水冲净。

（2）喷射　洗涤剂或清水在0.2~0.3MPa下，通过一定形状的喷嘴对瓶内外进行喷射，利用洗涤剂的化学能和液体动能来去除瓶内外污物。但若洗涤流量太大，洗涤剂会发泡，要添加消泡剂。

（3）刷洗　用电动机带动毛刷旋转将瓶内污物刷洗掉。毛刷的外形和尺寸可以根据瓶子的形状和尺寸进行加工定制，必须保证能够到达瓶子的各个角落，并有一定的磨损余量。由于是用机械方法直接接触污物，去除效果好，如能配合浸泡，刷洗的效果更佳。刷洗的缺点是：①难以实现连续洗瓶；②遇到油污瓶会污染刷子并污染其他净瓶；③遇到破瓶，会对转刷的刷毛造成损伤，使毛刷失效；④需经常停机更换毛刷。

（二）洗瓶设备

洗瓶设备按机械化程度可分为半自动和全自动洗瓶机。

1. 半自动洗瓶机

半自动洗瓶机是较老式的洗瓶机，采用手工进出瓶，单机操作，结构简单，生产能力小。最简单的刷瓶机是用一台电机带动一把或两把（对称）刷子转动，手工从浸泡槽中将瓶子捞出，插入转动的刷子，刷洗瓶子的内部。刷过的空瓶再用带压力的清水进行冲洗，最后瓶口朝下沥干水分。

半自动式洗瓶机在小型厂使用较多，它一般由浸泡槽、刷瓶机、洗液槽、冲瓶机、沥瓶机等5种单机组成清洗线。

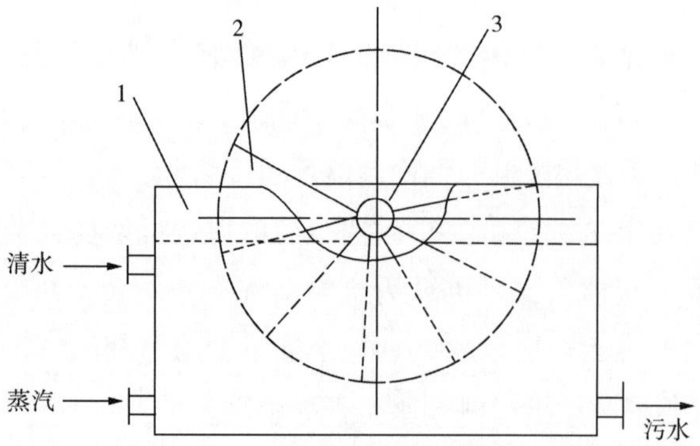

图11-5　浸泡槽结构图

1—碱液槽　2—浸泡转斗　3—转轴

（1）浸泡槽　浸泡槽用来浸泡脏瓶用。碱液温度40~50℃、浓度≤5%，浸泡一定时间后，使瓶子中的绝大多数脏物松散、脂肪乳化，并使旧瓶上的标签脱落。

生产中所用浸泡槽结构之一，如图11-5所示，它主要由碱液槽1、浸泡转斗2和转轴3组成。浸泡转斗2是一个用板材焊成的一端开口的筒形构件，筒内转轴用轴承支撑横装在浸泡槽上，并在轴和筒内壁间焊有几块辐射板将筒内空间分成几个扇形斗室。辐射板和筒壁钻有很多小孔，以便转动时液体排出。蒸汽管用来加热碱液。槽上口边缘装有溢流管，可以排出漂浮物；槽底部开有排污口。

工作时待洗瓶从转斗侧面放入转斗斗室，一个斗室装满后将转斗往下压，转斗旋转，其中的瓶子也随转斗往下浸入碱液中，左边转斗带着脏瓶进入槽中，已浸泡好的瓶子随转斗在右边露出水面后被取出进入下道工序。当碱液随瓶子带走损失一些，槽中液面下降时，应及时加水并补加碱液，以保证有效的碱液浓度。

(2) 刷瓶机　刷瓶机用来进一步刷去残留在瓶内的污物。根据所洗瓶型不同机型各异，结构简图如图 11-6 所示，为一双端刷瓶机。转刷机头内有一组传动齿轮，使两端的转刷轴旋转，装有毛刷的套管安装在转刷轴上随轴一同旋转，毛刷杆插入套管孔中，用螺钉将毛刷杆压紧固定，这种结构更换毛刷方便。在电机的驱动下转刷轴旋转，毛刷一同旋转，被浸泡好的瓶子送进时，毛刷即将残留污物去除。此种刷瓶机结构简单，制造方便，但毛刷消耗多，要求操作工注意力集中，同时注意劳动保护。

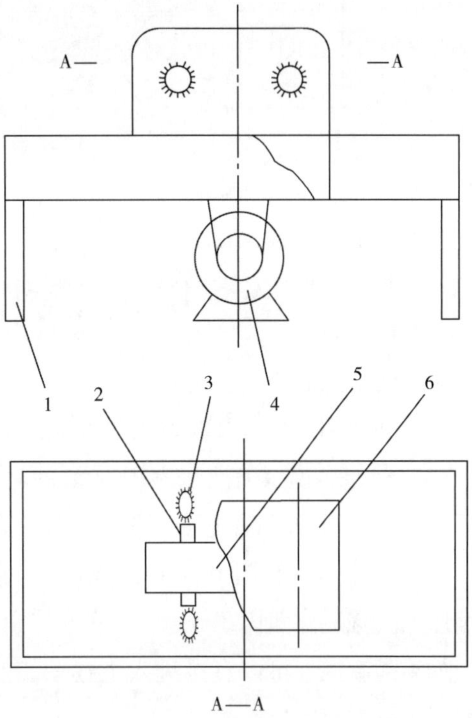

图 11-6　刷瓶机结构图

1—机架　2—转刷套　3—毛刷
4—电机　5—转刷机头　6—防护罩

(3) 洗液槽　洗液槽主要是将经刷洗后的瓶子再进行消毒水浸泡。目的是消毒和去除刷下的污物，浸泡时间较短。可在槽中装设输送带以减轻操作者劳动强度。需定时、定量补投消毒药剂。

(4) 冲瓶机　经浸泡、刷洗、消毒后再用干净过滤水将瓶内余留的洗液冲洗干净。冲瓶机结构如图 11-7 所示。

(5) 沥干器　经冲净的瓶子转入沥干器，瓶口朝下使瓶内残留水分控制在一定范围内。沥瓶机比较简单，一般为圆盘式（同冲瓶机圆盘）。

2. 全自动洗瓶机

全自动洗瓶机主要由箱体式机壳，传动系统，数组输瓶链带，数组驱动、张紧和改向链轮，预泡槽，洗涤剂浸泡槽，降温水箱，消毒水箱，水泵喷射装置，进出瓶机构等组成。

按瓶在机子中的流向和进出瓶方式，分为单端式和双端式；按洗瓶方式分为浸泡刷洗式、喷射式和浸泡喷射式。

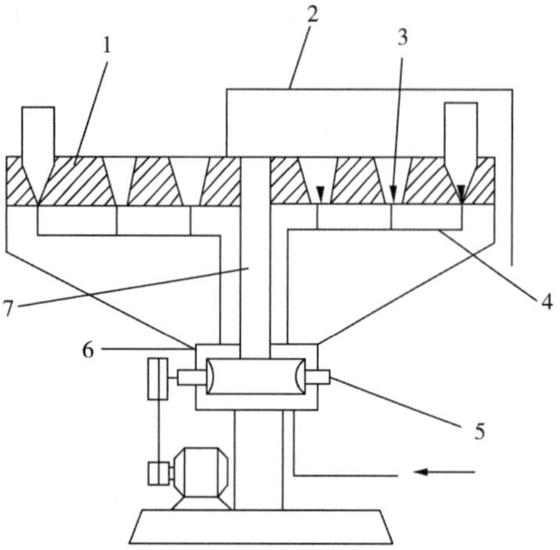

图 11-7 冲瓶机结构图

1—转动圆盘 2—防水罩 3—喷头 4—水管 5—蜗轮蜗杆减速器 6—分配器 7—转轴

全自动洗瓶机有机械刷洗和高压喷洗两种清洗方式。

①机械刷洗：将经碱液浸泡后的瓶子，利用刷子刷洗瓶子内外壁，去除污物及商标。

②高压冲洗：洗瓶机使用前清洗干净，及时更换碱液，保证浓度符合要求。反冲喷水管需保持畅通，以保证喷冲压力。

（1）浸泡 瓶子通过进瓶装置进入洗瓶机，先经 25℃水喷淋预热，再经 50℃热水喷淋预热后，进入 70℃碱液的槽中浸泡。

（2）碱液喷淋 用上述 70℃碱液高压漂洗瓶子的内壁后，再漂洗瓶子外壁，使污物及商标脱落。在洗瓶过程中，喷洗用的碱水可循环使用。但应及时将破碎玻璃、商标及污泥等滤除，以免堵塞喷嘴。

（3）热水、温水喷洗 先用 50℃的高压水喷洗瓶子的内部，再喷洗瓶子的外壁。然后用 25℃高压温水喷洗瓶子的内外部。

（4）清水淋洗 用 15～20℃清水淋洗瓶子内外壁后，沥水。保证瓶内无水，可用无菌压缩空气驱除瓶内积水。

如果是新瓶，可以直接进入上述第三步用热水、温水喷洗和第四步清水淋洗，最后控干水分即可。

3. 空瓶质量检验

（1）验瓶的质量要求 对洗净后的空瓶，都要进行验瓶。验瓶目的是去除不合格的瓶子。要求瓶子高度、规格、色泽均一致；瓶口不得有裂纹，瓶内的碎屑清除，不得有任何污物存在。将验瓶合格的瓶子送入下一道灌装工序，不合格的瓶子挑出，重新清洗或作报废处理。

不合格的瓶子包括：

①未洗净的瓶子：如有污物、商标屑、碱液或瓶内有残液等。

②瓶子本身存在的瑕疵：如破口、身上有结石、炸纹、气泡、瓶颈内凹等。

③规格不符合要求的瓶子。

（2）检验方式

①人工验瓶：人工验瓶比较灵活，可根据瓶子的实际情况进行判断。瓶子的运行速度为 80～100 瓶/min，验瓶的灯光要求明亮（1000lx）而不刺眼。利用灯光照射，检

查瓶口、瓶身和瓶底，将不符合要求的瓶子一一挑出。验瓶者要有高度的责任感，精神集中、一丝不苟并应间隔一定时间（一般为1个小时）相互轮换，缓解眼疲劳，保证验瓶的效果。验瓶者的视力要定期（一般为一个月一次）进行测试，达到一定的标准（双眼裸视力要求1.0以上）才能上岗。灯检箱的灯光照明度要求定期由技术监督部门进行检验，必须符合规定的光照度要求（1000lx），否则要予以更换新的灯管（一般采用40W的两支日光灯管就能满足）。人工验瓶，瓶子的质量和瓶损均能够得到有效控制。

②自动验瓶：采用光学检验仪验瓶，主要是运用了物理上光学照相成影原理，从不同角度成影，找出有瑕疵的瓶子，它比人工验瓶节省大量的劳动力，效率高。机器使用前要认真调试，使验瓶机既能保证瓶子的质量又能降低瓶损。自动验瓶系统依靠检验光源的照射，分别对瓶壁、瓶底、瓶口、瓶内残液进行照相，合格的瓶子进入下一道工序的生产，不合格的瑕疵瓶从验瓶机的劣瓶通道被排出，瓶子运行速度为100~800瓶/min。

四、 灌装

（一） 灌装机分类

灌装机种类繁多。灌装机依据自动化程度可分为手工灌装机、半自动灌装机、全自动灌装机；按机械结构可分为直线式灌装机和旋转式灌装机；按灌装方式可分为常压法灌装、等压法灌装、真空法灌装、压力法灌装；按灌装开关装置分为旋塞式、阀门式、滑阀式、气动式灌装；按定量装置分为定量杯容积定量、灌装液位定量、利用计量泵进行定量、计时法进行定量、称重法进行定量；按灌装头数分一般为1~72头灌装机；根据灌装阀头与瓶口之间的位置关系，可以分为接触式灌装和非接触式灌装。

（二） 灌装机主要机构

灌装机主要由定量机构、灌装机构、输送机构及升降机构等组成。

1. 定量机构

定量机构的作用是保证灌装量的准确，使灌装误差控制在产品允许的误差范围内。准确的定量既是产品质量控制的一个重要环节又与产品的成本有着直接的联系。常规的定量方法有容积法、重量法、计时法和称重法。

2. 灌装机构

灌装机最主要的是控制装置。常用的灌装机构开关控制装置有旋塞式、阀门式、滑阀式、真空式等。它与定量机构、升降机构等相互配合，准确完成灌装操作。

3. 输送机构

灌装机工作时，要求准确地将瓶或罐送进、送出灌装机，保证灌装机正常工作。它要求既能将瓶、罐连续输送，又能使瓶、罐定时送给。常用的连续输送装置有：皮带输送机和链板输送机。为了使瓶、罐单个地保持适当的间距送进灌装机，目前的定时进给多采用爪式拨轮或螺旋输送器（进出瓶螺旋）来完成。

4. 瓶罐升降机构

在灌装机中，把输送机送来的酒瓶升到规定的位置与灌装头接触并压紧橡皮垫密封后进行灌装，然后又把装满的酒瓶下降到规定的位置由输送机构送出，这一动作由瓶罐升降机构来完成。常用瓶罐升降机构有三种：滑道式、压缩空气式及滑道和压缩空气混合式。

（三） 灌装方式及定量方法

1. 灌装方式

如前所述，灌装方式有常压法灌装、等压法灌装、真空法灌装等。

（1）常压法灌装　常压法灌装是酒液在大气压力作用下，依靠液位差流进包装容器内的灌装方法。其整个灌装系统处于敞开状态下工作。

工作过程为：进酒液并排气：酒液灌入容器内，同时将容器内的空气从排气管排出；到达定量停止进酒：容器内酒液达到定量要求后，自动停止灌装；排除余液：将进入排气管内的残液排除，为下一次灌装进液排气做好准备。

（2）等压法灌装　等压法灌装是利用储酒罐（灌装机自带的酒缸）上部气室的压缩空气，先给空容器充气，使两者内部压力接近相等，然后酒液在此密闭系统中靠自重流进容器内。

工作过程为：充气等压；进液回气；停止进液；释放压力（释放瓶中残留气体压力，以免瓶子内突然降压而引起冒泡，影响定量精度）。

最典型的等压法灌装是纯重力灌装。产品从储酒槽经弹簧灌装阀，有容器顶着时此阀才可打开，实现“无瓶不灌装”。酒液从储酒槽通过储液口借重力流进容器，容器中空气沿排气管向上流到储酒槽上部。当容器中酒液产品到达由排气口末端位置决定的精确液面高度时，酒液停止流下。

（3）真空法灌装　真空法灌装即利用待灌装酒液与容器中气体的排气口（在灌装阀上）之间的压力差（包括位差、气压差）来灌装。压差可使产品的流速高于等压法灌装。但是真空法灌装系统需要一个真空发生器、一个溢流收集和产品再循环的装置。快速灌装产生的泡沫必须通过溢流系统排出。因真空的产生形式不同而派生出各种差压灌装方法。

①重力-低真空法灌装：如图 11-8 所示，使容器保持真空度（10.1～16.9kPa），

容器需密封，低真空度是为了消除真空灌装时的溢流和回流，以及防止对缺口和裂缝瓶的误灌。

如果容器达不到要求的真空度，灌装口就流不出液体，因此遇到缺口或裂缝瓶就自动停灌。上面储液槽中的产品流经套阀而进入瓶中，套阀内的管可作排气用。当瓶子自动传送到阀下并上升时，阀门中弹簧受到压力开启，通过排气管使瓶中压力与储槽上部低真空度相等，这时灌装开始。当液面到达排气口时，灌装就自动停止。

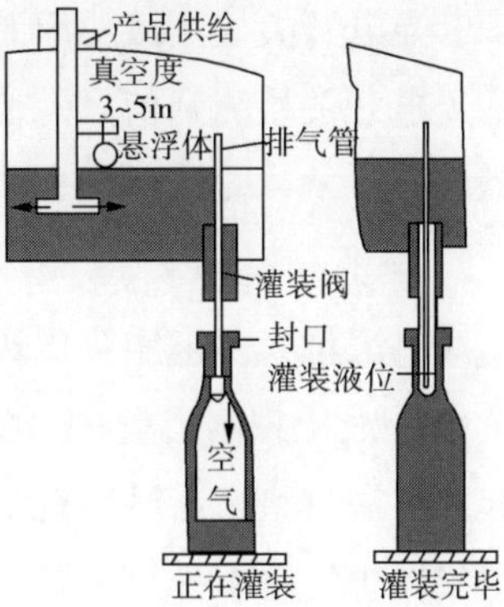

图 11-8 重力-低真空灌装法示意图

注：1in = 2.54cm

②纯真空法灌装：图 11-9 所示为典型的纯真空灌装法原理示意图。灌装系统内的压力应低于大气压力。灌装阀密封块抵住瓶口的同时开启阀门，因与真空室相通，瓶内处于真空，酒液可在压力差下被迅速灌入瓶中，直至灌装到预定液位。通常最后会有相当量的液体被抽到排出管中，进入溢流槽后被回收再循环。

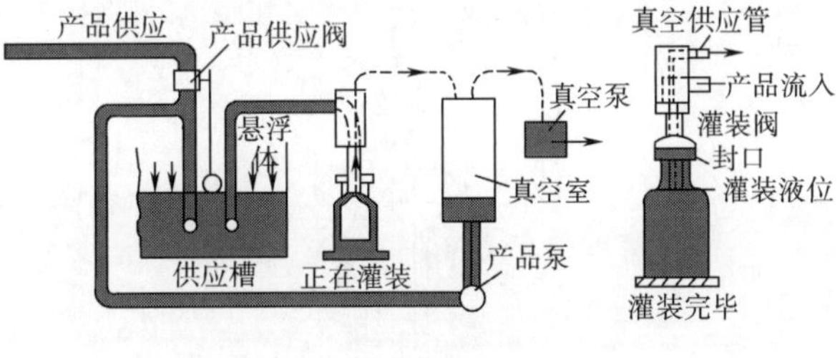

图 11-9 纯真空灌装法示意图

真空法灌装的工艺过程是：瓶内抽真空；进液排气；停止进液；余液回流（排气管中余液经真空室，再由产品泵送回储酒箱）。

（4）非接触式灌装 流量计灌装、称重灌装、光电开关检测液位灌装。

①流量计灌装（质量流量计和容积流量计）：通过设定流量计的流量值（一般为脉冲信号）为计量依据，流量值与灌装量之间存在一定的比例关系，当达到所设定的流量值时（脉冲累计数到达设定值），PLC 输入端接收到信号，输出端发出指令关闭继电器从而关闭灌装阀，完成一次灌装动作。

②称重灌装：对称重模块设定灌装重量，与流量计灌装控制模式一样，当重量达到设定值时，PLC 控制灌装阀关闭，完成一次灌装操作动作。称量灌装根据称量方式不同，又可分为减量法和加量法。减量法是预先对灌装机的酒液贮存缸进行加注酒液到一定数值（大于一次灌装量），然后关闭进料阀，开启灌装阀，随着灌装的进行，贮

存缸内酒液的绝对减少量达到设定的灌装容量时，灌装过程结束，灌装阀关闭，开启进料阀，进入下一个灌装循环。

③光电开关检测液位灌装：利用光电开关检测灌装的液面，达到设定的液位高度时，光电开关检测到信号，传递给 PLC，由 PLC 对灌装阀进行关闭操作，完成一次灌装动作。

2. 定量方法

液料定量大多采用容积式定量法，即定容法。具体实现定容可有多种方式。

（1）液位控制定量法　图 11-10 为液位控制灌装原理图。灌装开始，瓶子上升并顶起橡皮密封垫 5 与滑套 6，灌装头 7 与滑套 6 间就出现空隙，酒液即可流入瓶中，并使空气经排气管 1 排至储液箱 9 的上部空间。当瓶内液面到达排气管管口（A—A 截面）时，瓶内气体不能排出，随着液料再进入，瓶颈处空气被压缩并与液面达成平衡，液面高度即可保持不变，只是一部分酒液将沿排气管上升至与储酒箱液面相当的位置。瓶子降下后，灌装头 7 与滑套 6 重新封闭，排气管中酒液滴入瓶中。至此，完成了一次定量灌装。借螺母 8 可调节排气管 1 下端口伸入瓶内的位置，从而改变灌装定量。此法结构简单，使用广泛，但精度稍差。

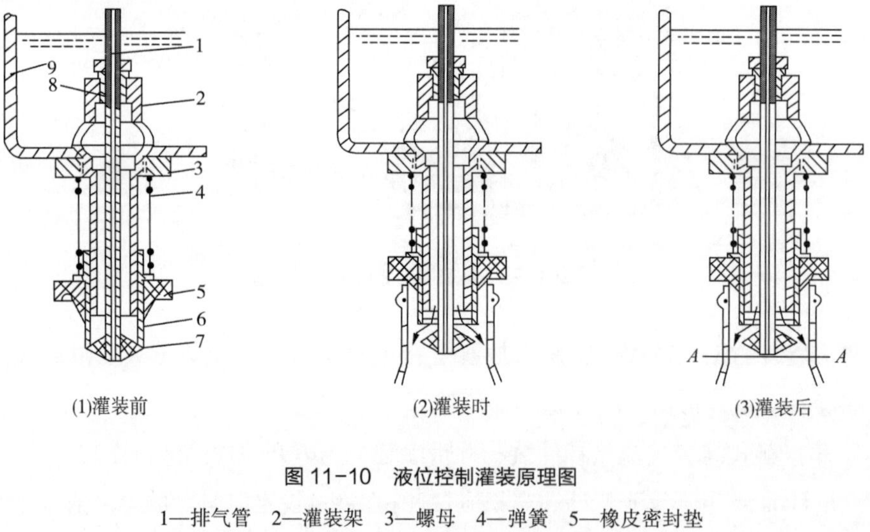

图 11-10　液位控制灌装原理图

1—排气管　2—灌装架　3—螺母　4—弹簧　5—橡皮密封垫
6—滑套　7—灌装头　8—调节螺母　9—储液箱

（2）定量杯定量　图 11-11 所示为定量杯定量灌装原理图。当瓶子未进入灌装机时，定量杯 1 的上沿由于弹簧 7 的作用而处于储酒箱液面之下，杯内充满酒液。瓶子上升并顶起灌装头 8 和进液管 6，使定量杯上沿超出储酒箱液面。同时，进液管 6 内隔板 11 及其上下两通孔 12 和 10 恰好位于阀体 3 的中间槽腔 13 之内，形成酒液通路，于是杯中酒液可灌入瓶中（从调节管 2 流经上孔 12、槽腔 13、下孔 10

进入瓶中)，瓶中空气从灌装头上的斜向孔 9 排出。当杯中酒液面降至调节管 2 的上端面时，便完成了一次定量灌装。调整调节管 2 的相对高度或更换定量杯（大小），可改变灌装量。

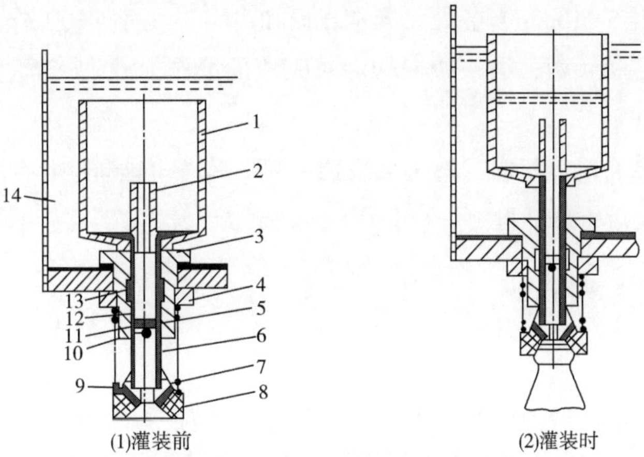

图 11-11　定量杯定量灌装原理图

1—定量杯　2—调节管　3—阀体　4—紧固螺母　5—密封圈
6—进液管　7—弹簧　8—灌装头　9—斜向透气孔　10—下孔
11—隔板　12—上孔　13—中间槽　14—储酒箱

（3）定量泵定量法　定量泵定量较为简单，即利用定量泵一次性将固定量的酒液灌入瓶中，完成定量灌装。

（四）　灌装工艺流程

1. 清洗

（1）打开管道中所有阀门，用清水清洗灌装机、高位槽、管道。

（2）用 90℃以上热水对管道、高位槽、灌装机进行循环冲洗一遍（约 20min），并排尽余水；有假瓶的系统，要进行假瓶灌装，以清洗灌装阀部件。

（3）用少量清酒回流去酒头后进行灌装生产，第一次流经灌装阀的酒也作为酒头挑出。

2. 灌装

（1）根据生产品种的瓶型、高度对灌装机进行调整，调换好各位置相应的拨轮、中心分配轮、导板、进出瓶螺杆、导瓶头等替换件。

（2）按照容量要求调整好灌装阀的出口端高度，调整好液位。

（3）对灌装机及其管道、高位槽进行清洗杀菌。

（4）机器运转前，应检查各紧固件有无松动现象，如有，应拧紧方可开机。

（5）带负荷调整或工作时，应先启动输瓶机电机，然后再启动主机电机，以避免瓶子输入、输出受阻。

(6) 开机前，用手将瓶托轴沿轴套上下按动几次，直至上下活动自如；各阀芯也要用手按动几次，直至上下活动自如，方可开机。

(7) 开机空转5~10min，各处无异常现象和声响，方可正式工作。

(8) 根据灌装机头数，第一圈回转灌装完成的酒作为酒头，通过回流管，重新勾兑配酒。

(9) 发生卡瓶自动停机时，蜂鸣器发出“嘟、嘟”的报警声，此时应及时排除故障，使拨瓶盘复位后重新开机。

(五) 灌装质量检验

1. 容量检测

要求每隔两个小时对各个灌装头进行一次容量检测，将检测结果记入规定表格内，保存。如有偏差，及时进行调整。

2. 理化指标测定

产品包装完成后，按抽样比例，抽取一定数量的瓶酒，及时进行理化指标检验。在产品检验合格结果未出来以前，产品不得出厂。

3. 卫生指标测定

产品包装完成后，按抽样比例，抽取一定数量的瓶酒，及时进行卫生指标检验。在产品检验合格结果未出来以前，产品不得出厂。

4. 螺旋盖扭矩测定

控制螺旋盖的扭断力矩为1.0~3.3N·m，要求每两个小时测量一次，防止螺口裂开、扭矩过紧及螺口团团转的现象发生，消除致病菌入侵机会。测量要求使用经技术监督部门定期（一般要求每年监测一次）监测合格的扭力仪，并将检测结果记录在规定的表格内保存。如有偏差，及时进行调整。

(六) 典型灌装机

灌装机外观见图11-12，本机主要有机架及防护罩部分、传

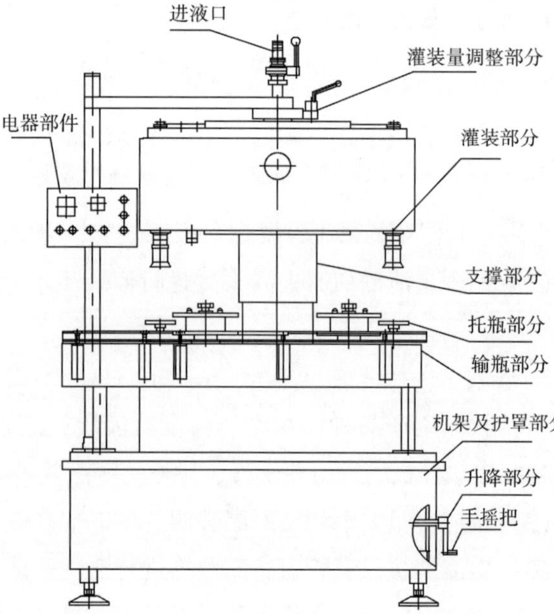

图11-12 灌装机

动部分、升降部分、传导部分、输送部分、灌装部分、灌装量调整部分和电气部分组成。

(1) 机架及防护罩 支撑各部件及防护装饰，由机架、台罩、护板等部分组成。

(2) 传动部分 提供传送动力，由电机、减速机、齿轮、主轴、中间立柱等部分组成。

(3) 升降部分 带动瓶子定点灌装，由斜坡凸轮、固定座、瓶托轴、拉簧、滚轮等组成。

(4) 传导部分 拨动和扶持瓶子顺利进出主机，由拨瓶盘、导板、挡板等组成。

(5) 输送部分 输送瓶子，由输送架、链板等组成。

(6) 灌装部分 完成液体的定量灌装，由储料罐、浮球液位控制阀、灌注阀等组成。

(7) 灌装量调整部分 自动调整量杯的灌装容量，并且能单个量杯进行微调。由大、小链轮、旋转编码器、数显表等组成。

(8) 电气部分 控制灌装机及输瓶机的运转，由电气箱及按钮开关等组成。

五、封口、杀菌、贴标、装箱

(一) 封口

1. 瓶盖种类

(1) 冠型瓶盖 冠型瓶盖又称压盖或压口盖，国际上称为皇冠盖。通常用于冠型瓶头的封口，瓶盖采用厚度为 0.23~0.28mm 的电镀锡或镀铬薄钢板冲压而成，电镀锡薄钢板的技术要求应符合 GB2520 的规定。

瓶盖不得有毛刺、疵点和裂缝等，不得沾有污物。图案清晰，商标文字正确，图案允许位置误差：合格品≤1mm，优质品≤0.8mm；瓶盖耐腐蚀性良好；瓶盖瞬时耐压合格品≥800kPa，优质品≥1000kPa；密封垫片应无毒无异味，平整无缺陷，无异物，垫片和瓶盖粘结牢固，经杀菌后，开瓶时不自然脱离。

(2) 扭断盖 又称防盗盖，用于螺口瓶的封口。先用铝箔冲压成套状瓶盖，再用滚压式封口机封口，铝套下口有压线连接点（也称桥），压线有一道、两道或多道，即多孔安全箍环。在压线未扭断时表示原封，启封时反扭封套，使压线断裂，不能再恢复其包装形式，即为扭断盖。铝套的长度因瓶颈而异，但铝箔的韧度要符合规定，并有一定的光洁度。为达到密封的效果，在盖内填充有衬垫，一般分为嵌入衬垫（衬垫单独制成，用手工或机械方式嵌入盖中）、滴塑衬垫（衬垫材料呈流态注入瓶盖中，用一定的工艺方法使之圆周均匀分布，固化后形成衬垫）、模塑衬垫（衬垫材料以一定的方式置于盖中，用模具压制，形成具有所需形状的衬垫）。

2. 封口装置结构及工作原理

玻璃瓶一般采用加盖密封的方法，有压盖、旋盖、防盗盖等不同结构形式。目前还采用热塑性塑料薄膜、热收缩薄膜或涂敷树脂胶黏剂的铝箔等密封瓶口的方法，封口时一般需要对瓶口吹送热风并用密封环压紧，这种新的密封方法不仅具有易开性，同时又可防止非法启封。

3. 封口工艺流程

（1）检查压盖（封盖）机转动部件上是否有其他物件放置。

（2）检查机器电源是否接好。

（3）按照当日生产的瓶型（主要是瓶口规格和瓶高尺寸）选择封口刀具（压盖头），调整封盖头高度，进行安装和封口调试，直至封口形状、密封性、扭矩符合要求。

（4）按照瓶子直径选择进出口拨瓶星轮进行安装。

（5）点动设备，观察运转情况是否顺利。

（6）开启压盖机试运转一个周期，使每个压盖头（封盖头）都动作一次，观察封口质量是否符合要求。

（7）调整好速度正式进行压盖生产。全自动压盖：当瓶子通过压盖机时自动完成压盖操作。半自动压盖：将已加盖的瓶子放在旋转压头和托瓶盘之间；踏下脚踏板，通过拉杆、转臂使压轮与压头一起下降，压头压紧瓶口并带动它旋转，手扳把手通过离心作用使滚轮径向接触瓶盖完成头道、二道封口工序。放开把手，滚轮在弹簧力作用下离开瓶盖复位，松开脚踏板，压头上升复位，完成一次封口工作循环。

（8）检查压盖质量是否符合要求。符合要求的输送到下一道工序进行包装。

（9）每隔 2h 对封口盖的扭矩进行测定，不符合要求则立即进行调整。

（10）生产结束，将剩余的瓶盖从旋盖机的滑道及盖斗内全部取出，对设备进行卫生清理，必要时进行润滑保养。

4. 封口质量检验

灌装压盖完成后，酒瓶由输送带带离进入输送系统，经过一段距离的输送后（此段距离根据灌装机的生产能力而定，灌装机速度高，要求该段距离要长一些，输送带由单排链并成多排链，以保证整个流水线的缓冲能力），瓶流被分岔分流装置重新排成单列输送状，在单列输送带上侧面装有灯检箱，每个灯检箱前由专职检验工把关，当酒瓶通过时用肉眼观察瓶内有无异物，有异物的酒瓶必须挑出。察看异物时思想要集中，认真负责，不得漏检。肉眼观察有异物、杂质的均属不合格，必须返工。瓶内无异物、清澈透明属合格品，要求酒液清澈透明，无悬浮物和沉淀，容量符合要求，瓶及瓶罐不漏气、不渗酒，瓶外壁洁净、无污点，不得有烂盖、松盖、打不开、扭不断及漏酒现象。螺口盖的螺纹部分不能被拧裂、破口，防盗环不得有断裂和翻边、打皱，盖面不得有碰痕、凹陷坑。

5. 典型封盖机

图 11-13 是生产中常用的自动封盖机，主要用于扭断式铝制瓶盖封盖和防伪瓶盖（皇冠盖）压盖（须更换压头及部分零件）的封口。

本机主要由机架及防护罩部分、升降部分、输送部分、传导部分、传动部分、电器部分、封口部分组成。

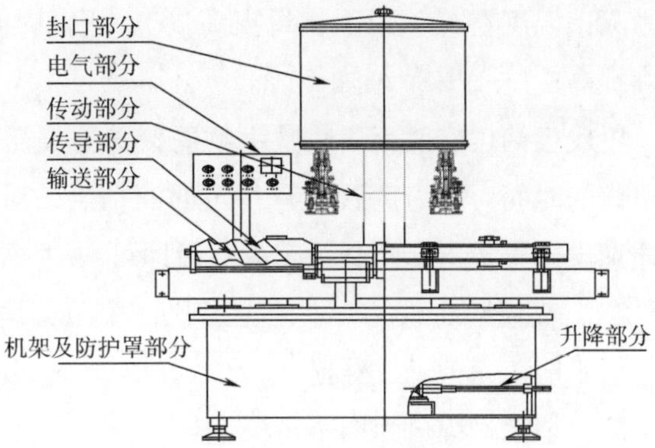

图 11-13　自动封盖机

（二）　杀菌

黄酒经过过滤澄清，灌装到一定包装容器后，酒液中不可避免会有微生物和细菌的存在，另外也包括由于贮酒罐体、管道、阀门、灌装机等设备的死角存在，未能彻底清洗消毒而导致细菌残余在灌装过程中感染了酒体的因素。这些尚存的微生物和细菌在黄酒的保质期内大量繁殖必将造成黄酒的变质，如浑浊、酸败等，对此称为生物稳定性不好。要提高黄酒的生物稳定性，延长保质期，必须将黄酒中的微生物和细菌除去，除掉微生物和细菌的方法主要有两种：热杀菌法和无菌过滤法。

1. 杀菌法

热杀菌法分为高温瞬时杀菌和巴氏杀菌两类。微生物的生长繁殖都是在一定的温度范围内，超过了某个温度界限，在一定的时间作用下就会导致死亡。常见的微生物生长和杀灭温度如表 11-2 所示。

表 11-2　　常见的微生物生长和杀灭温度

微生物种类	最低生长温度/℃	最适生长温度/℃	最高生长温度/℃	杀灭温度和时间	
				温度/℃	时间/min
乳酸菌	5	35~40	55	58	10
醋酸菌	4~10	28~37	33~45	55	10
大肠杆菌	5~10	30~40	45~55	55	10
霉菌	5~10	30~32	45~50	60	30

（1）巴氏杀菌　在 60℃维持 1min，称为 1 个巴氏灭菌单位，用 PU 表示。巴氏灭菌单位是灭菌时间与温度对数函数的乘积，公式如下：

$$PU = Z \times 1.393^{(T-60)}$$

式中　Z——灭菌时间，min

T——灭菌温度，℃

灭菌温度在50℃以上，每提高7℃，灭菌时间可缩短10倍，即在同样灭菌时间下，温度提高7℃，PU值增加10倍。

巴氏灭菌仅能杀灭一些微生物的营养体，而对于孢子（芽孢）则需要更高的温度和更长的时间。因为黄酒都有一定的酒精度，对微生物的繁殖和生长具抑制作用，在保质期内微生物不繁殖到一定的数量即可。

（2）高温瞬时杀菌　杀菌温度比巴氏杀菌略高、时间短，能杀灭微生物的营养细胞，但不能杀死孢子或芽孢。

瞬时杀菌过程分为四个阶段：

①预热阶段：用经过杀菌区和保温区处理完成但温度尚高的酒与待杀菌的冷酒之间在换热器内通过热传导方式进行热量交换。一方面使杀菌前的冷酒温度得以提升，另一方面使杀菌后的酒冷却到适合灌装的温度，热量得到有效回收，起到了节能降耗的作用。

②杀菌阶段：迅速把已经预热的酒的温度提升到杀菌温度，对酒体进行杀菌，传热介质可以是经蒸汽加热后的热水，也可以直接用蒸汽，但都要求温度的恒定，温度波动能控制在±1℃范围内。对蒸汽流量的控制一般采用气动薄膜调节阀，对酒温的控制一般采用回流调节阀，根据酒温的高低，通过回流调节阀双向开启的比例调整，使冷酒与预热酒按比例进入杀菌阶段流程，保证酒温的相对恒定。

③保温阶段：经过杀菌阶段后的酒，需要在杀菌温度下，继续维持一段时间，以进一步杀灭微生物，最终达到彻底灭菌的目的。

④冷却阶段：经过保温后，已经达到了杀菌的目的，将热酒与冷酒进行热交换以回收热量，达到节能的要求。

2. 除菌设备及工艺流程

采用巴氏杀菌法进行黄酒杀菌，主要的设备是隧道式杀菌机。

隧道式杀菌机是一大型的隧道式金属箱体，瓶酒经灌装封口，由输送带传输进入杀菌机隧道后，在杀菌机链板或链网的驱动下不断向前移动，直至出口。根据灭菌要求，整个隧道被分为几个温度区域，一般包括第一次预热区、第二次预热区、巴氏灭菌区、预冷区、冷却区和自来水喷淋清洁区。各区均可采用自动温度调节阀调节温度，各区域都有相应温度的蓄水槽，用不锈钢或黄铜材质的喷嘴，将水喷成雾状，喷淋到瓶子外壁，达到加热、杀菌和冷却降温的作用。

（三）贴标

1. 标签

商标必须向国家工商行政管理部门申请注册后专用，可得到法律的保护。按实际需要，可采用单标、双标、三标或四标，即正标、背标、颈标、帽标。

标签的基本要求包括：①标签的所有内容应符合国家法律、法规的规定，并符合相应产品标准的规定；②标签的所有内容应清晰、醒目、持久，应使消费者购买时易于辨认和识读；③标签的所有内容应通俗易懂、准确、有科学依据，不得标示封建迷信、黄色、贬低其他酒或违背科学营养常识的内容，应使用规范的汉字，但不包括注册商标。

2. 贴标机

根据瓶子在贴标过程中的运动轨迹，可以分为回转式和直线式；根据商标材质的不同可以分为不干胶（干标）、浆糊标（湿标）、干湿两用机；根据商标的数量可以分为单标、双标、三标和四标机；还有套标机。

贴标机是用来粘贴商标的。高效的贴标机可贴身标、颈标、背标、帽标。贴标机有各种类型，从取标方式分，有真空吸标和机械取标两种。

3. 贴标工艺流程

一般中小型酒厂、某产品生产批量较小、瓶型外观尺寸与现有的贴标机模具不相一致或者对于外表面不规则的异形瓶罐多采用人工进行贴标，人工贴标适应性比较强、灵活，要求操作人员有较强的责任性。人工贴标的一致性比较差，标与标之间，每瓶之间上下高低位置会出现一定的偏差，外观上不够美观。

较大规模酒厂、产品的生产批量大或瓶型规格标准符合贴标机模具的尺寸时可以选择使用机器贴标。机器贴标，设备调整比较费时，商标的损耗比人工高，但机器贴标，只要设备调整到位，商标的一致性好，贴标整齐划一美观，生产速度远远高于人工贴标，可以节约大量的劳动力，生产效率高。

领用商标时，应首先检查核对商标是否符合当日产品的要求。

（1）手工贴标　手工贴标的商标要事先在商标的正或背面盖上生产日期或批号、班次。

（2）自动贴标　浆糊贴标机的工艺流程如下所示。

供浆糊系统→取标板抹浆糊→标纸盒取标→夹标转鼓→转瓶台贴标→压标→滚压标签

供浆糊系统可用固定频率开闭气阀，在气缸上下动作中，浆糊沿管道（塑料透明管）上升溢于浆糊辊上。每个取标板按不同动作需要，在槽型凸轮作用下做不同角度的摆动。

4. 贴标质量检验

（1）按规定位置紧贴瓶壁，要求整齐、不脱落、不歪斜、不褶皱。

（2）粘贴时应匀称，浆糊要均匀。

（3）商标必须中心对齐，不得掉角、翻边、翘角及使用废标。

（4）正、背标两边间距必须大致相等。

（5）不得有漏贴商标的现象。

（6）擦去溢出的浆糊液。

（四）装箱

1. 包装材料

贴标后的瓶酒基本完成了包装任务，最后一项是外包装。手工瓶酒装箱是一项繁重的体力劳动，可以通过专门的机械方式实现装箱的机械化。

外包装材料通常为瓦楞纸箱，每箱装 12、20、24 瓶等规格。瓶与瓶之间用内衬和衬卡相隔，一般为“井”字形。纸箱外表面应注明厂名、产地、酒名、净重、毛重、瓶数、包装尺寸、瓶装规格，并有“小心轻放”“不可倒置”“防湿”“向上”“防热”等指示标志。

2. 装箱、封箱工艺流程

（1）装箱方式　分为人工装箱和机械装箱。人工装箱比较简单，即工人手工装箱。机械装箱如图 11-14 所示。选用装箱机时，应根据瓶子的特点（瓶型、容量、商标）和箱子的特点考虑，排列成行，一定数量的酒瓶一次抓起，置于箱内。

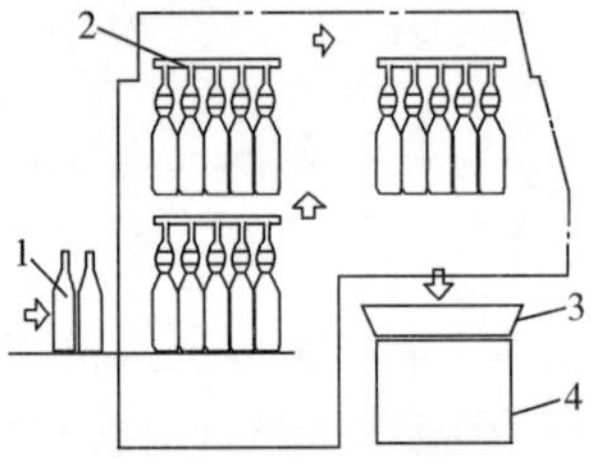

图 11-14　机械装箱

1—酒瓶　2—夹头　3—箱盖　4—箱体

（2）封箱方式　在实际生产中，纸箱厂以片状供货，车间的主要工作就是开箱（也称折箱）、封底、装入产品、封合上下摇盖。有纯手工完成开箱、封底、装箱、封盖的，也有机器自动完成全流程的，但因为国产纸箱在材质、尺寸一致性方面逊色于进口的纸箱，机器开箱的纸箱损耗率远远高于人工，故开箱的动作，一般由人工来完成，后续的封底、封盖再交由机器完成，这种称之为半自动的模式，在纸箱质量一般的情况下，可以有效降低纸箱的损耗。用胶带机进行自动封箱，容易实现胶带平直不起皱，切口整齐，长短均匀，外观的一致性好、美观。

封底、封盖的基本方式有：

①编织式（四片摇盖，一片压一片）。

②胶带封合。

③热溶胶封合（有机器喷胶和手持胶棒枪熔化涂抹）。

④聚乙烯捆扎带封合。

为保证长途运输（例，外贸海运）和纸箱成型的坚固、不塌箱，也有采用上述几种方式的组合型。

（3）纸箱日戳和叠放　在纸箱外表面要求打上日期，有的是由大字符喷码机来完成的，一般性的油墨都会在 5s 内干燥，并牢牢地粘附在表面上，附着力很强，不易被擦除和涂抹掉。字体高在 5~128mm 任意取整可调，每英寸墨点数最多可达 32 个，字面清晰。墨水有多种颜色可供选择（白、蓝、绿、红、黑），特殊的机型可配置隐形墨水，肉眼无法识别，需要在专用的紫外线灯（定制光谱）照射下才能分辨。这样，在一定程度上可以协助销售部门进行客户管理，防止跨区销售、窜货，防止假冒伪劣产品的流通。

产品包装完毕后，堆放的高度也必须引起高度重视。纸箱的功能之一是保护内在的产品在受到外界的挤压、碰撞等机械冲击负荷时起到一定的缓冲作用，减弱、分散集中应力的危害，避免和减少产品毁损，纸箱根据自身采用的材质和盛装物件的结构、质量都会有一个堆垛层数标识，在正常的仓储条件下（有温湿度调节控制、通风良好），相当的一段时间内（一般半年）底层的纸箱不会变形或者变形在允许的范围内。目前存在的问题主要在运输的过程中。一是要规范和督促装卸行为，提高装卸队伍的职业道德，将产品外观质量的保持视为主要工作质量，避免出现一些野蛮举止；二是物流公司为了追求高额利润，提高装车的容积率，往往无视堆垛高度要求，超过标识的规定层数。如果适逢气候原因（梅雨季节、长雨天）使纸箱受潮，含水量较高，那么在3~4h之内，纸箱就会发生严重的“徐变”，底层纸箱将会完全“失稳”，无法承载上层产品的负荷，导致变形、塌箱、爆箱，严重的就会影响到内在的产品受损（例，塑料壶被压扁缩颈、商标被擦伤脱落）。

第三节　绍兴花雕酒坛制作工艺

绍兴花雕是用民间手工堆塑、彩绘各种吉祥如意图画装饰的一种酒坛容器。自古以来，是人们婚庆寿诞、祭祀庆典活动中的尊贵礼品，并以地名称谓而著名。女儿酒习俗自明、清沿续，到了清中期，绍兴女儿酒已成为当地民间婚嫁必备之上等礼品。最早关于“花雕”名称的由来即来自女儿酒。花雕酒是绍兴民间工艺美术特色称谓，流传于今。

绍兴花雕酒坛装上绍兴加饭酒，即称为“绍兴花雕酒”，作为国礼赠送给多个国家政要。1997年绍兴花雕坛作为香港“97”回归纪念礼品而收藏。

一、 绍兴花雕酒坛传统制作工艺规程

传统制作工序以灰坛沥粉、油泥堆塑、彩绘装饰为主的绍兴花雕酒坛，是典型的民间工艺美术品。

1. 灰坛沥粉工序

从酒库中挑选制作花雕酒坛。以选坛、洗坛、理坛、配灰料（以猪血文火制成，配上石灰、老粉）、灰坛（分为头操、二操、三操）、打磨（分为头操、二操、三操）、上漆、粉本打样（即画稿设计，又称上样）、沥粉，俗称挤粉。拌沥粉：以胶汁加入老粉配比适当，拌和而成，待沥粉干燥坚硬后，上漆护之。

2. 油泥堆塑工序

以生桐油，煎熬成熟桐油，俗称坯油，是油泥调配最重要的技艺制作环节。煎油、调料、搡泥、制泥、堆塑是花雕制作工艺中的重要技艺环节。堆塑工序：以手工搡、捏、搓、堆、贴、抹、按、捺、勾、刻、划、雕、压、画、塑、抚、理等不同方法进行完成。现用石膏翻制模具，印贴成形，应用在批量生产中，现称“油泥印贴”。

3. 彩绘装饰工序

待堆塑油泥成形干燥后，及时上一层油漆加以保护，以待坚硬不变形。彩绘以五彩颜色描绘图案，用油漆调配各种颜料着色，属民间漆艺彩绘。现以油画颜料辅助，色泽鲜明。彩绘装饰分为：主图着色——即风光布景、人物描绘，是花雕彩绘的重要技艺环节。副图着色——即图案、图像、文字牌号、勾金、包装。现成批多产、采用一色多用的流水操作生产。

绍兴花雕酒坛传统工艺流程见表 11-3。

表 11-3　　绍兴花雕酒坛传统工艺流程

工艺流程	分类名称	技术要求
灰坛	选坛	坛无漏点，上下对称，泥头取平整，无歪侧，端正
	做血	取鲜猪血滤净，成熟血，不老不嫩，有黏结感，稠和
	拌料	拌灰料，既松又拧为佳，可塑性强
	封口	剪纱布条，紧贴坛口边，无裂翘，以平整为准
	头灰	粗而匀，外形有圆平感
	二灰	打磨后，中和灰度，无凹凸面
	三灰	细而匀，既光又滑，无细洞点
	打磨	细磨，面面俱到，不剩余。整洁、光滑、无凹凸点
	上漆	无流淌、裂缝和结节现象
沥粉	打样	以中国传统文化，吉祥如意题材内容为主，按图施工
	刻版	线条清楚，整洁，其中包括刻字，即模版
	印样	图样清楚，不模糊，按图上样
	沥粉	调粉黏而松，按图沥线，线条粗细流畅。无流淌、断裂、干脱现象
	上漆	无结节、流淌现象，刷理均匀
堆塑	制油泥	硬而松，软要拧。柔韧性适中。自然干燥，坚硬如石
	堆塑	浮雕形式，有立体感，精细为佳。复制模具，图形清楚，形象正确
	贴塑	翻制模具，印刷、贴塑，形象正确，外观整齐、细致
	上漆	无结节、流淌现象，刷理均匀

续表

工艺流程	分类名称	技术要求
彩绘	着色	按图上色，色块均匀，无流淌，漏底色。细部要精细，整体协调、和谐、有美感，具有民族传统色彩
	勾金	金线点整洁，无流淌。粗细适中，无花白，有光亮度
	包装	按产品类别装箱，外箱标签内容清楚，打箱整齐牢固，便于运输

以3kg、5kg、10kg、25kg装花雕酒坛为例，用传统手工操作规程，为花雕酒坛系列制作工艺，是浙江省绍兴市非遗文化遗产保护、传承项目，属传统美术类别。

绍兴花雕制作工艺，有“平画”和“堆塑”两种规格。“平画”花雕又称“画花酒坛”，是晚晴、民国时期的主要装饰形式。20世纪70年代初，采用堆塑花雕酒坛而著名。20世纪90年代以来，才有了工业规范“流水线”的手工操作规程，进行批量生产，市场营销。

酒坛装潢设计、沥粉、堆塑浮雕艺术程度的高低，在于设计制作者的文学、技艺的功底积累和修养。对于绍兴花雕艺术提高发展，需继续学习、研究民间工艺美术各种知识、技艺。不断探索创新，要继承传统，吸取先进，取长补短，才能使民间工艺美术、绍兴花雕艺术精益求精。

人物油泥堆塑基本技法口诀如下：①识图堆形；②先头后身；③先骨后体；④塑形细理；⑤脸面点神；⑥手足衣型；⑦服饰装置；⑧细理衣饰；⑨统理修正；⑩形神俱备。

该“操作规程”是“绍兴花雕制作工艺”要求的明细简表。其文化历史知识内容均在2007年6月出版的《绍兴市非物质文化遗产读本》“民间美术”第七篇。2009年6月出版的《绍兴市非物质文化遗产读本》“传统美术”第八篇，分别被编辑刊用，作为非遗文化保护、传承。

绍兴花雕酒坛流水生产工艺流程见表11-4。

表11-4　　绍兴花雕酒坛流水生产工艺流程

工艺操作名称		技术要求
流程	工序	
设计选坛	设计	设计酒坛、瓶体造型图稿。创新外观，便于烧制成型（专业设计）
	选坛	上下对称，无歪、侧、漏点、凹凸点
	打磨	用铁砂纸，顺序细磨，平整光滑，清洗整洁
	上胶	坛盖上胶，牢固清洁，坛口消污杀菌
	上样	按图上样，线稿清楚，不模糊

续表

工艺操作名称		技术要求
流程	工序	
沥粉制作	配料	选取双飞粉（老粉）500g，骨胶（牛胶）200g。沥粉管、笔、塑料纸袋
	煎胶	骨胶 200g 加清水 150g，经文火煎熬成胶汁为佳
	拌料	用大瓷碗一只，取骨胶汁、双飞粉（老粉）拌在一起，取小圆木棍顺着方向，流拌粉料，成流线不断即可
	沥图	调粉料黏而松，按图沥线。线条粗细流畅，无断裂、干脱或流淌现象
	上漆	用画笔或小漆帚，刷白漆罩沥粉线条。用笔或帚均匀上漆，刷理均匀。无结节、流淌
油泥堆塑	煎油	取桐油 5kg，铁锅一口。猛火、文火熬煎 360℃，冷却后色黄亮，油成胶丝，而成坯油或胶油
	制泥	瓷土粉、精陶粉、双飞粉与坯油拌搡或机轧成油泥。硬而松，软要拧，柔韧性适中。自然干燥，坚硬如石
	堆塑	浮雕形式，有立体感，精细为佳。复制模具，图形清楚，形象正确，专业特色强。与设计结合，有利于堆塑创作（专业堆塑）
	贴塑	翻制模具，印制、贴塑、形象正确，外观整齐、细致
	上漆	取白漆，用画笔或小漆帚刷理已干燥的油泥形象，刷理均匀，无流淌、结节现象
上色彩绘	副图	指酒坛上下以图案为主的藻纹图色，用画笔刷漆，按图上色。做到色块面均匀，无流淌、露底色，有亮度
	主图	指酒坛正面主图为主的题材内容。用画笔颜料按图上色。人物形象上要正确，细部必须精细，主题与背景整体协调，和谐、有美感
勾金包装	勾金	用描笔勾勒沥粉线条，粗细适中，整洁无流淌，无花白，有亮度
	题字	用有色沥粉题字，书写主题内容，字迹清楚，题款加印、上光，无流淌
	盒装	清除坛身积尘，检查盒装合格。要整洁，不能倒置。彩带活结装饰整齐，装盒牢固
	箱装	要按产品类别装箱，外箱标签内容清楚，包装打箱必须整齐、牢固，便于运输

绍兴花雕酒坛流水工艺以 1kg 装酒坛为例。

二、 主要器具和设施

花雕制作器具不多，量小，体积也不大。除了固定的场所和工作台、必要的用电灯光设施外，主要是陶瓷酒坛，是花雕外观器具重要的载体。

1. 灰坛沥粉

调料板、调料铲刀、橡皮块、砂轮、铁砂纸、刷帚、洗帚、盛水桶、面盆、拌料棒、瓷碗、沥粉棒、沥粉铜管子、薄膜袋、瓷碗、过滤铜网、放样蜡纸、纱布等。

2. 油泥堆塑

铁镬、油勺、油桶、挽斗、漏斗、石臼、铁锤（现改为电动轧泥机）、小畚斗、竹筛、铜筛、擀面棍、坛架座、自制牛角笔、木笔、竹签、骨签、剪刀等。

3. 彩绘装饰

油画笔、毛笔、狼毫描笔、小漆帚、铅笔、墨汁、调色盘、三角尺、直尺、几何尺、纸板、纸张、揩笔棉布、纸盒、纸箱、包装袋、扣、包装机等。

三、 制作原材料

主要原料包括桐油、色漆、瓷土粉、双飞粉、石膏粉等。具体如下：

（1）桐油　生桐油，油色呈橙黄、清亮、无杂色为优质桐油。用火煎熬到油温360℃左右，及时熄火冷却制成坯油。用手蘸油即成透明丝状型，说明坯油黏稠度好，有利于油泥韧性和可塑性，坯油熬煎好坏是花雕工艺制作中一项专门绝技。

（2）色漆　旧时以制作生漆自配色漆。现以磁性树脂、油性调和各种色漆。根据花雕酒坛题材和内容自行调配、使用色调。以生漆调色漆是传统漆艺制作中一项专门绝技，又称漆艺。

（3）瓷土粉　是高岭土，一种矿石粉质，具黏性、永固性，是油泥堆塑中主要原材料之一。

（4）双飞粉　俗称老粉，属矿石粉质，具细软黏性、永固性，是沥粉、灰坛中主要原材料之一。

（5）石膏粉　是填充原料，遇水坚硬，属矿石粉质，具有永固性，是灰坛原料中辅助原料。

（6）铅粉　又称立德粉，具遮盖力较强的矿石粉质，具有永固性，是沥粉工艺辅助原料。

（7）骨胶　以呈黄色泽、清亮晶莹为优。其胶汁黏度重、附着牢度强，干燥坚硬度足，是自制沥粉工艺中的主要原材料。

（8）油画颜料　现在是彩绘着色的主要原料。根据画面不同内容，进行油漆与颜料调配。颜料即色彩，艺人通过自己思想和感受调配出画面所反映的情景和情感，令人震撼，是彩绘着色一项专门的绝艺。

（9）松香水、调色油　是彩绘着色、沥粉漆艺中调和、洗涤、溶解漆色的辅助材料。

（10）金、银箔纸及铜金粉　主要应用在沥粉图案上勾金及画面装饰。铜金粉装饰既能替代真金色相魅力，又能体现民族民俗文化艺术特色。

第十二章

黄酒的品质

第一节　绍兴百年陈酒剖析

1978 年绍兴酿酒总厂从绍兴某建筑工地得到数坛埋在地下的绍兴酒。经启封泥头，内得一纸，纸上注明该酒为民国九年（1920 年）酿造，距今近百年。这样的陈年酒在我国还很少见，这对于绍兴酒的研究有着某些特殊意义与参考价值。

1983 年，笔者曾发表过有关项目分析的文章，因当时分析仪器的局限，未能对氨基酸、糖类等做进一步分析，现补上这两个项目，同时与之前测定数据一并列出，供参考。

一、外观及品尝结果

外观及品尝分析见表 12-1。

表 12-1　外观及品尝分析

项目	陈年酒
色泽	透明，呈淡金黄色
香气	浓，水果香气
口味	较淡薄

二、理化分析

理化分析见表 12-2。

表 12-2　理化分析

	陈年酒		陈年酒
酒精度/（mL/100mL）	13.2~16.4	氧化钙/（g/100mL）	0.0060
糖度/（g/100mL）	0.34	氧化还原电位/（mV）	185
酸度/（琥珀酸计，g/100mL）	0.45	氨基氮甲醛法/（g/100mL）	0.061
挥发酯/（乙酸乙酯计，g/100mL）	0.053	氨基氮茚三酮法/（g/100mL）	0.040
pH	4.30	折光率	1.3480
电导率/（μΩ/cm）	2.20×10^3	固形物（14.5℃）/%	10
甘油/（g/100mL）	0.60		

三、气相色谱分析

气相色谱分析见表 12-3。

表 12-3　　　　气相色谱分析　　　　单位：μL/100mL

	乙醛	甲酸乙酯	乙酸乙酯	丙酸乙酯	仲丁醇	异丁醇	异戊醇
陈年酒	13.7	0.15	9.3	0.39	6.76	7.03	30.4
元红酒（3年）	6.4	0.13	5.5	0.29	1.58	6.17	12.9

四、氨基酸分析

氨基酸分析见表 12-4。

表 12-4　　　　氨基酸分析　　　　单位：mg/L

氨基酸	含量	氨基酸	含量	氨基酸	含量
天冬氨酸（Asp）	330	半胱氨酸（Cys）	0	苯丙氨酸（Phe）	230
苏氨酸（Thr）	120	缬氨酸（Val）	280	赖氨酸（Lys）	170
丝氨酸（Ser）	250	甲硫氨酸（Met）	20	组氨酸（His）	10
谷氨酸（Glu）	70	异亮氨酸（Ile）	120	精氨酸（Arg）	30
甘氨酸（Gly）	270	亮氨酸（Leu）	370	脯氨酸（Pro）	410
丙氨酸（Ala）	390	酪氨酸（Tyr）	160	氨基酸总量	3230

五、糖类分析

糖类分析见表 12-5。

表 12-5　　　　糖类分析　　　　单位：g/L

项目	测定量
单糖	0.6401
麦芽糖	0.2826
异麦芽糖	0.9118

第二节　黄酒营养成分及功能性物质的测定

本节测定以“古越龙山”各种酿造酒作为测定对象。

一、总糖、总酸、氨基酸态氮的测定

黄酒中总糖、总酸及氨基酸态氮测定结果见表 12-6。

表 12-6　黄酒中总糖、总酸及氨基酸态氮测定结果　单位：g/L

样品	总糖（以葡萄糖计）	总酸（以乳酸计）	氨基酸态氮
2000 年新工艺黄酒	23.6	6.5	0.93
2000 年传统工艺黄酒	21.0	5.6	0.77
2002 年成品酒	26.0	6.0	0.92

二、维生素的测定

黄酒中水溶性维生素测定结果见表 12-7。

表 12-7　黄酒中水溶性维生素测定结果　单位：mg/L

样品	维生素 B_1	维生素 B_2	烟酸	维生素 B_6
2000 年新工艺黄酒	0.69	1.50	0.86	4.21
2000 年传统工艺黄酒	0.49	1.64	0.83	2.04
2002 年成品酒	0.53	1.52	0.85	3.20

黄酒中维生素 C 测定结果见表 12-8。

表 12-8　黄酒中维生素 C 测定结果　单位：mg/L

样品	1991 年酒	1996 年酒	2001 年酒	2004 年传统工艺酒	2004 年新工艺酒
含量	9.249	8.547	31.510	43.195	5.707

三、氨基酸的测定

黄酒中游离氨基酸含量见表 12-9。

表 12-9　黄酒中游离氨基酸含量　单位：g/L

氨基酸种类	1991 年酒	1996 年酒	2001 年酒	2004 年传统酒	2004 年新工艺酒	2000 年传统酒	2000 年新工艺酒	2002 年成品酒
Asp	0.26	0.34	0.37	0.37	0.30	0.26	0.26	0.27
Glu	0.77	0.93	0.99	1.01	0.80	0.25	0.42	0.35
Asn	—	—	—	—	—	0.08	0.15	0.11
Ser	0.16	0.22	0.23	0.21	0.14	0.18	0.22	0.24
His	0.05	0.07	0.10	0.10	0.06	0.07	0.10	0.08
Gly	0.19	0.23	0.24	0.25	0.18	0.20	0.27	0.25
Thr	0.12	0.15	0.16	0.16	0.11	0.14	0.18	0.17
Ala	0.22	0.25	0.29	0.30	0.21	0.43	0.63	0.53

续表

氨基酸种类	1991年酒	1996年酒	2001年酒	2004年传统酒	2004年新工艺酒	2000年传统酒	2000年新工艺酒	2002年成品酒
Arg	0.15	0.14	0.19	0.30	0.18	0.46	0.41	0.31
Tyr	0.08	0.10	0.10	0.12	0.07	0.25	0.27	0.25
Val	0.17	0.20	0.22	0.22	0.18	0.16	0.20	0.20
Met	0.06	0.10	0.10	0.11	0.06	0.05	0.06	0.06
Cys-s	0.02	0.03	0.02	0.03	0.03	0.05	0.04	0.04
Phe	0.14	0.19	0.21	0.20	0.15	0.26	0.28	0.28
Ile	0.12	0.13	0.14	0.15	0.13	0.12	0.16	0.16
Leu	0.28	0.22	0.25	0.32	0.27	0.21	0.29	0.31
Lys	0.10	0.12	0.14	0.13	0.10	0.20	0.19	0.21
Pro	0.32	0.36	0.38	0.39	0.29	0.31	0.31	0.37
总量	3.22	3.77	4.14	4.35	3.26	3.74	4.29	4.24

黄酒中水解离氨基酸的含量见表12-10。

表12-10　黄酒中水解离氨基酸的含量　单位：g/L

氨基酸种类	1991年酒	1996年酒	2001年酒	2004年传统酒	2004年新工艺酒	2000年传统酒	2000年新工艺酒	2002年成品酒
Asp	1.09	0.76	0.72	0.76	0.74	1.39	1.63	1.36
Glu	0.83	1.06	1.42	1.63	0.83	3.93	4.71	3.94
Asn	—	—	—	—	—	—	—	—
Ser	0.87	0.70	0.71	0.68	0.65	0.99	1.16	0.91
His	0.22	0.30	0.35	0.42	0.21	0.49	0.68	0.42
Gly	0.96	0.77	0.68	0.76	0.64	1.06	1.27	1.00
Thr	0.73	0.61	0.42	0.42	0.49	0.70	0.87	0.63
Ala	1.76	1.43	1.63	1.98	1.30	1.15	0.02	1.31
Arg	1.26	0.60	8.33	2.46	1.21	1.14	1.20	0.79
Tyr	0.96	0.61	0.59	0.98	0.76	0.59	0.90	0.51
Val	0.88	0.73	0.79	0.79	0.69	0.75	0.99	0.77
Met	0.19	0.21	0.40	0.41	0.19	0.35	0.72	0.27
Cys-s	0.20	0.17	0.11	0.13	0.12	0.83	1.34	0.67
Phe	1.05	0.99	0.99	0.96	0.83	0.84	1.39	0.81
Ile	0.60	0.48	0.50	0.55	0.45	0.57	0.88	0.59
Leu	1.40	1.11	1.15	2.00	1.20	0.62	1.24	0.75

续表

氨基酸种类	1991年酒	1996年酒	2001年酒	2004年传统酒	2004年新工艺酒	2000年传统酒	2000年新工艺酒	2002年成品酒
Lys	0.76	0.74	0.75	0.82	0.50	0.59	1.06	0.63
Pro	1.71	0.13	0.12	1.68	1.03	1.62	1.97	1.76
总量	15.49	12.53	13.29	17.44	11.87	17.62	22.03	17.11

四、矿物质微量元素的测定

黄酒中矿物质元素测定结果见表12-11。

表12-11　黄酒中矿物质元素测定结果　单位：mg/L

元素	Zn	Fe	Mn	Cu	K	Na	Mg	Ca
含量	3.29	3.60	4.57	0.273	391	263	203	270

黄酒中硒含量测定结果见表12-12。

表12-12　黄酒中硒含量测定结果　单位：μg/L

样品	1991年酒	1996年酒	2001年酒	2004年传统工艺酒	2004年新工艺酒
含量	4.4	3.0	8.2	10.6	6.4

五、酚类物质的测定

黄酒中酚类物质的含量测定结果见表12-13。

表12-13　黄酒中酚类物质的含量测定结果　单位：mg/L

种类	2000年传统工艺酒	2000年新工艺酒	2002年成品酒
儿茶素	4.21	3.60	3.84
表儿茶素	1.54	2.02	1.80
芦丁	1.68	1.18	1.53
槲皮素	0.92	0.63	0.49
没食子酸	0.16	0.033	0.063
原儿茶酸	0.18	0.18	0.45
绿原酸	3.23	0.58	2.56
咖啡酸	0.47	0.23	0.16
p-香豆酸	0.14	0.22	0.35
阿魏酸	1.56	0.56	1.25
香草酸	2.38	1.35	0.81

六、黄酒中糖类物质的测定

黄酒中单糖、二糖、三糖的含量见表12-14。

表12-14　黄酒中单糖、二糖、三糖的含量　单位：g/L

样品	果糖	葡萄糖	二糖	三糖
2000年传统工艺黄酒	0.18	13.57	2.36	3.09
2000年新工艺黄酒	0.19	14.07	3.56	4.29
2002年成品酒	0.25	15.52	3.76	4.74

七、黄酒中功能性物质的测定

近年来，一种功能性氨基酸γ-氨基丁酸（GABA）成为研究热点。它是一种重要的抑制性神经递质，参与多种代谢活动，具有改善脑功能、增强长期记忆、抗焦虑及提高肝、肾机能等生理活性。

黄酒中GABA含量见表12-15。

表12-15　黄酒中GABA含量　单位：g/L

样品处理	1991年酒	1996年酒	2001年酒	2004年传统工艺酒	2004年新工艺酒	2000年传统工艺酒	2000年新工艺酒	2002年成品酒
游离态	0.03	0.03	0.02	0.02	0.03	0.13	0.14	0.11
水解后	0.36	0.31	0.24	0.24	0.25	0.17	0.35	0.17

黄酒中含有异麦芽糖、潘糖、异麦芽三糖等功能性低聚糖。由于人体内不具备分解、消化功能性低聚糖的酶系统，在摄入后它很少或根本不产生热量，但能被肠道中有益微生物双歧杆菌利用，促进双歧杆菌增殖，改善肠道中微生态环境。

黄酒中主要功能性低聚糖含量见表12-16。

表12-16　黄酒中主要功能性低聚糖含量　单位：g/L

样品	异麦芽糖	潘糖	异麦芽三糖	总计
2000年传统工艺黄酒	1.60	1.69	0.05	3.34
2000年新工艺黄酒	2.91	3.11	0.18	6.20
2002年成品酒	3.14	3.96	0.14	7.24
2004年产品酒1	2.57	2.82	1.20	6.59
2004年产品酒2	2.88	2.97	1.15	7.00
2004年产品酒3	2.86	2.78	1.40	7.04

续表

样品	异麦芽糖	潘糖	异麦芽三糖	总计
1991 年黄酒	2.78	3.61	0.19	7.11
1996 年黄酒	1.96	4.27	0.21	7.25
2001 年黄酒	2.22	4.94	0.20	8.19

第三节　黄酒固形物剖析及形成机理

黄酒非糖固形物广受黄酒行业和生产企业关注。按黄酒国家标准，固形物包括总糖和非糖固形物。

总固形物：酒样经 100～105℃ 加热，其中的水分、乙醇等可挥发性物质被蒸发，剩余的残留物即为总固形物。

总糖：酒样在 68～70℃ 下酸水解 15min 测得的还原糖。

非糖固形物 = 总固形物 - 总糖

因此，非糖固形物包含于总固形物中，受总糖影响。总固形物中除总糖外，不易挥发的物质都参与构成非糖固形物。

黄酒非糖固形物是国标中的重要控制指标，更能代表黄酒工艺及品种特征性。不同工艺生产的黄酒非糖固形物含量表现出很大差别，与工艺密切相关。传统型黄酒一般较高，而清爽型黄酒则较低。那黄酒非糖固形物到底是什么成分？其含量与黄酒生产工艺关系怎样？

一、 固形物成分剖析

根据非糖固形物的定义，酒液中不易挥发的物质，除糖外都应该属于其范围。有部分糊精，其他还有蛋白质、不挥发性有机酸、酚类物质、无机元素等。两种不同工艺黄酒固形物成分的分析结果见表 12-17。

表 12-17　　两种不同工艺黄酒的固形物成分

成分	传统型/（g/L）	清爽型/（g/L）
糊精	17.47（44.60%）	0.93（6.15%）
蛋白质类物质	14.83（37.86%）	8.12（53.67%）
有机酸	5.37（13.71%）	4.35（28.75%）
无机元素	2.26（5.77%）	1.62（10.71%）
总多酚	0.0426（0.11%）	0.0336（0.22%）
总计	39.97（102.05%）	15.05（99.50%）
非糖固形物	39.17（100%）	15.13（100%）

注：传统型黄酒为五年花雕，由浙江古越龙山绍兴酒股份有限公司提供；清爽型黄酒为锡山老酒，由无锡市振太酒业有限公司提供，本节下同。

黄酒非糖固形物代表黄酒品种及工艺特征性。纵观两种工艺酒样，各类物质的加和总量均非常接近100%，可见其非糖固形物成分非常一致，主要为：糊精、蛋白类物质、有机酸、无机元素和酚类物质等。但不同工艺生产的黄酒中，各物质的含量和组成比例相差很大。传统型酒样中含量最高的两类物质是糊精和蛋白类物质（总计在80%以上），清爽型酒样中蛋白类物质最多（占到50%以上），糊精含量随工艺变化而差异极其显著。所以，糊精和蛋白类物质是非糖固形物的两个最重要的组分，两者中尤以蛋白质影响为大。

二、非糖固形物的形成机理

（一）糊精

黄酒原料主要是大米、小麦等淀粉类物质，经过曲的酶系（或外加酶）作用边糖化边发酵而成。曲中微生物产生的淀粉酶（α-淀粉酶、糖化酶等）能较快地水解α-1，4-糖苷键，而对于支链淀粉的α-1，6糖苷键几乎不能作用。原料中的直链淀粉和支链淀粉经酶的作用，逐步水解产生糊精、寡糖、单糖等分子质量大小不同的糖类。

$$[C_6H_{10}O_5]_N \rightarrow [C_6H_{10}O_5]_x \rightarrow [C_{12}H_{22}O_{11}]_n \rightarrow C_6H_{12}O_6$$

淀粉　　　糊精　　　寡糖　　　单糖

生产过程中未完全发酵的糊精和残糖构成黄酒中的糖类物质，根据非糖固形物的计算公式（总固形物减去总糖），糖类物质对黄酒标准中的重要控制指标——“非糖固形物”有直接影响。而总糖值与测定的水解条件和酒样中的糊精含量有密切联系。不同水解条件测定的糖量结果见表12-18。按国标水解方法测得的是国标总糖，结果比未经水解而直接测得的还原糖量稍高。由于国标水解方法是在68~70℃下水解15min，温度条件比较温和，时间也比较短，水解程度较低。而沸水浴水解3h的彻底水解条件下，酒样中糊精可以较彻底地水解，由于酒样中糊精含量的不同，测得的糊精水解后总糖量与国标法总糖量会有很大差别。

表12-18　不同水解条件下测得的黄酒总糖含量结果　单位：g/L

水解条件	指标	传统型	清爽型
不水解	还原糖	23.78	43.42
国标法，68~70℃，15min	总糖	24.91	45.15
沸水浴，酸水解3h	总糖	43.19	46.22
	糊精	17.47	0.93
	非糖固形物	39.17	15.13

从两者的糖分布谱（表12-19）也能看出，传统型黄酒生产工艺只用曲糖化，曲

中酶的效率不如专用酶制剂，对原料中淀粉支链等切割不很完全，残留糊精量一般比较多，成品酒中糊精含量相对较高，达 17.47g/L，在非糖固形物中占到 44.60%。清爽型黄酒生产工艺中加入酶制剂，高效切割淀粉、糊精和寡糖等，淀粉原料分解比较完全，酒液中糊精残留明显偏低，只有 0.93g/L，在非糖固形物中只占到 6.15%，这与清爽型黄酒非糖固形物含量较低有直接关系。

表 12-19　两种不同工艺酒样中糖相对分子质量分布比较

糖相对分子质量范围	传统型酒中含量/%	清爽型酒中含量/%
>13232	0.14	—
>4368	1.02	0.17
>1442	7.64	4.44
>519	32.58	16.10
<519	58.61	79.30

本属于多糖的糊精，这里是构成非糖固形物的重要组分。而且糊精含量随工艺不同有很大差别，在对酒体的醇厚性和稳定性有影响的同时，也直接影响到非糖固形物的高低。

（二） 蛋白质类物质

黄酒生产原料大米、小麦、玉米、小米等粮食谷物中均含有一定量蛋白质，在发酵过程中溶出，被曲中微生物的蛋白酶、肽酶降解生成肽、氨基酸。发酵时，一部分氨基酸转化为高级醇，生成酯及生成其他代谢产物，构成黄酒的香气成分，其余部分留在酒液中形成黄酒的营养成分。在发酵末期，由于酵母自溶，也会释放出不少肽、氨基酸等物质。所以成酒中含有不少蛋白质类物质，对黄酒的营养保健功能和口味等有重要影响，且蛋白质的不同分子质量分布与酒体稳定性密切相关。

一般大米的蛋白质含量为 6.5%左右，而小麦的蛋白质含量则高达 11.8%左右，所以黄酒蛋白质含量的主要影响因素应该是工艺中的麦曲加量。当然麦曲中还含有丰富的蛋白酶，加曲量大则相应蛋白质分解力也高，具有正协同效应。传统型黄酒加曲量较大，其蛋白质含量也高（表 12-20）；清爽型黄酒的加曲量只有传统型黄酒的一半左右，蛋白质含量就低些。

表 12-20　两种类型黄酒中蛋白质含量

酒样	传统型	清爽型
总蛋白质/（g/L）	14.83	8.12

对两种类型酒样进行肽分子质量分布分析，两者差别明显（表 12-21，表 12-22）。

传统型黄酒肽分子质量的分布范围较宽，大分子蛋白质有少量存在，随着分子质量降低，含量上升，大量存在的是寡肽，其中有不少寡肽具有生物活性。这样的分布对酒体的蛋白质稳定性有利。传统型酒中这样的肽分布比例，与其工艺中加曲量大带进较多蛋白质、蛋白酶是分不开的，且其后酵期较长，醪液中蛋白酶能对蛋白质进行持续有效的切割，使残留较少部分高分子蛋白质，和较多的寡肽、氨基酸。

清爽型黄酒的分子质量分布范围要窄得多，最大分子质量在16252u，只有传统型酒样的一半。主体分布集中于寡肽区段，占到一半以上，不过含量比传统型低不少，其中也应该有不少生物活性寡肽。这样的分布比例更有利于酒体的蛋白质稳定性。清爽型黄酒工艺中，适量蛋白酶的加入能有效降解原料中的蛋白质，减少酒液中蛋白质和大分子肽的残留，提高酒体稳定性。添加适量酸性蛋白酶可以作为解决黄酒非生物沉淀的方法之一。

表 12-21　　传统型酒样肽的分子质量分布

分子质量范围/u	含量/（%，λ_{220nm}）	数均分子质量/u	重均分子质量/u
31938～19160	0.07	23201	23518
19160～5946	2.78	7973	8385
5946～4178	1.56	4936	4990
4178～928	11.32	1551	1850
928～370	16.93	547	580
370～141	37.56	202	215
141～76	21.71	109	111
≤76	8.07	69	69

表 12-22　　清爽型酒样肽的分子质量分布

分子质量范围/u	含量/（%，λ_{220nm}）	数均分子质量/u	重均分子质量/u
16252～905	12.39	1788	2817
905～423	15.21	570	591
423～160	36.75	208	221
160～99	23.49	118	119
<99	12.15	73	74

此外，酒样中不同分子质量蛋白（肽）的含量不同，必然会影响酒体的口感风味特性和稳定性。

（三）有机酸

黄酒中的酸主要是有机酸类，一部分来自原料大米、麦曲等，大部分是乳酸菌、酵母等发酵中产生的糖代谢副产物。这些酸中的不挥发性酸也是非糖固形物的组成成分（表 12-23）。

表 12-23 黄酒中总酸和主要不挥发性有机酸含量

有机酸	含量/（g/L）	
	传统型	清爽型
总酸（以乳酸计）	5.76	4.90
乳酸	4.61	3.32
琥珀酸	0.49	0.55
草酸	0.21	0.29
苹果酸	0.036	0.19
柠檬酸	—	—
有机酸总计	5.37	4.35

传统型黄酒的加曲量大，曲中微生物丰富，产酸量也大；清爽型黄酒加曲量少，其总酸比传统型低。各酒样的有机酸中，均是乳酸含量比例最大。

（四） 酚类物质

黄酒由大米、小麦等酿制而成，麦皮中含有不少酚类物质（表 12-24）。酒样多酚物质含量的差别也和蛋白质含量差别一致，主要影响因素为所加麦曲量和其中多酚物质的溶出。不过因为含量少，对非糖固形物含量的贡献也就比较小。

表 12-24 黄酒中总酚测定结果

	传统型	清爽型
总酚/（mg/L）	42.64	33.62

（五） 无机元素

黄酒中的无机元素主要来自原料、酿造用水和发酵、贮酒设备等。无机元素依然是传统型比清爽型为高（表 12-25，表 12-26）。

表 12-25 黄酒中灰分结果

	传统型	清爽型
灰分/（g/L）	2.26	1.62

表 12-26 黄酒中无机元素分析结果 单位：mg/L

元素	传统型	清爽型
Zn	3.46	3.55
Fe	3.16	3.1
Mn	4.62	2.5
Cu	0.69	0.95

续表

元素	传统型	清爽型
K	414	166
Na	104	97.5
Mg	198	75
Ca	204	54.55
Ag	0.015	痕量
P	384	195.8
Pb	0.022	0.017
Al	1.73	2.05
Sn	痕量	痕量
总计	1317.70	601.01

三、非糖固形物含量的影响因素

不同工艺黄酒非糖固形物中各成分的含量差异显著，主要与三个因素密切相关。

（一）工艺

黄酒非糖固形物与生产工艺关系密切，不同工艺生产的黄酒非糖固形物含量表现出很大差别，传统型黄酒一般较高，而清爽型黄酒则较低。

工艺过程影响酶对原料淀粉的降解，如加曲量少、曲的糖化能力低，均影响淀粉利用以及糊精残留。酒液中糊精残留多，会使非糖固形物含量增高。

加曲量对蛋白质影响很大，直接影响蛋白质总量及其降解效率。曲本身会带进蛋白质，同时加曲量大则带进的蛋白酶也更丰富，所以增大加曲量会一定程度上增加非糖固形物含量。

（二）原料

糊精含量主要与原料中的支链淀粉比例以及酶的降解有关。原料支链淀粉含量高时，譬如用糯米酿酒，容易在酒液中残留较多的糊精、低聚糖等，相应非糖固形物含量则高。

蛋白质也与原料带进蛋白质的量密切相关，原料大米的蛋白质含量较高，或者制曲小麦的蛋白质含量高，会带来较多的蛋白质，也会增加非糖固形物含量。

（三）测定方法

黄酒中存在残糖、糊精等糖类物质，而非糖固形物=总固形物-总糖，由公式可见，总糖值对非糖固形物有直接影响，而总糖值与测定水解条件有密切联系。国标中规定的总糖测定方法是，在68~70℃下水解15min，温度条件比较温和，时间也比较短，水解程度较低，其中只有较少部分糊精被水解而包括在国标方法测定的总糖中。如果测定方法有变动，测得的总糖值不同，算出的非糖固形物含量就有差异。

对不同工艺的黄酒来说，非糖固形物含量的高低一定程度上代表了酿酒工艺及酒的品种特征性，与酒的质量高低不呈对应关系。就黄酒本身而言，只要符合社会，符合市场发展潮流，风味口味受到广大消费者的欢迎，均是值得发展的好酒。

第四节　近代黄酒风味组分分析

黄酒作为我国独具民族特色的传统酒精饮料，其独特的酿造工艺造就了黄酒独特、复杂的风味特征。有别于其他食品主要起到的营养作用，黄酒作为酒精饮料的一种更多的是以一种愉悦性的非生活必需品存在于人们的生活中。黄酒的感官特征对消费者的消费选择起着决定性的影响。风味特征是酒类感官特征中最重要的指标，一般酒类感官分析中风味评价的比重超过70%。对生产经营者来说，酒的风味品质直接决定了其经济效益。江南大学在对中国黄酒进行科学感官分析的基础上建立了中国首个黄酒感官特征描述风味轮（图12-1）。黄酒风味轮表示了一般黄酒所具有的香气和口感特征，为黄酒风味的认识、感知和交流提供了一套风味特征的术语体系。在香气特征上我国黄酒主要具有醇香、焦糖香、果香、药香、烟气香、曲香及蜂蜜香等典型特征。在口感特征上我国黄酒具有酸、甜、苦、咸、鲜以及涩感构成的复合口味特征。黄酒风味轮充分体现了我国黄酒风味感官特征的复杂性。

使味觉、嗅觉的等人类感官能够感知到的物质的统称就是风味物质或风味成分。风味物质具有以下一些特点：

（1）种类繁多　如咖啡风味成分已鉴定出468种组分。

（2）含量极微　一般含量为ppm（mg/L）和ppb（μg/L）级，采用一般化学分析方法无法准确测定。通常需要采用现代分析仪器分析，如气相色谱-质谱联用仪等。

（3）大多数为非营养成分　它们虽然不参与体内代谢，但能促进食欲。所以风味是构成食品质量的重要指标之一。

从化学成分角度分析，黄酒中主要成分是水、乙醇和糖分，三者占总量的96%~97%，其他微量组分仅占3%~4%。但这3%~4%的微量组分却决定了黄酒的风味特征及品质的差异。对黄酒中这些微量组分的组成及其风味功能的研究是明晰黄酒风味化学本质、丰富黄酒风格特点及提升黄酒品质的基础。我国黄酒科研工作者也一直试图解析这些微量组分的组成，以明晰构成我国黄酒独特风味特征的化学本质。

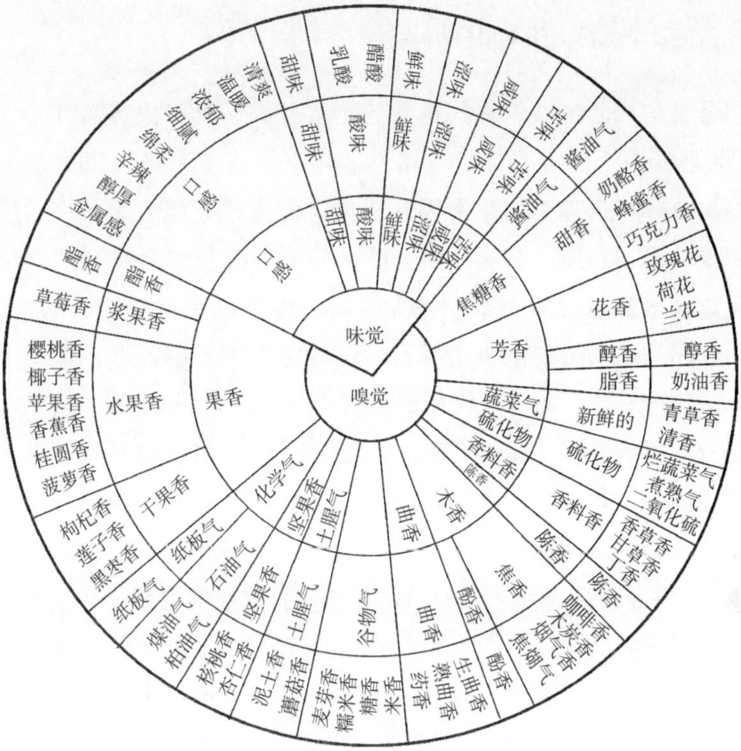

图 12-1　黄酒风味轮

一、 黄酒风味组分分析方法

（一） 黄酒中风味组分的提取方法

由于黄酒中组成复杂的风味组分在含量上仅占黄酒总量的3%~4%，这些风味组分往往以较低的浓度存在于黄酒中，很难直接通过仪器进行分析检测，需要针对性的方法对黄酒中的风味组分进行提取和浓缩以利于后期仪器分析。黄酒中风味组分的提取分离方法十分多样，早期使用的有液液萃取、同时蒸馏-萃取法等溶剂萃取方法。这类方法由于溶剂选择多样，针对样品不同和目标物的特征可进行多样的选择优化，是最经典的样品提取浓缩方法。但这类方法由于有机溶剂使用量大，对环境和人体健康有一定影响，且样品处理烦琐，不利于自动化，目前大多用于黄酒样品组分的定性分析。近年来一些方便快捷的样品前处理技术如固相微萃取技术（SPME），搅拌棒吸附萃取技术（SBSE）、固相萃取（SPE）等先进的样品前处理技术逐步应用于黄酒挥发性组分的分析，这些技术各自特色鲜明，便于自动化、批量化分析，提高了对黄酒样品分析的效率。

（二） 黄酒中挥发性组分的分析方法

挥发性组分是构成酒精饮料香气特征的物质基础。对我国黄酒挥发性组分的系统研究始于20世纪80年代。早期通过气相色谱（GC）分析技术在黄酒组分研究中的应用，推动黄酒组分分析从基本理化指标分析走向微量风味组分分析。通过气相色谱分析对黄酒中主要的醇类物质、酸类物质、酯类物质等微量组分种类和含量有了新的认识。但气相色谱技术对组分分析存在最大的困难即难以实现对组分的快速准确定性。气相色谱质谱联用技术的出现解决了挥发性组分定性困难的难题，推动了我国黄酒挥发性组分分析的快速进步。随着现代色谱技术的发展和GC-MS技术应用的普及，对黄酒中挥发性组分的解析研究工作逐步广泛展开。基于GC-MS分析我国黄酒中检测出的挥发性组分种类超过100种。但由于黄酒挥发性组分组成的复杂性，目前主要的研究手段是采用传统气相色谱（GC）技术对复杂组分进行分离后结合质谱（MS）等检测技术进行定性、定量分析。传统一维色谱技术由于峰容量有限，一次仅能分离约100种挥发性组分，无法满足饮料酒中上千种物质的一次性分离分析。全二维气相色谱技术（GC×GC）是近年开发出的一种多维色谱分离技术。该技术将两种分离机理不同的毛细管色谱柱通过一个调制器实现串联结合形成二维气相色谱系统对样品进行分析。分析样品通过第一维色谱柱分离后连续转移至第二维色谱柱中进行再次分离。与常规一维气相色谱比较，它具有分辨率高、灵敏度高、峰容量大等优点。与高灵敏度的飞行时间质谱（TOFMS）联合使用，是实现复杂样品挥发性组分分离鉴定的有力工具。目前GC×GC-TOFMS技术已经被用于多种酒精饮料挥发性组分的分析，是当前分析酒精饮料中挥发性组分最高效的技术手段。江南大学采用GC×GC-TOFMS对我国黄酒中挥发性组分进行了系统分析，在绍兴黄酒中鉴定出挥发性组分975种（表12-27），分析结果充分体现了我国黄酒挥发性组分的复杂性。

分析方法举例如下。

1. 固相萃取（SPE）提取黄酒中的挥发性组分

采用LiChrolut EN树脂对黄酒中挥发性组分进行吸附萃取。固相萃取过程采用自行填装的LiChrolut EN（1000mg）固相萃取柱进行，试验过程如下：取100mL黄酒经超纯水1∶1稀释后上样固相萃取柱，固相萃取柱上样前先分别用20mL二氯甲烷，20mL甲醇和30mL超纯水进行活化处理。上样过程中控制样品流速不高于2mL/min，上样完成后用30mL超纯水洗脱固相萃取柱中残留的黄酒及色素。将固相萃取柱于-50kPa真空抽干20min后用10mL二氯甲烷洗脱萃取柱中的挥发性组分。二氯甲烷洗脱液经无水硫酸钠干燥后氮吹浓缩至0.5mL，用于GC×GC-TOFMS分析。

2. 用顶空固相微萃取技术（HS-SPME）提取黄酒中挥发性组分

HS-SPME萃取及进样过程由Gerstel公司复合自动进样系统（MPS 2）完成，萃取头为2cm 50/30μm DVB/CAR/PDMS三相萃取头。萃取温度50℃，样品平衡时间5min，萃取时间50min，乳化器转速500rpm。样品前处理流程：取3mL黄酒样品，6mL超纯水及3.0g氯化钠于20mL顶空瓶混合均匀，用带PTFE/蓝色硅胶隔垫的空心磁性金属盖密封后由MPS 2进行HS-SPME操作，完成萃取过程后萃取头于GC进样口250℃解吸附5min后，进行GC×GC-TOFMS分析。

3. 采用GC×GC-TOFMS技术分离鉴定黄酒中挥发性组分

色谱条件：色谱柱系统为一维DB-FFAP（极性柱，60m，0.25mm i.d.，0.25μm膜厚）搭配二维Rxi-15（非极性柱，1.79m，0.1mm i.d.，0.1μm膜厚）。GC进样口温度250℃。进样模式：液体进样采用分流模式进行，分流比20：1，进样量1μL；HS-SPME进样采用不分流模式进行。第一维柱温箱升温程序：起始温度40℃保持2min后，以5℃/min升温至230℃保持5min，柱前压为50psi，样品运行采用恒压模式。调制时间为5s，热调制时间为1s，调制补偿温度为20℃。第二维柱温箱升温程序：起始温度60℃保持2min，后以5℃/min升温至250℃保持5min。载气为高纯氦（纯度>99.9995%）。

4. 质谱条件

EI离子源，电压为70eV，离子源温度为230℃，传输线温度为280℃。检测器电压为1365V。质谱检出溶剂延迟为200s，采集质量数范围为35~500amu，采集频率为100spectrum/s。数据采集由LECO公司Pegasus 4D工作站控制。

SPE和HS-SPME两种前处理方式GC×GC-TOFMS分析鉴定化合物比较见表12-27。

表12-27　SPE和HS-SPME两种前处理方式GC×GC-TOFMS分析鉴定化合物比较

化合物种类	化合物个数		
	SPE[a]	HS-SPME[b]	共同的化合物
有机酸类	75	55	37
酯类	135	67	53
醇类	50	52	41
醛类	26	41	15
缩醛类	43	39	27
呋喃及内酯类	87	56	45
含硫化合物	23	38	19
含氮化合物	135	70	51
酮类	62	37	26
酚类	42	19	15
其他	126	63	37
总计	804	537	366
两种前处理方式总计	975		

注：a样品前处理方式为固相萃取（SPE）；b样品前处理方式为顶空固相微萃取（HS-SPME）。

绍兴黄酒中挥发性组分经 SPE 和 SPME 提取后 GC×GC-TOFMS 分析 2D 色谱图比较见图 12-2。

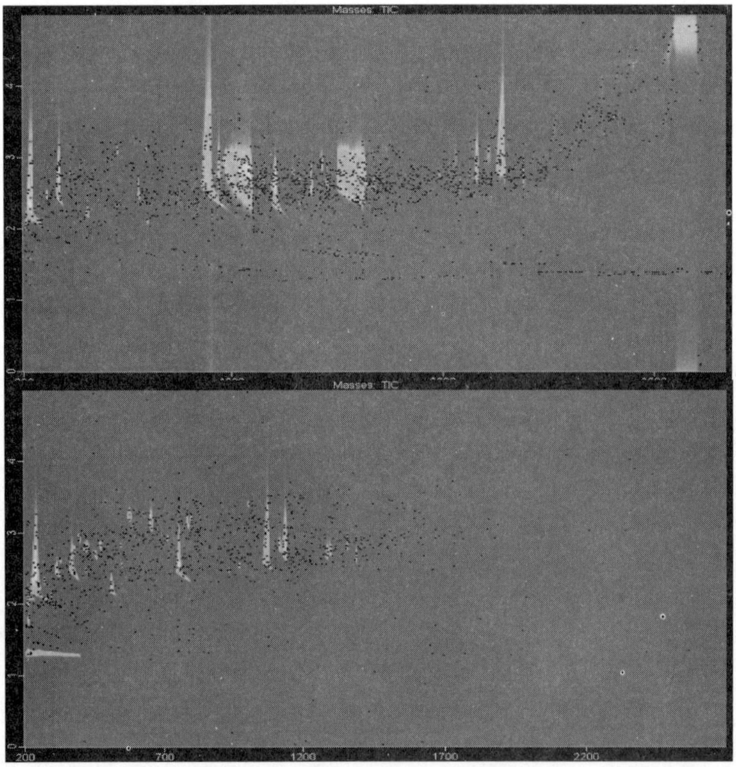

图 12-2 绍兴黄酒中挥发性组分经 SPE（上）和 SPME（下）提取后 GC×GC-TOFMS 分析 2D 色谱图比较

（三）黄酒中香气组分的分析方法

基于感官的检测技术是现代风味化学研究的最核心检测技术。研究发现很多酒中挥发性组分超过 1000 种，但其中具有香气贡献的化合物可能仅有 300~400 种。如何从复杂的挥发性组分中检测、鉴定具有香气贡献的化合物是现代风味化学研究的主要目标。GC-O 技术是目前香气物质分析中最有效的检测方法，广泛用于食品香气组分的研究中。该方法核心思想是以人的鼻子为嗅觉检测器，巧妙地将气相色谱的分离与人嗅觉检测相结合，实现了人机结合。以人鼻子为检测的优势在于：①人的嗅觉是鉴别香气化合物的唯一工具（酒是用于人的消费的）；②人的嗅觉是香气分析最灵敏也是最有效的检测器。由于不同的香气化合物具有不同的香气特征和香气强度，化合物的浓度并不能反映化合物的香气特征和香气强度，人的嗅觉是判断化合物香气特征和强度的唯一工具。图 12-3 显示了一般仪器检测器能够实现的检测范围，可以看出人体感官的灵敏度要明显高于其他分析仪器。目前 GC-O 技术是食品特别是酒类挥发性风味研究中鉴别重要香气物质、特征香气物质及异嗅（off-aroma）化合物的主要技术，目前有大量关于该方法的综述介绍。其中稀释闻香法（Aroma extraction dilution analysis，AEDA）、频度法（Charm Analysis）和时间-强度法（OSME）是最常用的GC-O分析方法。

GC-O技术是基于GC对挥发性组分分离后采用人体嗅觉为检测的分析技术，GC对挥发性组分的分离效果直接决定了嗅觉检测结果的有效性和准确性。由于一维GC分离能力有限，酒中挥发性组分萃取后分析往往会出现化合物的共流出现象，使得嗅觉检测结果受到影响。因此采用合适的方法对挥发性组分进行简化是完成GC-O技术对酒中复杂香气组分有效分析的主要技术挑战。

不同检测器对化合物的检测范围见图12-3。

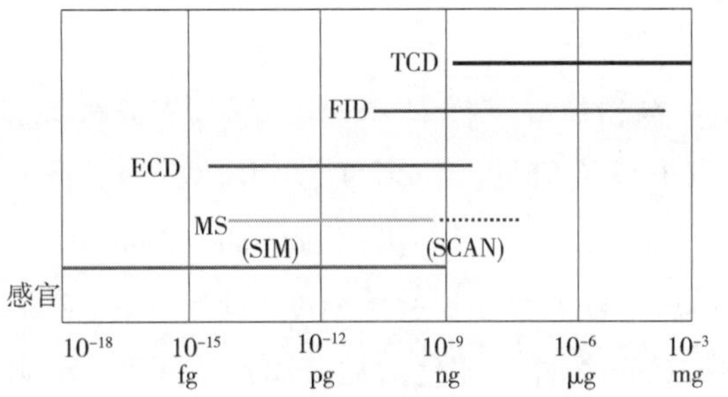

图12-3 不同检测器对化合物的检测范围

基于风味化学技术的黄酒风味组分分析技术路线见图12-4。

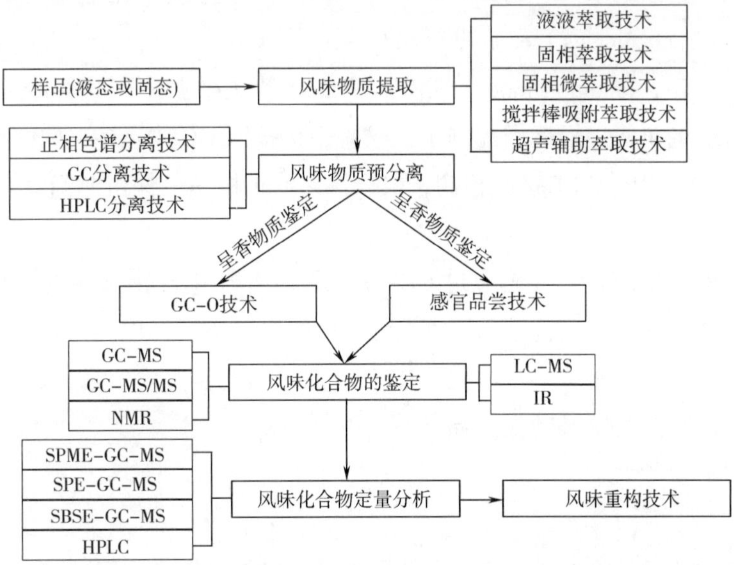

图12-4 基于风味化学技术的黄酒风味组分分析技术路线

二、 黄酒中的挥发性香气活性组分

（一） 分析方法及流程

采用 GC-O 分析方法，对黄酒中的挥发性香气活性组分进行分析。GC-O 分析在配有闻香仪（ODP）的 Agilent GC5890-FID 气相色谱仪上进行。GC-O 闻香分析由两名人员进行（一男一女），闻香员在进行 GC-O 分析前均经过系统的闻香训练，熟悉黄酒香气的描述。GC-O 分析采用香气强度法（OSME）。

OSME 方法：香气强度以 0~5 六个级别表述，0 表示没有闻到香气，3 表示香气强度中等，5 表示香气强度极强。每次试验记录保留时间、香气描述及香气强度值。每个组分每位闻香员分别重复 3 次，两人共计 6 次，取两人闻香平均值作为最终的香气强度值。

GC 条件：进样口、检测器温度均为 250℃，载气为高纯氮气，流速 2mL/min。进样量 1μL，进样模式为不分流进样。色谱柱为 ZB-Wax column（30m×0. 25mm i. d.，0. 25μm film thickness，Phenomenex）和 DB-5 column（30m×0. 25mm i. d.，0. 25μm film thickness，J&W Scientific）。升温程序：起始温度 40℃，保持 2min 后，以 5℃/min 的速度升温至 230℃，保持 10min。样品经色谱柱分离后以 1∶1 比例分别进入 FID 和 ODP 进行检测。

GC-MS 分析：GC-MS 分析在 Agilent 6890 GC—5973（MSD）上进行。GC 条件：条件同上，载气为高纯氦气。MS 条件：离子源为 EI 电离源，电离能量 70eV，离子源温度 230℃，扫描范围 30. 00~350. 00amu。未知化合物的质谱图通过与 Wiley 275. L Database（Agilent Technologies Inc.）进行比对鉴定。

保留指数（RI，retention index）测定：保留指数是根据改进的 Kovats 法计算得出的，将 C6~C25 的正构烷烃标样配制于正戊烷中，按照 GC-O，GC-MS 分析相同色谱条件进样进行 GC-FID 和 GC-MS 检测，根据得到的正构烷烃保留时间计算香气物质的保留指数。

香气物质的鉴定流程：首先通过 GC-O 分析对香气化合物出现的区域进行定位；根据 GC-O 对香气区域的定位结果计算香气区域的保留指数（RI）；进一步通过香气区域的香气描述、质谱检索结果、与文献 RI 值比对进行初步鉴定；最后通过与标准物质的质谱图及 RI 值比对进行最终的验证。

（二） 分析结果

通过对黄酒样品的 GC-O 分析，在黄酒中鉴定出的香气组分超过 90 种，包含了 14 种醇类、12 种有机酸类、20 种酯类、9 种醛类、9 种酚类、7 种呋喃类、6 种内酯类、

9 种含氮化合物和 4 种其他种类化合物。这些不同种类香气化合物呈现出不同的香气特征，这也体现出了我国黄酒香气在物质上的复杂性。通过不同种类香气物质对黄酒整体香气特征的贡献度（图 12-5）。可以看出各种类香气物质对黄酒香气整体贡献度均小于 25%，说明黄酒的整体香气特征并不是由某一类或一种香气物质的贡献决定的，而是由不同种类香气化合物共同作用的结果。

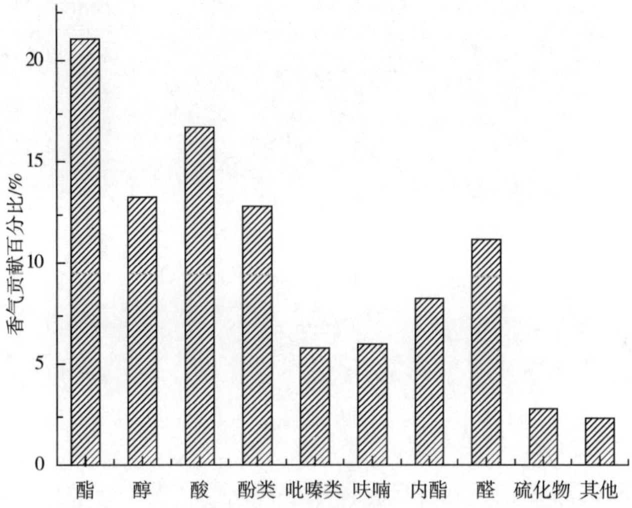

图 12-5　不同种类化合物对黄酒整体香气特征贡献比例

此外，从风味化学的角度，香气化合物对风味的贡献也与其香气阈值密切相关。风味物质的香气活力值（OAV）可以按照下式计算：

某风味化合物的香气活力值 OAV = 该物质的含量/该物质的香气阈值

所以，香气化合物对风味的贡献不仅与其含量有关，更需要看其 OAV。

采用 GC-O 技术在黄酒中鉴定出的香气化合物见表 12-28。

表 12-28　　采用 GC-O 技术在黄酒中鉴定出的香气化合物

RI-Wax	RI-DB5	化合物名称	香气描述	鉴定依据*	香气强度
906	611	乙酸乙酯	溶剂	MS，RI，Aroma	4.31
961	700	丙酸乙酯	甜香、水果香	MS，RI，Aroma	3.06
969		2-甲基丙酸乙酯	果香	MS，RI，Aroma	2.18
1043	800	丁酸乙酯	甜香、水果香	MS，RI，Aroma	3.80
1061	860	2-甲基丁酸乙酯	花香	MS，RI，Aroma	1.60
1080	867	3-甲基丁酸乙酯	甜香、水果香	MS，RI，Aroma	2.75
1135	878	乙酸异戊酯	香蕉香、果香	MS，RI，Aroma	3.06
1148	902	戊酸乙酯	甜香	MS，RI，Aroma	1.16

续表

RI-Wax	RI-DB5	化合物名称	香气描述	鉴定依据*	香气强度
1245	996	己酸乙酯	果香	MS，RI，Aroma	4.20
1342		庚酸乙酯	果香	MS，RI，Aroma	1.35
1352	836	乳酸乙酯	果香	MS，RI，Aroma	2.59
1442	1192	辛酸乙酯	果香	MS，RI，Aroma	2.46
1685	1163	苯甲酸乙酯	花香	MS，RI，Aroma	1.55
1693	1175	丁二酸二乙酯	甜香	MS，RI，Aroma	2.15
1806	1247	2-苯乙酸乙酯	花香、蜂蜜香	MS，RI，Aroma	1.87
1839	1180	乙酸-2-苯乙酯	花香、蜂蜜香	MS，RI，Aroma	1.13
1905	1873	3-苯丙酸乙酯	花香	MS，RI，Aroma	0.86
2170	1455	肉桂酸乙酯	桂皮、香料	MS，RI，Aroma	2.15
	911	2-羟基丁酸乙酯	甜香	MS，RI，Aroma	1.24
	1055	2-羟基戊酸乙酯	果香	MS，RI，Aroma	0.75
1023	541	正丙醇	杂醇油	MS，RI，Aroma	2.25
1106	752	2-甲基丙醇	指甲油	MS，RI，Aroma	3.18
1158	764	正丁醇	醇香	MS，RI，Aroma	1.60
1216		2-甲基丁醇	杂醇油、指甲油	MS，RI，Aroma	4.00
1243	801	3-甲基丁醇	杂醇油、指甲油	MS，RI，Aroma	5.00
1287	808	正戊醇	植物	MS，RI，Aroma	0.86
1377	877	正己醇	青草香、植物	MS，RI，Aroma	1.57
1448	977	1-辛烯-3-醇	蘑菇香	MS，RI，Aroma	1.82
1466	982	正庚醇	植物	MS，RI，Aroma	0.73
1643		正壬醇	青草香	MS，RI，Aroma	0.85
	862	3-乙氧基丙醇	甜香	MS，RI，Aroma	1.47
1900	1037	苯甲醇	花香	MS，RI，Aroma	1.20
1940	1136	β-苯乙醇	花香、玫瑰香	MS，RI，Aroma	4.66
2070		3-苯丙醇	花香	MS，RI，Aroma	1.03
1468	752	乙酸	醋	MS，RI，Aroma	5.00
1564	774	丙酸	酸臭	MS，RI，Aroma	2.11
1590	795	2-甲基丙酸	酸臭、汗臭	MS，RI，Aroma	3.24
1650	830	丁酸	酸臭、干酪	MS，RI，Aroma	3.57
1690	859	3-甲基丁酸	酸臭	MS，RI，Aroma	4.88
1763	879	戊酸	干酪、酸臭	MS，RI，Aroma	1.68
1830	944	4-甲基戊酸	不愉快气味	MS，RI，Aroma	1.72
1871	978	己酸	干酪、酸臭	MS，RI，Aroma	3.25

续表

RI-Wax	RI-DB5	化合物名称	香气描述	鉴定依据*	香气强度
1979		庚酸	汗臭	MS，RI，Aroma	1.26
2132	1168	辛酸	汗臭、干酪	MS，RI，Aroma	2.19
2199	1263	壬酸	汗臭	MS，RI，Aroma	0.69
2462	1279	苯甲酸乙酯	花香	MS，RI，Aroma	1.12
1885	1094	愈创木酚	药香	MS，RI，Aroma	3.89
2034	975	苯酚	医药气味	MS，RI，Aroma	2.56
2056	1358	4-乙基愈创木酚	烟气	MS，RI，Aroma	2.86
2118	1080	4-甲基苯酚	烟气、酚	MS，RI，Aroma	1.55
2210	1166	4-乙基苯酚	药香	MS，RI，Aroma	1.28
2229	1322	4-乙烯基愈创木酚	香料、丁香	MS，RI，Aroma	3.42
2579	1407	香兰素	甜香、香草香	MS，RI，Aroma	4.35
2618	1558	香草酸乙酯	香草香	MS，RI，Aroma	2.16
2642	1497	乙酰基香草酮	香草香	MS，RI，Aroma	1.48
1281	844	甲基吡嗪	花生	MS，RI，Aroma	2.57
1341	922	2，6-二甲基吡嗪	坚果、米饭香	MS，RI，Aroma	3.86
1484	1002	三甲基吡嗪	花生	MS，RI，Aroma	2.83
1452	1089	四甲基吡嗪	花生、焙烤香	MS，RI，Aroma	2.45
	1005	2-乙基-6-甲基吡嗪	焙烤香、坚果香	MS，RI，Aroma	0.86
	1039	乙酰基吡嗪	坚果香	MS，RI，Aroma	2.15
	1105	*N*-乙烯基吡咯烷酮	烟气	MS，RI，Aroma	1.37
	1118	2-乙酰基-3-甲基吡嗪	坚果香	MS，RI，Aroma	1.63
	1219	烟酸乙酯	烟气	MS，RI，Aroma	2.08
1475	1077	2-糠醛缩二乙醇	水果香	MS，RI，Aroma	3
1483	852	糠醛	苦杏仁，焦糖香	MS，RI，Aroma	3.68
1589	919	5-甲基糠醛	植物	MS，RI，Aroma	1.69
1634	1037	2-乙酰基-5-甲基糠醛	植物树叶	MS，RI，Aroma	1.74
1641	1051	2-糠酸乙酯	花香	MS，RI，Aroma	2.55
1740		5-甲基糠醇	焦糖香	MS，RI，Aroma	0.76
	865	2-糠醇	焦糖香	MS，RI，Aroma	1.69
1654	917	γ-丁内酯	甜香	MS，RI，Aroma	2.13
1726	1054	γ-己内酯	甜香、桃子香	MS，RI，Aroma	2.21
1962	1301	γ-辛内酯	桃子香	MS，RI，Aroma	2.35
2059	1369	γ-壬内酯	椰子香	MS，RI，Aroma	4.85
2062	1054	DL-泛酰内酯	甜香	MS，RI，Aroma	2.16

续表

RI-Wax	RI-DB5	化合物名称	香气描述	鉴定依据*	香气强度
2191	1471	γ-癸内酯	桃子香	MS，RI，Aroma	2.85
925		3-甲基丁醛	麦芽香	MS，RI，Aroma	3.21
1065	829	1-己醛	青草香	MS，RI，Aroma	1.68
1413	1104	1-壬醛	花香，青草香	MS，RI，Aroma	1.21
1543	967	苯甲醛	苦杏仁	MS，RI，Aroma	5.00
1701	1050	2-羟基苯甲醛	花香	MS，RI，Aroma	2
1678	1047	苯乙醛	花香、玫瑰香	MS，RI，Aroma	2.46
1671	1072	乙酰基苯乙酮	花香	MS，RI，Aroma	1.86
1911	1285	2-苯基-2-丁烯醛	甜香	MS，RI，Aroma	2.35
2069	1281	肉桂醛	肉桂香	MS，RI，Aroma	2.87
1052	753	二甲基二硫	烂白菜	MS，RI，Aroma	2.15
1351	969	二甲基三硫	烂白菜	MS，RI，Aroma	3.48
1861	1427	反-1，10-二甲基-反-9-癸醇	土霉味	MS，RI，Aroma	4.67
	1201	松油醇	花香	MS，RI，Aroma	1.85

注：* MS：表示经质谱比对鉴定；RI：表示与文献中报道 RI 值比对鉴定；Aroma：表示与文献报道香气描述比对鉴定。

黄酒样中醇、酸、酯类香气物质对黄酒香气整体贡献度接近 50%，这几类香气物质是酒精饮料中普遍存在的香气物质，起到香气骨架成分的作用。醇、酸、酯类香气化合物主要由酵母及其他微生物发酵过程代谢产生，菌种、生产原料配比、发酵控制工艺等对这些香气化合物的生成均有显著影响。

1. 黄酒中的醇类香气化合物

醇类化合物是黄酒中重要的一类化合物，其中含量较高的有正丙醇、2-甲基丙醇、正丁醇、3-甲基丁醇、β-苯乙醇，这些化合物在样品中含量均超过 1mg/L。但结合香气活力值分析，大部分醇类化合物香气活力值均低于 1，对黄酒整体香气特征贡献不大。只有 3-甲基丁醇和 β-苯乙醇两种醇类化合物含量高于其香气阈值，是黄酒中的关键香气化合物。β-苯乙醇（玫瑰花香、蜂蜜香）是黄酒中最重要的高级醇，正丙醇、异丁醇、异戊醇、活性戊醇、β-苯乙醇又称为杂醇油，主要由酵母代谢产生。糖代谢直接生成和对应氨基酸转化生成（Ehrlich 途径）是酵母代谢过程中高级醇产生的两条主要代谢途径。原料中氨基酸的组成含量、微生物菌种、发酵工艺参数等条件均能影响高级醇的生成。

黄酒中醇类香气化合物含量及香气活力值见表 12-29。

表 12-29　　黄酒中醇类香气化合物含量及香气活力值

香气化合物	香气描述	香气阈值/（μg/L）	酒样1		酒样2	
			浓度/（μg/L）	OAV	浓度/（μg/L）	OAV
正丙醇	杂醇油香气	306000	53437.00	0.2	93085.00	0.3
2-甲基丙醇	指甲油香气	85200	71441.00	0.8	65317.00	0.8
正丁醇	醇香	150000	1667.23	0.0	2013.24	0.0
3-甲基丁醇	指甲油香气	30000	174718.00	5.8	153728.26	5.1
正己醇	青草香、植物	8000	292.20	0.0	183.26	0.0
1-辛烯-3-醇	蘑菇香	40	8.51	0.2	7.22	0.2
正庚醇	植物香	2500	17.64	0.0	18.25	0.0
正壬醇	青草香	—	10.69	—	15.28	—
苯甲醇	花香	900	431.14	0.5	401.67	0.4
β-苯乙醇	玫瑰花香、蜂蜜香	8500	92036.67	10.8	105473.33	12.4

2. 黄酒中的酯类香气化合物

酯类化合物由于其较低的香气阈值和愉悦的水果香、花香的香气特征是黄酒风味成分中最主要也是最重要的一类化合物。表 12-30 所示为在两种典型黄酒样品中分析的 16 种酯类香气化合物的含量及香气活力值。黄酒中含量较高的酯类化合物依次是乳酸乙酯、乙酸乙酯和琥珀酸乙酯，这三种酯类化合物在黄酒中含量均超过 1mg/L，其中乳酸乙酯含量在两个酒样中分别达到 0.62g/L 和 0.52g/L。黄酒中其他酯类化合物含量均在 1mg/L 以下。但从香气活力值角度衡量香气化合物的香气贡献可以发现并不是含量高的化合物其香气贡献就一定大。黄酒中香气活力较高的酯类化合物依次是丁酸乙酯、己酸乙酯和乙酸乙酯。丁酸乙酯和己酸乙酯虽然含量都低于 1mg/L，但由于其香气阈值极低，表现出较高的香气活力值和香气贡献。丁二酸二乙酯为黄酒中主要的酯类化合物，但由于其香气阈值极高，其对黄酒整体香气贡献并不大。

表 12-30　　黄酒中酯类香气化合物含量及香气活力值

香气化合物	香气描述	香气阈值/（μg/L）	酒样1		酒样2	
			浓度/（μg/L）	OAV	浓度/（μg/L）	OAV
乙酸乙酯	溶剂	12264	77487.00	6.3	96253.00	7.8
丙酸乙酯	甜香、水果香	1800	776.59	0.4	1352.61	0.8
2-甲基丙酸乙酯	果香	15	68.53	4.6	96.47	6.4
丁酸乙酯	甜香、水果香	20	354.88	17.7	789.08	39.5
2-甲基丁酸乙酯	花香	1600	19.48	0.0	14.80	0.0
3-甲基丁酸乙酯	甜香、水果香	30	56.67	1.9	79.81	2.7

续表

香气化合物	香气描述	香气阈值 /（μg/L）	酒样 1		酒样 2	
			浓度/（μg/L）	OAV	浓度/（μg/L）	OAV
乙酸异戊酯	香蕉香、果香	30	110.70	3.7	105.40	3.5
戊酸乙酯	甜香	10	19.36	1.9	29.32	2.9
己酸乙酯	果香	5	85.39	17.1	121.61	24.3
乳酸乙酯	果香	154000	624254.97	4.1	522479.39	3.4
辛酸乙酯	果香	5	21.53	4.3	36.38	7.3
苯甲酸乙酯	花香	575	68.19	0.1	79.41	0.1
2-苯乙酸乙酯	花香、蜂蜜香	100	61.19	0.6	52.65	0.5
乙酸-2-苯乙酯	花香、蜂蜜香	250	39.96	0.2	40.71	0.2
丁二酸二乙酯	甜香	200000	7424.15	0.0	8426.00	0.0
肉桂酸乙酯	桂皮、香料	1.1	3.59	3.3	1.86	1.7

3. 黄酒中的有机酸类香气化合物

有机酸类香气化合物（挥发性有机酸）是形成黄酒风味的一类重要的化合物。虽然有机酸类香气化合物单体大多呈现酸臭、汗臭等不愉悦的香气特征，但适量的有机酸对于形成黄酒复杂的香气和口感具有重要的贡献。而过量的有机酸则是黄酒酸败变质的重要标志。表 12-31 所示为两种黄酒中 10 种主要有机酸类香气化合物的含量及香气活力值。黄酒中含量最高的有机酸类香气化合物是乙酸，在两种黄酒中含量分别达到 0.74 和 0.84g/L，是黄酒中含量最高的挥发性化合物之一。丙酸、丁酸和三甲基丁酸在黄酒中含量超过 1mg/L，其他有机酸类香气化合物在黄酒中含量较低。黄酒中有 4 种有机酸（乙酸、丁酸、3-甲基丁酸、己酸）香气活力值大于 1，是黄酒中的关键香气化合物。3-甲基丁酸由于香气阈值极低（仅为 33.4μg/L），其在两种黄酒中香气活力值均超过 50，是黄酒中香气活力值最大的香气化合物之一。丁酸在两种黄酒中香气活力值也超过 10，对黄酒整体香气特征具有重要的影响。丙酸、2-甲基丙酸、庚酸等香气化合物由于其香气阈值较高，而在黄酒中浓度较低，对黄酒整体香气贡献不大。

表 12-31　　黄酒中酯类香气化合物含量及香气活力值

香气化合物	香气描述	香气阈值 /（μg/L）	酒样 1		酒样 2	
			浓度/（μg/L）	OAV	浓度/（μg/L）	OAV
乙酸	醋香	200000	742381.75	3.7	839941.21	4.2
丙酸	酸臭	8100	1933.84	0.2	2008.14	0.2
2-甲基丙酸	酸臭、汗臭	2300	787.53	0.3	631.33	0.3

续表

香气化合物	香气描述	香气阈值 /（μg/L）	酒样 1		酒样 2	
			浓度/（μg/L）	OAV	浓度/（μg/L）	OAV
丁酸	酸臭、干酪	173	2247.61	13.0	2931.37	16.9
3-甲基丁酸	酸臭	33.4	1872.39	56.1	2146.03	64.3
戊酸	干酪、酸臭	3000	223.08	0.1	241.95	0.1
4-甲基戊酸	不愉快气味	—	486.53	—	385.09	—
己酸	干酪、酸臭	420	728.86	1.7	802.29	1.9
庚酸	汗臭	3000	77.66	0.0	67.95	0.0
辛酸	汗臭、干酪	500	275.06	0.6	385.15	0.8

4. 黄酒中的酚类香气化合物

黄酒中除醇、酸、酯类酒精饮料中常见的香气物质外，酚类香气化合物是对黄酒整体香气贡献最大的一类香气化合物。这类香气化合物一般具有较为独特的香气特征，对于构成黄酒复杂的香气感官特征具有重要的贡献。表 12-32 列举了黄酒中共检测到的 9 种主要酚类香气化合物的浓度和香气活力值。其中香兰素（又称香草醛）是含量最高且香气活力值最大的香气化合物。两种黄酒中香兰素含量接近 1mg/L，由于其香气阈值仅为 29μg/L，香兰素的香气活力值较高，是黄酒中最重要的香气化合物之一。香兰素及其衍生物香兰酸乙酯、香兰酮具有典型的香草的香气特征，对酒精饮料香气特征具有重要的正面贡献。葡萄酒中经过橡木桶长期陈酿的陈年葡萄酒才会含有较高浓度的香兰素及其衍生物，这些物质是葡萄酒橡木桶陈酿产生的代表性物质。黄酒中具有较高香气强度的香兰素来自黄酒酿造过程中使用的特殊原料——麦曲。小麦中含有高浓度的阿魏酸，而阿魏酸通过生物或化学作用转化为 4-乙烯基愈创木酚后进一步经化学途径转化为香兰素的途径已经得到广泛证实。黄酒酿造过程中麦曲的用量能够显著影响黄酒中香兰素的含量。除此之外贮存时间也是影响黄酒中香兰素含量的重要因素。香兰素主要在黄酒陈酿过程中由 4-乙烯基愈创木酚经化学转化形成，新酿制的黄酒中香兰素含量极低，随着陈酿时间延长，香兰素含量逐渐增加，贮存 20 年的黄酒中香兰素含量能够超过 5mg/L。愈创木酚及 4-乙烯基愈创木酚在黄酒中也具有较高的香气强度。这两类物质具有典型的烟气香、草药香及丁香的气味。这两种物质及其他酚类化合物可能是构成我国黄酒“烟气香”风味特征的重要香气化合物。黄酒中酚类化合物可能主要来自植物原料中木质素及其他植物次级代谢产物。

黄酒中香兰素的形成途径见图 12-6。

表 12-32　　　　黄酒中酯类香气化合物含量及香气活力值

香气化合物	香气描述	香气阈值/(μg/L)	酒样 1		酒样 2	
			浓度/(μg/L)	OAV	浓度/(μg/L)	OAV
4-乙基愈创木酚	烟气香	20	167.73	8.4	26.53	1.3
愈创木酚	烟气香	10	52.47	5.2	51.22	5.1
苯酚	医药、酚气	30	66.44	2.2	50.84	1.7
4-甲基苯酚	动物香气	68	2.96	0.0	0.00	0.0
4-乙基苯酚	药香	400	118.90	0.3	73.75	0.2
4-乙烯基愈创木酚	丁香香气	40	298.83	7.5	131.60	3.3
香兰素	甜香、香草香	29	838.00	28.9	932.02	32.1
香草酸乙酯	香草香	990	547.60	0.6	582.28	0.6
香兰酮	香草香	1000	631.45	0.6	782.28	0.7

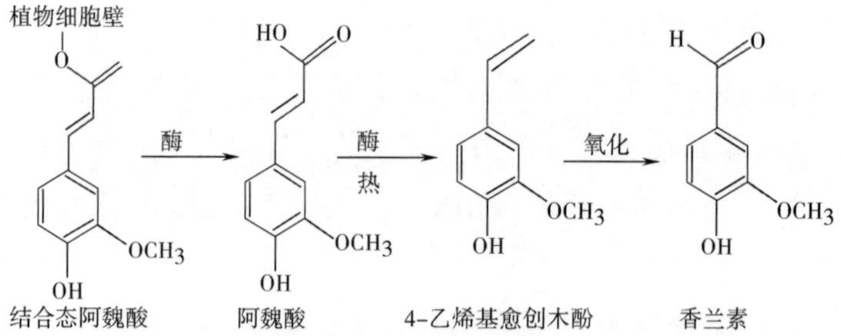

图 12-6　黄酒中香兰素的形成途径

5. 黄酒中的呋喃及内酯类香气化合物

呋喃及内酯类化合物是黄酒中种类众多的一类化合物，主要在贮存过程中由美拉德反应等化学作用形成。表 12-33 所示为两种黄酒中 12 种主要呋喃及内酯类化合物的含量和香气活力值。糠醛和 γ-丁内酯分布是黄酒中含量最高的呋喃类和内酯类香气化合物。但由于这两种物质香气阈值极高，它们在黄酒中的含量均低于其香气阈值，对黄酒香气贡献不大。糠醛具有苦杏仁和焦糖香的香气特征，早期认为是构成黄酒焦糖香香气特征的主要香气物质，但从风味化学角度分析，其对黄酒焦糖香香气贡献不大。虽然黄酒中的呋喃及内酯类化合物的种类众多，但从香气贡献的角度分析，由于它们香气活力值大多小于 1，对黄酒整体香气贡献不大。其中仅有两种香气物质香气活力值大于 1，是黄酒中的关键香气化合物，它们分别是 γ-壬内酯和葫芦巴内酯。γ-壬内酯具有愉悦的甜香和椰子香，是酒精饮料中的一类重要香气化合物。葫芦巴内酯英文名为 sotolon，具有浓郁的酱油香、焦糖香，是多种食品的特征香气化合物。葫芦巴内酯是黄酒中新发现的一类重要的香气化合物，是构成黄酒焦糖香香气特征的关键香气化合物。葫芦巴内酯在黄酒中的含量极低，仅为11μg/L，但香气活力值却很大。葫芦巴内酯主要在黄酒陈酿过程中形成，贮存的温度、溶氧等条件均能影响其形成。

表 12-33 黄酒中酯类香气化合物含量及香气活力值

香气化合物	香气描述	香气阈值/（μg/L）	酒样1		酒样2	
			浓度/（μg/L）	OAV	浓度/（μg/L）	OAV
糠醛	苦杏仁，焦糖香	14100	5126.19	0.4	6364.25	0.5
2-乙酰基呋喃	焦糖香，甜香	80000	25.47	0.0	43.76	0.0
5-甲基糠醛	焙烤香，焦香	20000	40.59	0.0	66.52	0.0
2-乙酰基-5-甲基呋喃	焦糖香，甜香	—	6.19	—	9.21	—
2-糠酸乙酯	花香	16000	4.74	0.0	6.93	0.0
2-糠醇	焦糖香	2000	573.31	0.3	555.17	0.3
γ-丁内酯	甜香	35000	3916.67	0.1	5352.45	0.2
γ-己内酯	甜香、桃子香	13000	23.13	0.0	22.92	0.0
γ-壬内酯	椰子香	30	138.96	4.6	121.95	4.1
DL-泛酰内酯	甜香	2000	295.36	0.1	335.25	0.2
γ-癸内酯	桃子香	100	130.50	1.3	132.36	1.3
葫芦巴内酯	焦糖香	11	82.32	7.5	80.76	7.3

6. 黄酒中其他香气化合物

除了以上主要种类香气化合物外，黄酒中还检测到醛类、吡嗪类、挥发性含硫化合物等多种香气化合物。它们在两种黄酒中的含量如表 12-34 所示。

表 12-34 黄酒中酯类香气化合物含量及香气活力值

香气化合物	香气描述	香气阈值/（μg/L）	酒样1		酒样2	
			浓度/（μg/L）	OAV	浓度/（μg/L）	OAV
乙醛	刺激性香气	100000	93885.00	0.9	72226.00	0.7
3-甲基丁醛	麦芽香	57	1654.80	29.0	2006.28	35.2
苯甲醛	苦杏仁	990	2880.91	2.9	3427.53	3.5
2-苯基-2-丁烯醛	甜香	—	141.11	—	213.52	—
肉桂醛	肉桂香	160	16.62	0.1	11.55	0.1
苯乙醛	花香、玫瑰香	5	102.02	20.4	55.43	11.1
二甲基三硫	烂白菜香气	0.2	4.53	22.7	5.39	27.0
二甲基二硫	硫化物香气	2.5	1.36	0.5	5.21	2.1
3-甲硫基丙醛	煮土豆香气	50	89.31	1.8	21.28	0.4

续表

香气化合物	香气描述	香气阈值/（μg/L）	酒样1		酒样2	
			浓度/（μg/L）	OAV	浓度/（μg/L）	OAV
土味素	土霉气	0.05	0.217	4.3	0.188	3.8
2-甲基吡嗪	焙烤香	60000	9.17	0.0	10.17	0.0
2，6-二甲基吡嗪	坚果、米饭香	200	17.91	0.1	13.92	0.1
2，3，5-三甲基吡嗪	花生香	400	8.30	0.0	8.02	0.0
四甲基吡嗪	炒花生、焙烤香	1000	73.37	0.1	56.35	0.1

（1）醛类香气化合物　黄酒中的醛类香气化合物主要有乙醛、3-甲基丁醛、苯甲醛、2-苯基-2-丁烯醛、肉桂醛和苯乙醛。其中乙醛是含量最高的醛类香气化合物，在两种黄酒中含量超过700mg/L，其次是苯甲醛，含量超过2mg/L，其他醛类化合物含量较低，一般低于1mg/L。从香气贡献的角度分析，由于3-甲基丁醛（麦芽香）、苯乙醛（玫瑰香、蜂蜜香）香气阈值较低，低香气活力值超过10，是黄酒中最重要的醛类香气化合物。苯甲醛（苦杏仁香）在两种黄酒中含量也超过其香气阈值，是黄酒中的关键香气化合物。

（2）挥发性含硫香气化合物　挥发性含硫香气化合物是食品中一类独特的香气化合物，大多具有香气阈值低、感官特征独特的特点，是构成很多食品特征香气或异味的关键香气化合。表12-34所示为黄酒三种主要挥发性含硫化合物的含量和香气活力值。它们都至少在一种黄酒中香气活力值大于1，对黄酒整体香气具有重要贡献。

（3）吡嗪类香气化合物　吡嗪类香气化合物大多具有焙烤香香气特征，虽然采用GC-O分析香气强度较大，但这些化合物在黄酒中一般含量较低，其香气阈值较高，对黄酒整体香气贡献不大。

（4）其他香气化合物　反-1，10-二甲基-反-9-癸醇，又称土味素（geosmin）具有强烈的泥土及发霉的粮食的味道，是酒精饮料中典型的异味物质之一。在黄酒中也通过GC-O检出，且具有较高的香气强度。其含量在两种黄酒中均超过其香气阈值，对黄酒整体香气具有影响。黄酒原料麦曲中也检测到含量较高的土味素，这可能是黄酒中土味素的主要来源。

三、黄酒原料麦曲的风味组分分析

麦曲是我国黄酒酿造所特有的原料。“以麦制曲，用曲发酵”是我国黄酒酿造的精华所在。在黄酒酿造过程中麦曲的作用有二：一是“糖化作用”，利用麦曲中的各种酶系（主要是淀粉酶、糖化酶、蛋白酶），将米饭原料中淀粉、蛋白质等降解为酵母及其他微生物可以利用的营养物质。二是“生香作用”，长期黄酒酿造实践发现麦曲是形成我国黄酒香气特征的必需原料。“无曲不成酒”“曲为酒之骨”是对麦曲作用的最好总结。现代酶制剂工业的发展使得麦曲的“糖化剂作用”由更高效的商业化酶制剂取代成为可能。但经过黄酒生产实践发现，采用商业化酶制剂虽然能使黄酒发酵过程正常进行，但所酿制的黄酒风味却与传统麦曲酿制黄酒风味存在巨大的差异。非麦曲黄酒中明显缺少传统黄酒所特有的“曲香”。随着黄酒酿造过程中商业化酶制剂的应用，如今麦曲在黄酒酿造过程中的“生香作用”逐渐取代其“糖化剂作用”，成为黄酒酿造的精华所在。在过去对黄酒麦曲的研究往往侧重于对糖化剂作用的研究，并没有系统地研究麦曲风味特征。近年来随着对麦曲香气组分的研究逐渐受到重视，现代风味化学的技术手段开始应用于对麦曲风味物质的科学研究。江南大学研究团队对麦曲风味进行了系统的解析。

（一）黄酒麦曲中香气成分定性及香气强度

HS-SPME 萃取方法：取 10g 麦曲样品，加入 0.1g $CaCl_2$ 和 20mL 煮沸的去离子水，于超声清洗水浴器中超声浸提 30min，然后 8000rpm，4℃，离心 10min，取上清液，重复两次，合并上清液混匀，量取 8mL 加入 20mL 顶空瓶中，加入 NaCl 饱和和 15μL 浓度分别为 155.5mg/L 和 64.55mg/L 的 4-（4-甲氧苯基）-2-丁酮和 2-辛醇为内标后，盖上顶空瓶盖进行 GC-MS 分析。GC 条件：进样口温度 250℃，载气 He，流速 2mL/min。进样量 1μL，不分流进样。色谱柱为 DB-FFAP（60m×0.25mm i.d.×0.25μm，J&W Scientific）时的升温程序：50℃恒温 2min，以 6℃/min 的速度升温至 230℃，保持 15min。MS 条件：EI 电离源，电子能量 70eV，离子源温度 230℃，扫描范围33.00~500.00amu。

物质定性采用将未知物的图谱与 NIST05a.L Database（Agilent Technologies Inc.）相比较，定性结果通过与标准样品的质谱比对、查阅已经报道过的文献中相应物质 RI 以及比对标准样品的香气描述得到。

黄酒麦曲中挥发性组分十分复杂，采用 HS-SPME 联合 GC-MS 技术能够检测到很多种挥发性微量成分（图 12-7）。结合 GC-O 香气强度法分析，可以确定黄酒麦曲中有香气特征的挥发性香气化合物。在黄酒麦曲中共鉴定出了 42 种挥发性香气化合物，其包括 2 种醛类化合物、3 种酮类化合物、11 种醇类化合物、3 种酯类化合物、5 种酸类化合物、5 种芳香族化合物、1 种呋喃类化合物、1 种含硫化合物、1 种内酯类化合物、5 种酚类化合物、5 种含氮化合物。在这些香气化合物中香气强度最大的有 1-辛烯-3-酮（蘑菇香）、1-辛烯-3-醇（蘑菇香）、4-乙烯基愈创木酚（辛辣味，丁香）等。香气强度较大的有已醛（青草香，苹果香）、已酸乙酯（水果香，花香，甜香）、辛酸乙酯（水果香）、苯乙醛（玫瑰花香，蜂蜜香）、愈创木酚（辛辣气味，丁香，烟熏气味）、香兰素（香草香）等。可以初步推断这些化合物对黄酒麦曲的生香功能起着重要的作用。黄酒麦曲中有着如此多的香气成分，也证明了其生香功能对黄酒风味贡献的重要性。

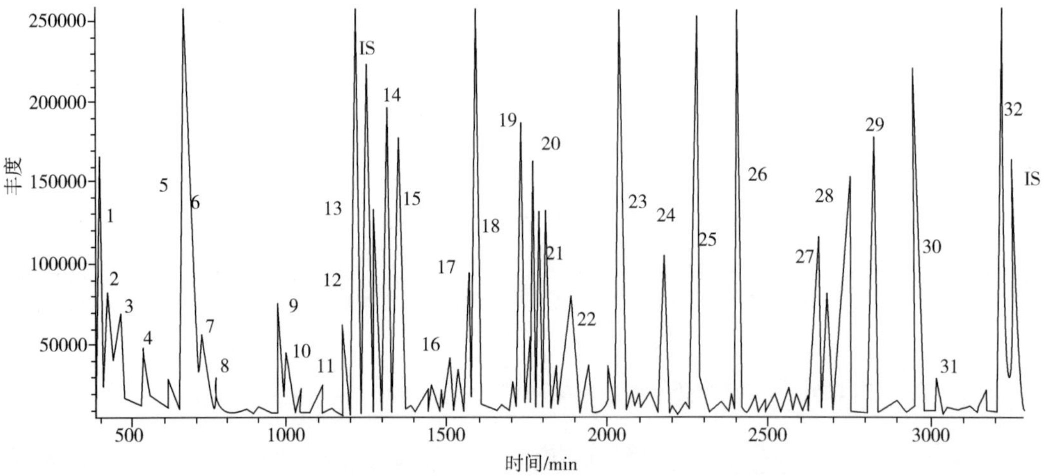

图 12-7　HS-SPME-GC-MS 技术分析麦曲中的挥发性香气成分总离子流色谱图

注：1—乙酸乙酯　2—丙醇　3—己醛　4—2-甲基丙醇　5—2-庚酮　6—3-甲基丁醇　7—己酸乙酯　8—戊醇　9—2-辛酮　10—1-辛烯-3-酮　11—己醇　12—2，3-二甲基吡嗪　13—壬醛　14—2，3，5-三甲基吡嗪　15—辛酸乙酯　16—1-辛烯-3-醇　17—乙酸　18—糠醛　19—2，3，5，6-四甲基吡嗪　20—苯甲醛　21—辛醇　22—苯乙醛　23—苯甲酸乙酯　24—己酸　25—愈创木酚　26—反-1，10-二甲基-反-9-癸醇　27—苯甲醇　28—2-苯乙醇　29—苯并噻唑　30—γ-壬内酯　31—4-甲基苯酚　32—4-乙烯基愈创木酚

（二）　黄酒麦曲中香气组分含量及香气活力值（OAV 值）

对黄酒麦曲中这些挥发性香气化合物进行含量分析，结果见表 12-35。麦曲中含量居前三位的化合物依次是乙酸乙酯（11831.39μg/kg）、异戊醇（3158.62μg/kg）、苯乙醇（2410.32μg/kg）。结合香气化合物的香气活力值可进一步分析这些香气化合物对黄酒麦曲的香气贡献。从表 12-35 结果可以看出麦曲的挥发性香气化合物中有 18 种化合物的浓度高于其香气阈值，说明这 18 种化合物对黄酒麦曲都有一定的香气贡献。其中 OAV 值在 1~5 的香气化合物有 2-庚酮、2-辛酮、3-辛醇、乙酸乙酯、苯乙醇、4-甲基苯酚。这些化合物对黄酒麦曲的曲香都有不同程度的贡献。OAV 值在 5~10 的香气化合物有异戊醇、庚醇、苯并噻唑、γ-壬内酯。这些化合物对黄酒麦曲的曲香都有较大的贡献。OAV 值大于 10 的香气化合物有 1-辛烯-3-酮（OAV=618.11）、4-乙烯基愈创木酚（OAV=386.01）、1-辛烯-3-醇（OAV=291.45）、己酸乙酯 OAV=142.13）、己醛（OAV=109.18）、辛酸乙酯（OAV=51.36）、愈创木酚（OAV=21.29）、苯乙醛（OAV=13.36）。

1-辛烯-3-酮和1-辛烯-3-醇在黄酒麦曲中香气强度大、OAV值高，是黄酒麦曲中最重要的香气物质，它们在日本米曲中也很重要。其中1-辛烯-3-醇来源于微生物产生的磷脂β-氧化反应，其前体物质是亚油酸，而1-辛烯-3-酮则是由1-辛烯-3-醇通过酶的氧化作用而形成的。另外，己醛也是黄酒麦曲中重要的香气物质，赋予麦曲优雅的青草香气，己醛也来源于磷脂β-氧化反应，前体物质是亚油酸。

4-乙烯基愈创木酚和愈创木酚是黄酒麦曲中另一类重要香气物质，赋予麦曲辛辣味、烟熏气味、丁香、中药气味。4-乙烯基愈创木酚在黄酒麦曲中香气强度大，OAV值也高，主要来源于微生物发酵中阿魏酸的脱羧反应，此反应的微生物主要有霉菌、酵母、某些细菌和放线菌如链霉菌等。阿魏酸在粮谷类含量丰富，在小麦中含量为0.05~0.5g/kg。以阿魏酸为前体物质，由微生物代谢，可以产生一系列的挥发性酚类化合物，除产生4-乙烯基愈创木酚外，还产生愈创木酚、香兰素、4-乙基愈创木酚等。

己酸乙酯和辛酸乙酯表现为水果香、甜香和花香，它们也是黄酒麦曲中重要的香气化合物，赋予麦曲令人愉快的香气。酯类物质来源于醇和酸的酯化反应，也可以来源于微生物酰基转移酶催化的醇的转酰基反应。因此它们的形成和微生物发酵过程中产生的乙酰辅酶A有关。

苯乙醛是清酒米曲中重要的香气化合物，在中国黄酒麦曲中也非常重要。苯乙醛赋予黄酒麦曲令人愉悦的、柔和的玫瑰花香、蜂蜜香，主要来源于微生物氨基酸代谢，其前体物质是苯丙氨酸。

表12-35　黄酒麦曲中挥发性香气化合物香气强度、含量及香气活力值（OAV）

香气化合物	化合物香气描述	香气强度	含量/（μg/kg）	OAV
醛类化合物				
己醛	青草香，苹果香	S*	545.91	109.8
壬醛	花香，清香，柑橘香	VW	Tr#	
酮类化合物				
2-庚酮	水果香，甜香	M	373.92	2.6
2-辛酮	清香	M	194.83	3.89
1-辛烯-3-酮	蘑菇香	VS	618.11	618.11
醇类化合物				
丙醇	水果香，醇香	VW	1811.17	0.2
异丁醇	溶剂香，葡萄酒香	VW	Tr	
丁醇			Tr	
异戊醇	水果香，指甲油香	M	3158.62	9.84
戊醇	水果香，脂香	M	839.89	0.38

续表

香气化合物	化合物香气描述	香气强度	含量/（μg/kg）	OAV
己醇	花香，青香	VW	728.33	0.29
3-辛醇	蘑菇香	M	46.59	2.59
1-辛烯-3-醇	蘑菇香	VS	291.45	291.45
庚醇	醇香，水果香	M	32.93	0.01
辛醇	水果香	VW	41.73	0.38
酯类化合物				
乙酸乙酯	菠萝香	M	11831.39	2.37
己酸乙酯	水果香，花香，甜香	S	142.13	142.13
辛酸乙酯	水果香	S	256.83	51.35
酸类化合物				
乙酸	酸味，醋味	W	908.11	0.01
己酸	汗气味，干酪气味	M	1145.98	0.38
庚酸	汗气味	VW	109.73	0.04
辛酸	汗气味，干酪气味	VW	111.97	0.04
壬酸	油脂气味	VW	68.83	0.02
芳香族化合物				
苯甲醛	水果香，浆果香	M	61.04	0.17
苯乙醛	玫瑰花香	S	84.19	13.36
苯甲醇	花香，甜香	W	387.09	0.04
β-苯乙醇	玫瑰花香，蜂蜜香	M	2410.32	2.41
苯甲酸乙酯	水果香	VW	29.76	0.49
呋喃类化合物				
糠醛	杏仁味，甜香	VW	Tr	
酚类化合物				
愈创木酚	辛辣气味，烟熏气味	M	53.24	21.29
4-乙基愈创木酚	丁香，药香	VW	Tr	
4-甲基苯酚	药香，酚气味，烟熏	M	73.14	1.08
4-乙烯基愈创木酚	辛辣味，药香，丁香	VS	1158.02	386.01
香兰素	香草香	S	Tr	
含硫化合物				
苯并噻唑	橡胶气味	M	419.61	5.25
内酯类化合物				
γ-壬内酯	椰子香，桃香	M	285.29	9.51
含氮化合物				

续表

香气化合物	化合物香气描述	香气强度	含量/（μg/kg）	OAV
2，6-二甲基吡嗪	坚果香，烤面包香	VW	Tr	
2，3-二甲基吡嗪	坚果香，烤面包香	VW	Tr	
2，3，5-三甲基吡嗪	坚果香，焙烤香	VW	Tr	
2，3，5，6-四甲基吡嗪	焙烤香	VW	98.92	0.1
2-乙酰基吡咯	草药香，药香	VW	Tr	

注：＊香气强度表述方法，VW 表示香气强度很弱；W 表示香气强度弱；M 表示香气强度中等；S 表示香气强度强；VS 表示香气强度很强。

#Tr 表示化合物浓度很低，低于标准曲线下限。

第十三章

黄酒糟综合利用

黄酒糟的各种成分主要来自酿酒原料。同时，在糖化、发酵过程中发生一系列复杂的生物化学变化，从而又增加了一些新的代谢产物。另外，发酵结束后，酵母细胞大量沉淀下来，经压榨，绝大多数残留在酒糟中，故黄酒压榨后，留下的糟粕并不是无用之物，它是黄酒的主要副产品，酒糟具有浓郁的香味并含有大量淀粉、蛋白质和酒精等成分，因此用途甚广，是很有利用价值的副产品，

第一节　黄酒糟的成分

一、 出糟率计算

出糟率可用以下公式计算：

$$出糟率（\%）=\frac{酒糟量}{原料（包括曲量）}\times100\%$$

由于各地酒厂生产的黄酒品种不同，所用原料和操作方法也不一样，因此出糟率差别甚大。普通黄酒出糟率一般在20%~30%。绍兴酒酿造时使用较多的生麦曲作糖化剂，因其生淀粉在糖化过程中不能被充分分解利用而残留下来，所以出糟率相对较高。而且各品种的配方和操作方法也不同，因此出糟率也就有差异了。一般出糟率，元红酒31%左右，加饭酒为33%左右。同时，由于酒醅发酵有优劣，出酒率有高低，也直接影响到出糟率。我们的目的是酿酒，所以要努力提高技术水平，做好各方面的工作，尽可能提高出酒率，降低出糟率。

二、 黄酒糟的成分

黄酒糟成分主要来自酿酒原料。在糖化、发酵过程中产生一系列复杂的生物化学变化，从而又增加了一些新的代谢产物。另外，发酵结束后，酵母细胞大量沉淀下来，经压榨，绝大多数残留在酒糟中，所以黄酒糟有着较高的利用价值。但是，酒糟中的主要成分的含量，因酒种、原料和操作方法等不同而有较大的差别。绍兴酒发酵酒精度较高，并使用了较多的生麦曲，酒糟的质量比普通黄酒的好。一般酒糟含挥发性成分为40%~50%，酒精含量为10%左右，粗淀粉20%~30%。普通黄酒可参考表13-1。

表13-1　不同品种黄酒的酒糟成分

成　分	糯米酒糟/%	粳米酒糟/%
挥发性成分	53.00	52.08
酒　精	4.3	4.0

续表

成　分	糯米酒糟/%	粳米酒糟/%
粗淀粉	14.8	16.06
蛋白质	14.17	12.79
粗纤维	5.97	6.02
灰　分	0.83	0.87
总　酸	1.04	1.08
不挥发酸	0.75	0.92

第二节　黄酒糟的利用

一、蒸馏白酒

酒糟中不仅含有大量的酒精和淀粉，而且还有黄酒的香味成分，所以可利用它制白酒，将黄酒糟进行糖化发酵并蒸馏，可得到香气浓郁、口味醇净的白酒，别有风味，南方称此白酒为糟烧酒。蒸酒一次后的残糟可作饲料或作其他用途。绍兴酒的酒糟，因酒糟残留淀粉较多，为了充分利用，把第一次蒸酒后的残糟，再加麸曲及酒母，通过糖化、发酵后，蒸馏得到第二次白酒，称为复制糟烧。通过前后两次发酵，每100kg酒糟可产50度白酒20~40kg。现将酒糟制白酒的方法介绍如下。

（一）工艺流程（复制糟烧以液态法为例）

1. 生产糟烧

大糠或稻壳（加入轧碎→堆糟封存）　大糠或稻壳（加入出糟拌匀）

黄酒糟板→轧碎→堆糟封存→出糟拌匀→头吊→糟烧

↓

丢糟

2. 生产复制糟烧（固态发酵法）

酿酒曲→加水活化

↓

出甑丢糟→摊晾→拌和→入池发酵→出池蒸酒→复制糟烧

↓

二次丢糟

3. 生产复制酒精（液态发酵法）

```
           水      酿酒曲              废糟水
           ↓       ↓                   ↑
出甑丢糟→ [打浆] →[糖化发酵]→[蒸馏]→复制酒精
```

（二）操作方法

1. 头吊糟烧

（1）轧碎　酒醅压榨完毕，取出糟块用轧碎机轧碎，使其呈疏松细粒状。这就要求榨酒要干，否则酒糟潮湿，不易粉碎均匀，将影响出酒率。

（2）密封发酵　将轧碎的酒糟投入大瓦缸中，稍加压后密封。压实的程度根据蒸酒时间的迟早来决定，一般封存一个月左右的时间，只是用手在上面稍加压实就够了，如果时间要延长数日，则要整缸踩实，这样不会因发酵成熟过早，来不及蒸酒而变质。以前封糟采用空缸复盖，缸口衔接处用盐卤调泥密封，现在一般工厂都是直接堆放于地上，上面用塑料纸密封。

（3）蒸馏　将封存成熟的酒糟从缸中取出，拌入适量的谷皮（或谷糠），然后放入单式蒸馏器中蒸馏。操作中要注意：上甑前将酒糟与谷壳充分拌匀，消除疙瘩，上甑要撒得疏松均匀，装得平，不压汽，不跑汽，不能装得太满；供汽需均匀；流酒温度要控制在35℃以下。为了提高糟烧酒的质量，最好使用不经粉碎的谷壳，使用前将谷壳蒸去杂味。但是，为了提高饲料质量和避免液态发酵的管道堵塞，则采用粉碎的谷壳（谷糠）为宜。

丢糟可作饲料直接出售，也可生产复制糟烧或复制酒精。

2. 复制糟烧

制备复制糟烧的方法有固态发酵与液态发酵两种。前者劳动强度大，出酒率低，但酒的风味较好，后者生产效率和出酒率都较高，并大大减轻了劳动强度，但酒的风味略差。

固态发酵生产复制糟烧是采用麸曲白酒的固态发酵法。即采用麸曲为糖化剂，另以纯种酵母培养制成酒母作发酵剂，而原料的糊化是在糟烧酒蒸馏过程中同时进行的，现简单介绍如下。

（1）麸曲　像酒精生产一样，从前是使用黄曲霉等菌种，现在一般都采用UV-11等黑曲霉菌种，其特点是酶系较纯，糖化酶活性强，而且很耐酸。也有的工厂直接用糖化酶作为糖化剂。

（2）酒母　卡氏罐以前的纯粹培养，与酒精生产中的酵母培养基本相同，酒母一般在大瓦缸中培养，原料采用瓜干粉，用量6%左右。也有直接采用蒸去糟烧酒后的酒糟为原料的，但酒糟质量要好，如果原来黄酒发酵不好，或者酒糟已经酸败。那就不宜使用，以免影响质量。瓜干粉在配料时可添加谷糠，或15%~20%鲜酒糟，混合均匀，堆积酒料1~2h。然后常压蒸煮40min。蒸后要及时使用，摊冷投入清洁瓦缸中，加入3~4倍清水和3%~4%的麸曲，并用硫酸调节酒母醪的pH 3.8~4.0。最后加入卡氏罐酒母液，接种量为1/15左右，品温控制在28~30℃，并根据气候适当保温，培养期间，控制品温不高于30℃，并打耙1~2次，以排除CO_2和使缸内温度均匀。自接种开始，培养10h左右，酒母成熟即可使用。现在一般工厂都已采用活性干酵母进行生产。

（3）复制糟烧固态发酵工艺　蒸过酒的熟酒糟，出甑后应在洁净的地面摊冷降低温度。为加速降温，减少杂菌侵入机会，可使用风机吹冷，当温度降为30℃左右时，加入麸曲或糖化酶，加以翻拌并堆成长龙，然后加入酒母和70%~75%的清水，用木锨翻拌一次，再用扬渣机打匀入池（缸），入池时品温掌握30℃左右，水分以手握料指缝见水为度，化验水分在52%~56%，入池（缸）底搁放假底供“黄水”之用，池面要密封，以利酵母的厌气发酵，防止杂菌侵入和酒醅水分的挥发损失。封池可用泥，也可用塑料薄膜，但四边要注意压实。

落池后的第二天，品温升到35~36℃，第三天升到40℃，并持续到第四天上午，便开始降下，一般第五天便可蒸馏。蒸馏时，先将酒醅从池中取出，拌入30%的谷糠。装入甑内酒醅必须疏松，装甑操作要做到轻、松、匀，见潮就撒，还要掌握汽量，做到不压汽，不跑汽。

使用糠谷作填料，主要是考虑到酒糟要做饲料，如果采用蒸过的谷壳作填料，对减少苦杂味，提高酒的质量有好处。另外，若配入丢糟发酵，即可以稀释淀粉浓度，调节酸度和疏松酒醅，并提供给微生物一些营养物质，以及增加芳香物质，对提高成品酒的质量有利。

3. 液态发酵复制糟烧

基本上同一般液态发酵法的白酒生产复制糟烧的操作方法。现做说明如下。

（1）拌料蒸煮　经第一次蒸馏白酒（糟烧）后的酒糟，不经粉碎，趁热送往拌料池，加水2~2.5倍，充分搅拌均匀，用醪泵送入高压锅进行蒸煮，蒸煮压力不超过0.196MPa，升压过程中排汽三次，以排除杂气，蒸煮到规定压力后，稍焖3~5min即可吹醪。以上加水的多少要掌握糖化完毕的浓度为8~10°Bx，即发酵后酒精度在3%~4%vol，加水太少，因酒糟渣子多，不利蒸煮，搅拌冷却困难，加水多了浪费能源，所以要严格掌握。对于蒸煮压力的高低，应考虑既能使糟中带来的麦粒破碎，淀粉充分糊化，又要避免蒸煮压力太高或时间太长造成损失。不过各厂条件不同，要根据具体情况，结合色、香、味的感官检查加以掌握。

（2）糖化　糊化醪冷却到62℃，加入1%~1.5%的麸曲或糖化酶，在60℃糖化10~20min，然后冷却。

（3）发酵　酒糟营养丰富，杂菌很容易繁殖而影响酵母生长与发酵，使酸度升高，降低出酒率，甚至产生含有丙烯醛和丙烯醇的辣眼酒，严重影响成品质量。所以防止杂菌的污染对酒糟液态发酵显得十分重要。除了把好麸曲、酒母质量关外，还要特别注意做好管道、发酵罐的杀菌卫生工作，同时严格控制发酵温度，入罐品温以28℃为宜，发酵温度最高不超过34℃。另外由于酒糟糖化醪浓度较低，发酵时间48h左右也就够了，如果时间过分延长，发酵已终止，就容易感染杂菌，导致升酸和消耗酒精而影响出酒率。

（4）蒸馏　采用双塔式酒精蒸馏塔进行蒸馏，蒸馏过程中要重视杂醇油的提取和挥发性杂质的排除，由于成熟醪酒精度低，塔内上升蒸汽量少，如果不注意调节分凝器温度成熟醪中的甲醇、醛等挥发性杂质不能充分排除，便会回流到塔内，影响成品酒的质量。

蒸馏后的二次丢糟和废糟水可作饲料出售。

二、食品加工用的香糟、香糟卤

（一）制作香糟

香糟是加工菜肴的添香剂，用香糟来加工和保藏食品是我国传统的食品加工方法之一，具有民族的特色。香糟气味浓香，可用来糟制鱼、肉、禽、蛋等产品，也可用于烹饪，风味特别香美。各地香糟的制法不同，采用的酒糟主要有红曲糟和绍酒糟。一般制香糟的方法，是将新鲜酒糟，加入预先炒热的麸皮15%~20%及香料（茴香、花椒、陈皮、肉桂、丁香等）2%~3%，装入瓦坛中，层层踏实，然后密封。经过数月到一年以后，就可制成具有特有香味的香糟了。有的地方制香糟是在糟中拌入适当的花椒等，经塞紧压实后密封坛中，这样制得的香糟风味略逊。用香糟制肉、鱼、鸡、鸭及禽蛋等食品，以及烹饪调味之用，可使食品风味更加芳香鲜美。

香糟生产工艺流程如下：

茴香、花椒→打碎（↓至拌匀）　　食盐封口（↓至灌坛足实）

黄酒糟板→轧碎→拌匀→灌坛足实→成品香糟

食盐、味精（↑至拌匀）

（二）制作香糟卤

目前有许多生产厂用香糟为原料加入一些调味料生产的香糟露，干净卫生，携带方便，只需将肉、鸡等煮熟后在香糟露中浸泡一段时间就可，既达到糟制品的口味要求，使用又十分方便，在市场上销路很好。

香糟卤生产工艺流程如下：

水　　花椒、茴香
↓　　　↓
香糟→ 落缸 →搅拌 →静置 →搅拌 →压榨过滤 →头汁
　　　　　　　　　　　　　　　　　↓
二汁← 压榨过滤 ← 搅拌 ← 残渣
　　↓　　　　　　↑
　残渣　　　黄酒、味精、食盐

头汁、二汁→ 杀菌 → 成品

三、 黄酒糟酶法水解生产特鲜酱油

黄酒糟含有蛋白质、淀粉和大量的酵母，是酿造酱油的极好原料。黄酒发酵时产生的风味物质在酿制酱油时，赋予酱油特殊风味，使所酿造的酱油滋味鲜美，风味特别。以黄酒厂压榨的新鲜酒糟为原料，用酶水解制备酱油，大大提高原料的利用价值，从而达到了降低成本、增加效益的目的。

四、 生产香醋

每 100kg 酒糟加麸皮 40kg，拌匀蒸煮。散冷至 35~37℃，加麸曲 7%~8%，酵母液 4%~25%，水 60%~70%，花椒 20g，食盐 2kg。品温 32~34℃ 入缸。每隔 12h 翻一次，共 12 次。加入 20%~25% 35℃ 的冷开水，过滤得滤液后，加一定量糖色即为成品。100kg 原料可得陈醋 120~150kg。

以黄酒糟为主要原料生产香醋，结果表明，黄酒糟生产食醋最佳时间为 17d，醋坯最高酸度为 7.56g/100mL。对实验得到的香醋进行气相色谱检测，结果得知，酒糟香醋中所含有的醇类、酸类和酯类物质均有增加，风味浓郁。其中乙醇含量增加 1.21%，酯类含量增加 1.02%，氨基酸含量提高 1.51%，营养价值大大提升。

五、 黄酒糟固体发酵生产蛋白饲料

利用黄酒糟固体发酵生产蛋白饲料是采用酵母菌发酵工艺，以进一步提高其蛋白质含量，完善氨基酸的组成，提高饲料价值。

黄酒糟经第一次蒸馏糟烧后，其营养价值得到进一步提高，由于发酵，使酒糟的蛋白质含量因酵母细胞的增殖而提高，是家畜、家禽或鱼类的优良饲料，做过复制糟烧后的固态或液体酒糟，也仍可作饲料，但没有头吊糟的质量好。

六、 生产芝麻香型白酒

黄酒糟中含有丰富的生物活性成分，应用于芝麻香白酒生产，为芝麻香白酒的生产提供粗淀粉、低聚糖、无机元素、氨基酸、活性肽及其他风味物质，是芝麻香生产的最天然原料，其中丰富的残糖、氨基酸在堆积过程中可使美拉德反应更加充分，芝麻香风味更加典型。

芝麻香型白酒生产工艺流程如下。

芝麻曲、玉米粉、麦曲、稻壳（经清蒸）
↓
黄酒糟（总量的20%）→拌匀→升温高温堆积1~2d（达50℃）
↓
黄酒糟（总量的80%）→拌匀←麦曲、稻壳（经清蒸）
↓
芝麻香型白酒←蒸馏←常温堆积发酵（28~30d）

七、 制香醅

将鲜黄酒糟经扬渣机粉碎后，成为0.5~1mm的颗料，加一部分麦曲或麸皮和少量的橘皮、丁香、花椒等香料，香料种类和数量可根据实际需要增减。此外，为了提高香醅质量，还可以加入生香酵母培养液或已酸发酵液，混合拌匀后装入缸中，用少量白酒盖面，然后密封发酵，经过3个月以上的时间即可使用。香醅可用来串香，提高液态白酒的质量。

八、 其他

酒糟还可以作制曲及辅料、培养菌体蛋白和生产其他发酵制品，在我国的台湾还有用酒糟生产面膜作为美容用品的，因为酒糟中含有蛋白质与活性因子及酵母溶解物等营养成分，现在已有人在研究用酒糟生产化妆品。

第十四章

黄酒生产废水处理

第一节 黄酒生产及其废水产生概况

黄酒是我国的民族特产和传统食品，也是世界上最古老的饮料酒之一。它是以谷物为主要原料，利用麦曲、米曲或酒药所含的多种微生物的共同作用，酿造而成的发酵原酒。黄酒是营养丰富的酿造酒，酒精含量常在15%~18%vol，酒性温和，刺激性小，而氨基酸含量丰富，种类达18种之多，含人体必需氨基酸的含量最全，居各种酿造酒之首。近年来，随着改革开放的深入和人民生活水平的提高，黄酒销势日旺，黄酒行业发展日新月异。2018年全国黄酒年产量达334.8万千升，其中出口1.44万千升。规模以上黄酒生产企业115家，销售收入约167.45亿元。随着大众健康消费观念的提升，产品的绿色、保健功能逐步得到市场认可，产品附加值有所提高，行业总体发展形势向好，预计到2020年，年产量将达240万kL。

但黄酒行业的迅速发展也带来了许多环境问题，且日益严重。黄酒生产废水有机污染物含量高，富含长链和短链淀粉、可溶性糖类、氨基酸态氮等，废水的B/C高于0.6，可生化性强，耗氧量大，排入江河会严重污染水体，给工农业生产、居民生活用水及水产养殖等造成严重威胁，因而对黄酒生产废水进行达标处理已迫在眉睫。

在黄酒酿造过程中，废水主要来源于浸米、洗米、糖化、淋饭、发酵及洗瓶等生产工序。黄酒生产废水化学需氧量（CODcr）的平均浓度为4000~5000mg/L，悬浮物（SS）为500~800mg/L，pH为5~6。采用生化处理可以非常有效地降低废水中有机污染物的浓度，实现达标排放的目的。但由于该类废水具有较高的有机物浓度，若直接采用好氧活性污泥法，不仅工程投资大，出水水质也不稳定，而且其日常运行费很高，建设单位难以承受。通过综合的比较和选择，对于黄酒生产废水可采用“高效厌氧——好氧系统”处理工艺，不仅可以大大减少工程投资费用，而且废水经高效厌氧系统处理后，大部分有机物已被去除，此时再采用好氧处理法，整个废水处理系统的日常运行费用较低，系统出水水质也十分稳定，并且还可对厌氧系统所产生的沼气进行综合利用，产生一定的经济效益。

第二节 IC反应器-厌氧氨氧化-A/O组合工艺处理黄酒生产废水

江苏张家港酿酒有限公司成立于1999年，位于江苏省张家港市金港镇后塍，年生产黄酒5万t，全厂生产废水和生活污水排放量共计47.3万t/年（其中生活污水1.6万t/年），进水CODcr约为10000mg/L，氨氮约为200mg/L，经东厂区内污水处理设施处理达到《城镇污水处理厂污染物排放标准》（GB 18918—2002）一级A标准后排入横套河。

一、 工艺流程

废水处理的目的是以某种方法将废水中的污染物分离出来，或者将其分解转化为无害的稳定物质，从而使污水得到净化。通常，需达到防止毒物污染和病菌的传染、避免有异嗅和恶感可见物的目的，以满足不同用途的需求。

废水处理的基本方法包括物理、化学或生物方法，或几种方法配合使用以去除废水中的有害物质，按照水质状况及处理后出水的去向确定其处理程度，一般可分为一级、二级和三级处理。

一级处理采用物理处理方法，即用格栅、筛网、沉沙池、沉淀池、隔油池等构筑物，去除废水中的固体悬浮物、浮油，初步调整 pH，减轻废水的腐化程度。废水经一级处理后，一般达不到排放标准，五日生化需氧量（BOD_5）的去除率仅 25%～40%。故通常为预处理阶段，以减轻后续处理工序的负荷和提高处理效果。二级处理是采用生物处理方法及某些化学方法来去除废水中的可降解有机物和部分胶体污染物。经过二级处理后，废水中 BOD_5 的去除率可达 80%～90%，经过二级处理后的水，一般可达到农业灌溉用水标准和相关废水排放标准，故二级处理是废水处理的主体。但经过二级处理的水中还残留一定量的悬浮物、生物不能分解的溶解性有机物、溶解性无机物和氮磷等藻类增殖营养物，并含有病毒和细菌，因而不能满足要求较高的排放标准。废水的三级处理是在二级处理的基础上，进一步采用化学法（化学氧化、化学沉淀等）或物理化学法（吸附、离子交换、膜分离技术等）以除去某些特定污染物的一种“深度处理”方法。

废水处理相当复杂，处理方法的选择必须根据废水的水质和水量，出水的受纳水体或水的用途综合考虑。同时，还要考虑废水处理过程中产生的污泥、残渣的处理利用和可能产生的二次污染等问题。黄酒生产废水中的污染物以淀粉质有机物为主，B/C 可达 0.6 以上，采用以生物法为主，物理化学法为辅基本能够达到排放要求。根据张家港酿酒有限公司的废水水质，结合已有处理经验，其废水处理工艺流程如图 14-1 所示。

二、 流程说明

（一） 预处理单元

废水自流进入集水井进行收集。在进入集水井前，设置一套机械格栅以去除大颗粒物质，保证后续处理设备的正常运行。集水井内装有浮球液位计以监测其液位。进水经提升泵泵入水力筛，然后重力流入调节池，提升泵的启停由液位控制。

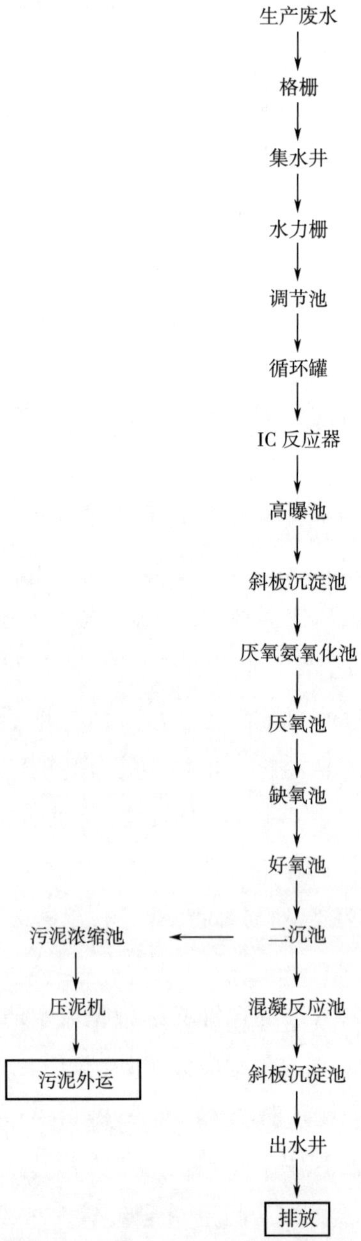

图 14-1　黄酒废水处理工艺流程

（二）调节池

调节池总容积约 1000m^3，设置 3 台推流器。循环罐供料泵将废水从调节池泵至循环罐。

（三） 厌氧处理单元

1. 循环罐

废水自调节池泵入循环罐，同时，内循环反应器（IC）出水经顶部立管脱气后自流到循环罐。

循环罐可使IC反应器获得恒定的进水流量，保持上流速度，将悬浮物质洗出IC反应器，避免反应器内惰性悬浮物质的积累；另一方面，循环罐的设置能对IC反应器内的生物过程起到稳定的作用，不仅可降低pH调整过程中碱的消耗量，而且可将废水中毒性物质稀释到产甲烷菌可耐受的浓度，进而保持IC反应器内产甲烷菌的高活性。

一台测量循环泵用于精确测量循环罐的pH和温度，pH通过投加NaOH实现自动调节，温度通过低压蒸汽调节。如果自来水温度为15℃，蒸汽消耗量约1300kg/h。如果pH和温度均满足进水要求，IC反应器的供料泵将废水泵入IC反应器的布水器。

2. IC厌氧反应器

废水自循环罐泵入1座IC厌氧反应器中，IC反应器的进水流量由电磁流量计和控制阀及进料泵自动控制，反应器出水的pH和温度连续监测。

在IC反应器内，废水中的有机污染物被厌氧颗粒污泥转化为沼气，从而使废水得到净化。经IC反应器处理后，废水中CODcr的去除率达90%~95%，出水CODcr浓度低于500mg/L，总氮在200~300mg/L。

（四） 好氧处理单元

1. 好氧池（高曝池）

IC反应器出水自流进入好氧池。在好氧池中CODcr可被氧化为CO_2和H_2O。经好氧处理后，CODcr去除率约为30%，出水总氮变化不大。

鼓风机连续向好氧池内输送空气，共安装两台罗茨鼓风机，一用一备，其中一台变频，以便对风量进行灵活的调节控制。采用微孔曝气。

2. 斜板沉淀池

污水在此池内实现污泥沉淀分离，一部分污泥回流进入高曝池，多余污泥泵入污泥浓缩池，出水进入好氧出水池。

3. 好氧出水池

池内配有液位计，厌氧氨氧化反应池供料泵将废水泵至厌氧氨氧化反应池内。在此投加NaOH进行pH调节，调整到脱氮系统运行的最佳pH范围。

（五） 厌氧氨氧化反应池

废水自好氧出水池泵入ANAMMOX反应器进行生物脱氮处理以降低废水中NH_4^+-N

浓度。在 ANAMMOX 反应器中，大约一半的氨氮被微生物转化为亚硝酸根，剩余的氨氮与亚硝酸根被 ANAMMOX 微生物直接转化为氮气。ANAMMOX 出水的氨氮去除率约 90%，总氮去除率约 80%。

（六） A/O 脱氮处理单元

为进一步降低废水中总氮浓度，让废水在沉淀池中不发生反硝化飘泥现象，在 ANAMMOX 反应器后设置 A/O 反应器进行深度脱氮处理。

1. 反硝化池

ANAMMOX 反应器出水经配水井自流进入反硝化池（厌氧+缺氧池），考虑到在脱氮过程中碳源不足，需要外加葡萄糖至反硝化池中。除 ANAMMOX 反应器进水以外，还有来自于硝化池的混合液和二沉污泥回流至反硝化池（回流量可根据需要进行调节）。在反硝化池中发生反硝化反应，利用废水中的有机成分作为碳源，可将混合液中硝基氮还原为氮气。

反硝化池中装有潜水搅拌机以保证废水的均匀混合。

2. 硝化池（好氧池）

反硝化池出水进入硝化池。其主要作用在于去除污水中的 CODcr，同时，通过硝化作用将氨氮转化为硝态氮，为反硝化池的反硝化反应提供充足的电子受体。硝化池出水中氨氮浓度未检出，总氮浓度小于 15mg/L。

部分硝化池的混合液回流至反硝化池，为反硝化反应提供碳源。反硝化池产生的污泥流至硝化池，为保持硝化池的污泥量在预定值，系统定期排放剩余污泥至二沉池。

3. 二沉池及出水井

来自硝化池的泥水混合物自流进入二沉池，在二沉池中，活性污泥依靠重力沉降作用与处理后的废水分离。二沉池的进口底部设置泥斗，采用刮泥机机械清泥。

经处理的废水经二沉池溢流堰溢流至二沉池出水井。

二沉池中沉淀的污泥由二沉池污泥泵从二沉池污泥井中部分送回至反硝化池。剩余污泥则送至污泥脱水系统，包括污泥浓缩池和压泥机，产生的泥饼外运，其含水率约为 80%。回流及剩余污泥的流量连续监测。

（七） 深度处理单元

二沉池溢流出水的总磷（TP）浓度仍然较高，达不到排放标准，因此，设置混凝反应池进一步去除磷。

1. 混凝反应池

为去除废水中的 PO_4^{3-}，设置混凝反应系统。在混凝反应池内投加 $FeCl_3$ 和聚丙烯酰胺（PAM），形成絮凝体，并在后续斜板沉淀池中通过泥水分离去除。

混凝反应池出水自流进入斜板沉淀池。

2. 斜板沉淀池

混凝反应池出水自流进入斜板沉淀池，在此将絮凝体沉淀，上清液自流至出水井排放，其CODcr浓度低于50mg/L，TN浓度低于15mg/L，TP浓度低于2mg/L。污泥经过污泥泵泵送至污泥浓缩池。

（八） 沼气处理单元

IC反应器产生的沼气量取决于施加给反应器的CODcr负荷。沼气在IC反应器顶部经气液分离器收集。

IC反应器和沼气处理设施皆为封闭系统，沼气在沼气处理设施中燃烧而不会扩散进入周围大气环境中。

1. 沼气流量

IC反应器所产生的沼气流量由沼气流量计连续监测。沼气流量是厌氧反应器内部生化反应过程的良好指示，而且还可为反应器进水CODcr负荷的调控提供参考。反应器的CODcr负荷越高，产气量越大。异常情况下，如CODcr负荷超过系统设定的最大值，将产生“沼气高流量”报警，此时需对进水流量即CODcr负荷重新设定。

在设计条件下，IC反应器的平均沼气产量约为7400m^3/d。

2. 沼气稳压柜

IC反应器顶部的气液分离器收集的沼气将流入沼气稳压柜。

沼气稳压柜的气位由物位计连续监测。在此沼气压力得到平稳，同时也保证了厌氧反应器内三相分离器中的压力。

3. 沼气燃烧器

来自于沼气稳压柜的沼气流向1台沼气燃烧器。当沼气不回用时，按照消防规定要求，沼气可通过沼气燃烧器燃烧后排放。

4. 冷凝水箱

从厌氧反应器产生的沼气饱和水汽，当沼气温度下降时水会冷凝析出。这些凝结水由冷凝水箱分离收集，在冷凝水箱中设有水封，用于防止沼气从排水管泄漏（排水来自沼气管路）。冷凝水箱中水封液位由一个液位开关和厂区供水系统提供保证。

（九） 废气处理系统

废水厌氧处理会释放异味气体如硫化氢等，因此，调节预化池、循环罐连续抽取废气，并由废气风机送至好氧池以脱除异味。

（十） 化学投药系统

1. 碱投加单元

$NaOH$ 碱液（30%）由 $NaOH$ 卸料泵提供给 $NaOH$ 储罐。

$NaOH$ 储罐配有液位计连续监测其液位，实现高低液位报警。由两组投加泵分别向循环池和涤气塔单元投加碱液。$NaOH$ 储罐设有排空管。

2. 葡萄糖投加单元

为给反硝化脱氮单元提供碳源，需要额外添加葡萄糖。

加药系统由两个溶解罐和两台加药泵（一用一备）组成。加药泵用于向缺氧池中投加葡萄糖。溶解罐中备有搅拌机和液位计。液位计保证在低位时停泵保护加药泵。

3. 氯化铁投加单元

为实现系统出水 TP 的达标排放，需要在混凝反应池添加 $FeCl_3$ 除磷。

$FeCl_3$ 溶液（40%）由卸料泵从槽车泵入 $FeCl_3$ 储罐。该罐设有排空管。

$FeCl_3$ 储罐配有液位计连续监测其液位，并控制 $FeCl_3$ 卸料泵和投加泵的启停，产生高低液位报警。

氯化铁投加单元设置两台 $FeCl_3$ 投加泵（一用一备），用于向混凝反应池投加 $FeCl_3$。

4. PAM 投加单元

混凝反应池及污泥机械脱水时需要投加絮凝剂提供污泥脱水性能。在使用之前絮凝剂需要先溶于水，絮凝剂干粉将与水混合以达到要求的稀释率，然后送入污泥脱水机供料管道中。

（十一） 污泥处理单元

本系统设计需处理的污泥主要包括惰性污泥、生物污泥和化学污泥。

1. 污泥浓缩池

好氧池产生的剩余污泥、二沉池污泥及斜板沉淀池污泥均泵入污泥浓缩池，进行浓缩处理，浓缩处理后的总悬浮固体（TSS）浓度为 1.5%~2%，通过脱水机污泥供料泵将浓缩池污泥送至带式脱水机，进行进一步脱水处理。

污泥浓缩池脱水处理后的上清液依靠重力流入滤液池。

2. 叠螺压泥脱水系统

在进行浓缩脱水之前，污泥与絮凝剂先在污泥絮凝罐中混合并产生絮凝作用，形成污泥絮凝体，然后通过叠螺压泥机的压滤作用，使污泥进一步脱水至干固形物含量为 15%~20%，外运处置。

污泥机械脱水时需要投加絮凝剂提供污泥脱水性能。

3. 滤液池

污泥脱水机系统的滤液流至滤液池。这部分水在此收集后由滤液泵泵入好氧池中，进一步处理。

（十二） 经济技术指标

1. 运行费用

污水处理厂改造自2015年，上半年设计建造，下半年投产，1个月内启动成功即达到满负荷，在设计水量水质运行条件下，运行成本约3元/t。在解决工厂环保问题的同时，也节省了大量运行费用。

2. 沼气收益

目前，设计负荷下的日产沼气量为7400m^3/d。一般地，沼气中甲烷的含量为68%~72%，因此，每立方沼气相当于1kg优质煤。按800元/t优质煤计价，日收益约为5920元，吨水的回收收益约为3.2元/t水。

通过配置沼气锅炉，可将沼气资源化利用。1t/h蒸发量的沼气锅炉的沼气用量为110m^3/h，可配置一台2t沼气锅炉和一台1t的沼气锅炉，产生的蒸汽通过分气缸与蒸汽管网并网利用。

3. 定员

污水处理厂的操作定员取决于运作管理的工作量及操作人员的水平，同时，也可由有关劳动部门视具体情况而定。根据本项目自控设计水平和日常测试工作量，对于定员的编制建议如下：

管理人员：1名。

技术人员：1名。

操作人员：9名（按每班3人，含一个分析员，三班两运转方式运作）。

操作人员负责日常检查、取样工作。每日测定CODcr、TSS、挥发性脂肪酸、碱度、SO_4^{2-}，S^{2-}，pH，H_2S（沼气/废气），每周测定氮和磷，每月两次测定污泥组分和含量。

三、 废水处理效果

采用IC反应器-厌氧氨氧化-A/O组合工艺处理黄酒生产废水，系统出水可达到《城镇污水处理厂污染物排放标准》(GB 18918—2002）一级A排放标准，即出水CODcr浓度低于50mg/L，TN浓度低于15mg/L。

四、 存在问题

1. 负荷冲击问题

主要原因是生产来水量和污染物浓度不稳定，给系统运行带来影响。一般解决方法是建设足够容量的调节缓冲池（罐）。

2. 废水中总氮总磷含量越低，处理越困难

黄酒生产废水中的有机物含有一定量的氮和磷元素，采用常规处理方法达到一级A排放标准比较困难，而黄酒生产企业大部分都处在执行该标准的地区，因此，在常规的处理工艺中增加一些特殊的处理单元，是工艺选择时应考虑的重点。此外，目前我国环保行业企业多，同样处理工艺的装备质量及处理效果相差很大，在选择时不能只看价格，需格外谨慎。

第三节　UASB-CAAS组合工艺处理黄酒生产废水

上流式厌氧污泥床反应器（UASB）-CAAS好氧组合工艺在处理黄酒生产废水中已得到应用。以江苏南通白蒲黄酒有限公司（原江苏如皋酒厂）为例，黄酒生产废水约200m³/d，主要含有长链淀粉、短链淀粉、糊精和植物蛋白等，进水CODcr、BOD_5和SS分别约为4000、3000和500mg/L。

一、工艺流程

该废水处理工艺一方面考虑充分利用原有设施，另一方面尽可能使投资和运行费用降低。因此，采用UASB-CAAS系统生物处理工艺。部分高浓度废水经UASB反应器厌氧处理后，出水与其他低浓度废水相混合，先进入高效气升式反应器处理，再进入CAAS系统，出水经沉淀、生物过滤处理后，可达到国家规定的一级废水排放标准（CODcr≤100mg/L，BOD_5≤30mg/L）。具体的处理工艺流程如图14-2所示。

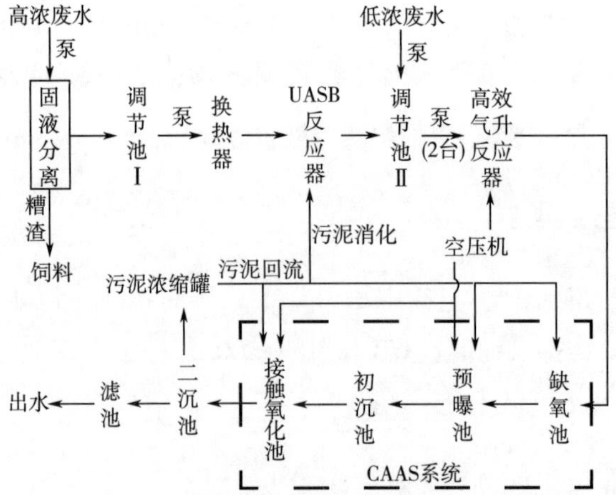

图14-2　UASB-CAAS系统生物处理工艺流程

二、 工艺流程说明

（1）黄酒生产中产生的废水有不同的来源，其中，洗米废水的固形物和有机物浓度均较高，若先单独处理有利于系统的运行。由于这一部分废水含有一定量的淀粉固形物，先进行固液分离可提高后续生化处理单元的处理效果，分离后得到的淀粉固形物也有一定的回收利用价值。废水进入厌氧处理系统前，先经固液分离设备即沉淀罐进行沉淀预处理，去除大部分淀粉颗粒。固液分离设备的容积为 $100m^3$。

（2）洗米废水经固液分离后有机物浓度仍较高，宜先进行厌氧消化处理。采用高效的 UASB 反应器处理这部分废水，其容积为 $180m^3$，废水停留时间为 24h，采用中温发酵工艺。废水中的有机物在 UASB 反应器中被微生物消化降解，其浓度进一步降低，水质更适合好氧处理。这一过程对减少好氧处理费用和提高好氧处理效率有很大的好处。UASB 反应器是新一代的高效厌氧反应器，具有容积负荷高、有机物净化效果好等优点。废水经厌氧处理后出水 CODcr 浓度可降至 1000mg/L 左右。

（3）经厌氧消化处理后，废水中有机物降低至适合好氧处理的浓度，这一部分废水将与其他大部分废水汇合在一起进行好氧处理，以进一步降低废水中有机物浓度。

（4）尽管废水中有机物已降低至适合好氧处理的浓度，但由于有机物浓度仍较高，CODcr 浓度约为 1000mg/L，利用高效气升式反应器在高强度下对废水进行处理，水中有机物的去除效率会大大提高。该反应器排出的废水直接排入 CAAS 系统。

（5）CAAS 系统包括缺氧池、预曝池、初沉池和接触氧化池。废水先在缺氧池停留，使厌氧出水中有机物的理化性质得到改善，以便更适合好氧生物的代谢条件；缺氧池出水经预曝池和初沉池进入接触氧化池；接触氧化池采用翻腾式设计，容积利用率高，并采用比表面积大的盾式纤维填料和网状膜式曝气器。这种设计思想可使好氧生物处理技术中的活性污泥法和接触氧化法得以有机结合，能够确保废水处理达到预期效果。其特点是处理负荷高、运行成本较低、出水水质稳定、操作运行简单，并且投资较小。

整个好氧处理系统的总容积为 $200m^3$，该反应器糅合了兼氧、活性污泥法、接触氧化法和沉淀等组合，使生物处理有机链接、互相补充，废水依次流经系统的各个处理单元，其停留时间分别为 5h、5h、13h 和 2h，出水可实现达标排放。

好氧处理出水再经过二沉池、滤池后，CODcr 浓度可降至 100mg/L 以下。

（6）CAAS 处理系统产生的污泥送入污泥浓缩罐，部分污泥可回流至好氧处理系统，剩余污泥可送入 UASB 反应器中进行厌氧消化，污泥可达到零排放。

三、 废水处理效果

采用厌氧和好氧处理相结合的方法处理黄酒生产废水，CODcr 去除率达 93.8%，BOD_5去除率为 97.5%，处理出水中 SS、CODcr、BOD_5、NH_4^+-N 和 pH 分别达到70mg/L、

100mg/L、30mg/L、12.5mg/L 和 7.2，各项指标均满足《污水综合排放标准》(GB 8978—1996）的一级排放标准。系统的处理能耗及处理费用分别为 97.5kW·h/d 和 1.48 元/m^3，远低于传统生物处理方法。该废水处理工艺流程相对较为简单，可操作性及可控性均较强，剩余污泥产量低，同时具有投资少、运行费用低和出水水质稳定等特点，适用于中小规模黄酒生产废水的达标排放处理。

第十五章

黄酒酿造新技术

第一节　液化法黄酒新技术

传统法黄酒酿造中，浸米与蒸饭是重要的工艺环节之一，其目的是使大米等谷物中的淀粉受热吸水糊化，或使淀粉结晶构造破坏而 α-化，有利于淀粉酶、糖化酶作用，同时也进行了杀菌，但是传统浸米和蒸饭技术有以下不足。

（1）产生大量洗米、浸米废水；尤其是浸米水中含有大量的有机物质，不经处理排放，带来严重的环境污染，是目前黄酒厂面临的十分严峻的问题。

（2）消耗能量大，并且蒸饭机如果密封不好，蒸汽会弥漫整个蒸饭车间，影响工作环境。

（3）米饭的输送困难。对于机械化制造黄酒的工厂，为了便于米饭的输送，房屋多采用高层建筑，投资费用增加。

（4）可能会造成米饭加热不均匀，有夹生和过熟现象。

（5）米饭不能保存，易发生回生。

采用液化法进行黄酒酿造是对传统的工艺进行改革与创新，省去浸米和蒸饭工段。随着我国能源和资源的匮乏，环境问题日益严峻，节能减排是工业化生产的目标之一，而液化法酿造黄酒在这方面显示出充分的优势，有利于清洁生产。液化法属于黄酒酿造新工艺，将原料粉碎后，加入淀粉酶进行液化，再添加适量麦曲和酵母进行发酵，其同传统的工艺比较见图 15-1。

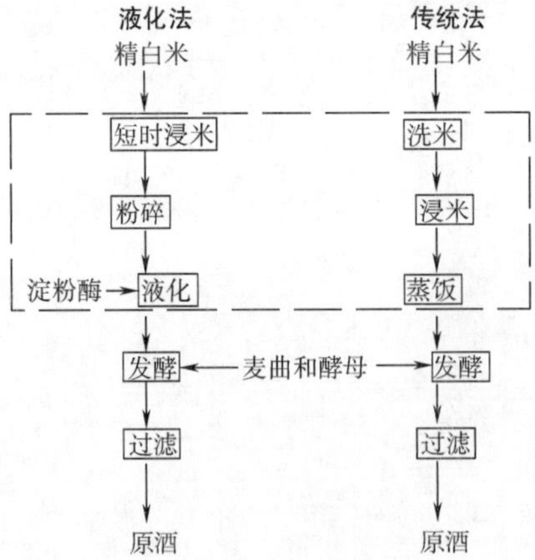

图 15-1　液化法同传统法酿造黄酒比较

液化法酿造黄酒最突出的优点就是节能减排。传统的蒸饭要消耗大量的能量，而采用液化法取代蒸饭，使用一定量的酶制剂，能量消耗少，效率高。采用干法粉碎，可省去浸米操作，无浸渍废水排出；湿法粉碎，浸米需要时间很短，并且需水量较少，产生少量的废水，减少对环境的污染。除此之外，液化法酿造黄酒还有其他一些优点。

（1）液化醪流动性好，便于输送和发酵温度的控制，有利于机械化生产，降低劳动强度。

（2）淀粉液化快，发酵速率高，并在一定程度上能提高出酒率。

一、液化法工艺流程

液化法工艺流程见图 15-2。

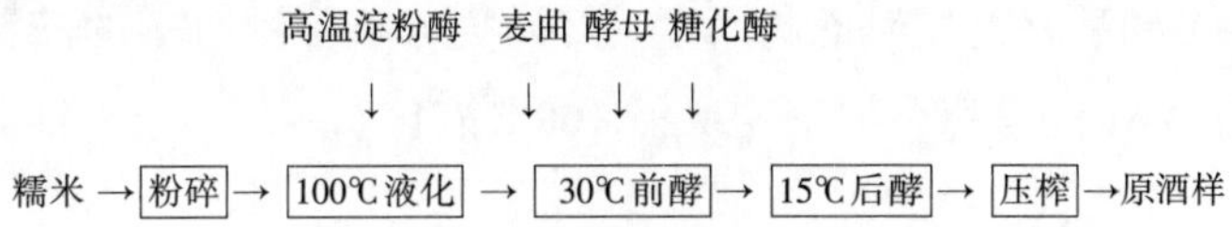

图 15-2　液化法工艺流程

冷却可用夹套、内列管、外列管等措施控制。

二、液化程度的控制

液化是使用淀粉酶将米饭中的长链淀粉变为短链的糊精、寡糖。在该新工艺中液化程度是影响液化法酿造黄酒的重要因素，因为液化过于彻底，尽管容易输送，但发酵醪稀薄，会造成酒中糊精和固形物含量过少，酒的风味淡薄。液化不彻底，发酵醪黏稠，不均匀，不容易散热，也会带来输送困难，没有很好地体现液化法的优势。所以合适的液化程度是将原料中适量的长链淀粉转变为短链糊精，保持黄酒酿造双边发酵的协调进行，同时又能保证酒中残留适量的糊精和非糖固形物，保证黄酒一定的品质和口感，因此液化程度的控制是整个工艺的关键点之一。

淀粉液化一般使用 α-淀粉酶，在对淀粉酶的选择上有中温淀粉酶和高温淀粉酶。高温淀粉酶作用效果快，时间短，应用方便。并且高温淀粉酶作用的适宜温度95~105℃，pH6.0 左右，而黄酒进入发酵阶段以后，温度最高达到 35℃，pH 会下降到 4.5 以下，高温淀粉酶的活性钝化，并且高温液化时可以在一定程度上有蒸煮糊化的作用，有利于黄酒杂味物质的去除以及杀菌，因此选择高温淀粉酶比较合适。

对液化程度采用碘液法和黏度进行评价。碘试颜色有红棕色、红色、淡红、黄色，液化程度依次提高；而黏度测定则由黏度计直接测定读取数值，操作简便，容易判断。

三、液化条件的选择

影响液化程度的因素有原料的粉碎度、淀粉酶用量、液化时间和液化温度等，根据研究，选择原料粉碎颗粒度为 13~27 目，高温 α-淀粉酶量为 3~7U/g 的液化时间在 3~9min，在该液化条件下，碘试颜色呈红色至淡红色，液化的醪液黏度在 15000~

8000Pa·s，既保证了液化醪液中足够的糊精或淀粉，以便麦曲作用的发挥以及保证黄酒特点和品质，同时又具有良好的流动性，便于输送。

根据不同的液化条件进行液化并进行酿酒试验，麦曲 10%，糖化酶 5U/g，前酵 5d，后酵一周。结合液化程度控制指标以及酒液理化指标研究分析，淀粉酶用量是对液化程度（黏度）和酿酒结果（酒精度和糊精）影响最主要的因素，液化时间次之，随着淀粉酶量和液化时间的增加，黏度降低，酒精度提高以及糊精量降低；粉碎度的影响最小。因此液化法酿造黄酒对原料的粉碎度要求并不是十分严格，确定液化工艺条件时高温 α-淀粉酶是首先考虑的因素。经研究分析推荐合适的液化条件为：原料粉碎度 27 目，高温 α-淀粉酶添加量 5U/g，100℃液化 6min。

四、 麦曲与糖化酶的添加使用

麦曲作为传统法黄酒发酵过程中的糖化剂，本身含有一定量的中温淀粉酶和糖化酶，在液化法酿造黄酒新工艺中，由于高温淀粉酶的引入，可适当降低麦曲的用量，由于麦曲中本身就含有一定量的糖化酶，减少麦曲的用量，势必影响到糖化酶的含量，因此在液化法酿造工艺中，需要添加适量的糖化酶。不同麦曲量及糖化酶量发酵情况及酒液品尝结果见表 15-1、表 15-2，图 15-3。

表 15-1　　不同麦曲用量和糖化酶用量

试验编号	麦曲/%	糖化酶/（U/g)
1	10	15
2	5	10
3	10	10
4	5	15

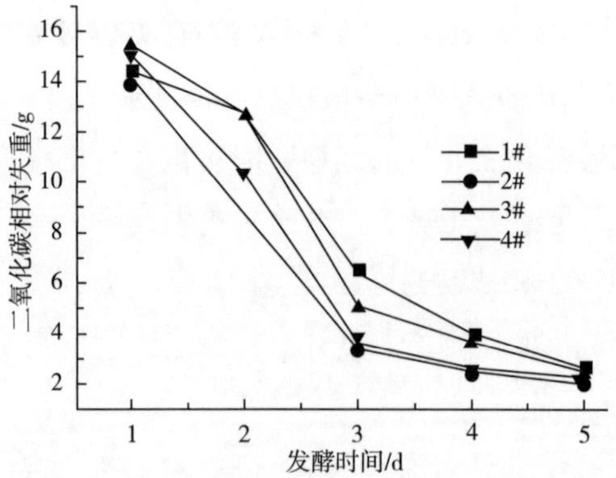

图 15-3　发酵曲线

麦曲和糖化酶都对发酵过程产生较明显的影响，尤其对发酵起始速度；在发酵过程中，麦曲中的糖化酶和添加的糖化酶相互促进、相互补充。其用量增加都会加快发酵速率，缩短前酵时间。但是从发酵曲线看，麦曲的添加量减少（2#、4#），发酵起始速率减缓明显，说明麦曲在发酵过程中比添加的糖化酶发挥更重要的作用。

液化法酿造的黄酒具有新酒的新鲜淡爽的气味，无异香异味，总体感觉具有良好黄酒的典型风格。经过后酵后的酒样香气突出，酒体稍饱满，可见后酵时间里酒中香气物质发生了一些变化。从表 15-2 品评可知，麦曲对酒样影响明显，尤其在香气和口感上，而糖化酶的影响相对不是十分明显。添加 10%的麦曲可以明显感觉到麦曲的香气，而 5%的麦曲则显得淡薄。

表 15-2　酒样品评结果

编号	品　评
1	淡黄，透明，酒香浓郁，麦曲香突出，口感略醇厚，无杂味
2	淡黄，透明，酒香浓郁，麦曲香淡，口感清淡，无杂味
3	淡黄，透明，酒香浓郁，麦曲香突出，口感略醇厚，无杂味
4	淡黄，透明，酒香浓郁，麦曲香淡，口感清淡，无杂味

麦曲在液化法酿造黄酒新工艺中仍然发挥重要作用，糖化酶起着辅助补充作用。增加糖化酶用量可以加快发酵速率，缩短发酵时间，但不宜添加过多，因黄酒要经过较长时间的后酵，糖化酶会将酒中的糊精逐渐分解，非糖固形物的含量下降，不仅影响酒的口感，而且降低酒的品质，推荐糖化酶用量为 10U/g 原料，可以根据麦曲的糖化力、液化力做适当的调整。

五、 液化法酿造黄酒工艺与传统法酿造黄酒工艺的对比

作为一种新工艺，液化法酿造黄酒同传统法发酵有不同之处，具体如下。

（一） 发酵现象对比

1. 前酵期间

液化法酿造黄酒进入前酵 3~5h 后就开始产生细泡沫。第一天出现高泡期，持续时间在 3~4h，然后发酵进入平缓状态，原料粉碎颗粒处于悬浮状态，有一层薄的醪盖，嘶嘶发酵声响较剧烈。

传统法酿造的黄酒在前酵第一天发酵不明显，发酵醪呈固态。第二天水分渗出，泡盖顶起，分层明显，嘶嘶发酵声响较剧烈。

2. 后酵期间

液化法黄酒在后酵期间原料粉碎颗粒逐渐下沉，大概一周后醪液分层明显，上层清液淡黄、清亮透明。传统法黄酒下沉较缓慢，大概 9~10d 后醪液分层明显，上层清

液淡褐黄、清亮透明。

（二） 发酵过程对比

液化法发酵与传统法发酵过程如图 15-4 和图 15-5 所示。

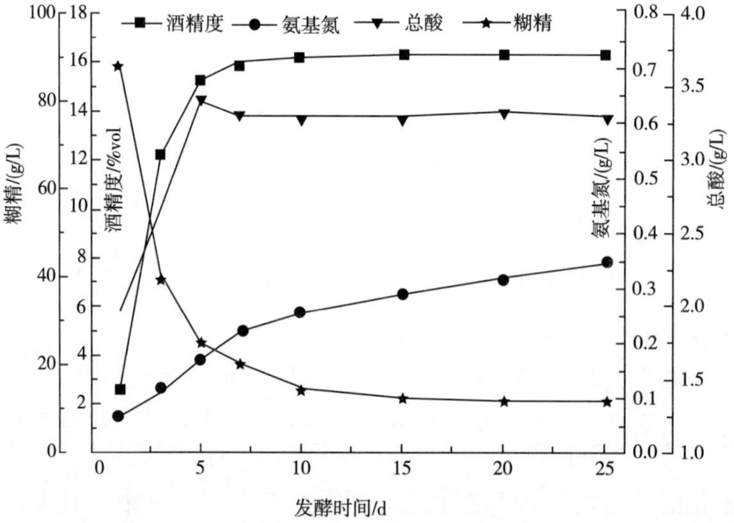

图 15-4　液化法酿造过程

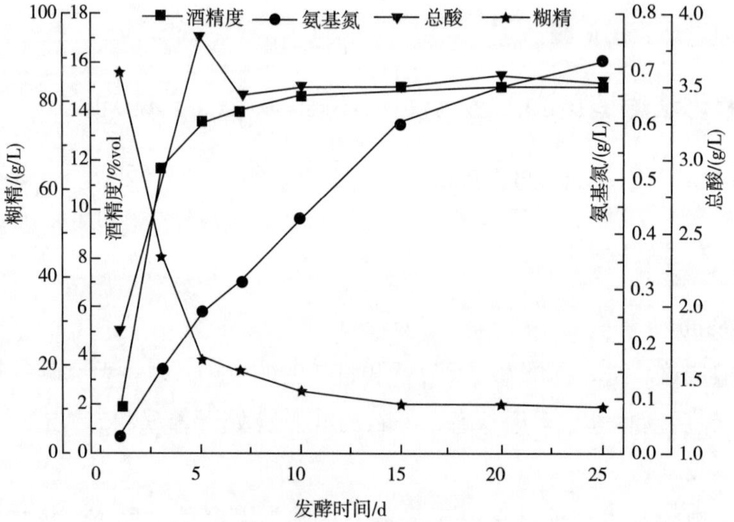

图 15-5　传统法酿造过程

液化法酿造黄酒同传统法黄酒的酿造发酵过程中的酒精度、总酸、氨基氮以及糊精的变化一致。随着发酵时间的延长，酒精度、氨基氮和总酸量升高，糊精降低。尤其在前酵期间，各种物质变化最为明显，酒精度几乎成直线增长，糊精快速降低，总酸稳定升高，发酵进入后酵一周（发酵 10d）以后除了氨基氮外，酒精度、糊精、总酸基本稳定。液化法比传统法黄酒发酵的速率高，酒精度增加快，原料利用率高。液化法发酵同传统法发酵差别比较明显的是氨基氮的变化，在前酵期间随着麦曲中蛋白酶和肽酶的分解作用，原料中蛋白质逐步降解，氨基氮的含量稳定升高，但液化法黄酒发酵由于麦曲量比传统黄酒发酵降低一半，因而在前酵结束的时候氨基氮只有 0.124g/L，而传统法黄酒发酵的后酵结束时氨基氮升到 0.257g/L。进入后酵以后，由于原料中的蛋白质继续降解以及酵母的自溶，氨基氮仍然逐渐升高，增高量是前酵时的一倍之多，可见黄酒中的氨基氮很大成分来自于后酵的作用，同时也说明麦曲对氨基氮的影响十分重要。

（三） 理化指标及感官评价对比

后酵 15d 后酒样经压榨煎酒分析结果如表 15-3 和表 15-4 所示。

表 15-3　　传统法与液化法黄酒理化指标对比结果

	酒精度/%	糊精/(g/L)	总糖/(g/L)	pH	总酸/(g/L)	氨基氮/(g/L)	非糖固形物/(g/L)	β-苯乙醇/(mg/L)
液化法	16.30	6.41	2.21	4.49	3.24	0.307	19.07	93.20
传统法	15.30	10.87	2.98	4.31	3.85	0.687	26.44	106.13

表 15-4　　传统法与液化法黄酒感官评价

液化法	颜色淡黄，清亮透明，清雅醇香，无异味，柔和清爽，新鲜感强，无杂味
传统法	颜色浅黄，清亮透明，浓郁麦曲香，无异味，醇厚鲜爽，无杂味

液化法酿造黄酒可以达到清爽型黄酒国标的要求，品尝无杂味，口感清爽，同传统法黄酒风格差异明显。在同样的投料情况下，液化法黄酒的酒精度比传统法稍高，表明液化法酿造黄酒原料利用较彻底。由于酶制剂的添加，液化法黄酒的糊精和非糖固形物的含量有所降低，这也是液化法黄酒给人清爽口感的原因之一，同时由于液化程度控制适当，酒中保留了适量的糊精和非糖固形物，所以口感并不显单薄。因此从表 15-4 感官品尝的结果看，液化法酿造黄酒具有清爽型黄酒的特点，新鲜感强，适合清爽型黄酒的酿造。

六、 液化法酿造黄酒工艺工厂生产实践

（一） 发酵结果分析

液化法黄酒酿造工艺首次在江苏雅浦黄酒厂进行生产实践，液化条件为粉碎度 27

目，高温 α-淀粉酶添加量 5U/g，100℃液化 6min，麦曲 7%，糖化酶 10U/g。经过前酵 5d，后酵 15d 压榨煎酒后的酒样分析结果如表 15-5 所示。

表 15-5 液化法酿造黄酒工厂生产实践

	酒精度/%	糊精/(g/L)	总糖/(g/L)	pH	总酸/(g/L)	氨基氮/(g/L)	非糖固形物/(g/L)	β-苯乙醇/(mg/L)
常规指标	16.20	6.11	3.39	4.15	4.60	0.427	18.24	67.29
品尝	颜色淡黄，清亮透明，香气纯正，无异香，口感清爽无杂味							

液化法酿造黄酒在工厂生产实践中取得良好的结果，各指标都符合清爽型黄酒国标要求。

（二）风味分析

清爽型黄酒不仅继承了传统黄酒的风味特点，而且其风味更趋清爽，在香气上具有特殊的清雅曲香、醇香，更有柔和、爽适、纯净的感觉。采用顶空微萃取法（HS-SPME）以及 GC-MS［色谱柱为 DB-Wax（60m×0.32mm×0.25μm，J&W Scientific）］对液化法黄酒、清爽型黄酒、传统法黄酒中的挥发性和半挥发性进行分析结果见图 15-6。

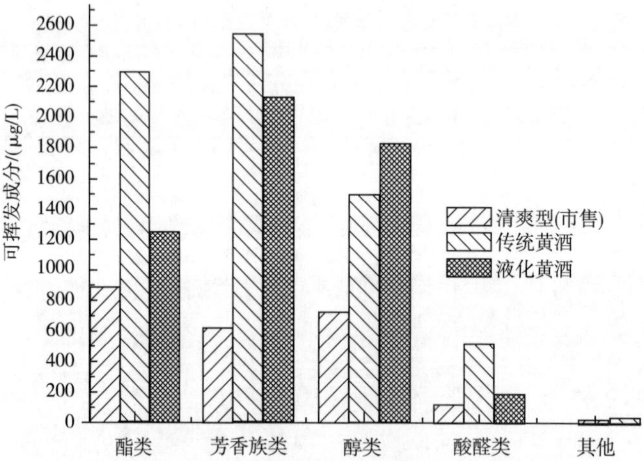

图 15-6 液化法黄酒中风味物质的分析和对比

经固相微萃取以及 GC-MS 对检测到的 30 多种化合物主要包括酯类、醇类、芳香族以及酸醛类等进行对比分析，传统法的黄酒中香气物质比较齐全，含量丰富；市售清爽型黄酒偏少，液化法黄酒的风味物质处于清爽型和传统型之间。因此液化法黄酒在挥发性风味物质上不同于传统法黄酒，它作为一种新型的酿造清爽型黄酒又不同于市售的清爽型黄酒，正是由于这些差异性而形成了液化法黄酒所具有的风味特色。

七、经济估算

液化法酿造黄酒最大的优势就是节能减排，借鉴酒精蒸煮能量的衡算，对液化新工艺进行了节能减排的估算。为了计算的方便性，只对新工艺中的液化工段同一般酿造中的浸米和蒸饭工段进行对比。目前黄酒厂大部分采用卧式蒸饭机，在常压下蒸煮20~30min，其中蒸饭蒸汽消耗能量占总能量的50%左右，吨米能量消耗以及废水排放估算如表15-6所示。

表 15-6 液化法酿造黄酒节能减排估算（供参考）

	液化法	传统法
吨米废水产生量/（t/t）	量少未计	4*
吨米耗电量/（kW·h/t）	4.8	量少未计
吨米耗蒸汽量/（kg/t）	221.88	960
总耗能/（kJ/t）	6.39×10^{5}	2.57×10^{6}

注：*指浸米废水，总耗能指液化工段或蒸饭工段总耗能。

用液化法酿造黄酒省去浸米，同传统的废水排放量相比几乎可以忽略不计，基本上实现废水零排放。在原料的处理阶段，液化法酿造每吨原料要比传统法节省能量50%以上，整体可以节能达到25%以上，节能效果明显，可见液化法体现出清洁生产的发展方向。

综上所述，采用液化法新工艺酿造黄酒的优点如下。

（1）从节能减排估算可知，液化法新工艺酿造黄酒同传统法黄酒酿造相比节能减排效果明显。

（2）可以提高机械化以及自动化程度，实现产品生产过程可控性以及产品质量的一致性。

（3）液化法酿造的黄酒口感清爽，新鲜感较强，可以同市售清爽型黄酒相媲美。

第二节 纯生黄酒新技术

纯生黄酒是指发酵成酒后不再经过加热（巴氏灭菌、杀菌等）的黄酒，其特点是酒的新鲜感好。

对目前黄酒生产工艺来讲，需要特别关注两个问题。

（1）黄酒是开放式发酵，特别是生麦曲有带入杂菌的风险，对纯生黄酒生产过程必须注意清洁卫生，以免杂菌的污染。

(2) 由于黄酒发酵成酒后不能加热灭菌灭酶，酒中残余各种酶制剂无法去除，造成纯生黄酒质量不稳定，需应用超滤，其目的是除去残余的酶。

本节重点在于阐述超滤法制纯生黄酒的实践。

一、 超滤法制纯生黄酒的工艺流程

超滤法制纯生黄酒的工艺流程见图 15-7。

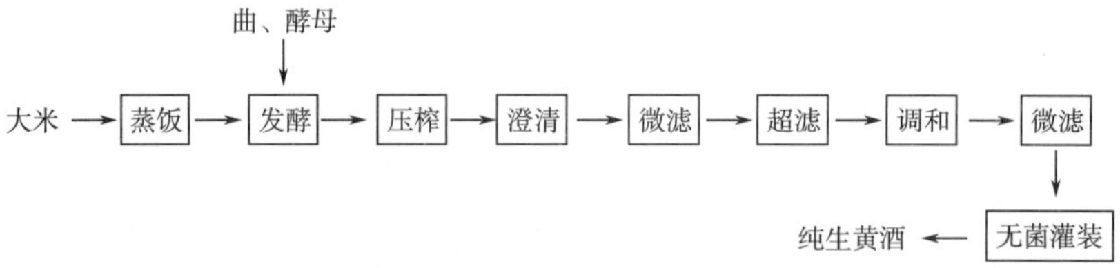

图 15-7　超滤法制纯生黄酒的工艺流程

二、 超滤去酶

（一） 仪器装备

实验设备包括 VIVASCIENCE 过滤装置、微滤膜（孔径为 0.2μm）和超滤膜（截留分子质量为 30000u 和 10000u），均为德国赛多利斯公司制造。

根据实验需要安装实验装置，该装置为错流过滤装置，采用恒温水浴的方法来控制实验时的温度。图 15-8 为实验装置实物图。

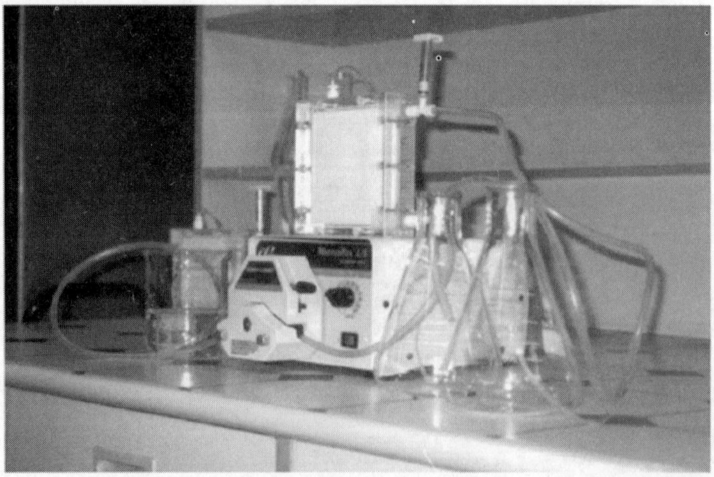

图 15-8　膜过滤装置图

超滤前预先将膜清洗干净，然后将生黄酒倒入料液瓶中，开启控制温度的恒温水浴锅，待温度达到要求温度附近时开启泵，通过调节旋钮控制所需的压差和膜面流速，待各项符合预定条件时，将滤液接入滤液瓶，开始实验，未经膜过滤的样品仍可接入料液瓶，循环过滤。

（二） 黄酒中酶活性的测定

（1）淀粉酶活性的测定　分光光度计法。

（2）糖化酶活性的测定　硫代硫酸钠滴定法。

（3）蛋白酶活性的测定　福林法。

（三） 黄酒的感官评定

感官评定法。

（四） 黄酒样品

（1）生黄酒　刚压榨出来不添加糖色的黄酒，由中国绍兴黄酒集团提供。

（2）纯生黄酒 A　生黄酒经截留分子质量为 30000u 的超滤膜过滤后所得的酒样。

（3）纯生黄酒 B　生黄酒经截留分子质量为 10000u 的超滤膜过滤后所得的酒样。

（五） 超滤的操作条件

操作压力为 0.2~0.25MPa，操作温度 20~25℃，过滤时先超滤 20min 使膜渗透性能稳定后，再循环超滤 60~100min。在此条件下，过滤生黄酒的稳定膜通量可达 20L/(m^2·h)。

（六） 生黄酒的除酶实验结果

刚压榨出来的生黄酒，其中残余有少量的酶（如蛋白酶、糖化酶、α-淀粉酶等），在贮存过程中对黄酒的风味产生影响。因此，在纯生黄酒的生产过程中就必须将这些酶去除。在前面模拟实验的基础上，分别用截留分子质量为 30000u 和 10000u 的超滤膜过滤生黄酒，通过测定超滤处理前后的生黄酒中各种酶的活性变化，验证超滤技术对生黄酒的除酶效果，实验结果如表 15-7 所示。

表 15-7　生黄酒超滤前后酶活性变化

	生黄酒	纯生黄酒 A	纯生黄酒 B	去除率Ⅰ/%（纯生黄酒 A 相对于生黄酒）	去除率Ⅱ/%（纯生黄酒 B 相对于生黄酒）
淀粉酶活性/(U/mL)	0.760	0.0432	0	94.32	100

续表

	生黄酒	纯生黄酒 A	纯生黄酒 B	去除率Ⅰ/%（纯生黄酒 A 相对于生黄酒）	去除率Ⅱ/%（纯生黄酒 B 相对于生黄酒）
糖化酶活性/（U/mL）	46.152	4.400	0	90.47	100
蛋白酶活性/（U/mL）	0.912	0	0	100	100

从上表可以看出，生黄酒经截留分子质量为 30000u 的超滤膜过滤后，所得的纯生黄酒 A 中淀粉酶、糖化酶和蛋白酶的去除率分别为 94.32%、90.47%和 100%；而且经截留分子质量为 10000u 的超滤膜过滤后，所得的纯生黄酒 B 中这三种酶的去除率均能达到 100%，因此可以说明这两种规格的超滤膜对生黄酒中的淀粉酶、糖化酶和蛋白酶均能达到较好的去除效果，去除率均在 90%以上。从而可以保证经超滤处理后，黄酒在贮藏过程中的风味稳定，为纯生黄酒的生产奠定了基础。

三、 生黄酒超滤处理前后理化指标的分析

使用由德国赛多利斯公司提供的超滤膜（截留分子质量分别为 30000u 和 10000u）对生黄酒进行过滤，并对所得的三种酒样进行了理化指标的分析，实验结果如表 15-8 所示。

表 15-8　　生黄酒超滤前后理化指标的分析

	生黄酒	纯生黄酒 A	纯生黄酒 B
酒精度/%vol	19.0	18.4	17.7
总糖/（g/L）	14.2	11.2	9.90
还原糖/（g/L）	13.5	10.5	9.34
总酸/（g/L）	4.2	3.9	3.8
氨基酸态氮/（g/L）	0.77	0.73	0.70
总固形物/（g/L）	46.7	41.7	39.7
非糖固形物/（g/L）	32.5	30.5	29.8

注：酒精度为体积分数。

从表 15-8 可以看出，与超滤前的生黄酒相比，纯生黄酒 A 和纯生黄酒 B 中酒精度、总酸、氨基酸态氮含量变化不是很大，总糖、还原糖、非糖固形物、总固形物含量稍有变化，说明这些物质在超滤时，或多或少地被超滤膜截留，因为黄酒成分非常复杂，其主要成分为粗蛋白质、氨基酸、未水解的粗淀粉、还原糖、多酚、灰分，以及还含有钾、钙、钠、镁等盐类等，这些物质在酒液中相互影响、相互结合，形成一

个复杂的胶体体系，当超滤膜截留住某些大分子物质时，也会附带着把与之相结合的其他物质一起截留住，从而使酒液中各成分含量或多或少地发生变化。从表中分析看出，虽然生黄酒经截留分子质量为30000u 和 10000u 的超滤膜过滤后各理化指标都呈减小的趋势，但均符合 GB/T 13662—2000 的指标要求，说明经超滤处理后所得的纯生黄酒仍具有黄酒的特性。

四、 生黄酒超滤处理前后的感官评价

色泽是黄酒的感官要求之一，不同黄酒具有不同的深浅色泽，其色泽从浅黄至红褐色，甚至黑色不一，而且随着贮存期的延长，色泽加深。黄酒的味是黄酒中各种呈味物质的综合反映，是甜、酸、鲜、苦、涩六味的融合体。表 15-9 反映了超滤处理前后生黄酒的颜色和口味的变化。

表 15-9 生黄酒超滤前后的感官评价

项目	生黄酒	纯生黄酒 A	纯生黄酒 B
色泽	浅黄色，有轻微雾浊	比生黄酒颜色略淡，清亮透明，有光泽	比生黄酒颜色略淡，清亮透明，有光泽
香气	黄酒特香明显	具有黄酒特香	具有黄酒特香
口味	醇厚感较好，酒体协调，新鲜感较好	黄酒口味较生黄酒清爽，酒体协调，新鲜感较好	黄酒口味较生黄酒清爽，酒体协调，新鲜感较好

影响黄酒色泽的主要因素有：酿酒原料本身存在着各种各样的色素；麦曲酒中添加的焦糖色；黄酒在存贮过程中，糖分与氨基酸相结合，产生类黑精物质（美拉德反应），引起酒色褐变；另外还有其他类似的反应，如蛋白质与糖、醛、酮之间的反应，也能引起黄酒呈色。若黄酒长期接触金属，铁离子溶解在酒中，会形成呈色物质——柯因铁，也能使酒增色。

香气和口味都是判断黄酒酒质好坏的一个重要的感官标准。黄酒的香气不是某一种化合物的突出香，而是复合香，是由酯类、醇类、酸类、醛类等多种成分构成，与原料、麦曲、生产过程及贮存时间等有着密切的关系；黄酒的口味要求醇厚、柔和、爽口、鲜美，由于黄酒中含有丰富的风味物质，因此黄酒的口味也是一种综合风味。

从表 15-9 可以看出，生黄酒经截留分子质量为 30000u 和 10000u 的超滤膜处理后，通过目测可以看出，纯生黄酒 A 和纯生黄酒 B 的酒体颜色变浅。颜色变浅最主要的原因是因为超滤膜可以截留酒体中部分呈色物质。而且生黄酒经过超滤处理后，由于其中某些物质被去除，引起黄酒中各种成分含量的比例发生变化，从而对黄酒的颜色和口味产生一定的影响。通过品尝实验发现，与生黄酒相比，超滤处理后所得的纯

生黄酒的香气变化不大，仍具有黄酒特有的香味，而且口味较清爽，有新的感觉，新鲜感较好，可呈现一种黄酒新品种的风味。

借鉴纯生啤酒的鉴定方法，即蔗糖转化酶法，通过测定蔗糖转化酶的活力来鉴定纯生黄酒。蔗糖转化酶，又称β-D-呋喃果糖苷酶或转化酶（E. C. 3. 2. 1. 26）。它们广泛分布于自然界，其中以酵母为最好的酶源，它能从酵母细胞中分泌出来，传入周围介质中，是一种胞外酶。微生物除酵母外，在米曲霉、黑曲霉等中也有较多的蔗糖转化酶。当温度超过58℃时，蔗糖转化酶就会逐渐失活。在一定的条件下，蔗糖转化酶能将蔗糖转化为一分子的葡萄糖和一分子的果糖，因此可以利用葡萄糖鉴别试纸来测定酒液中蔗糖转化酶的活性或者利用 HPLC 测定反应体系中果糖（或葡萄糖）的量来计算蔗糖转化酶的活力，从而对纯生黄酒进行判定。

五、 纯生黄酒老化风味的测定

借鉴啤酒老化的概念，采用 TBA 值（硫代巴比妥酸值）来衡量老化程度，并采用 RSV 值（风味保鲜值）来衡量风味新鲜感。纯生黄酒老化风味的测定见表 15-10。

表 15-10　纯生黄酒老化风味的测定

项目	生黄酒	纯生黄酒 A	纯生黄酒 B	五年陈（2003 年 12 月出厂）
黄酒 TBA 值	0. 118	0. 111	0. 109	0. 954
黄酒 RSV 值	309. 5	334. 8	370. 7	264. 9

从表 15-10 可以看出，与经过陈化的五年陈黄酒相比，纯生黄酒的 TBA 值明显要低，RSV 值明显要高，这是因为五年陈黄酒在其酿造过程中，由于进行了煎酒以及长时间的陈化贮存，发生了美拉德反应、氨基酸的 Strecker 降解、氧化还原反应等，产生了较多的老化物质（如羰基化合物等），从而使其新鲜感大大降低，表现为 TBA 值较高，RSV 值较低。而且与超滤前的生黄酒相比，纯生黄酒的 TBA 值也有所降低，RSV 值也有所升高。因此，可以说明纯生黄酒的新鲜感较好，老化味较少，风味保鲜期较长。

六、 纯生黄酒生物稳定性研究

用德国赛多利斯公司提供的微生物检测装置对纯生黄酒的生物稳定性进行测定。实验中细菌的培养条件为 30℃、48h，耐酸菌的培养条件为 25~28℃、2~5d。实验结果如表 15-11、图 15-9 所示。由于国标中对细菌总数有要求，而对耐酸菌数未做要求，故表 15-11 中将细菌总数的实验结果按国标单位进行转化，耐酸菌的结果没有转化，以“#”表示。

表 15-11　　纯生黄酒中微生物的测定

	生黄酒		纯生黄酒 A		纯生黄酒 B	
	实验所得菌数/(个/10mL)	按国标转化菌数/(个/mL)	实验所得菌数/(个/100mL)	按国标转化菌数/(个/mL)	实验所得菌数/(个/100mL)	按国标转化菌数/(个/10mL)
细菌总数	20	2	0	0	0	0
耐酸菌数	4.6	—	0	—	0	—

注：生黄酒在测定细菌总数时取样 10mL，在测定耐酸菌数时取样 100mL。
纯生黄酒 A 和纯生黄酒 B 均取样 100mL。

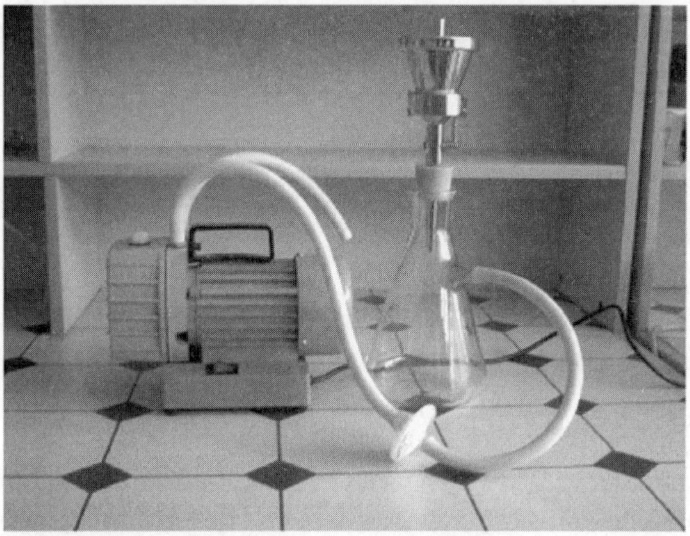

图 15-9　微生物检测装置图

通过对微生物菌落的计数和观察可以得到，生黄酒中细菌总数为 20 个/10mL，且菌落呈红色，耐酸菌数为 46 个/100mL（为了和细菌总数的单位统一，表中将此结果换算成了 4.6 个/10mL），而对纯生黄酒 A 和纯生黄酒 B 进行测定时，培养皿中均无微生物菌落长出［如图 15-10 中的（3）~（6）］。因此，可以说明经过超滤处理后所得的纯生黄酒的生物稳定性能够得到很好的解决。

七、纯生黄酒非生物稳定性研究

（一）超滤除酶对纯生黄酒非生物稳定性的影响

生黄酒中残余的酶在贮藏过程中还要与蛋白质和淀粉等物质发生作用，使酒体出现浑浊、失光、沉淀等现象，对黄酒的稳定性和品质产生影响。因此，本实验研究了超滤除酶对纯生黄酒稳定性的影响。前面章节中已经对生黄酒超滤除酶的效果进行了

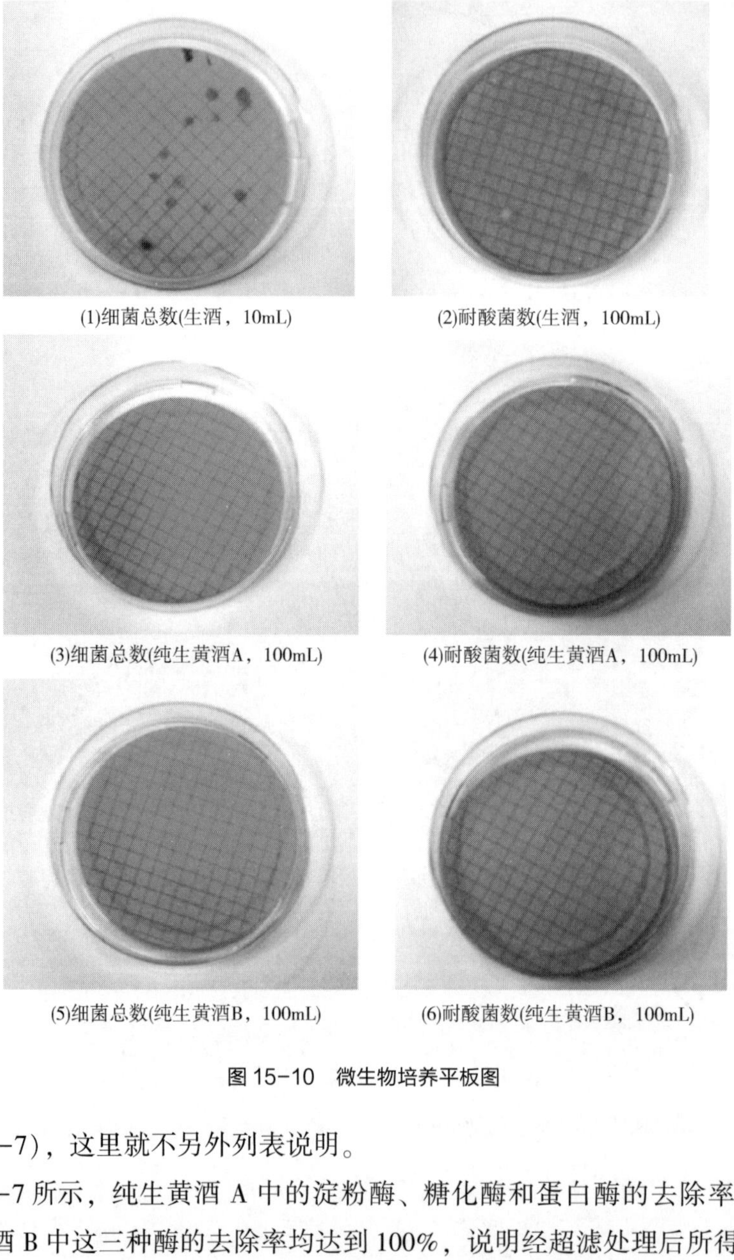

(1)细菌总数(生酒，10mL)　(2)耐酸菌数(生酒，100mL)

(3)细菌总数(纯生黄酒A，100mL)　(4)耐酸菌数(纯生黄酒A，100mL)

(5)细菌总数(纯生黄酒B，100mL)　(6)耐酸菌数(纯生黄酒B，100mL)

图 15-10　微生物培养平板图

研究（表 15-7），这里就不另外列表说明。

如表 15-7 所示，纯生黄酒 A 中的淀粉酶、糖化酶和蛋白酶的去除率均在 90% 以上，纯生黄酒 B 中这三种酶的去除率均达到 100%，说明经超滤处理后所得的纯生黄酒中的酶基本上能达到去除的要求，从而可以避免因为酶本身可能引起的蛋白质浑浊。因此，可以说明超滤处理对纯生黄酒的非生物稳定性起到了一定的提高作用。

（二）影响纯生黄酒非生物稳定性的理化指标分析

由于黄酒的非生物不稳定性主要是由蛋白质、多酚、铁离子、糖类等物质所引起的，通过对绍兴五年陈酒液及其沉淀物中这些物质的剖析，说明非生物稳定性的影响因素，从而进一步研究了纯生黄酒的非生物稳定性。

1. 成品黄酒酒液及其沉淀物中影响非生物稳定性的理化指标分析

取绍兴五年陈黄酒（2瓶），收集到沉淀物，配成500mL溶液，供实验使用。对绍兴五年陈黄酒酒液及五年陈酒液沉淀物中几种理化指标的含量进行了比较分析，实验结果如表15-12所示。

表15-12 纯生黄酒中理化指标的分析 单位:%

项目	糊精	总多酚	铁离子	总蛋白质
生黄酒	1.55	0.0018	0.00021	1.43
纯生黄酒A	1.43	0.0015	0.00018	1.25
纯生黄酒B	1.36	0.0012	0.00016	1.19

注：表中数据为质量分数；黄酒酒液密度近似取水密度（1g/mL）。

黄酒的成分相对复杂，除了含有多种醇、酸、酯以外，还有蛋白质、糊精、多酚、铁离子等，这些物质由于外界环境的影响，如温度、空气、阳光、气压等因素，就会发生不同程度的生物、物理、化学变化，从而影响黄酒的非生物稳定性。

从表15-12可以看出，与超滤前的生黄酒相比，纯生黄酒中这几种物质的含量均有所减少。由五年陈及其沉淀物的分析可知，这几种物质对黄酒的非生物稳定性有很大的影响，随着这些物质含量的减少，纯生黄酒的非生物稳定性得到了一定的提高。

2. 纯生黄酒中蛋白质及其隆丁区分的分析

在对五年陈黄酒及其沉淀物中蛋白质分析的基础之上，本实验对两种纯生黄酒进行了蛋白质及其隆丁区分的分析，实验结果如表15-13所示。

表15-13 纯生黄酒中蛋白质的分析 单位:%

项目	生黄酒	纯生黄酒A	纯生黄酒B
总蛋白质	1.43	1.25	1.19
高分子蛋白质	0.20	0.098	0.062
中分子蛋白质	0.18	0.14	0.13
低分子蛋白质	1.05	1.01	1.00

注：表中数据为质量分数；黄酒酒液密度近似取水密度（1g/mL）。

如表15-13所示，与生黄酒相比，纯生黄酒A和纯生黄酒B中总蛋白质的含量以及高、中、低分子蛋白质的含量均减少，总蛋白质的去除率分别为12.81%和16.72%，其中高分子蛋白质的去除效果更为明显，去除率分别为50.71%和68.96%，从而可以说明纯生黄酒中蛋白质含量的降低主要是由于高分子蛋白质含量的降低引起的。而且截留分子质量越小的超滤膜，蛋白质的去除效果越好。

八、 纯生黄酒中戊聚糖的测定

基于五年陈酒液及其沉淀物中戊聚糖的测定，本实验对纯生黄酒中的戊聚糖进行了分析，并比较了超滤处理前后戊聚糖含量的变化，进一步讨论了超滤技术对纯生黄酒稳定性的影响，实验结果如图 15-11 所示。

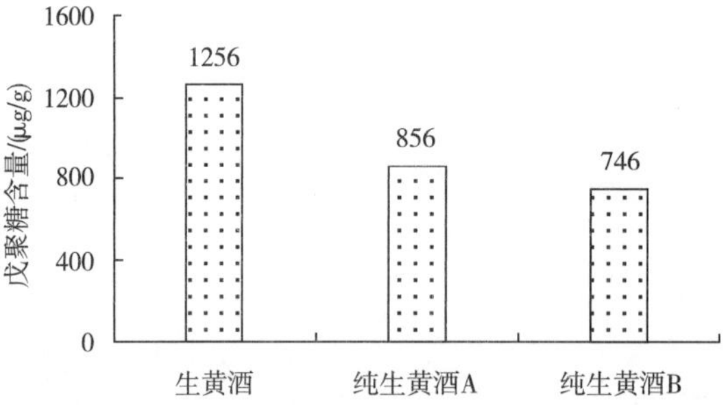

图 15-11 超滤处理前后酒液中戊聚糖的变化

注：黄酒酒液密度近似取水密度（1g/mL）。

如图 15-11 所示，与生黄酒相比，纯生黄酒 A 和纯生黄酒 B 中戊聚糖的含量呈减少的趋势，减少率分别为 31.85%和 40.61%。同时，与五年陈酒液相比，纯生黄酒中戊聚糖的含量均要低，如五年陈酒液中戊聚糖含量为 972μg/g，纯生黄酒 B 中为 746μg/g。随着戊聚糖含量的减少，与戊聚糖有关的氧化交联及共价交联反应大大减少，使得戊聚糖与蛋白质竞争水分的能力减小。而且由于蛋白质具有水化作用和成膜作用，就使得蛋白质颗粒与其他的蛋白质颗粒、多酚、铁离子等相互隔离开来，这样，彼此之间就不会碰撞而聚合（或络合）成大颗粒，有利于纯生黄酒酒体的稳定。

九、 粒度对纯生黄酒非生物稳定性的影响

超滤前后酒液平均粒度的比较见表 15-14。

表 15-14 超滤前后酒液平均粒度的比较

酒样	生黄酒	纯生黄酒 A	纯生黄酒 B
颗粒平均直径/nm	887.5	19.5	2.7

从表 15-14 可以看出，与生黄酒相比，纯生黄酒 A 和纯生黄酒 B 的平均粒度明显降低，由生黄酒的 887.5nm 分别减小为 19.5nm 和 2.7nm，这可能是因为超滤处理去除了一些高分子物质（如蛋白质等）、铁离子、多酚等，使得酒液中那些能聚合成大颗粒的前体物质减少，酒液中的物质聚合成大颗粒的能力丧失，降低了因高分子蛋白质或大颗粒物质的自然沉降而引起的浑浊，同时也降低了由铁离子、多酚等与蛋白质络合

而产生的浑浊。这与前面的实验结果相符合，从而可以进一步说明超滤技术提高纯生黄酒稳定性的效果是明显的。

十、稳定性测试

（一）自然存放实验

分别取一定量的生黄酒、纯生黄酒 A、纯生黄酒 B，放置于室温下，经数天后，通过比较其酒液澄清度，来判断其稳定性。

（二）模拟冷处理及稳定性实验

分别取一定量的生黄酒、纯生黄酒 A、纯生黄酒 B，然后将各种黄酒样品置于 0℃ 的冰箱中放置 6h，迅速摇匀，测定其浊度，通过比较浊度来判断冷浑浊的程度。

（三）模拟热强化及稳定性实验

分别取一定量的生黄酒、纯生黄酒 A、纯生黄酒 B，然后将各种黄酒样品在 55~60℃的恒温水浴锅中放置 4d（注意：控制温度不超过 60℃），迅速摇匀，测定其浊度，通过比较浊度来判断其稳定性。

（四）冷热循环处理及稳定性实验

分别取一定量的生黄酒、纯生黄酒 A、纯生黄酒 B，然后将各种黄酒样品以 60℃ 24h、0℃ 24h 为一个循环进行实验，即将黄酒样品在 60℃的恒温水浴锅中放置 24h，取出放置 6h，待温度达到室温后，再将样品置于 0℃的冰箱中放置 24h，取出放置使其温度达到室温，作为一个循环，观测其沉淀出现的时间与沉淀量的多寡，然后迅速摇匀，测定其浊度，通过比较浊度，来判断其稳定性。

（五）纯生黄酒的稳定性测试结果

分别采用自然存放、热处理、冷处理、冷热循环处理四种方法，对超滤处理后所得的纯生黄酒进行稳定性测试，实验结果如表 15-15 所示。

表 15-15　　纯生黄酒稳定性实验结果

项目		生黄酒	纯生黄酒 A	纯生黄酒 B
自然存放	浊度 $(1-T)$ *	0. 100	0. 090	0. 078
	现象	第 7 天开始失光，第 10 天振摇时有少量螺旋状浑浊	第 145 天开始失光，振摇时瓶底有微量螺旋状浑浊	第 178 天开始失光，振摇时瓶底有痕量螺旋状浑浊

续表

<table>
<tr><th colspan="3">项目</th><th>生黄酒</th><th>纯生黄酒 A</th><th>纯生黄酒 B</th></tr>
<tr><td rowspan="2">热处理</td><td colspan="2">浊度（1-T）</td><td>0. 105</td><td>0. 070</td><td>0. 055</td></tr>
<tr><td colspan="2">现象</td><td>有沉淀物出现，酒液颜色稍有加深</td><td>有微量沉淀物出现，酒液颜色稍有加深</td><td>酒液失光浑浊，酒液颜色稍有加深</td></tr>
<tr><td rowspan="2">冷处理</td><td colspan="2">浊度（1-T）</td><td>0. 553</td><td>0. 337</td><td>0. 251</td></tr>
<tr><td colspan="2">现象</td><td>有沉淀物出现</td><td>微量沉淀生成</td><td>浑浊、无沉淀</td></tr>
<tr><td rowspan="4">冷热循环处理</td><td rowspan="2">第一次循环</td><td>浊度（1-T）</td><td>0. 112</td><td>0. 035</td><td>0. 010</td></tr>
<tr><td>现象</td><td>失光，振摇时有少量螺旋状沉淀</td><td>失光</td><td>失光</td></tr>
<tr><td rowspan="2">第二次循环</td><td>浊度（1-T）</td><td>0. 352</td><td>0. 156</td><td>0. 107</td></tr>
<tr><td>现象</td><td>沉淀物较多</td><td>振摇时有微量沉淀物</td><td>振摇时有痕量沉淀物</td></tr>
</table>

注：＊用分光光度计在 800nm 波长下测定酒液的透光度（T），即酒体浊度（$1-T$）。

如表 15-15 所示，与生黄酒相比，三种强化处理（热处理、冷处理、冷热循环处理）后，纯生黄酒的浊度降低，沉淀量明显减少。其中，模拟冷处理实验效果最明显，酒的冷浑浊实质上是因温度降低而使酒中部分大分子化学物质溶解度下降所产生的浑浊现象，它是一个物理现象，而不具有化学反应的性质，当温度上升后溶解情况又会复原，因此又称为可逆浑浊。四种方法中自然存放最符合实际情况，能客观地反映黄酒稳定性的好坏，但实验周期较长。当生黄酒存放到第 10 天时，酒体就已有少量沉淀出现，这是由于生黄酒中有酶、微生物等的存在，加速了黄酒沉淀的生成。而纯生黄酒 A 和纯生黄酒 B 分别在第 145 天和第 178 天出现失光浑浊现象，存储期明显延长。因此，可以说明纯生黄酒的稳定性在一定程度上有了提高。

附　　录

黄酒相关资料

附录一　黄酒相关国家标准

1. 黄酒（GB/T 13662—2018）

1　范围

本标准规定了黄酒的术语和定义、分类、要求、分析方法、检验规则、标志、包装、运输和贮存。本标准适用于黄酒的生产、检验与销售。

2　规范性引用文件

下列文件对于本文件的应用是必不可少的。凡是注日期的引用文件，仅注日期的版本适用于本文件。凡是不注日期的引用文件，其最新版本（包括所有的修改单）适用于本文件。

GB/T601　化学试剂　标准滴定溶液的制备

GB/T603　化学试剂　试验方法中所用制剂及制品的制备

GB 1886.64　食品安全国家标准　食品添加剂　焦糖色

GB 2715　食品安全国家标准　粮食

GB2758　食品安全国家标准　发酵酒及其配制酒

GB2760　食品安全国家标准　食品添加剂使用标准

GB 5009.28　食品安全国家标准　食品中苯甲酸、山梨酸和糖精钠的测定

GB 5009.225　食品安全国家标准　酒中乙醇浓度的测定

GB5749　生活饮用水卫生标准

GB/T 6543　运输包装用单瓦楞纸箱和双瓦楞纸箱

GB/T 6682—2008　分析实验室用水规格和试验方法

GB 7718　食品安全国家标准　预包装食品标签通则

JJF 1070　定量包装商品净含量计量检验规则

定量包装商品计量监督管理办法（国家质量监督检验检疫总局〔2005〕第 75 号令）

3　术语和定义

下列术语和定义适用于本文件。

3.1

黄酒　Huangjiu

老酒

以稻米、黍米、小米、玉米、小麦、水等为主要原料，经加曲和/或部分酶制剂、酵母等糖化发酵剂酿制而成的发酵酒。

3.2

酒龄　age

发酵后的成品原酒在酒坛、酒罐等容器中贮存的年限。

3.3

原酒　original huangjiu

黄酒酿造结束，直接或经煎酒后储存于容器中的基酒。

3.4

标注酒龄　marking age

销售包装标签上标注的酒龄，以勾调所用原酒的酒龄加权平均计算。

3.5

聚集物　aggregate

成品酒在贮存过程中自然产生的沉淀或沉降物。

3.6

传统型黄酒　traditional type huangjiu

以稻米、黍米、玉米、小米、小麦、水等为主要原料，经蒸煮、加酒曲、糖化、发酵、压榨、过滤、煎酒（除菌）、贮存、勾调而成的黄酒。

3.7

清爽型黄酒　light type huangjiu

以稻米、黍米、玉米、小米、小麦、水等为主要原料，经蒸煮、加入酒曲和/或部分酶制剂、酵母为糖化发酵剂、经糖化、发酵、压榨、过滤、煎酒（除菌）、贮存、勾调而成的、口味清爽的黄酒。

3.8

特型黄酒　special type huangjiu

由于原辅料和（或）工艺有所改变，具有特殊风味且不改变黄酒风格的酒。

3.9

勾调　blending

不同酒龄、不同类型的原酒按一定比例调合，并可加适量水调整的过程。

3.10

抵制发酵　inhibited fermentation

在甜黄酒和半甜黄酒的生产过程中，可适量加入白酒或食用酒精以控制发酵的过程。

4 分类

4.1 按产品风格分类

4.1.1 传统型黄酒。

4.1.2 清爽型黄酒。

4.1.3 特型黄酒。

4.2 按含糖量分类

4.2.1 干黄酒。

4.2.2 半干黄酒。

4.2.3 半甜黄酒。

4.2.4 甜黄酒。

5 技术要求

5.1 原辅料要求

5.1.1 酿造用水应符合 GB 5749 的要求。

5.1.2 稻米等粮食原料应符合 GB 2715 的规定。

5.1.3 在特型黄酒生产过程中，可添加符合国家规定的、按照传统既是食品又是中药材物质。

5.1.4 用于抑制发酵的白酒或食用酒精应符合相关标准要求。

5.1.5 黄酒中可按照 GB 2760 的规定添加焦糖色（其焦糖色产品应符合 GB 1886.64 要求）。

5.1.6 其他原、辅料应符合国家相关标准和食品安全法规的规定。

5.2 感官要求

5.2.1 传统型黄酒

应符合表 1 的规定。

表 1 传统型黄酒感官要求

项目	类型	优级	一级	二级
外观	干黄酒	淡黄色至深褐色，清亮透明，有光泽，允许瓶（坛）底有微量聚集物		淡黄色至深褐色，清亮透明，允许瓶（坛）底有少量聚集物
	半干黄酒			
	半甜黄酒			
	甜黄酒			

续表

项目	类型	优级	一级	二级
香气	干黄酒	具有黄酒特有的浓郁醇香，无异香	黄酒特有的醇香较浓郁，无异香	具有黄酒特有的醇香，无异味
	半干黄酒			
	半甜黄酒			
	甜黄酒			
口味	干黄酒	醇和，爽口，无异味	醇和，较爽口，无异味	尚醇和，爽口，无异味
	半干黄酒	醇厚，柔和鲜爽，无异味	醇厚，较柔和鲜爽，无异味	尚醇厚鲜爽，无异味
	半甜黄酒	醇厚，鲜甜爽口，无异味	醇厚，较鲜甜爽口，无异味	醇厚，尚鲜甜爽口，无异味
	甜黄酒	鲜甜，醇厚，无异味	鲜甜，较醇厚，无异味	鲜甜，尚醇厚，无异味
风格	干黄酒	酒体协调，具有黄酒品种的典型风格	酒体较协调，具有黄酒品种的典型风格	酒体尚协调，具有黄酒品种的典型风格
	半干黄酒			
	半甜黄酒			
	甜黄酒			

5.2.2　清爽型黄酒

应符合表2的规定。

表2　清爽型黄酒感官要求

项目	类型	一级	二级
外观	干黄酒	淡黄色至黄褐色，清亮透明，有光泽，允许瓶（坛）底有微量聚集物	
	半干黄酒		
	半甜黄酒		
香气	干黄酒	具有本类型黄酒特有的清雅醇香，无异香	
	半干黄酒		
	半甜黄酒		
口味	干黄酒	柔净醇和、清爽、无异味	柔净醇和、较清爽、无异味
	半干黄酒	柔和、鲜爽、无异味	柔和、较鲜爽、无异味
	半甜黄酒	柔和、鲜甜、清爽、无异味	柔和、鲜甜、较清爽、无异味
风格	干黄酒	酒体协调，具有本类黄酒的典型风格	酒体较协调，具有本类黄酒的典型风格
	半干黄酒		
	半甜黄酒		

5.2.3 特型黄酒

应符合5.2.1或5.2.2的要求。

5.3 理化要求

5.3.1 传统型黄酒

5.3.1.1 干黄酒

应符合表3的规定。

表3 传统型干黄酒理化要求

项目	稻米黄酒			非稻米黄酒	
	优级	一级	二级	优级	一级
总糖（以葡萄糖计）/（g/L） ≤	15.0				
非糖固形物/（g/L） ≥	14.0	11.5	9.5	14.0	11.5
酒精度（20℃）/（%vol） ≥	8.0[a]			8.0[b]	
总酸（以乳酸计）/（g/L）	3.0~7.0			3.0~10.0	
氨基酸态氮/（g/L） ≥	0.35	0.25	0.20	0.16	
pH	3.5~4.6				
氧化钙/（g/L） ≤	1.0				
苯甲酸[c]/（g/kg） ≤	0.05				

[a] 酒精度低于14%vol时，非糖固形物和氨基酸态氮的值按14%vol折算，酒精度标签所示值与实测值之间差为±1.0%vol。

[b] 酒精度低于11%vol时，非糖固形物和氨基酸态氮的值按11%vol折算，酒精度标签所示值与实测值之间差为±1.0%vol。

[c] 指黄酒发酵及贮存过程中自然产生的苯甲酸。

5.3.1.2 半干黄酒

应符合表4的规定。

表4 传统型半干黄酒理化要求

项目	稻米黄酒			非稻米黄酒	
	优级	一级	二级	优级	一级
总糖（以葡萄糖计）/（g/L）	15.1~40.0				
非糖固形物/（g/L） ≥	18.5	16.0	13.0	15.5	13.0
酒精度（20℃）/（% vol） ≥	80[a]			8.0[b]	
总酸（以乳酸计）/（g/L）	3.0~7.5			3.0~10.0	
氨基酸态氮/（g/L） ≥	0.40	0.35	0.30	0.16	
pH	3.5~4.6				

续表

项目	稻米黄酒			非稻米黄酒	
	优级	一级	二级	优级	一级
氧化钙/（g/L）　≤	1.0				
苯甲酸[c]/（g/kg）　≤	0.05				

[a] 酒精度低于14%vol时，非糖固形物和氨基酸态氮的值按14%vol折算，酒精度标签所示值与实测值之间差为±1.0%vol。

[b] 酒精度低于11%vol时，非糖固形物和氨基酸态氮的值按11%vol折算，酒精度标签所示值与实测值之间差为±1.0%vol。

[c] 指黄酒发酵及贮存过程中自然产生的苯甲酸。

5.3.1.3　半甜黄酒

应符合表5的规定。

表5　传统型半甜黄酒理化要求

项目	稻米黄酒			非稻米黄酒	
	优级	一级	二级	优级	一级
总糖（以葡萄糖计）/（g/L）	40.1~100.0				
非糖固形物/（g/L）　≥	18.5	16.0	13.0	16.0	13.0
酒精度（20℃）/（%vol）　≥	8.0[a]			8.0[b]	
总酸（以乳酸计）/（g/L）	4.0~8.0			4.0~10.0	
氨基酸态氮/（g/L）　≥	0.35	0.30	0.20	0.16	
pH	3.5~4.6				
氧化钙/（g/L）　≤	1.0				
苯甲酸[c]/（g/kg）　≤	0.05				

[a] 酒精度低于14%vol时，非糖固形物和氨基酸态氮的值按14%vol折算，酒精度标签所示值与实测值之间差为±1.0%vol。

[b] 酒精度低于11%vol时，非糖固形物和氨基酸态氮的值按11%vol折算，酒精度标签所示值与实测值之间差为±1.0%vol。

[c] 指黄酒发酵及贮存过程中自然产生的苯甲酸。

5.3.1.4　甜黄酒

应符合表6的规定。

表 6 传统型甜黄酒理化要求

项目	稻米黄酒			非稻米黄酒	
	优级	一级	二级	优级	一级
总糖（以葡萄糖计）/（g/L） >	100.0				
非糖固形物/（g/L） ≥	16.5	14.0	13.0	14.0	11.5
酒精度（20℃）/（%vol） ≥	8.0[a]			8.0[b]	
总酸（以乳酸计）/（g/L）	4.0~8.0			4.0~10.0	
氨基酸态氮/（g/L） ≥	0.30	0.25	0.20	0.16	
pH	3.5~4.8				
氧化钙/（g/L） ≤	1.0				
苯甲酸[c]/（g/kg） ≤	0.05				

[a] 酒精度低于 14%vol 时，非糖固形物和氨基酸态氮的值按 14%vol 折算，酒精度标签所示值与实测值之间差为 ±1.0%vol。

[b] 酒精度低于 11%vol 时，非糖固形物和氨基酸态氮的值按 11%vol 折算，酒精度标签所示值与实测值之间差为 ±1.0%vol。

[c] 指黄酒发酵及贮存过程中自然产生的苯甲酸。

5.3.2 清爽型黄酒

5.3.2.1 干黄酒

应符合表 7 的规定。

表 7 清爽型干黄酒理化要求

项目	稻米黄酒		非稻米黄酒
	一级	二级	
总糖（以葡萄糖计）/（g/L） ≤	15.0		
非糖固形物/（g/L） ≥	5.0		
酒精度（20℃）/（%vol） ≥	6.0[a]		6.0[b]
总酸（以乳酸计）/（g/L）	2.5~7.0		2.5~10.0
氨基酸态氮/（g/L） ≥	0.20	0.16	
pH	3.5~4.6		
氧化钙/（g/L） ≤	0.5		
苯甲酸[c]/（g/kg） ≤	0.05		

[a] 酒精度低于 14%vol 时，非糖固形物和氨基酸态氮的值按 14%vol 折算，酒精度标签所示值与实测值之间差为 +1.0%vol。

[b] 酒精度低于 11%vol 时，非糖固形物和氨基酸态氮的值按 11%vol 折算，酒精度标签所示值与实测值之间差为 ±1.0%vol。

[c] 指黄酒发酵及贮存过程中自然产生的苯甲酸。

5.3.2.2 半干黄酒

应符合表8的规定。

表8 清爽型半干黄酒理化要求

项目	稻米黄酒		非稻米黄酒	
	一级	二级	一级	二级
总糖（以葡萄糖计）/（g/L）	15.1~40.0			
非糖固形物/（g/L） ≥	10.5	8.5	10.5	8.5
酒精度（20℃）/（%vol） ≥	6.0[a]		6.0[b]	
总酸（以乳酸计）/（g/L）	2.5~7.0		2.5~10.0	
氨基酸态氮/（g/L） ≥	0.30	0.20	0.16	
pH	3.5~4.6			
氧化钙/（g/L） ≤	0.5			
苯甲酸[c]/（g/kg） ≤	0.05			

[a] 酒精度低于14%vol时，非糖固形物和氨基酸态氮的值按14%vol折算，酒精度标签所示值与实测值之间差为±1.0%vol。

[b] 酒精度低于11%vol时，非糖固形物和氨基酸态氮的值按11%vol折算，酒精度标签所示值与实测值之间差为±1.0%vol.

[c] 指黄酒发酵及贮存过程中自然产生的苯甲酸。

5.3.2.3 半甜黄酒

应符合表9的规定。

表9 清爽型半甜黄酒理化要求

项目	稻米黄酒		非稻米黄酒	
	一级	二级	一级	二级
总糖（以葡萄糖计）/（g/L）	40.1~100.0			
非糖固形物/（g/L） ≥	7.0	5.5	7.0	5.5
酒精度（20℃）/（%vol） ≥	6.0[a]		6.0[b]	
总酸（以乳酸计）/（g/L）	3.8~8.0		3.8~10.0	
氨基酸态氮/（g/L） ≥	0.25	0.20	0.16	
pH	3.5~4.6			
氧化钙/（g/L） ≤	0.5			
苯甲酸[c]/（g/kg） ≤	0.05			

[a] 酒精度低于14%vol时，非糖固形物和氨基酸态氮的值按14%vol折算，酒精度标签所示值与实测值之间差为±1.0%vol。

[b] 酒精度低于11%vol时，非糖固形物和氨基酸态氮的值按11%vol折算，酒精度标签所示值与实测值之间差为±1.0%vol。

[c] 指黄酒发酵及贮存过程中自然产生的苯甲酸。

5.3.3　特型黄酒

按照相应的产品标准执行，产品标准中各项指标的设定不应低于5.3.1或5.3.2中相应产品类型的最低级别要求。

5.4　净含量

按《定量包装商品计量监督管理办法》（国家质量监督检验检疫总局［2005］第75号令）执行。

6　分析方法

本分析方法中所用的水，在未注明其他要求时，应符合GB/T 6682—2008的规定的三级或三级以上的水。所有试剂，在未注明其他规格时，均指分析纯（AR）。

6.1　感官检查

6.1.1　酒样的准备

将酒样密码编号，调温至15℃~25℃。将洁净的评酒杯对应酒样编号，对号注入适量酒样。

6.1.2　外观评价

将注入酒样的评酒杯置于明亮处，举杯齐眉，用眼观察杯中酒的透明度、澄清度以及有无沉淀和聚集物等，做好详细记录。

6.1.3　香气与口味评价

手握杯柱，慢慢将酒杯置于鼻孔下方，嗅闻其挥发香气，慢慢摇动酒杯，嗅闻香气。用手握酒杯腹部2min，摇动后，再闻其香气。依次上述程序，判断是原料香或其他异香，写出评语；饮入适量酒样于口中，尽量均匀分布于味觉区，仔细品评口感，有了明确感觉后咽下，再回味口感及后味，记录口感特征。

6.1.4　风格评价

依据外观、香气、口味的特征，综合评价酒样的风格及典型性程度，写出评价结论。

6.2　总糖

6.2.1　廉爱农法（仲裁法）

适用于甜酒和半甜酒。

6.2.1.1　原理

费林试剂与还原糖共沸，生成氧化亚铜沉淀。以次甲基蓝为指示液，用试样水解液滴定沸腾状态的费林溶液。达到终点时，稍微过量的还原糖将次甲基蓝还原成无色为终点，依据试样水解液的消耗体积，计算总糖含量。

6.2.1.2　试剂

6.2.1.2.1　费林甲液：称取硫酸铜（$CuSO_4 \cdot 5H_2O$）69.8g，加水溶解并定容

至1000mL。

6.2.1.2.2　费林乙液：称取酒石酸钾钠（$C_4H_4KNaO_6 \cdot 4H_2O$）346g及氢氧化钠100g，加水溶解并定容至1000mL，摇匀，过滤，备用。

6.2.1.2.3　葡萄糖标准溶液（2.5g/L）：称取经103℃~105℃烘干至恒重的无水葡萄糖2.5g（精确至0.0001g），加水溶解，并加浓盐酸5mL，再用水定容至1000mL。

6.2.1.2.4　次甲基蓝指示液（10g/L）：称取次甲基蓝1.0g，加水溶解并定容至100mL。

6.2.1.2.5　盐酸溶液（6mol/L）：量取浓盐酸50mL，加水稀释至100mL。

6.2.1.2.6　甲基红指示液（1g/L）：称取甲基红0.10g，溶于乙醇并稀释至100mL。

6.2.1.2.7　氢氧化钠溶液（200g/L）：称取氢氧化钠20g，用水溶解并稀释至100mL。

6.2.1.3　仪器

6.2.1.3.1　分析天平：感量0.0001g。

6.2.1.3.2　分析天平：感量0.01g。

6.2.1.3.3　电炉：300W~500W。

6.2.1.4　分析步骤

6.2.1.4.1　标定费林溶液的预滴定

准确吸取费林甲、乙液各5mL于250mL锥形瓶中，加水30mL，混合后置于电炉上加热至沸腾。滴入葡萄糖标准溶液（6.2.1.2.3），保持沸腾，待试液蓝色即将消失时，加入次甲基蓝指示液（6.2.1.2.4）2滴，继续用葡萄糖标准溶液滴定至蓝色消失为终点。记录消耗葡萄糖标准溶液的体积（V）。

6.2.1.4.2　费林溶液的标定

费林溶液的标定按如下步骤操作和计算：

a）准确吸取费林甲、乙液各5mL于250mL锥形瓶中，加水30mL。混匀后，加入比预滴定体积（V）少1mL的葡萄糖标准溶液（6.2.1.2.3），置于电炉上加热至沸腾，加入次甲基蓝指示液（6.2.1.2.4）2滴，保持沸腾2min，继续用葡萄糖标准溶液滴定至蓝色消失为终点，记录消耗葡萄糖标准溶液的总体积（V_1）。全部滴定操作应在3min内完成；

b）费林甲液、费林乙液各5mL相当于葡萄糖的质量按式（1）计算：

$$m_1=\frac{m\times V_1}{1000} \tag{1}$$

式中：

m_1——费林甲、乙液各5mL相当于葡萄糖的质量，单位为克（g）；

m——称取葡萄糖的质量，单位为克（g）；

V_1——正式标定时消耗葡萄糖标准溶液的总体积，单位为毫升（mL）。

6.2.1.4.3　试样的测定

试样的测定按如下步骤操作；

a）吸取试样2mL~10mL（控制水解液总糖含量为1g/L~2g/L）于500mL容量瓶中，加水50mL和盐酸溶液（6.2.1.2.5）5mL，在68℃~70℃水浴中加热15min。冷却后，加入甲基红指示液（6.2.1.2.6）2滴，用氢氧化钠溶液（6.2.1.2.7）中和至红色消失（近似于中性）。加水定容，摇匀，用滤纸过滤后备用；

b）测定时，以试样水解液代替葡萄糖标准溶液，操作步骤同6.2.1.4.2，记录消耗试样水解液的体积（V_2）。

6.2.1.5　计算

试样中总糖含量按式（2）计算：

$$X=\frac{500\times m_1}{V_2\times V_3}\times 1000 \tag{2}$$

式中：

X——试样中总糖的含量，单位为克每升（g/L）；

m_1——费林甲、乙液各5mL相当于葡萄糖的质量，单位为克（g）；

V_2——滴定时消耗试样水解液的体积，单位为毫升（mL）；

V_3——吸取试样的体积，单位为毫升（mL）。

所得结果表示至一位小数。

6.2.1.6　精密度

在重复性条件下获得的两次独立测定结果的绝对差值不得超过算术平均值的5%。

6.2.2　亚铁氰化钾滴定法（仲裁法）

适用于干黄酒和半干黄酒。

6.2.2.1　原理

费林溶液还原糖共沸，在碱性溶液中将铜离子还原成亚铜离子，并与溶液中的亚铁氰化钾络合而呈黄色，以次甲基蓝为指示剂，达到终点时，稍微过量的还原糖将次甲基蓝还原成无色为终点，依据试样水解液的消耗体积，计算总糖含量。

6.2.2.2　试剂

6.2.2.2.1　甲溶液：称取硫酸铜（$CuSO_4\cdot 5H_2O$）15.0g及次甲基蓝0.05g，加水溶解并定容至1000mL，摇匀备用。

6.2.2.2.2　乙溶液：称取酒石酸钾钠（$C_4H_4KNaO_6\cdot 4H_2O$）50g、氢氧化钠54g，亚铁氰化钾4g，加水溶解并定容至1000mL，摇匀备用。

6.2.2.2.3　葡萄糖标准溶液（1g/L），称取经103℃~105℃烘干至恒重的无水葡萄糖

1g（精确至0.0001g），加水溶解，并加浓盐酸5mL，用水定容至1000mL，摇匀备用。

6.2.2.3　仪器

6.2.2.3.1　分析天平：感量0.0001g。

6.2.2.3.2　分析天平：0.01g。

6.2.2.3.3　电炉：300W~500W。

6.2.2.4　分析步骤

6.2.2.4.1　空白试验

准确吸取甲溶液（6.2.2.2.1）、乙溶液（6.2.2.2.2）各5mL于100mL锥形瓶中，加入葡萄糖标准溶液（6.2.2.2.3）9mL，混匀后置于电炉上加热，在2min内沸腾，然后以4s~5s一滴的速度继续滴入葡萄糖标准溶液，直至蓝色消失立即呈现黄色为终点，记录消耗葡萄糖标准溶液的总量（V_4）。

6.2.2.4.2　试样测定

试样的测定如下步骤操作：

a）吸取试样2mL~10mL（控制水解液含糖量在1g/L~2g/L）于100mL容量瓶中，加水30mL和盐酸溶液（6.2.1.2.5）5mL，在68℃~70℃水浴中加热15min。冷却后，加入甲基红指示液（6.2.1.2.6）两滴，用氢氧化钠溶液（6.2.1.2.7）中和至红色消失（近似于中性）。加水定容至100mL，摇匀，用滤纸过滤后，作为试样水解液备用；

b）预滴定：准确吸取甲溶液（6.2.2.2.1）、乙溶液（6.2.2.2.2）各5mL及试样水解液［6.2.2.4.2a）］5mL于100mL锥形瓶中，摇匀后置于电炉上加热至沸腾，用葡萄糖标准溶液（6.2.2.2.3）滴定至终点，记录消耗葡萄糖标准溶液的体积；

c）滴定：准确吸取甲溶液（6.2.2.2.1），乙溶液（6.2.2.2.2）各5mL及试样水解液［6.2.2.4.2a）］5mL于100mL锥形瓶中，加入比预滴定少1.00mL的葡萄糖标准溶液（6.2.2.2.3），摇匀后置于电炉上加热至沸腾，继续用葡萄糖标准溶液滴定至终点。记录消耗葡萄糖标准溶液的体积（V_5）。接近终点时，滴入葡萄糖标准溶液的用量应控制在0.5mL~1.0mL。

6.2.2.5　计算

试样中总糖含量按式（3）计算：

$$X_1 = \frac{(V_4 - V_5) \times \rho \times n}{5} \times 1000 \tag{3}$$

式中：

X_1——试样中总糖的含量，单位为克每升（g/L）；

V_4——空白试验时，消耗葡萄糖标准溶液的体积，单位为毫升（mL）；

V_5——试样测定时，消耗葡萄糖标准溶液的体积，单位为毫升（mL）；

ρ——葡萄糖标准溶液的浓度，单位为克每毫升（g/mL）；

n——试样的稀释倍数。

所得结果表示至一位小数。

6.2.2.6 精密度

在重复性条件下获得的两次独立测定结果的绝对差值不得超过算术平均值的5%。

6.2.3 费林试剂-间接碘量电位滴定法

6.2.3.1 原理

用中性乙酸铅将试样进行澄清处理，费林溶液与还原糖共沸，在碱性溶液中将铜离子还原成亚铜离子，亚铜离子可将I^-还原为I_2。之后由硫代硫酸钠溶液滴定生成的I_2。用氧化还原电极测出氧化还原反应中电动势的变化，电动势变化斜率最大时为反应终点，根据硫代硫酸钠溶液的使用量计算试样中总糖的含量。

6.2.3.2 试剂和溶液

6.2.3.2.1 费林甲液：称取硫酸铜（$CuSO_4 \cdot 5H_2O$）69.8g，加水溶解并定容至1000mL。

6.2.3.2.2 费林乙液：称取酒石酸钾钠（$C_4H_4KNaO_6 \cdot 4H_2O$）346g及氢氧化钠100g，加水溶解并定容至1000mL，摇匀，过滤，备用。

6.2.3.2.3 葡萄糖标准溶液（2.5g/L）：称取经103℃~105℃烘干至恒重的无水葡萄糖2.5g（精确至0.0001g），加水溶解，并加浓盐酸5mL，再用水定容至1000mL。

6.2.3.2.4 硫代硫酸钠溶液［c（$Na_2S_2O_3 \cdot 5H_2O$）=0.1mol/L］：按照GB/T 601配制，也可以使用商品化的产品。

6.2.3.2.5 盐酸溶液（6mol/L）：量取浓盐酸50mL，加水稀释至100mL。

6.2.3.2.6 甲基红指示液（1g/L）：称取甲基红0.10g，溶于乙醇并稀释至100mL。

6.2.3.2.7 硫酸溶液（1+5，体积比）：按1∶5（体积比）的比例用水稀释浓硫酸。

6.2.3.2.8 氢氧化钠溶液（500g/L）：称取氢氧化钠50g，用水溶解并定容至100mL。

6.2.3.2.9 碘化钾溶液（200g/L）：称取碘化钾20g，用水溶解并定容至100mL。

6.2.3.2.10 中性乙酸铅（近饱和）溶液（500g/L）：称取中性乙酸铅［$Pb(CH_3COO)_2 \cdot 3H_2O$］250g，加沸水至500mL，搅拌至全部溶解。

6.2.3.2.11 磷酸氢二钠溶液（70g/L）：称取70g磷酸氢二钠，用水溶解并定容至1000mL。

6.2.3.3 仪器

6.2.3.3.1 电位滴定仪：配加液器、磁力搅拌。

6.2.3.3.2 复合钳电极。

6.2.3.3.3 电子恒温水浴锅。

6.2.3.3.4 电炉：300W~500W。

6.2.3.4 分析步骤

6.2.3.4.1 葡萄糖标准的滴定

准确吸取10mL葡萄糖标准溶液（6.2.3.2.3）、费林甲液（6.2.3.2.1）和费林乙液（6.2.3.2.2）各5mL于150mL烧杯中，加入20mL水，煮沸2min，冷却后加入10mL碘化钾溶液（6.2.3.2.9）、5mL硫酸溶液（6.2.3.2.7），在合适的搅拌转速下用硫代硫酸钠溶液（6.2.3.2.4）进行电位滴定，电动势变化斜率最大时为反应终点，记录硫代硫酸钠溶液的消耗体积V_6。

6.2.3.4.2 试样制备

准确吸取一定量的试样（控制水解液含糖量在1g/L~5g/L）于100mL容量瓶中，加水至50mL，混匀然后加入2mL中性乙酸铅溶液（6.2.3.2.10）摇匀，静止5min后加入3mL磷酸氢二钠溶液（6.2.3.2.11）摇匀，用水定容至100mL，放置至试样澄清。准确吸取10mL试样上清液于烧杯中，加入5mL盐酸溶液（6.2.3.2.5）和5mL水，68℃±1℃水浴15min，冷却后，用氢氧化钠溶液（6.2.3.2.8）调至pH=6~8。

6.2.3.4.3 试样滴定

准确加入费林甲液（6.2.3.2.1）、费林乙液（6.2.3.2.2）各5mL于6.2.3.4.2制备的试样中，煮沸2min，冷却后加入10mL碘化钾溶液（6.2.3.2.9）和5mL硫酸溶液（6.2.3.2.7），在合适的搅拌转速下用硫代硫酸钠溶液（6.2.3.2.4）进行电位滴定，电动势变化斜率最大时为反应终点，记录硫代硫酸钠溶液的消耗体积V_7。

6.2.3.4.4 空白试验

准确吸取费林甲液（6.2.3.2.1）和费林乙液（6.2.3.2.2）各5mL于150mL烧杯中，加30mL水，煮沸2min，冷却后加入10mL碘化钾溶液（6.2.3.2.9）和5mL硫酸溶液（6.2.3.2.7），在合适的搅拌转速下用硫代硫酸钠溶液（6.2.3.2.4）进行电位滴定，电动势变化斜率最大时为反应终点，记录硫代硫酸钠溶液的消耗体积V_8。

6.2.3.5 计算

试样中总糖含量按式（4）计算：

$$X_2=\frac{V_8-V_7}{V_8-V_6}\times\rho_1\times n_1 \tag{4}$$

式中：

X_2——试样中总糖含量，单位为克每升（g/L）；

V_6——葡萄糖标准溶液测定时，消耗硫代硫酸钠溶液的体积，单位为毫升（mL）；

V_7——试样测定时，消耗硫代硫酸钠溶液的体积，单位为毫升（mL）；

V_8——空白试验时，消耗硫代硫酸钠溶液的体积，单位为毫升（mL）；

ρ_1——葡萄糖标准溶液的浓度，单位为克每升（g/L）；

n_1——样品稀释倍数。

结果以两次测定值的算术平均值表示，计算结果保留至小数点后一位。

6.2.3.6 精密度

在重复性条件下获得的两次独立测定结果的绝对差值不得超过算术平均值的5%。

6.3 非糖固形物

6.3.1 第一法 重量法（仲裁法）

6.3.1.1 原理

试样经100℃~105℃加热，其中的水分、乙醇等可挥发性的物质被蒸发，剩余的残留即为总固形物。总固形物减去总糖即为非糖固形物。

6.3.1.2 仪器

6.3.1.2.1 天平：感量0.0001g。

6.3.1.2.2 电热干燥箱：温控±1℃。

6.3.1.2.3 干燥器：内装盛有效干燥剂。

6.3.1.3 分析步骤

吸取试样5mL（干黄酒、半干黄酒直接取样，半甜黄酒稀释1倍~2倍后取样，甜黄酒稀释2倍~6倍后取样）于已知干燥至恒重的蒸发皿（或直径为50mm、高30mm称量瓶）中，放入103℃±2℃电热干燥烘箱中烘干4h，取出称量。

6.3.1.4 计算

6.3.1.4.1 试样中总固形物含量按式（5）计算：

$$X_3 = \frac{(m_2 - m_3) \times n_2}{V_9} \times 1000 \tag{5}$$

式中：

X_3——试样中总固形物的含量，单位为克每升（g/L）；

m_2——蒸发皿（或称量瓶）和试样烘干至恒重的质量，单位为克（g）；

m_3——蒸发皿（或称量瓶）烘干至恒重的质量，单位为克（g）；

n_2——试样稀释倍数；

V_9——吸取试样的体积，单位为毫升（mL）。

6.3.1.4.2 试样中非糖固形物含量按式（6）计算：

$$X_4 = X_3 - X_5 \tag{6}$$

式中：

X_3——试样中固形物的含量，单位为克每升（g/L）；

X_4——试样中非糖固形物的含量，单位为克每升（g/L）；

X_5——试样中总糖含量，单位为克每升（g/L）；

所得结果表示至一位小数。

6.3.1.5 精密度

在重复性条件下获得的两次独立测定结果的绝对差值不得超过算术平均值的5%。

6.3.2 第二法 仪器法

6.3.2.1 原理

首先利用仪器测定试样脱醇馏出液密度和试样的原始密度，仪器自动换算总固形物的含量，总固形物含量减去总糖的含量，即得非糖固形物的含量。

6.3.2.2 试剂

6.3.2.2.1 消泡剂。

6.3.2.2.2 氧化钙。

6.3.2.2.3 氧化钙溶液（12%）：称取12.00g氧化钙（6.3.2.2.2）于烧杯中，加水至100g，混匀呈乳浊液。

6.3.2.3 仪器

6.3.2.3.1 快速蒸馏器。

6.3.2.3.2 全自动天平密度仪（或其他同等功能仪器）：精度0.00005kg/L，测量范围0.5kg/L~2.25kg/L。

6.3.2.3.3 恒温水浴池：温控±0.2℃。

6.3.2.3.4 容量瓶100mL。

6.3.2.4 分析步骤

6.3.2.4.1 仪器校正

使用前用蒸馏水或者乙醇标准溶液依照仪器说明书对全自动天平密度仪进行校正。

6.3.2.4.2 样品蒸馏

使用100mL容量瓶取试样100mL（液温20℃），全部移入快速蒸馏器的蒸馏瓶中，用100mL水分3次洗涤容量瓶，洗液并入蒸馏瓶中，在蒸馏瓶中依次加入约1mL氧化钙溶液（6.3.2.2.3）和5滴消泡剂（6.3.2.2.1）。选择酒精蒸馏模式，将快速蒸馏器的馏出液质量设置为85g，开启冷却水（冷却水温度宜低于15℃），启动快速蒸馏器，用原100mL容量瓶接收馏出液。蒸馏结束后，待馏出液恢复至20℃，使用20℃的水将馏出液定容至刻度，摇匀。

6.3.2.4.3 样品测定

将校正后的全自动天平密度仪调至固形物测定模式，将试样（液温20℃）注入全自动天平密度仪测定其密度值ρ_s用蒸馏水冲洗后将该试样依照6.3.2.4.2方法蒸馏定容后的待测液注入全自动天平密度仪测定其密度值ρ_e，之后仪器自动换算并显示试样中总固形物的含量值，待读数稳定，记录测定值。

6.3.2.5 结果表达

根据仪器测定的试样中总固形物的含量，减去试样中总糖的含量，即得试样中非糖固形物的含量，以 g/L 表示。所得结果表示至一位小数。

6.3.2.6 精密度

在重复性条件下获得的两次独立测定结果的绝对差值不得超过算术平均值的 5%。

6.4 pH

6.4.1 原理

将玻璃电极和甘汞电极浸入试样溶液中，构成一个原电池。两极间的电动势与溶液的 pH 有关。通过测量原电池的电动势，即可得到试样溶液的 pH。

6.4.2 仪器

酸度计：精度 0.01pH，备有玻璃电极和甘汞电极（或复合电极）。

6.4.3 分析步骤

6.4.3.1 按仪器使用说明书调试和校正酸度计。

6.4.3.2 用水洗电极，再用试液洗涤电极两次，用滤纸吸干电极外面附着的液珠，调整试液温度值 25℃±1℃，直接测定，直至 pH 读数稳定 1min 为止，记录。或在室温下测定，换算成 25℃时的 pH。所得结果表示至小数点后一位。

6.4.4 精密度

在重复性条件下获得的两次独立测定结果的绝对差值不得超过算术平均值的 1%。

6.5 总酸、氨基酸态氮

6.5.1 原理

氨基酸是两性化合物，分子中的氨基与甲醛反应后失去碱性，而使羧基呈酸性。用氢氧化钠标准溶液滴定羧基，通过氢氧化钠标准溶液消耗的量可以计算出氨基酸态氮的含量。

6.5.2 试剂

6.5.2.1 甲醛溶液：36%~38%（质量比，无缩合沉淀）。

6.5.2.2 无二氧化碳的水：按 GB/T 603 制备。

6.5.2.3 氢氧化钠标准滴定溶液（0.1mol/L）：按 GB/T 601 配制和标定。

6.5.3 仪器

6.5.3.1 酸度计或自动电位滴定仪：精度 0.01pH。

6.5.3.2 磁力搅拌器。

6.5.3.3 分析天平：感量 0.0001g。

6.5.4 分析步骤

总酸、氨基酸态氮的分析按如下步骤操作：

a）按仪器使用说明书调试和校正酸度计；

b）吸取试样 10mL 于 150mL 烧杯中，加入无二氧化碳的水 50mL。烧杯中放入磁力搅拌棒，置于电磁搅拌器上，开启搅拌，用氢氧化钠标准滴定溶液（6.5.2.3）滴定，开始时可快速滴加氢氧化钠标准滴定溶液，当滴定至 pH=7.0 时，放慢滴定速度，每次加半滴氢氧化钠标准滴定溶液，直至 pH=8.20 为终点。记录消耗 0.1mol/L 氢氧化钠标准滴定溶液的体积（V_{10}）。加入甲醛溶液（6.5.2.1）10mL，继续用氢氧化钠标准滴定溶液滴定至 pH=9.20，记录加甲醛后消耗氢氧化钠标准滴定溶液的体积（V_{11}）。同时做空白试验，分别记录不加甲醛溶液及加入甲醛溶液时，空白试验所消耗氢氧化钠标准滴定溶液的体积（V_{12}、V_{13}）。

6.5.5　计算

6.5.5.1　试样中总酸含量按式（7）计算：

$$X_6=\frac{(V_{10}-V_{12})\times c_1\times M_1}{V_{14}} \tag{7}$$

式中：

X_6——试样中总酸的含量，单位为克每升（g/L）；

c_1——氢氧化钠标准滴定溶液的浓度，单位摩尔每升（mol/L）；

M_1——乳酸的摩尔质量的数值，单位为克每摩尔（g/mol）（$M_1=90$）；

V_{10}——测定试样时，消耗 0.1mol/L 氢氧化钠标准滴定溶液的体积，单位为毫升（mL）；

V_{12}——空白试验时，消耗 0.1mol/L 氢氧化钠标准滴定溶液的体积，单位为毫升（mL）；

V_{14}——吸取试样的体积，单位为毫升（mL）。

所得结果表示至两位小数。

6.5.5.2　试样中氨基酸态氮含量按式（8）计算：

$$X_7=\frac{(V_{11}-V_{13})\times c_2\times M_2}{V_{14}} \tag{8}$$

式中：

X_7——试样中氨基酸态氮的含量，单位为克每升（g/L）；

c_2——氢氧化钠标准滴定溶液的浓度，单位摩尔每升（mol/L）；

M_2——氮的摩尔质量，单位为克每摩尔（g/mol）（$M_2=14$）；

V_{11}——加甲醛后，测定试样时消耗 0.1mol/L 氢氧化钠标准滴定溶液的体积，单位为毫升（mL）；

V_{13}——加甲醛后，空白试验时消耗 0.1mol/L 氢氧化钠标准滴定溶液的体积，单位为毫升（mL）；

V_{14}——吸取试样的体积，单位为毫升（mL）。

所得结果表示至两位小数。

6.5.6　精密度

在重复性条件下获得的两次独立测定结果的绝对差值不得超过算术平均值的5%。

6.6 氧化钙

6.6.1 第一法 原子吸收分光光度法（仲裁法）

6.6.1.1 原理

试样经火焰燃烧产生原子蒸气，通过从光源辐射出待测元素特征波长的光，被蒸气中待测元素的基态原子吸收，吸收程度与火焰中元素浓度的关系符合朗伯比尔定律。

6.6.1.2 试剂

6.6.1.2.1 浓硝酸：优级纯（GR）。

6.6.1.2.2 浓盐酸：优级纯（GR）。

6.6.1.2.3 氯化镧溶液（50g/L）：称取氯化镧5.0g，加去离子水溶解，并定容至100mL。

6.6.1.2.4 钙标准贮备液（1mL溶液含有100μg钙）：精确称取于105℃～110℃干燥至恒重的碳酸钙（GR）0.250g，用浓盐酸（6.6.1.2.2）10mL溶解后，移入1000mL容量瓶中，用去离子水定容。

6.6.1.2.5 钙标准使用液；分别吸取钙标准贮备液（6.6.1.2.4）0.00mL、1.00mL、2.00mL、4.00mL、8.00mL于5个100mL容量瓶中，各加入氯化镧溶液（6.6.1.2.3）10mL和浓硝酸（6.6.1.2.1）1mL，用去离子水定容，此溶液每毫升分别相当于0.00μg、1.00μg、2.00μg、4.00μg、8.00μg钙。

6.6.1.3 仪器

6.6.1.3.1 原子吸收分光光度计。

6.6.1.3.2 高压釜：50mL，带聚四氟乙烯内套。

6.6.1.3.3 电热干燥箱：温控±1℃。

6.6.1.3.4 天平：感量0.001g。

6.6.1.4 分析步骤

6.6.1.4.1 试样的处理

准确吸取试样2mL～5mL（V_{16}）于50mL聚四氟乙烯内套的高压釜中，加入浓硝酸（6.6.1.2.1）4mL，置于电热干燥箱（120℃）内，加热消解4h～6h，冷却后转移至500mL（V_{16}）容量瓶中，加氯化镧溶液（6.6.1.2.3）5mL，用去离子水定容，摇匀。同时做空白试验。

6.6.1.4.2 光谱条件

测定波长为422.7nm，狭缝宽度为0.7nm，火焰为空气乙炔气，灯电流为10mA。

6.6.1.4.3 测定

将钙标准使用液（6.6.1.2.5）、试剂空白溶液和处理后的试样液（6.6.1.4.1）依次导入火焰中进行测定，记录其吸光度。

6.6.1.4.4　绘制标准曲线

标准曲线的绘制按如下步骤操作：

a）以标准溶液的钙含量（μg/mL）与对应的吸光度绘制标准工作曲线（或用回归方程计算）；

b）分别以试剂空白和试样液的吸光度，从标准工作曲线中查出钙含量（A、A_1）（或用回归方程计算）。

6.6.1.5　计算

试样中氧化钙的含量按式（9）计算：

$$X_8=\frac{(A_1-A)\times V_{16}\times 1.4\times 1000}{V_{15}\times 1000\times 1000}=\frac{(A_1-A)\times V_{16}\times 1.4}{V_{15}\times 1000} \tag{9}$$

式中：

X_8——试样中氧化钙的含量，单位为克每升（g/L）；

A_1——从标准工作曲线中查出（或用回归方程计算）试样中钙的含量，单位为微克每毫升（μg/mL）；

A——从标准工作曲线中查出（或用回归方程计算）试样空白中钙的含量，单位为微克每毫升（μg/mL）；

V_{15}——吸取试样的体积，单位为毫升（mL）；

V_{16}——试样稀释后的总体积，单位为毫升（mL）；

1.4——钙与氧化钙的换算系数。

所得结果表示至一位小数。

6.6.1.6　精密度

在重复性条件下获得的两次独立测定结果的绝对差值不得超过算术平均值的5%。

6.6.2　第二法　高锰酸钾滴定法

6.6.2.1　原理

试样中的钙离子与草酸铵反应生成草酸钙沉淀。将沉淀滤出，洗涤后，用硫酸溶解，再用高锰酸钾标准溶液滴定草酸根，根据高锰酸钾溶液的消耗量计算试样中氧化钙的含量。

6.6.2.2　试剂

6.6.2.2.1　甲基橙指示液（1g/L）：称取0.10g甲基橙，用水溶解并稀释至100mL。

6.6.2.2.2　饱和草酸铵溶液。

6.6.2.2.3　浓盐酸。

6.6.2.2.4　氢氧化铵溶液（1+10）：1体积氢氧化铵加入10体积的水，混匀。

6.6.2.2.5　硫酸溶液（1+3）：1体积硫酸缓慢加入至3体积水中，冷却后混匀。

6.6.2.2.6　高锰酸钾标准溶液（0.01mol/L）：按GB/T 601配制与标定。临用前，准确稀释10倍。

6.6.2.3 仪器

6.6.2.3.1 电炉：300W~500W。

6.6.2.3.2 滴定管：50mL。

6.6.2.4 分析步骤

分析步骤按如下步骤操作：

a）准确吸取试样25mL于400mL烧杯中，加水50mL，再依次加入甲基橙指示液（6.6.2.2.1）3滴，浓盐酸（6.6.2.2.3）2mL、饱和草酸铵溶液（6.6.2.2.2）30mL，加热煮沸，搅拌，逐滴加入氢氧化铵溶液（6.6.2.2.4）直至试液变为黄色；

b）将6.6.2.4a）所得溶液置于约40℃温热处保温2h~3h，用玻璃漏斗和滤纸过滤，用500mL氢氧化铵溶液（6.6.2.2.4）分数次洗涤沉淀，直至无氯离子（经硝酸酸化，用硝酸银检验）。将沉淀及滤纸小心从玻璃漏斗中取出，放入烧杯中，加沸水100mL和硫酸溶液（6.6.2.2.5）25mL，加热，保持60℃~80℃使沉淀完全溶解。用高锰酸钾标准溶液（6.6.2.2.6）滴定至微红色并保持30s为终点。记录消耗的高锰酸钾标准溶液的体积（V_{17}）。同时用25mL水代替试样作空白试验，记录消耗高锰酸钾标准溶液的体积（V_{18}）。

6.6.2.5 计算

试样中氧化钙的含量按式（10）计算：

$$X_9=\frac{(V_{17}-V_{18})\times c_3\times M_3}{V_{19}\times 2} \tag{10}$$

式中：

X_9——试样中氧化钙的含量，单位为克每升（g/L）；

c_3——高锰酸钾标准溶液的实际浓度，单位为摩尔每升（mol/L）；

M_3——氧化钙的摩尔质量的数值，单位为克每摩尔（g/mol）（M_3=56.1）；

V_{17}——测定试样时，消耗0.01mol/L高锰酸钾标准溶液的体积，单位为毫升（mL）；

V_{18}——空白试验时，消耗0.01mol/L高锰酸钾标准溶液的体积，单位为毫升（mL）；

V_{19}——吸取试样的体积，单位为毫升（mL）；

2——高锰酸钾滴定草酸钙的摩尔比例系数。

所得结果表示至一位小数。

6.6.2.6 精密度

在重复性条件下获得的两次独立测定结果的绝对差值不得超过算术平值的5%。

6.6.3 第三法 EDTA滴定法

6.6.3.1 原理

用氢氧化钾溶液调整试验的pH至12以上。以盐酸羟胺、三乙醇胺和硫化钠作掩蔽剂，排除锰、铁、铜等离子的干扰，在过量EDTA存在下，用钙标准溶液进行反滴定。

6.6.3.2　试剂

6.6.3.2.1　钙指示剂：称取1.00g钙羧酸［2-羟基-1（2-羟基-4-磺基-1-萘偶氮）3-萘甲酸］指示剂和干燥研细的氯化钠100g于研钵中，充分研磨呈紫红色的均匀粉末，置于棕色瓶中保存、备用。

6.6.3.2.2　氯化镁溶液（100g/L）：称取氯化镁100g，溶解于1000mL水中。

6.6.3.2.3　盐酸羟胺溶液（10g/L）：称取盐酸羟胺10g，溶解于1000mL水中。

6.6.3.2.4　三乙醇胺溶液（500g/L）：称取三乙醇胺500g，溶解于1000mL水中。

6.6.3.2.5　硫化钠溶液（50g/L）：称取硫化钠50g，溶解于1000mL水中。

6.6.3.2.6　氢氧化钾溶液（5mol/L）：称取氢氧化钾280g，溶解于1000mL水中。

6.6.3.2.7　氢氧化钾溶液（1mol/L）：吸取氢氧化钾溶液（6.7.3.2.6）20mL，用水定容至100mL。

6.6.3.2.8　盐酸溶液（1+4）：1体积的浓盐酸加入4体积的水。

6.6.3.2.9　钙标准溶液（0.01moL）：精确称取于105℃烘干至恒重的基准级碳酸钙1g（精确至0.0001g）于小烧杯中，加水50mL，用盐酸溶液（6.6.3.2.8）使之溶解，煮沸，冷却至室温。用氢氧化钾溶液（6.6.3.2.7）中和至pH=6~8，用水定容至1000mL。

6.6.3.2.10　EDTA溶液（0.02mol/L）：称取EDTA（乙二胺四乙酸二钠）7.44g溶于1000mL水中。

6.6.3.3　仪器

6.6.3.3.1　电热干燥箱：105℃±2℃。

6.6.3.3.2　滴定管：50mL。

6.6.3.4　分析步骤

准确吸取试样2mL~5mL（视试样中钙含量的高低而定）于250mL锥形瓶中，加水50mL，依次加入氯化镁溶液（6.6.3.2.2）1mL、盐酸羟胺溶液（6.6.3.2.3）1mL、三乙醇胺溶液（6.6.3.2.4）0.5mL、硫化钠溶液（6.6.3.2.5）0.5mL、摇匀，加氢氧化钾溶液（6.6.3.2.6）5mL，再准确加入EDTA溶液（6.6.3.2.10）5mL、钙指示剂（6.6.3.2.1）一小勺（约0.1g），摇匀，用钙标准溶液（6.6.3.2.9）滴定至蓝色消失并初现酒红色为终点。记录消耗钙标准溶液的体积（V_{20}）。同时以水代替试样做空白试验，记录消耗钙标准溶液的体积（V_{21}）。

6.6.3.5　计算

试验中氧化钙的含量按式（11）计算：

$$X_{10}=\frac{c_4\times(V_{21}-V_{20})\times M_3}{V_{22}} \tag{11}$$

式中：

X_{10}——试样中氧化钙的含量，单位为克每升（g/L）；

c_4——钙标准溶液的浓度，单位为摩尔每升（mol/L）；

M_3——氧化钙的摩尔质量分数，单位为克每摩尔（g/mol）（M_3=56.1）；

V_{20}——测定试样时，消耗钙标准溶液的体积，单位为毫升（mL）；

V_{21}——空白试验时，消耗钙标准溶液的体积，单位为毫升（mL）；

V_{22}——吸取试样的体积，单位为毫升（mL）。

所得结果表示至一位小数。

6.6.3.6 精密度

在重复性条件下获得的两次独立测定结果的绝对差值不得超过算术平均值的5%。

6.7 酒精度

按GB 5009.225规定方法测定或参见附录A。

6.8 苯甲酸

按GB 5009.28规定的方法测定。

6.9 净含量

按JJF 1070规定的方法测定。

7 检验规则

7.1 组批

同一生产日期生产的、质量相同的、具有同样质量合格证的产品为一批。

7.2 抽样

按表10抽取样品。样品总量不足3.0L时，应适当按比例加取。并将其中三分之一样品封存，保留3个月备查。

表10 抽样表

样本批量范围/桶、袋、箱或坛	样品数量/桶、袋、瓶或坛
≤1200	6
1201～35000	9
≥35001	12

7.3 检验分类

7.3.1 出厂检验

7.3.1.1 产品出厂前，应由生产企业的质量检验部门按本标准规定逐批进行检验。检验合格并签发质量合格证明的产品，方可出厂。

7.3.1.2 出厂检验项目：感官、总糖、非糖固形物、酒精度、总酸、氨基酸态氮、pH、净含量和标签。

7.3.2 型式检验

7.3.2.1 检验项目为5.1~5.4规定的全部项目。

7.3.2.2 一般情况下，型式检验每年进行一次。有下列情况之一时，亦应进行型式检验：

a）原辅料有较大变化时；

b）更改关键工艺或设备时；

c）新试制的产品或正常生产的产品停产3个月后，重新恢复生产时；

d）出厂检验与上次型式检验结果有较大差异时；

e）国家食品质量监督检验机构按有关规定需要抽检时。

7.4 不合格项目分类

7.4.1 A类不合格：净含量、标签、感官要求、非糖固形物、酒精度、苯甲酸。

7.4.2 B类不合格：氨基酸态氮、总酸、氧化钙、总糖、pH。

7.5 判定规则

7.5.1 若受检样品项目全部合格时，判整批样品为合格。

7.5.2 指标如有两项或两项以下不符合要求时，可以在同批产品中抽取两倍样品进行复验，以复验结果为准；若复验结果仍有一项A类不合格或两项B类不合格时，判整批产品为不合格。

8 标志、包装、运输和贮存

8.1 标签标示

8.1.1 预包装产品标签应按GB 7718和GB 2758规定执行，还应标明产品风格（传统型黄酒可不标注产品风格）和按产品分类标示含糖量范围；若产品涉及酒龄的标注，标注酒龄的标示值应小于或等于加权平均计算值。

8.1.2 外包装箱上除应标明产品名称、酒精度、类型、制造者的名称和地址之外，还应标明单位包装的净含量和总数量。

8.2 包装

8.2.1 包装材料应符合食品安全要求。包装容器应封装严密、无渗漏。

8.2.2 包装箱应符合GB/T 6543要求，封装、捆扎牢固。

8.3 运输

8.3.1 运输工具应清洁、卫生。产品不得与有毒、有害、有腐蚀性、易挥发或有异味的物品混装混运。

8.3.2 搬运时应轻拿轻放，不得扔摔、撞击、挤压。

8.3.3 运输过程中不得暴晒、雨淋、受潮。

8.4 贮存

8.4.1 产品不得与有毒、有害、有腐蚀性、易挥发或有异味的物品同库贮存。

8.4.2 产品宜贮存于阴凉、干燥、通风的库房中；不得露天堆放、日晒、雨淋或靠近热源；接触地面的包装箱底部应垫有100mm以上的间隔材料。

8.4.3 产品宜在5℃~35℃贮存。

附录 A

(资料性附录)

酒精度的测定　仪器法

A.1 原理

试样经快速蒸馏器蒸馏后，注入全自动天平密度仪，测定馏出液中酒精的含量。

A.2 试剂

同6.3.2.2。

A.3 仪器

同6.3.2.3。

注：全自动天平密度仪（或其他同等功能仪器）酒精度测量精度为±0.05% vol。

A.4 分析步骤

A.4.1 仪器校正

同6.3.2.4.1。

A.4.2 样品测定

依照6.3.2.4.1方法校正全自动天平密度仪，之后调至酒精度测定模式，依照6.3.2.4.2方法对试样蒸馏、定容。将定容后的馏出液注入密度快速测定仪中，仪器自动换算20℃时的酒精度值（%vol），待读数稳定后，记录测定值。

A.5 结果的表达

20℃时样品的酒精度，以体积分数“%vol”表示。所得结果表示为一位小数。

A.6 精密度

在重复性条件下获得的两次独立测定结果的绝对差值不得超过算术平均值的0.5%vol。

2. 黄酒企业良好生产规范（GB/T 23542—2009）

1 范围

本标准规定了黄酒企业的厂区环境、厂房与设施、设备与工器具、人员管理与培训、物料控制与管理、生产过程控制、质量管理、卫生管理、成品储存和运输、文件和记录、投诉处理和产品召回以及产品信息和宣传引导等方面的基本要求。

本标准适用于黄酒企业的设计、建造（改扩建）、生产管理和质量管理。

2　规范性引用文件

下列文件中的条款通过本标准的引用而成为本标准的条款。凡是注日期的引用文件，其随后所有的修改单（不包括勘误的内容）或修订版均不适用于本标准，然而，鼓励根据本标准达成协议的各方研究是否可使用这些文件的最新版本。凡是不注日期的引用文件，其最新版本适用于本标准。

GB 2760　食品添加剂使用卫生标准

GB 5749　生活饮用水卫生标准

GB 8817　食品添加剂　焦糖色（亚硫酸铵法、氨法、普通法）

GB 10344　预包装饮料酒标签通则

GB/T 13662　黄酒

GB 14936　硅藻土卫生标准

GB/T 15091　食品工业基本术语

3　术语和定义

GB/T 15091 确立的以及下列术语和定义适用于本标准。

3.1

黄酒　Chinese rice wine

以稻米、黍米等为主要原料，加曲、酵母等糖化发酵剂酿制而成的发酵酒。

4　厂区环境

4.1　工厂应建在水源充足，无有害气体、烟雾、灰沙等污染物和其他危及黄酒生产安全卫生的地区。

4.2　厂区环境应随时保持清洁，厂区的道路应硬化，空地应绿化。

4.3　厂区内不应有不良气味、有害（毒）气体或其他有碍卫生的设施，否则应有相应的控制措施。

4.4　厂区内禁止饲养动物。

4.5　厂区应具备与生产系统相匹配的排水系统，排水道应有适当斜度，不应有严重积水、渗漏、淤泥、污秽、破损。

4.6　厂区周界应有适当防范外来污染源的设计与构筑。

4.7　生活区应与生产区域隔离。

5 厂房与设施

5.1 厂房和场地

5.1.1 厂房建筑、设备应依照黄酒生产工艺流程合理布局，能满足生产工艺、卫生管理、设备维修的要求，人流、物流设置合理，避免交叉污染。

5.1.2 厂房和设施应有足够空间，以便有秩序地放置设备和物料。厂房内设备与设备之间或设备与墙壁之间应留有适当的距离，便于员工通行和维修。

5.1.3 厂区应保持道路、院落和停车场清洁卫生，应管理好废物处理处置系统，使其不成为黄酒的污染源。

5.1.4 厂房内配电设施应能防水，电源应有漏断电防护系统，不同电压的电源应明确标示。

5.1.5 厂房设计及设施应符合国家消防法规要求，配备有消防设施。

5.1.6 粉碎操作区域的电气设备应有防爆措施，生产过程中敞开式操作区域，应采用防护型照明设备。

5.1.7 相关生产车间应配置防水、防滑工作鞋。

5.2 设施的卫生与控制

5.2.1 厂房地板、墙壁、天花板易清扫，能保持清洁和维修良好，能满足与物料加工条件相匹配的卫生要求，浸米、发酵、压榨、灌装车间地面应使用易清洗、消毒的材料铺设。

5.2.2 生产车间地面应有适当的排水坡度及排水系统，车间污水排放应遵循高清洁区向低清洁区排放的原则。

5.2.3 生产场所应保持通风良好，必要时应装设有效的换气设施。

5.2.4 灌装车间的墙壁和天花板应有防霉措施，防止霉菌生长。

5.2.5 厕所应设于较方便的地点，并与生产场所保持一定距离，其数量应能满足员工使用。厕所门窗不应直接开向生产车间，应采用冲水式厕所。厕所采光、排气良好。

5.2.6 生产场所应提供充足的照明或自然光，保证照明灯的光泽不改变产品的本色，亮度满足工作场所和操作人员的正常需要。

5.2.7 应注重环境保护，应有“三废”处理措施，“三废”的排放应符合国家或地方排放标准。

6 设备与工器具

6.1 企业应具备基本的黄酒生产设备和分析检测设备。

6.2 设备的选型、安装应符合生产要求，与物料或黄酒接触的表面应平滑、边角圆滑、无死角和裂缝，易于清洗、消毒，便于生产操作、维修和保养。

6.3　凡与原辅料、半成品和成品直接接触的机械设备、容器、管路及工器具，应采用无毒、易清洗、无异味且不与其起反应的材料制作。

6.4　设备所用的润滑剂等不得对料液或容器造成污染。

6.5　连接设备的主要固定管道应标明管内物料名称及流向。

6.6　用于生产及检验的监视、测量装置等，其适用范围和精密度应符合生产和检验要求，有有效合格标识。

6.7　生产设备应定期维修、保养和验证，维修、保养的措施不得影响产品的质量，应有使用、维修、保养和验证记录，并由专人管理。

6.8　应保存现有设备清单及其布置的图纸。

7　人员管理与培训

7.1　总体要求

7.1.1　从事黄酒生产的人员应身体健康，须持有有效健康证。

7.1.2　企业应根据岗位需要配备与企业规模相适应的专业人员。

7.2　卫生管理

7.2.1　应保持良好的个人卫生，防止污染。

7.2.2　进入灌装车间前，应穿戴整洁工作服，并保持双手洁净。

7.2.3　工作期间不得有抽烟、饮食、饮酒或其他有碍生产操作的行为。

7.2.4　生产车间不得带入或存放个人生活用品。

7.2.5　制定参观人员卫生管理制度，设立参观设施，若进入生产场所应符合相应的卫生要求。

7.3　教育与培训

7.3.1　企业应建立各级人员的培训制度，以确保员工具备相应岗位所需技能水平。

7.3.2　新进人员应进行岗前培训，合格后方可上岗工作。

7.3.3　应定期对员工进行黄酒生产和安全理论知识培训，并对培训内容和培训效果进行评估。

7.3.4　培训应有记录，并存档。

8　物料控制与管理

8.1　物料采购与安全控制

8.1.1　与生产相关的原辅料、加工助剂、添加剂、包装材料均应符合国家的有关法规或标准的要求，国家和行业标准未涵盖到的，应建立内控标准。

8.1.2　应建立对物料供货商定期评价管理制度，制定相应的物料采购要求，并确保实施。

8.1.3　每批物料需向供应商索证，经质量检验部门检验、验证合格后，方可进厂使用。

8.1.4　检验合格的物料，应以“先进先用”为原则，对储存时间较长质量有可能发生变化的物料（保质期内），使用前应重新抽样检验，确认质量合格。

8.1.5　酿造用水应符合 GB 5749 有关规定，每年至少一次委托有资质的检测机构对水质进行检验。

8.1.6　应建立文件化的物料的接收、检验、储存、运输及不合格处理程序。

8.1.7　生产特种黄酒的特殊辅料应使用国家批准既是食品又是药品名单中的物品，并符合相应的标准。

8.2　物料的储存

根据原辅料的特性，选择合适的储存条件，不同用途物料分别储存。仓库应通风良好，原料米、小麦仓库须具备防潮、防鼠、防虫等措施。

8.3　加工助剂与添加剂的管理

8.3.1　加工助剂和添加剂的使用应符合 GB 2760 及相关法规、标准的规定。

8.3.2　加工助剂和添加剂储存时，应采取有效措施防止污染、损失。

9　生产过程管理

9.1　总体要求

9.1.1　应制定生产和卫生操作规程，由专人负责管理。生产过程应做好记录，并规定记录存留时间，负责人需定期对记录进行审核。

9.1.2　与原料/料液接触的仪器设备、管道及工器具等使用前后应清洗，必要时进行消毒处理。

9.2　原辅料处理

9.2.1　原辅料投产前须经筛选处理，严禁使用霉变或被有毒、有害物污染的原辅料进行生产。

9.2.2　应制定生产曲药和纯种糖化发酵剂（菌种）的质量标准，并确保实施。

9.2.3　饭蒸熟后需冷却，使用工器具及盛器应符合食品卫生要求。

9.3　发酵

应根据工艺要求，对发酵过程工艺参数进行有效监控，防止发酵异常或遭受微生物污染。

9.4　压榨、煎酒、陈酿（贮酒）

9.4.1　压滤所用滤布、橡胶板应符合食品卫生要求。

9.4.2 煎酒过程中应有效控制煎酒温度和时间，确保产品质量安全。

9.4.3 贮存仓库应通风良好，保持适宜湿度和温度，防止温度过高。

9.4.4 对原酒信息做好记录和标识，确保相关信息齐全、准确，内容应包括生产日期、批次、入库时间、入库量等。

9.5 勾兑、过滤

9.5.1 调色用焦糖色应符合 GB 8817 和 GB 2760 的相关规定。

9.5.2 助滤用硅藻土应符合 GB 14936 规定。

9.5.3 勾兑完成的半成品，在大罐中存放时间不宜过长，必要时进行冷冻处理。

9.6 成品灌装

9.6.1 制定灌装工序操作规程，对实际操作进行记录，由生产负责人审核。

9.6.2 灌装前容器应清洗干净，必要时进行消毒。清洗后容器应及时使用，以免受污染。

9.6.3 过滤后的黄酒应及时灌装，确保产品质量安全。

9.6.4 保持灌酒区域的洁净，使之符合生产规定要求。

9.6.5 灌装机使用前后进行清洗，必要时进行消毒，并定期对灌装机进行采样检测，防止微生物污染。

9.6.6 灌装好的瓶酒或杀菌后的瓶酒应进行灯光检测，灯检人员工作一定时间后应调换工种或休息一段时间。

9.6.7 应有效控制杀菌温度和时间，确保产品质量安全。

10 质量管理

10.1 总体要求

10.1.1 企业应有相应的质量管理机构和人员，进行全面质量管理。

10.1.2 应制定质量管理标准，质量管理标准应涉及：人员要求、设备使用、物料采购、生产过程控制、生产环境要求、产品分析检测等方面内容，经质量管理机构确认后实施。

10.2 检测与质量控制

10.2.1 生产企业应设有与生产能力相适应的卫生、质量检验室，配备经专业培训、考核合格的检验人员。

10.2.2 应具备一定的检验设备，对原料、半成品和成品进行检测。检验设备的精确度和灵敏度要符合有关检验要求。

10.2.3 企业的质量管理部门负责黄酒生产全过程的质量管理和检验，独立行使质量检测权和合格判定权。

10.3　生产过程质量控制

10.3.1　应确定生产过程中的关键控制点，制定相应的控制措施，包括：检验项目、检验标准、抽样及检验方法等，并做好执行记录。

10.3.2　应检查设备使用前是否保持清洁，并处于正常状态。

10.3.3　生产过程若发现异常现象时，应追查原因并及时进行纠正处置。

10.4　成品质量管理

10.4.1　应按照国家、行业或企业产品质量标准的要求，制定成品检验项目、检验标准、抽样及检验方法。

10.4.2　应制定规范化的成品留样保存计划，每批成品应按规定留样。

10.4.3　每批成品须经质量部门检验，黄酒成品应符合相应的产品技术标准规定，不合格品不得出厂。

10.5　仪器与设备校准

10.5.1　依据国家或行业相关计量规定对检测仪器进行定期校准，并做好记录。

10.5.2　在没有国家或行业测量设备校准方法时，企业可制定本单位的校准规范，以企业标准形式发布和实施，用以满足测量设备检修的需要。

11　卫生管理

11.1　总体要求

11.1.1　企业应设置专门的卫生管理机构及配备经培训合格的专职卫生管理人员。

11.1.2　制定黄酒企业卫生管理制度，宣传和贯彻企业卫生规章，监督、检查实际执行情况，组织卫生宣传教育工作，培训有关人员，定期组织本企业人员的健康检查和管理，确保黄酒企业生产卫生质量安全。

11.2　清洗与消毒工作

11.2.1　应制定有效的清洗及消毒方法和制度，以确保生产场所、设备、管路清洁卫生，防止污染。

11.2.2　使用清洗剂和消毒剂时，应采取适当措施，以防止人身伤害和黄酒污染。

11.3　除虫、灭害工作

11.3.1　厂区应制定病虫害防治计划，包括防治方法、防治区域等，定期或在必要时进行除虫灭害工作，应采取措施防止鼠、蚊、蝇、昆虫等的聚集和滋生。

11.3.2　生产场所禁止使用各种杀虫剂或其他药剂。

11.4　化学品管理

11.4.1　清洗剂、消毒剂以及其他化学品均应有固定包装，并在明显处标示“危害品”字样，储存于专门库房或柜橱内，加锁并由专人负责保管，建立保存和使用管理制度。

11.4.2　化学品应由经培训的人员按照说明进行使用，防止污染和人身中毒。

11.4.3　除卫生和工艺需要，不应在生产车间使用和存放可能污染产品的化学品。

11.5　卫生设施的管理

更衣室、厕所等卫生设施应有人管理，并保持良好状态。

11.6　工作服管理

11.6.1　工作服包括工作衣、裤、发帽、鞋靴等，某些工序（种）还应配备口罩、围裙、套袖等卫生防护用品。

11.6.2　工作服应有清洗保洁制度，定期更换，保持清洁。

12　成品储存与运输

12.1　成品（预包装产品）的储存环境和运输应避免日光直射、雨淋、冰冻和撞击。

12.2　仓库应经常清理，成品应按生产日期、品名、包装形式及批号分别堆置，加以适当标示，并做记录。

12.3　为确保成品质量，应按 GB/T 13662 规定储存。应定期查看，如有异常情况，及时处理。

12.4　每批成品应经检验，符合产品质量标准后，方可出库。

12.5　成品储存应有存量记录，成品应做进出库记录，内容应包括批号、出货时间、地点、对象、数量等，便于质量追踪。

12.6　装卸时应轻拿轻放，严禁与有腐蚀、有毒、有害的物品一起混装。

13　文件和记录

13.1　总体要求

企业应保证所有文件和记录及时归档，记录信息真实、准确、详细。

13.2　生产管理、质量管理的各项制度和记录

13.2.1　应有厂房、设施和设备的使用、维护、保养、检修等制度和记录。

13.2.2　应有物料验收、生产操作、检验、发放、成品销售和用户投诉等制度和记录。

13.2.3　应有不合格品管理、物料退库和报废、紧急情况处理等制度和记录。

13.2.4　应有环境、厂房、设备、人员等卫生管理制度和记录。

13.2.5　应有本标准和专业技术培训等制度和记录。

13.3　生产管理文件

13.3.1　应有生产工艺规程、岗位操作法或标准操作规程生产工艺规程。应对原料采购、发酵、贮存、灌装等生产过程进行如实记录、检查，并详细记录异常纠偏及

防止再次发生的措施。

13.3.2 应有批生产记录，内容包括：产品名称、生产批号、生产日期、操作者、复核者的签名、有关操作与设备、相关生产阶段的产品数量、物料领用发放、生产过程的控制记录及特殊问题记录。

13.4 质量文件管理

13.4.1 应有物料、中间产品和成品质量标准及其检验操作规程。

13.4.2 应有批检验记录。

13.5 文件的起草、修订、审批、保管

应建立文件的起草、修订审查、批准、撤销、印制及保管的管理制度。分发、使用的文件应为批准的现行文本。已撤销和过时的文件除留档备查外，不应在工作现场出现。

13.6 生产管理文件和质量管理文件的编制要求

13.6.1 文件的标题应能清楚地说明文件的性质。

13.6.2 各类文件应有便于识别其文本、类别的系统编码和日期。

13.6.3 文件使用的语言应确切、易懂。

13.6.4 填写数据时应有足够的空格。

13.6.5 文件制定、审查和批准的责任应明确，并有责任人签名。

14 投诉处理和产品召回

14.1 每批成品均应有销售记录，根据销售记录能追溯每批黄酒售出情况，必要时应能及时全部追回。

14.2 企业应建立不良反应监察报告制度，对用户的质量投诉和不良反应应详细记录和调查处理，若出现质量安全问题时，应及时向当地质量监督管理部门报告。

14.3 应有书面文件规定何种情况下应考虑召回产品，并根据危害程度，建立召回产品分类、处置及报告制度。

14.4 召回程序应规定参与评估的人员、启动召回的方法、召回通知到的对象以及召回后产品的处理方法。

14.5 应定期进行模拟召回训练，并记录存档。

14.6 鼓励企业建立产品信息化管理程序，确保产品质量安全信息管理。

15 产品信息和宣传引导

15.1 产品信息

所有的黄酒产品都应具有或提供充分的产品信息，预包装产品标签应符合 GB 10344 的有关规定，以便经营者或消费者能够安全、正确地对产品进行处理、展示、储存、使用和溯源。

15.2　对消费者的宣传引导

健康教育应包括产品安全常识，应能使消费者认识到黄酒产品信息的重要性，并能够按照产品说明健康消费。

3. 发酵酒中尿素的测定方法　高效液相色谱法（QB/T 4710—2014）

1　范围

本标准规定了采用高效液相色谱仪测定发酵酒（黄酒、啤酒）中尿素的方法。本标准适用于发酵酒（黄酒、啤酒）中尿素的测定，尿素的检出限为0.02mg/L。

2　规范性引用文件

下列文件对于本文件的应用是必不可少的。凡是注日期的引用文件，仅注日期的版本适用于本文件。凡是不注日期的引用文件，其最新版本（包括所有的修改单）适用于本文件。

GB/T 6682—2008 分析实验室用水规格和试验方法

3　原理

采用9-羟基占吨衍生剂与发酵酒中的尿素进行衍生反应，尿素衍生产物具有荧光特性，经色谱柱分离后，可通过荧光检测器测定，外标法定量分析。

4　材料与试剂

除另有说明外，所有试剂均为分析纯，水为符合GB/T 6682—2008规定的一级水。

4.1　无水乙酸钠。

4.2　浓盐酸。

4.3　9-羟基占吨（不小于98%）。

4.4　无水乙醇。

4.5　正丙醇。

4.6　乙腈：色谱纯。

4.7　冰乙酸（不小于99.0%）。

4.8　乙酸溶液（1.0%，体积分数）：吸取1.0mL冰乙酸于100mL容量瓶中，用水定容至刻度，混匀。

4.9　乙酸钠溶液（0.02mol/L）：称取1.64g无水乙酸钠溶解于1 000mL水中，用乙酸溶液（1.0%，体积分数）将乙酸钠溶液pH调至7.2。

4.10 盐酸溶液（1.5mol/L）：吸取6.2mL的浓盐酸于50mL容量瓶中，用水定容至刻度，混匀。

4.11 9-羟基占吨溶液（0.02mol/L）：称取0.198g 9-羟基占吨，用正丙醇溶解并定容至50mL容量瓶中，混匀。在0℃~4℃冰箱避光保存，1个月内使用。

4.12 尿素标准品：纯度不小于99%。

4.13 尿素标准储备液（1.0mg/mL）：准确称取0.100g尿素标准品，用无水乙醇溶解并定容至100mL容量瓶中，混匀。在0℃~4℃冰箱保存，1个月内使用。

4.14 尿素标准工作液：准确吸取一定体积的尿素标准储备液于容量瓶中，用无水乙醇依次配制成浓度为2.00mg/L、4.00mg/L、8.00mg/L、20.00mg/L的尿素标准工作液，现配现用。

5 仪器和设备

5.1 高效液相色谱仪：配有荧光检测器。

5.2 pH计。

5.3 分析天平：感量为0.1mg。

5.4 涡旋混合器。

5.5 带塞试管。

5.6 微孔过滤膜：孔径0.45μm（有机系）。

5.7 移液管：1.0mL和2.0mL。

6 分析步骤

6.1 样品衍生

准确吸取2.0mL样品于10mL容瓶中，用无水乙醇（4.4）定容至刻度，混匀；准确吸取0.40mL稀释后的样品，置于带塞试管中，加入0.10mL盐酸溶液（4.10）、0.60mL 9-羟基占吨溶液（4.11），混匀。室温避光衍生30min，经0.45μm有机系滤膜过滤，滤液用于液相色谱测定。

6.2 参考色谱条件

6.2.1 色谱柱：C_{18}色谱柱（250mm×4.6mm，5μm）或等效色谱柱。

6.2.2 柱温35℃。

6.2.3 检测波长：λ_{ex}为213mn：λ_{em}为308nm。

6.2.4 流速：1.0mL/min。

6.2.5 进样体积：10μL。

6.2.6 梯度洗脱详见表1。

表1　梯度洗脱程序表

时间/min	0.02mol/L 乙酸钠/%	乙腈/%
0.00	80	20
12.00	50	50
15.60	0	100
22.00	0	100
23.00	80	20
30.00	80	20

6.3　定性分析

根据尿素标准品衍生物的保留时间，与待测样品中组分的保留时间进行定性，定性色谱图参见附录A。

6.4　外标法定量

分别吸取0.4mL各浓度尿素标准工作液（4.14）和0.40mL样品溶液。依照6.1方法进行衍生，以尿素标准工作液系列浓度为横坐标，峰面积响应值为纵坐标绘制标准曲线。得到样品中尿素色谱峰面积后，由标准曲线计算样品中的尿素含量。

6.5　空白试验

除不称取样品外，均按上述步骤同时完成空白试验。

7　结果计算

样品中尿素的含量按公式（1）计算：

$$X = (c - c_0) \times f \tag{1}$$

式中：X——样品中尿素的含量，单位为毫克每升（mg/L）；

c——从标准曲线查得样品中尿素的含量，单位为毫克每升（mg/L）；

c_0——从标准曲线查得试剂空白中尿素的含量，单位为毫克每升（mg/L）；

f——样品稀释倍数。

以重复性条件下获得的两次独立测定结果的算术平均值表示，结果保留两位有效数字。

8　精密度

在重复性测定条件下获得的两次独立测定结果的绝对差值不应超过其算术平均值的10%。

附录 A

（资料性附录）

尿素标准品及样品中尿素衍生物色谱图

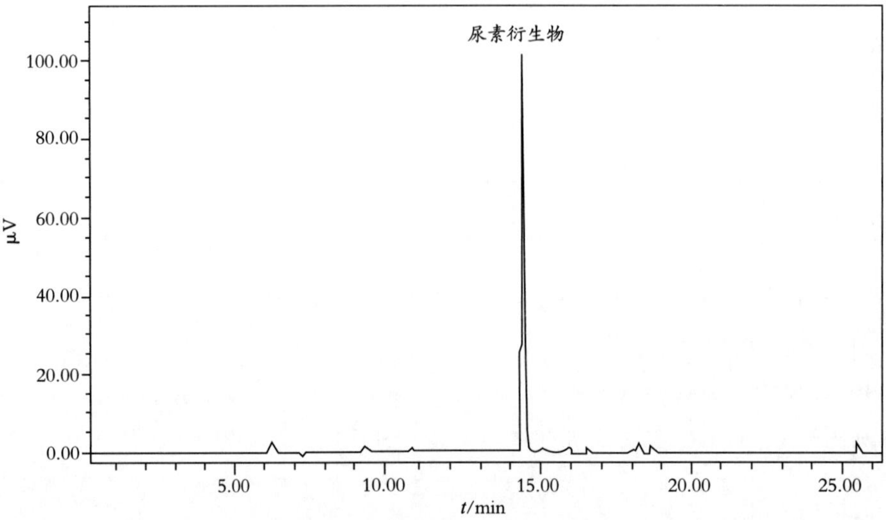

图 A. 1　尿素标准品衍生物色谱图

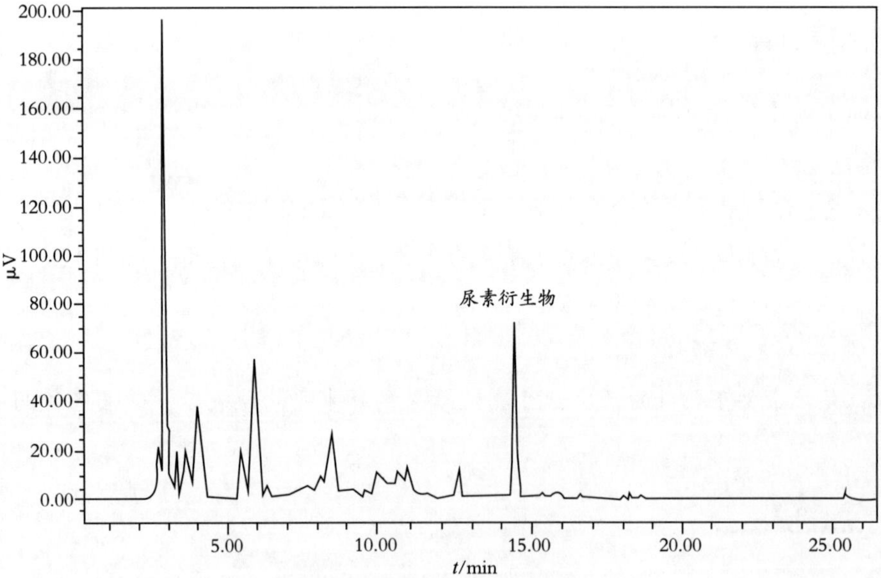

图 A. 2　样品中尿素衍生物色谱图

4. 黄酒中挥发性醇类的测定方法 静态顶空-气相色谱法（QB/T 4708—2014）

1 范围

本标准规定了黄酒中挥发性醇类的静态顶空-气相色谱测定方法。

本标准适用于黄酒中正丙醇、异丁醇、正丁醇、活性戊醇（2-甲基-1-丁醇）、异戊醇（3-甲基-1-丁醇）、正己醇的测定。

本标准方法的检出限（mg/L）分别为：正丙醇为 0.5；异丁醇为 0.5；正丁醇为 0.8；活性戊醇为 1.5；异戊醇为 1.2；正己醇为 0.9。

2 规范性引用文件

下列文件对于本文件的应用是必不可少的。凡是注日期的引用文件，仅注日期的版本适用于本文件。凡是不注日期的引用文件，其最新版本（包括所有的修改单）适用于本文件。

GB/T 6682—2008 分析实验室用水规格和试验方法

3 原理

在密闭容器中，易挥发的醇类组分在一定温度下气液两相间达到动态平衡，此时醇类组分在气相中的浓度和它在液相中的浓度成正比，吸取上部气体进样，经色谱柱分离后，用氢火焰离子化检测器检测，内标法定量分析。

4 试剂和材料

除另有说明外，所有试剂均为分析纯，水为 GB/T 6682—2008 规定的二级水。

4.1 乙醇：色谱纯。

4.2 氯化钠。

4.3 正丙醇、异丁醇、正丁醇、活性戊醇、异戊醇、正己醇、叔戊醇标准物质：纯度不小于 99%。

4.4 乙醇溶液（60%，体积分数）：量取 60mL 乙醇（4.1），用水定容至 100mL，混匀。

4.5 乙醇溶液（15%，体积分数）：量取 15mL 乙醇（4.1），用水定容至 100mL，混匀。

4.6 叔戊醇内标储备液（2.0mg/mL）：称取 0.200g 叔戊醇至 100mL 容量瓶中，用乙醇溶液（4.5）定容至 100mL，混匀。0℃~4℃冰箱密封保存，1 个月内使用。

4.7 醇混合标准储备液：分别称取正丙醇 2.500g、异丁醇 2.500g、正丁醇 0.100g、活性戊醇 2.500g、异戊醇 5.000g、正己醇 0.1000g 于 100mL 容量瓶中，用乙醇溶液

（4.4）定容混匀，配制成的标准储备液于0℃~4℃冰箱密封保存，1个月内使用。

5 仪器和设备

5.1 气相色谱仪，配氢火焰离子化检测器（FID）。

5.2 分析天平：感量为0.1mg。

5.3 顶空进样设备。

5.4 顶空进样针。

5.5 顶空进样瓶：体积为20mL。

5.6 移液管：1.0mL和5.0mL。

6 分析步骤

6.1 参考色谱条件

6.1.1 色谱柱：聚乙二醇毛细管柱（50m×0.25mm×0.25μm）或等效色谱柱。

6.1.2 色谱柱温度：初温35℃，保持1mim，以3.5℃/min升到120℃，以15℃/min升到200℃，保持2min。

6.1.3 检测器温度：250℃。

6.1.4 进样口温度：200℃。

6.1.5 载气流量：1.0mL/min。

6.1.6 进样量：1.0mL。

6.1.7 不分流。

6.2 参考顶空条件。

6.2.1 平衡温度：50℃。

6.2.2 平衡时间：30min。

6.2.3 振荡频率：500r/min。

6.3 校正因子（值）的测定。

准确吸取醇混合标准储备液（4.7）0.10mL、0.20mL、0.30mL、0.40mL于4个100mL容量瓶中，用同一黄酒样品定容至刻度，混匀。吸取上述制备的4个加标样品和不加标的黄酒样品各5.0mL，分别置于5个20mL顶空进样瓶中，加入2.0g氯化钠和0.10mL叔戊醇内标储备液（4.6），压紧瓶盖后，混匀。按照色谱条件（6.1）及顶空条件（6.2）测定，记录各组分的峰面积（或峰高），按照公式（1）和公式（2）计算各组分的相对校正因子：

$$A_3' = \frac{A_1}{A_2} \times A_3 \tag{1}$$

式中：

A_3'——加标样品中组分校正后峰面积（或峰高）；

A_1——不加标样品中内标峰面积（或峰高）；

A_2——加标样品中内标峰面积（或峰高）；

A_3——加标样品中组分峰面积（或峰高）。

$$f=\frac{A_1}{A_3'-A_4}\times\frac{c_2}{c_1} \tag{2}$$

式中：

f——各组分的校正子；

A_1——不加标样品中内标峰面积（或峰高）；

A_3'——加标样品中组分校正后峰面积（或峰高）；

A_4——不加标样品中各组分峰面积（或峰高）；

c_2——样品中加入的各组分标准溶液浓度，单位为毫克每升（mg/L）；

c_1——样品中加入的叔戊醇浓度，单位为毫克每升（mg/L）。

6.4　样品前处理

准确吸取 5.0mL 黄酒样品于 20mL 顶空进样瓶中，加入 2.0g 氯化钠和 0.10mL 叔戊醇内标储备液（4.6），压紧瓶盖后，混匀。

6.5　样品测定

按色谱条件（6.1）及顶空条件（6.2）进行样品测定，根据各醇类标准物质（4.3）的保留时间，与待测样品中组分的保留时间进行定性，定性色谱图参见附录 A。根据各组分和叔戊醇内标（4.6）的峰面积（或峰高）；求出峰面积（或峰高）之比，采用内标法计算黄酒中各醇类组分的含量。

7　结果计算

样品中各组分的含量按公式（3）计算

$$X=c_1\times\frac{A_5}{A_6}\times f \tag{3}$$

式中：

X——样品中各组分的含量，单位为毫克每升（mg/L）；

c_1——样品中加入的叔戊醇浓度，单位为毫克每升（mg/L）；

A_5——样品中各组分峰面积（或峰高）；

A_6——样品中叔戊醇内标峰面积（或峰高）；

f——各组分的校正因子的算术平均值。

以重复性条件下获得的两次独立测定结果的算术平均值表示，结果保留两位有效数字。

8　精密度

在重复性测定条件下获得的两次独立测定结果的绝对差值不应超过其算术平均值的 10%。

附录 A
（资料性附录）
6 种醇标准品及黄酒样品中 6 种醇的色谱图

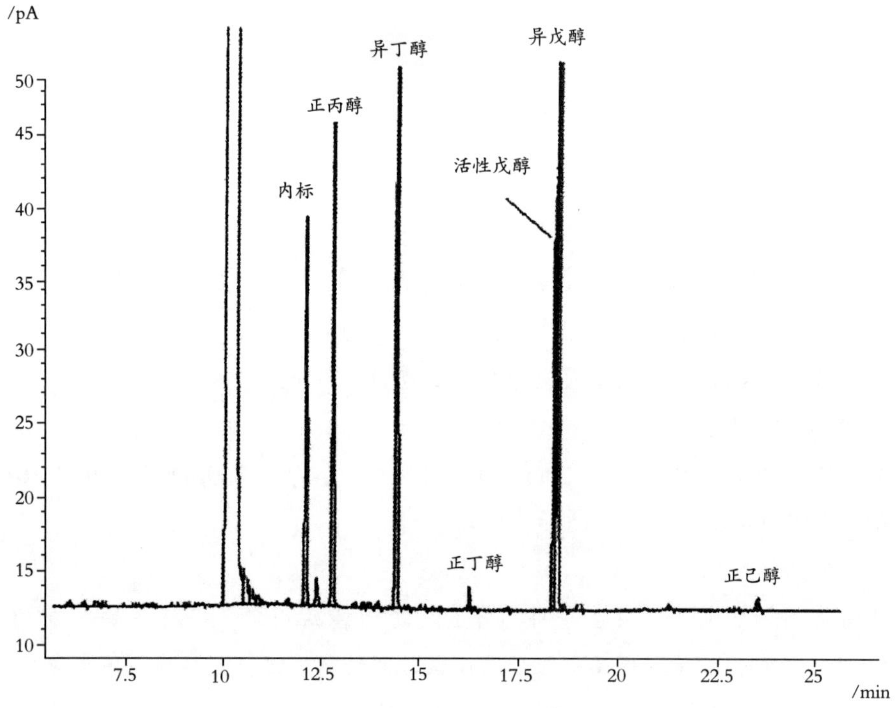

图 A.1　6 种醇标准品的色谱图

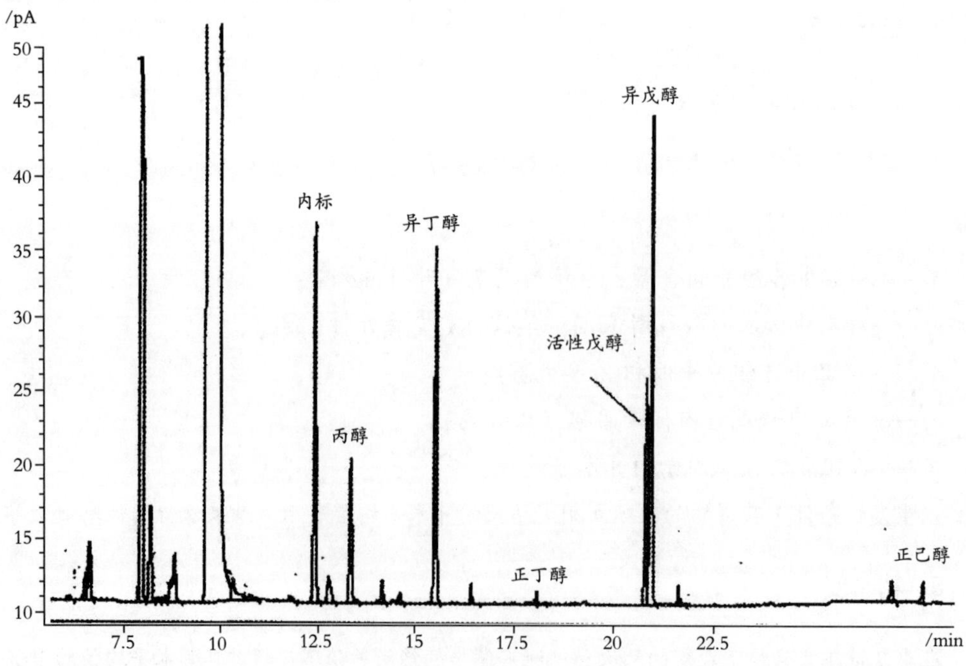

图 A.2　黄酒样品中 6 种醇的色谱图

5. 黄酒中挥发性酯类的测定方法　静态顶空-气相色谱法（QB/T 4709—2014）

1　范围

本标准规定了黄酒中挥发性酯类的静态顶空-气相色谱测定方法。

本标准适用于黄酒中甲酸乙酯、乙酸乙酯、乙酸丁酯、乙酸异戊酯、己酸乙酯组分的测定。

本标准方法的检出限（mg/L）分别为：甲酸乙酯为0.2；乙酸乙酯为0.2；乙酸丁酯为0.1；乙酸异戊酯为0.4；己酸乙酯为0.6。

2　规范性引用文件

下列文件对于本文件的应用是必不可少的。凡是注日期的引用文件，仅注日期的版本适用于本文件。凡是不注日期的引用文件，其最新版本（包括所有的修改单）适用于本文件。

GB/T 6682—2008 分析实验室用水规格和试验方法

3　原理

在密闭容器中，易挥发的酯类组分在一定温度下气液两相间达到动态平衡，此时酯类组分在气相中的浓度和它在液相中的浓度成正比，吸取上部气体部分进样，经色谱柱分离后，用氢火焰离子化检测器检测，内标法定量分析。

4　试剂和材料

除另有说明外，所有试剂均为分析纯，水为符合 GB/T 6682—2008 规定的二级水。

4.1　乙醇：色谱纯。

4.2　氯化钠。

4.3　甲酸乙酯、乙酸乙酯、乙酸丁酯、乙酸异戊酯、己酸乙酯、叔戊醇标准物质：纯度不小于99%。

4.4　乙醇溶液（60%，体积分数）：量取60mL乙醇（4.1），用水定容至100mL，混匀。

4.5　乙醇溶液（15%，体积分数）：量取15mL乙醇（4.1），用水定容至100mL，混匀。

4.6　叔戊醇内标储备液（2.0mg/mL）：称取0.200g叔戊醇至100mL容量瓶

中，用乙醇溶液（4.5）定容至100mL，混匀。0℃~4℃冰箱密封保存，1个月内使用。

4.7 酯混合标准储备液：分别称取甲酸乙酯1.000g、乙酸乙酯5.000g、乙酸丁酯0.100g、乙酸异戊酯0.100g、己酸乙酯0.100g于100mL容量瓶中，用乙醇溶液（4.4）定容混匀，配制成的标准储备液于0℃~4℃冰箱密封保存，1个月内使用。

5 仪器和设备

5.1 气相色谱仪：配氢火焰离子化检测器（FID）。

5.2 分析天平：感量为0.1mg。

5.3 顶空进样设备。

5.4 顶空进样针。

5.5 顶空进样瓶：体积为20mL。

5.6 移液管：1.0mL和5.0mL。

6 分析步骤

6.1 参考色谱条件

6.1.1 色谱柱：聚乙二醇毛细管柱（50m×0.25mm×0.25μm）或等效色谱柱。

6.1.2 色谱柱温度：初温35℃，保持1min，以3.5℃/min升到120℃，以15℃/min升到200℃，保持2min。

6.1.3 检测器温度：250℃。

6.1.4 进样口温度：200℃。

6.1.5 载气流量：1.0mL/min。

6.1.6 进样量：1.0mL。

6.1.7 不分流。

6.2 参考顶空条件。

6.2.1 平衡温度：50℃。

6.2.2 平衡时间：3min。

6.2.3 振荡频率：500r/min。

6.3 校正因子（值）的测定。

准确吸取酯混合准储备液（4.7）0.10mL、0.20mL、0.30mL、0.40mL于4个100mL容量瓶中，用同一黄酒样品定容至刻度，混匀。分别吸取上述制备的4个加标样品和不加标的黄酒样品各5.0mL，置于5个20mL顶空进样瓶中，加入2.0g氯化钠和0.10mL叔戊醇内标储备液（4.6），压紧瓶盖后，混匀。按照色谱条件（6.1）及顶空条件（6.2）测定，记录各组分的峰面积（或峰高），按照公式（1）和公式（2）计算各组分的相对校正因子：

$$A'_3 = \frac{A_1}{A_2} \times A_3 \quad (1)$$

式中：

A'_3——加标样品中的组分校正后的峰面积（或峰高）；

A_1——不加标样品中内标峰面积（或峰高）；

A_2——加标样品中内标峰面积（或峰高）；

A_3——加标样品中组分峰面积（或峰高）。

$$f=\frac{A_1}{A'_3-A_4}\times\frac{c_2}{c_1} \quad (2)$$

式中：

f——各组分的校正因子；

A_1——不加标样品中内标峰面积（或峰高）；

A'_3——加标样品中的组分校正后的峰面积（或峰高）；

A_4——不加标样品中各组分峰面积（或峰高）；

c_2——样品中加入的各组分标准溶液浓度，单位为毫克每升（mg/L）；

c_1——样品中加入的叔戊醇浓度，单位为毫克每升（mg/L）。

6.4　样品前处理

准确吸取5.0mL黄酒样品于20mL顶空进样瓶中，加入20g氯化钠和0.10mL叔戊醇内标储备液（4.6），压紧瓶盖后，混匀。

6.5　样品测定

按色谱条件（6.1）及顶空条件（6.2）进行样品测定，根据各酯类标准物质（4.3）的保留时间，与待测样品中组分的保留时间进行定性，定性色谱图参见附录A。根据各组分和叔戊醇内标的峰面积（或峰高），求出峰面积（或峰高）之比，采用内标法计算黄酒中各酯类组分的含量。

7　结果计算

样品中各组分的含量按公式（3）计算：

$$X=c_1\times\frac{A_5}{A_6}\times f \quad (3)$$

式中：

X——样品中各组分的含量，单位为毫克每升（m/L）；

c_1——样品中加入的叔戊醇浓度，单位为毫克每升（m/L）；

A_5——样品中各组分的峰面积（或峰高）；

A_6——样品中叔戊醇内标的峰面积（或峰高）；

f——各组分的校正因子的算术平均值。

以重复性条件下获得的两次独立测定结果的算术平均值表示，结果保留两位有效数字。

8 精密度

在重复性测定条件下获得的两次独立测定结果的绝对差值不应超过其算术平均值的10%。

附录A

（资料性附录）

5种酯标准品及黄酒样品的色谱图

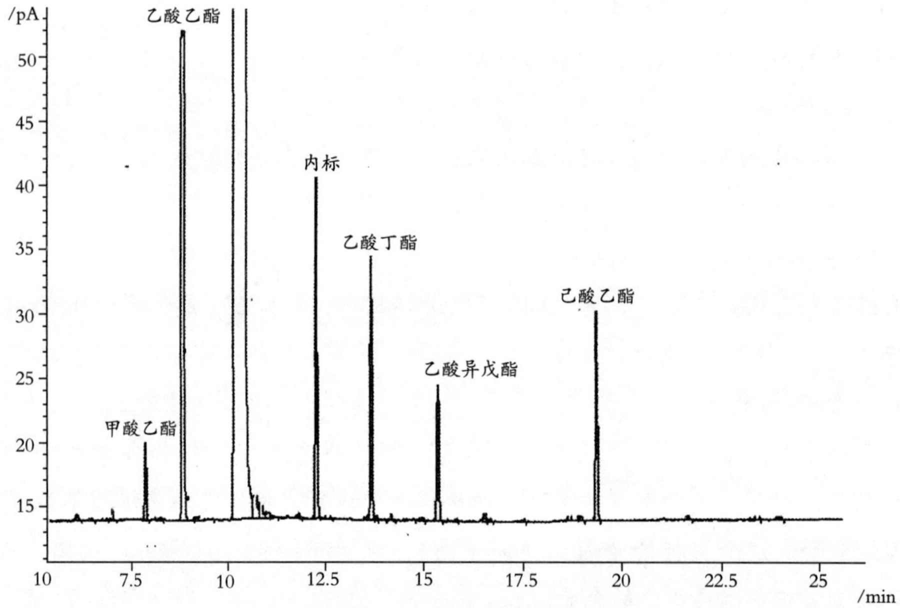

图A.1　5种酯标准品的色谱图

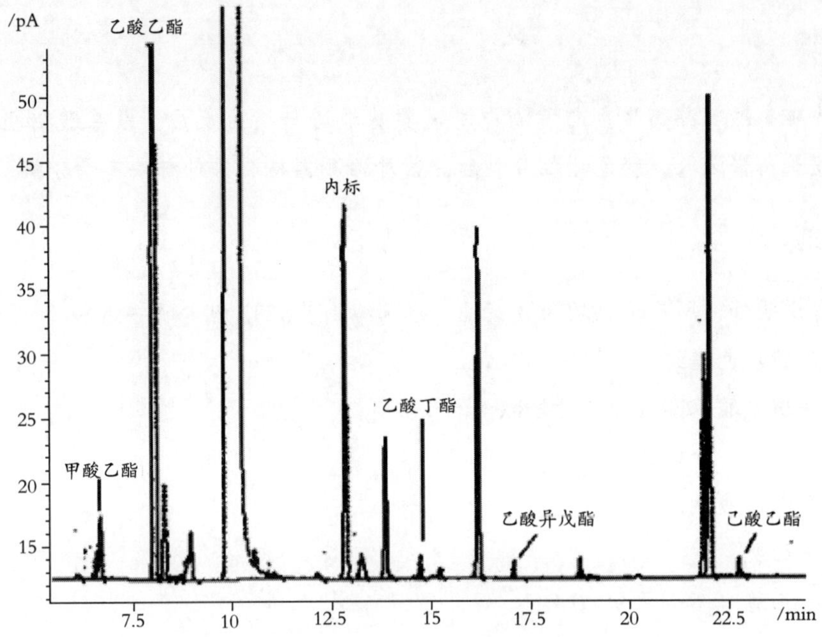

图 A.2　黄酒样品中 5 种酯的色谱图

6. 黄酒中游离氨基酸的测定　高效液相色谱法（QB/T 4356—2012）

1　范围

本标准规定了异硫氰酸苯酯（PITC）柱前衍生高效液相色谱测定黄酒游离氨基酸的方法。

本标准适用于黄酒中天冬氨酸（Asp）、谷氨酸（Glu）、丝氨酸（Ser）、甘氨酸（Gly）、组氨酸（His）、精氨酸（Arg）、γ-氨基丁酸（Gaba）、苏氨酸（Thr）、丙氨酸（Ala）、脯氨酸（Pro）、酪氨酸（Tyr）、缬氨酸（Val）、蛋氨酸（Met）、异亮氨酸（Ile）、亮氨酸（Leu）、苯丙氨酸（Phe）、色氨酸（Trp）、赖氨酸（Lys）共 18 种游离氨基酸测定，氨基酸检出限为 1.0mg/L。

2　规范性引用文件

下列文件对于本文件的应用是必不可少的。凡是注日期的引用文件，仅注日期的版本适用于本文件。凡是不注日期的引用文件，其最新版本（包括所有的修改单）适用于本文件。

GB/T 6682 分析实验室用水规则和实验方法

3 原理

采用异硫氰酸苯酯衍生剂与黄酒中游离氨基酸进行衍生反应，氨基酸衍生产物在特定紫外波长有强吸收，经色谱柱分离后，紫外检测器检测，外标法定量分析。

4 试剂

除另有说明外，所有试剂均为分析纯，水为 GB/T 6682 规定的一级水。

4.1 乙腈：色谱纯。

4.2 异硫氰酸苯酯（不小于 98%）。

4.3 三乙胺：分析纯。

4.4 无水乙酸钠。

4.5 正己烷。

4.6 冰乙酸（不小于 99.0%）。

4.7 浓盐酸。

4.8 异硫氰酸苯酯的乙腈溶液：移取 0.12mL 异硫氰酸苯酯至 10mL 容量瓶中，用乙腈定容至刻度混匀。

4.9 三乙胺-乙腈溶液：移取 1.40mL 三乙胺至 10mL 容量瓶中，用乙腈定容至刻度，混匀。

4.10 20%（体积比）乙酸溶液：取 2mL 冰乙酸至 10mL 容量瓶中，用水定容至刻度，混匀。

4.11 0.1mol/L 盐酸溶液：取 0.90mL 浓盐酸至 100mL 容量瓶中，用水定容至刻度，混匀。

4.12 氨基酸标准物质（具体名称见附录 A）：纯度不小于 98%。

4.13 标准储备液：准确称取一定质量的各氨基酸标准品，用 0.1mol/L 盐酸溶解，混匀，使其浓度为 0.50mg/mL，配制的标准储备液在 4°C 冰箱保存，有效期 3 个月。

4.14 标准工作液：准确量取标准储备液，用水稀释，依次配制成 10μg/mL、20μg/mL、40μg/mL、80μg/mL 的标准溶液。

5 仪器和材料

5.1 高效液相色谱仪：配有紫外检测器或二极管阵列检测器。

5.2 分析天平（精度 0.1mg）。

5.3 涡旋混合器。

5.4 带塞试管。

5.5 微孔滤膜：孔径0.45μm（有机系和水系）。

6 分析步骤

6.1 样品衍生

准确吸取黄酒样品1.0mL，于10mL容量瓶中，用水定容至刻度，混匀，取500μL稀释后的酒样，置于带塞试管中，加入异硫氰酸苯酯的乙腈溶液（4.8）250μL、三乙胺-乙腈溶液（4.9）250μL，混匀，室温下放置1h后，加入50μL乙酸溶液（4.10），混匀。

6.2 萃取净化

向上述衍生后的溶液中加入1.0mL正己烷（4.5），涡旋混合器振荡1min，静置分层后，弃去上层正己烷溶液，采用针头注射器小心吸取下层溶液，经0.45μm有机系滤膜过滤，用于液相色谱测定。

6.3 标准工作液衍生

分别移取500μL系列标准工作液（4.14），置于带塞试管（5.4）中，加入异硫氰酸苯酯的乙腈溶液（4.8）250μL、三乙胺-乙腈溶液（4.9）250μL混匀，室温下放置1h后。加入50μL乙酸溶液（4.10），混匀，按6.2进行萃取净化。

6.4 参考色谱条件

6.4.1 色谱柱：C_{18}色谱柱（250mm×4.6mm，5μm）或等效色谱柱。

6.4.2 流动相A：称取1.64g无水乙酸钠（4.4），加适量水溶解，加入0.5mL三乙胺（4.3），用水定容至1000mL，用20%乙酸溶液（4.10）调pH至6.20，0.45μm水系滤膜过滤。流动相B：乙腈+水=8+2（体积比），洗脱程序见表1。

表1 梯度洗脱程序表

时间/min	A/%	B/%
0	92	8
2	92	8
10	90	10
12	81	19
19	74	26
21	65	35
31	54	46
33	0	100
36	0	100
38	92	8
45	92	8

6.4.3　流量：1.0mL/min。

6.4.4　进样体积：10μL。

6.4.5　柱温：40℃。

6.4.6　检测波长：254nm。

6.5　定性

根据氨基酸标准样品的保留时间，与待测样品中组分的保留时间进行定性，定性色谱图参见附录B。

6.6　外标法定量

以各氨基酸标准工作液浓度为横坐标，以峰面积为纵坐标，绘制标准工作曲线。将经6.1和6.2制备的样品注入于液相色谱仪，测定样品中各氨基酸色谱峰面积，由标准工作曲线计算样品中的各氨基酸浓度。

7　结果计算

7.1　样品中各组分的含量按式（1）计算获得：

$$X_i = c_i \times F \times \frac{1000}{1000}$$

式中：

X_i——样品中各组分的含量，单位为毫克每升（mg/L）；

c_i——从标准曲线求得样品中组分的含量，单位为毫克每升（mg/L）；

F——样品稀释倍数。

7.2　平行测定结果用算术平均值表示，保留至小数点后1位。

8　精密度

在重复性测定条件下，两次独立测定结果的绝对差值不应超过其算数平均值的10%。

附录A

（资料性附录）

18种氨基酸的分子式和相对分子质量

表A.1　18种氨基酸的分子式和相对分子质量

序号	中文名称	英文名称	分子式	相对分子质量	CAS号
1	天冬氨酸	Aspartic acid	$C_4H_7O_4N$	133.10	1783-96-6
2	谷氨酸	Glutamic acid	$C_5H_9O_4N$	147.13	56-86-0
3	丝氨酸	Serine	$C_3H_7O_3N$	105.09	56-45-1

续表

序号	中文名称	英文名称	分子式	相对分子质量	CAS 号
4	甘氨酸	Glycine	$C_2H_5O_2N$	75.07	56-40-6
5	组氨酸	Histidine	$C_6H_9O_2N_3$	155.16	71-00-1
6	精氨酸	Arginine	$C_6H_{14}O_2N_4$	174.20	74-79-3
7	γ-氨基丁酸	γ-Aminobutyric acid	$C_4H_9O_2$	103.12	56-12-2
8	苏氨酸	Threonine	$C_4H_9O_3N$	119.12	72-19-5
9	丙氨酸	Alanine	$C_3H_7O_2N$	89.09	56-41-7
10	脯氨酸	Proline	$C_5H_9O_2N$	115.13	147-85-3
11	酪氨酸	Tyrosine	$C_9H_{11}O_3N$	181.19	60-18-4
12	缬氨酸	Valine	$C_5H_{11}O_2N$	117.15	72-18-4
13	蛋氨酸	Methionine	$C_5H_{11}O_2NS$	149.21	63-68-3
14	异亮氨酸	Isoleucine	$C_6H_{13}O_2N$	131.17	73-32-5
15	亮氨酸	Leucine	$C_6H_{13}O_2N$	131.17	61-90-5
16	苯丙氨酸	Phenylalanine	$C_9H_{11}O_2N$	165.19	150-30-1
17	色氨酸	Tryptophan	$C_{11}H_{12}O_2N_2$	204.23	73-22-3
18	赖氨酸	Lysine	$C_6H_{14}O_2N_2$	146.19	56-87-1

附录 B
(资料性附录)

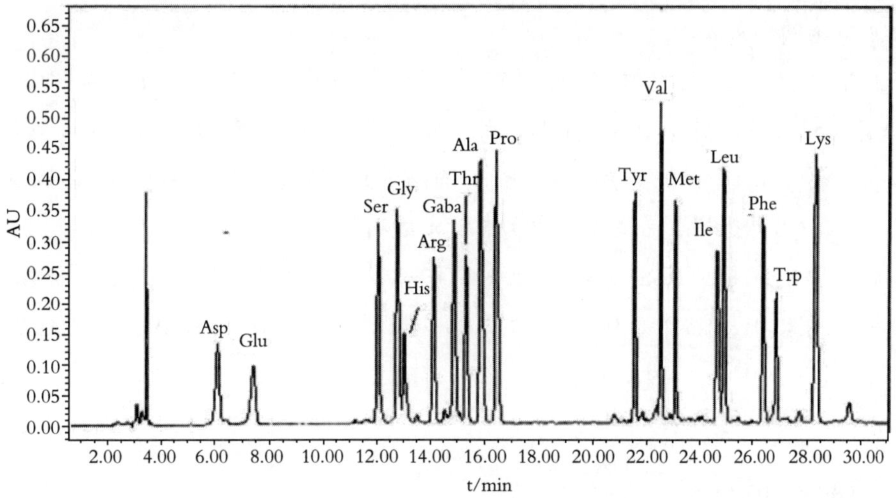

图 B.1　18 种氨基酸标准品衍生物色谱图

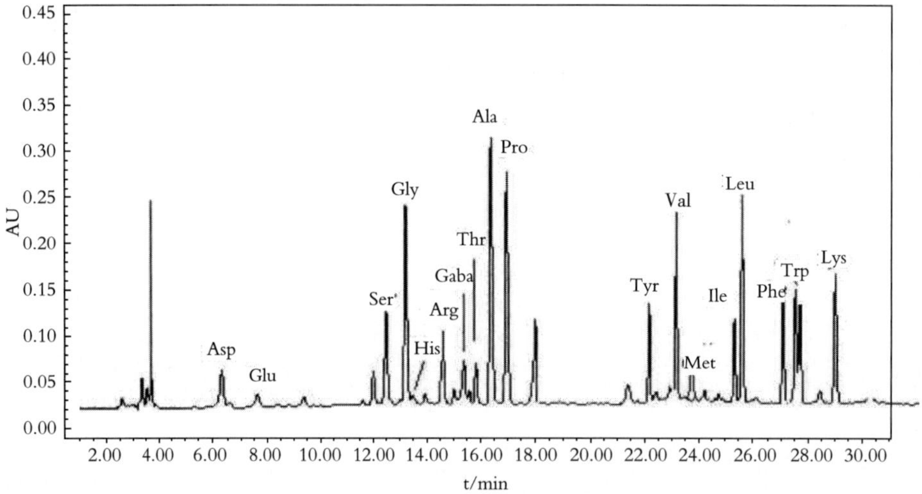

图 B.2　黄酒样品中氨基酸衍生物色谱图

7. 黄酒中无机元素的测定方法　电感耦合等离子体质谱法和电感耦合等离子体原子发射光谱法（QB/T 4711—2014）

1　范围

本标准规定了黄酒中无机元素的电感耦合等离子体质谱法和电感耦合等离子体原子发射光谱法的测定方法。

本标准适用于黄酒中锂（Li）、钒（V）、钴（Co）、镍（Ni）、镓（Ga）、硒（Se）、锶（Sr）、钼（Mo）、镉（Cd）、钡（Ba）元素的电感耦合等离子体质谱测定和钠（Na）、镁（Mg）、硅（Si）、磷（P）、钾（K）、钙（Ca）、锰（Mn）、铁（Fe）、锌（Zn）元素的电感耦合等离子体原子发射光谱测定。

在取样量 2.50mL、定容体积 25mL 时，本标准方法的检出限（μg/L）分别为：Li 为 0.04；V 为 0.01；Co 为 0.04；Ni 为 0.08；Ga 为 0.08；Se 为 0.10；Sr 为 0.04；Mo 为 0.01；Cd 为 0.04；Ba 为 0.10；Na 为 20；Mg 为 20；Si 为 60；P 为 20；K 为 20；Ca 为 7；Mn 为 2；Fe 为 20；Zn 为 7。

2　规范性引用文件

下列文件对于本文件的应用是必不可少的。凡是注日期的引用文件，仅注日期的版本适用于本文件。凡是不注日期的引用文件，其最新版本（包括所有的修改单）适用于本文件。

GB/T 602 化学试剂杂质测定标准溶液的制备

GB/T 6682—2008 分析实验室用水规格和试验方法

3 黄酒中锂、钒、钴、镍、镓、硒、锶、钼、镉、钡元素的电感耦合等离子体质谱测定方法

3.1 原理

样品经酸消解，注入电感耦合等离子体质谱仪，在一定浓度范围内，其离子强度与待测元素含量成正比，与标准系列比较定量。

3.2 试剂和材料

除另有说明外，在分析中仅使用符合要求的优级纯试剂，水为符合 GB/T 6682—2008 规定的一级水。

3.2.1 过氧化氢（30%）。

3.2.2 硝酸。

3.2.3 硝酸溶液（2.0%，体积分数）：量取 20mL 硝酸，缓慢加入到 980mL 水中，混匀。

3.2.4 硝酸溶液（20.0%，体积分数）：量取 200mL 硝酸，缓慢加入到 800mL 水中，混匀。

3.2.5 铟（In）内标储备液：按照 GB/T 602 的方法进行配制，铟元素溶液的浓度为 100mg/L，也可直接使用有证书的标准溶液。0℃~4℃冰箱保存，6 个月内使用。

3.2.6 各元素的标准储备液：Li、V、Co、Ni、Ga、Se、Sr，Mo、Cd、Ba 元素分别按照 GB/T 602 的方法进行配制，各元素溶液的浓度均为 100mg/L，也可直接使用有证书的单元素标准溶液或多元素标准溶液。0℃~4℃冰箱保存，6 个月内使用。

3.2.7 铟内标工作液：准确吸取 0.10mL 铟内标储备液（3.2.5）于 100mL 容量瓶中，用硝酸溶液（3.2.3）稀释定容，铟内标工作液浓度为 100ng/L，现配现用。

3.2.8 混合标准储备液（Li、V、Co、Ni、Ga、Se、Sr、Mo、Cd、Ba）：分别准确吸取一定量各元素标准储备液（3.2.6），用硝酸溶液（3.2.3）逐级稀释定容，配制成浓度为 10.0mg/L 的混合标准储备液，现配现用。

3.2.9 系列混合标准溶液。准确吸取混合标准储备液（3.2.8）用硝酸溶液（3.2.3）逐级稀释定容，依次配制成浓度为 0ng/mL、2.5ng/mL、5.0ng/mL、10.0ng/mL、25.0ng/mL、50.0ng/mL 的系列混合标准溶液，现配现用。

3.3 仪器和设备

3.3.1 电感耦合等离子体质谱仪。

3.3.2 分析天平：感量为 0.1mg。

3.3.3 微波消解仪。

3.3.4 可调式电热板。

3.3.5 恒温干燥箱。

3.3.6 移液管：1.0mL 和 5.0mL。

注：所有和样品接触的器皿需经硝酸溶液（3.2.4）浸泡 24h 以上，然后用水清洗数次。

3.4 分析步骤

3.4.1 样品消解

3.4.1.1 微波消解法

准确吸取样品 30mL~50mL 于消解罐中，加入 50mL 硝酸（3.2.2），室温下进行预消解，待黄色烟雾消失后，盖好内盖。将消解罐置于微波消解仪中。微波消解条件参见附录 A。消解完毕，冷却，将溶液转入 25mL 容量瓶中，用水少量多次洗涤消解罐，洗液合并于容量瓶中，用水定容至刻度，混匀备用；同时做空白试验。

3.4.1.2 高压消解罐消解法

准确吸取样品 2.5mL 于 50mL 消解罐中，加入 3.0mL 硝酸（3.2.2）、1.0mL 过氧化氢（3.2.1）置于可调式电热板上低温预消解，待黄色烟雾消失后，盖好内盖，旋紧不锈钢外套，放入恒温干燥箱中，170℃ ~ 180℃ 保持 3h ~ 4h；冷却后，将溶液转入 25mL 容量瓶中，用水少量多次洗涤消解罐，洗液合并于容量瓶中，用水定容至刻度。混匀备用；同时做空白实验。

3.4.2 标准曲线的绘制

分别将系列混合标准溶液（3.2.9）导入仪器雾化系统中，通过在线方式加入铟内标工作液（3.2.7），按照仪器的工作条件（参见附录 B）测定各元素与内标元素响应强度，以系列混合标准溶液浓度为横坐标，各元素与相应的内标元素响应强度之比为纵坐标，绘制标准曲线。

3.4.3 样品测定

分别将消解处理后的样品溶液、试剂空白导入仪器雾化系统中，通过在线方式加入铟内标工作液（3.2.7），测定样品中各元素与内标元素响应强度之比，由标准工作曲线计算样品中各元素的含量。

3.5 结果计算

样品中各元素的含量按公式（1）计算：

$$X_1=\frac{(c-c_0)\times f\times 1000}{1000\times 1000} \tag{1}$$

式中：

X_1——样品中各元素的含量，单位为毫克每升（mg/L）；

c——从标准曲线求得样品中各元素的含量，单位为纳克每毫升（ng/mL）；

c_0——从标准曲线求得试剂空白中各元素的含量，单位为纳克每毫升（ng/mL）；

f——样品的稀释倍数。

以重复性条件下获得的两次独立测定结果的算术平均值表示，结果保留两位有效数字。

3.6　精密度

在重复性测定条件下获得的两次独立测定结果的绝对差值不应超过其算术平均值的 10%。

4　黄酒中钠、镁、硅、磷、钾、钙、锰、铁、锌元素的电感耦合等离子体原子发射光谱测定方法

4.1　原理

样品经酸消解，注入电感耦合等离子体光谱仪，在一定浓度范围内，其离子强度与待测元素含量成正比，与标准系列比较定量。

4.2　试剂和材料

除另有说明外，在分析中仅使用符合要求的优级纯试剂，水为符合 GB/T 6682—2008 规定的一级水。

4.2.1　过氧化氢（30%）。

4.2.2　硝酸。

4.2.3　硝酸溶液（2.0%，体积分数）：量取 20mL 硝酸，缓慢加入到 980mL 水中，混匀。

4.2.4　硝酸溶液（20.0%，体积分数）：量取 200mL 硝酸，缓慢加入到 800mL 水中，混匀。

4.2.5　各元素的标准储备液：Na、Mg、Si、P、K、Ca、Mn、Fe、Zn 元素按照 GB/T 602 的方法分别进行配制，各元素溶液的浓度均为 1000mg/L，也可直接使用有证书的单元素标准溶液或多元素标准溶液。

4.2.6　混合标准储备液（Na、Mg、Si、P、K、Ca、Mn、Fe、Zn）：准确吸取一定量各元素的标准储备液（4.2.5）；用硝酸溶液（4.2.3）逐级稀释定容，配制成浓度为 100mg/L 的混合标准储备液。

4.2.7　系列混合标准溶液：准确吸取混合标准储备液（4.2.6），用硝酸溶液（4.2.3）逐级稀释定容，依次配制成浓度为 0mg/L、1.0mg/L、5.0mg/L、10.0mg/L、25.0mg/L、50.0mg/L 的系列混合标准溶液。

4.3　仪器和设备。

4.3.1　电感耦合等离子体光谱仪。

4.3.2　分析天平：感量 0.1mg。

4.3.3　微波消解仪。

4.3.4　可调式电热板。

4.3.5　恒温干燥箱。

4.3.6 压力消解罐。

4.3.7 移液管：1.0mL 和 5.0mL。

注：所有和样品接触的器皿需经硝酸溶液（4.2.4）浸泡 24h 以上，然后用水清洗数次。

4.4 分析步骤

4.4.1 样品消解

同 3.4.1。

4.4.2 标准曲线的绘制

分别将系列混合标准溶液（4.2.7）导入仪器雾化系统中，按照仪器的工作条件（参见附录 C）测定各元素响应强度。以系列混合标准溶液浓度为横坐标，各元素响应强度为纵坐标，绘制标准曲线。

4.4.3 样品测定

分别将消解处理后的样品溶液、试剂空白导入仪器雾化系统中，测定样品中各元素响应强度，由标准曲线计算样品中各元素的含量。

4.5 结果计算

样品中各元素的含量按公式（2）计算：

$$X_2 = (c' - c'_0) \times f \tag{2}$$

式中：

X_2——样品中各元素的含量，单位为毫克每升（mg/L）；

c'——从标准曲线求得样品中各元素的含量，单位为毫克每升（mg/L）；

c'_0——从标准曲线求得试剂空白中各元素的含量，单位为毫克每升（mg/L）；

f——样品的稀释倍数。

以重复性条件下获得的两次独立测定结果的算术平均值表示，结果保留两位有效数字。

4.6 精密度

同 3.6。

附录 A
（资料性附录）
微波消解条件

表 A.1 微波消解条件

程序	控制温度/℃	保持时间/min
1	120	5
2	160	5
3	180	15

附录 B

(资料性附录)

ICP-MS 参考工作条件

表 B.1 ICP-MS 参考工作条件

参数	数值	参数	数值
射频功率/W	1150	采样深度/mm	8.0
等离子体气流速/(L/min)	14.0	采样时间/s	0.3
载气流速/(L/min)	1.0	重复次数/次	3

表 B.2 元素测定推荐质量数

元素	Li	V	Co	Ni	Ga	Se	Sr	Mo	Cd	Ba
质量数	7	51	59	60	69	82	86	95	111	137
内标质量数	115	115	115	115	115	115	115	115	115	115

附录 C

(资料性附录)

ICP-AES 参考工作条件

表 C.1 ICP-AES 参考工作条件

参数	数值	参数	数值
射频功率/W	1150	等离子体气流速/(L/min)	14.0
雾化气流速/(L/min)	1.0	采样时间	vis10 s, uv 30 s
辅助气流速/(L/min)	0.2	重复次数/次	3
泵转速/(r/min)	100	—	—

表 C.2 各元素分析谱线

元素	Na	Mg	Si	P	Ca
谱线/nm	589.592	285.213	251.612	213.618	317.933
元素	Mn	Fe	K	Zn	—
谱线/nm	257.610	259.940	766.491	206.200	—

8. 黄酒中氨基甲酸乙酯预防控制技术措施指南(GB/T 34266—2017)

1 范围

本标准给出了黄酒中氨基甲酸乙酯在原料控制、工艺控制和贮运控制方面的预防控制措施。

本标准适用于黄酒生产和流通过程中氨基甲酸乙酯的预防控制。

2 规范性引用文件

下列文件对于本文件的应用是必不可少的。凡是注日期的引用文件，仅注日期的版本适用于本文件。凡是不注日期的引用文件，其最新版本（包括所有的修改单）适用于本文件。

GB 5009.223—2014 食品安全国家标准 食品中氨基甲酸乙酯的测定

GB/T 6682 分析实验室用水规格和试验方法

GB/T 13662 黄酒

QB/T 4356—2012 黄酒中游离氨基酸的测定 高效液相色谱法

QB/T 4710—2014 发酵酒中尿素的测定方法 高效液相色谱法

3 术语、定义和缩略语

3.1 术语和定义

GB/T 13662 界定的术语和定义适用于本文件。

3.2 缩略语

下列缩略语适用于本文件。

EC 氨基甲酸乙酯（Ethyl Carbamate）

4 基本原理

黄酒中 EC 主要是尿素和乙醇在自然条件下化学反应生成。反应方程式如下：

$$N_2HCONH_2+C_2H_5OH=C_2H_5OCONH_2+NH_3$$

本标准通过建立黄酒生产过程中原料（大米、麦曲等）、发酵过程（工艺参数、脲酶添加等）和贮存（贮存温度和时间）等环节的控制技术措施（见附录 A）来减少黄酒中 EC 前体物质含量以及降低 EC 生成速率，达到预防和控制黄酒中 EC 生成的目的。

5 分析方法

5.1 EC

按 GB 5009.223—2014 规定的方法或参考附录 B 提供的方法测定。

5.2 尿素

按 QB/T 4710—2014 规定的方法测定。

5.3 精氨酸

按 QB/T 4356—2012 规定的方法测定。

6 原料控制

6.1 种植

氮肥会增加大米、小麦中的EC前体物质尿素、精氨酸等含氮化合物的含量，种植过程后期可适当减少氮肥的施用量。

6.2 原料

原料入库前可检测其尿素和精氨酸含量，选择低尿素和精氨酸含量的大米与小麦作为酿造原料。

6.3 麦曲

麦曲中尿素以及其他含氮化合物含量较高，在不影响酒质的前提下，可通过优化工艺减少麦曲的用量。

7 工艺控制

7.1 浸米

大米原料中含一定量的游离尿素和精氨酸，通过浸米前清洗大米、浸米之后排净浸米水，可降低由酿造原料带入的尿素含量。

7.2 酵母

可选用低产尿素酵母作为发酵菌种，降低发酵过程中酵母菌代谢产生的尿素含量。

7.3 过滤

不同过滤介质和参数会影响黄酒的尿素含量，可选择合适的过滤介质和参数来降低黄酒中的尿素含量。

7.4 脲酶

脲酶可将尿素分解为氨和二氧化碳，可筛选使用适合黄酒基质的酸性脲酶。

7.5 煎酒或巴氏杀菌

高温可促进EC生成，在满足产品杀菌效果前提下可适当优化煎酒（或巴氏杀菌）的温度或煎酒时间。

7.6 陈贮

基酒宜避免高温陈贮，可根据基酒中尿素和EC含量水平，确定基酒的陈贮时间和使用方式。

8 贮运控制

8.1 运输和贮存

光照亦可促进EC生成，黄酒产品在包装、贮存、运输和流通环节中避免暴露于高温（37℃以上）和光照环境下。

8.2 出入库

遵循“先入先出”的原则，根据入库时间安排成品酒出库，采用先入库的酒最先出库，避免出库混乱造成先入库的酒积压。

8.3 货架期

依据成品酒货架期中EC含量变化规律，制定各产品的最佳货架期。

附录 A

(规范性附录)

黄酒生产以及流通过程中尿素和EC的关键监控环节示意图

图A.1给出了黄酒生产以及流通过程中尿素和EC含量的关键监控环节与关键控制点。

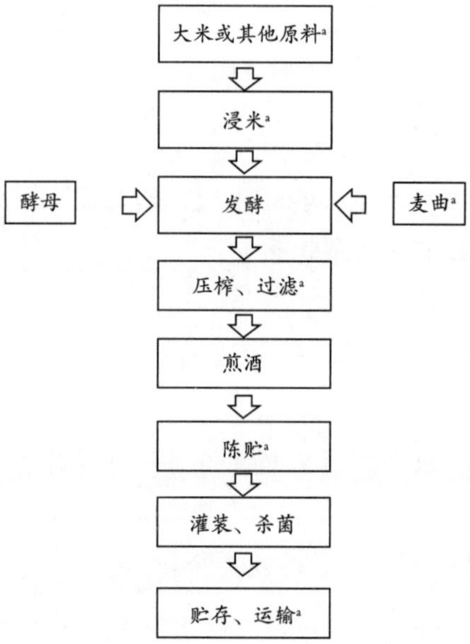

[a]表示关键控制点。

图A.1 黄酒生产以及流通过程中尿素和EC的关键监控环节

附录 B

(资料性附录)

黄酒及其发酵液中氨基甲酸乙酯含量的测定 高效液相色谱法

B.1 原理

在酸性条件下，氨基甲酸乙酯与9-羟基占吨反应，生成具有荧光特性的衍生物，经C_{18}色谱柱分离，荧光检测器检测，外标法定量。

B.2 试剂和材料

除另有说明外，所有试剂均为分析纯，水为GB/T 6682规定的一级水。

B. 2. 1 无水乙酸钠。

B. 2. 2 浓盐酸（纯度≥37%）。

B. 2. 3 9-羟基占吨（纯度≥98%）。

B. 2. 4 无水乙醇：色谱纯。

B. 2. 5 正丙醇：色谱纯。

B. 2. 6 乙腈：色谱纯。

B. 2. 7 冰乙酸（纯度≥99%）。

B. 2. 8 氨基甲酸乙酯标准品（纯度≥99%）。

B. 2. 9 乙酸溶液（1. 0%，体积分数）：准确吸取 1. 0mL 冰乙酸于 100mL 容量瓶中，用水定容至刻度，混匀。

B. 2. 10 乙酸钠溶液（0. 02mol/L）：准确称取 1. 64g 无水乙酸钠溶解于 1000mL 水中，用乙酸溶液（B. 2. 9）将乙酸钠溶液 pH 调至 7. 2。

B. 2. 11 乙醇溶液（15%，体积分数）：吸取 15mL 无水乙醇于 100mL 容量瓶中，用水定容至刻度，混匀。

B. 2. 12 盐酸溶液：吸取 6. 2mL 的浓盐酸于烧杯中，加入适量水稀释，转移至 50mL 容量瓶中，用水定容至刻度，混匀。

B. 2. 13 9-羟基占吨溶液（0. 02mol/L）：准确称取 0. 198g（精确到 1mg）9-羟基占吨，用正丙醇溶解并定容至 50mL，于 0℃～4℃冰箱避光保存，1 个月内使用。

B. 2. 14 氨基甲酸乙酯储备液（1. 0mg/mL）：准确称取 0. 01g（精确至 0. 1mg）氨基甲酸乙酯标准品，用无水乙醇溶解并定容至 10mL 混匀。0℃～4℃低温冰箱保存，1 个月内使用。

B. 2. 15 氨基甲酸乙酯标准工作液：准确吸取一定体积的氨基甲酸乙酯标准储备液于容量瓶中，用乙醇溶液（B. 2. 11）依次配制成 10. 00μg/L、20. 00μg/L，50. 00μ/L、100. 00μ/L、200μg/L 的系列标准工作溶液，现用现配。

B. 2. 16 微孔过滤膜：孔径 0. 45μm 或 0. 22μm（有机系）。

B. 3 仪器和设备

B. 3. 1 高效液相色谱仪：配有荧光检测器。

B. 3. 2 pH 计。

B. 3. 3 分析天平：感量为 0. 1mg。

B. 3. 4 涡旋混合器。

B. 3. 5 具塞试管。

B. 3. 6 移液器：量程为 10μL～100μL 和 100μL～1000μL。

B. 4 分析步骤

B. 4. 1 样品衍生

准确吸取 1.0mL 样品（发酵液需要离心取上清液）于具塞试管中，加入 100μL 盐酸溶液（B.2.12）、600μL 9-羟基占吨溶液（B.2.13）涡旋混匀，室温避光衍生 30min，经微孔过滤膜（B.2.16）过滤，滤液用于液相色谱测定。

B.4.2 参考色谱条件

B.4.2.1 色谱柱：C_{18}色谱柱（250mm×4.6mm，5μm）或等效色谱柱。

B.4.2.2 柱温：30℃。

B.4.2.3 检测波长：λ_{ex}为 233nm；λ_{em}为 600nm。

B.4.2.4 流速：0.8mL/min。

B.4.2.5 进样体积：20μL。

B.4.2.6 洗脱梯度，详见表 B.1。

表 B.1 梯度洗脱程序表

时间/min	0.02mol/L 乙酸钠/%	乙腈/%
0.00	70	30
5.00	50	50
25.00	25	75
26.00	10	90
29.00	10	90
30.00	70	30
35.00	70	30

B.4.3 定性分析

根据氨基甲酸乙酯标品衍生物的保留时间，与待测样品中组分的保留时间进行定性。

B.4.4 外标法定量

分别吸取 1mL 各浓度氨基甲酸乙酯标准工作液（B.2.15），依照 B.4.1 方法进行衍生，以氨基甲酸乙酯标准工作液系列浓度为横坐标，峰面积响应值为纵坐标绘制标准曲线。得到样品中氨基甲酸乙酯色谱峰面积后，由标准曲线计算样品中的氨基甲酸乙酯含量。

B.4.5 空白试验

样品以乙醇溶液（B.2.11）代替，依照上述步骤同时完成空白试验。

B.5 结果计算

样品中氨基甲酸乙酯的含量按式（B.1）计算：

$$X = c - c_0 \tag{B.1}$$

式中：

X——样品中氨基甲酸乙酯的含量，单位为微克每升（μg/L）；

c——从标准曲线求得样品中氨基甲酸乙酯的含量，单位为微克每升（μg/L）；

c_0——从标准曲线求得试剂空白中氨基甲酸乙酯的含量，单位为微克每升（μg/L）。

以重复性条件下测定获得的两次独立测定结果的算术平均值表示，结果保留两位有效数字。

B.6 精密度

在重复性测定条件下获得的两次独立测定结果的绝对差值不超过其算术平均值的10%。

附录二 黄酒国家级非物质文化遗产名录

一、 国家级非物质文化遗产代表性项目名录

1. 绍兴黄酒酿制技艺

项目序号：410	项目编号：Ⅷ-60
公布时间：2006（第一批）	类别：传统技艺
所属地区：浙江省	申报地区或单位：浙江省绍兴市

绍兴酒是中国黄酒的杰出代表。因酿坊所处位置与操作技巧的差异，绍兴酒分“东帮”和“西帮”两大流派。地处绍兴城西东浦、阮社、湖塘等地的酿坊称为“西帮”，城东斗门、马山、孙端、皋埠、陶堰、东关等地的酿坊为“东帮”。

绍兴酒一般在农历七月制酒药，九月制麦曲，十月制淋饭（酒娘）。大雪前后正式开始酿酒，到次年立春结束，发酵期长达八十多天。酿酒以糯米为原料，经过筛米、浸米、蒸饭、摊冷、落作（加麦曲、淋饭、鉴湖水）、主发酵、开耙、灌罐后酵、榨酒、澄清、勾兑、煎酒、灌罐陈酿（3年以上）等步骤造出成品酒。绍兴酒的主要品种有元红酒、加饭酒、善酿酒、香雪酒四大类型。酿造绍兴酒的工具大部分为木、竹及陶瓷制品，少量为锡制品，主要有瓦缸、酒坛、草缸盖、米筛、蒸桶、底桶、竹簟、木耙、大划脚、小划脚、木钩、木铲、挽斗、漏斗、木榨、煎壶、汰壶等。

绍兴酿酒的历史非常悠久，文字记载可追溯至春秋战国时期。这里土地肥沃，气候温和，日照充足，四季分明，又有鉴湖这一丰沛而优质的水源，酿酒可谓得天独厚。绍兴黄酒产地主要分布在鉴湖水系区域，包括绍兴市越城区、绍兴县和上虞市东关镇等地。截止到2004年，绍兴地区共有酒厂八十多家，黄酒总产量26.4万吨，占全国黄酒产量的14.7%。

源于春秋、成于北宋、兴于明清的绍兴黄酒酿造技艺是越地先民传承和发展下来

的绝技。近年来，由于绍兴黄酒酿造周期长、酿造用水及其他原料要求高、工艺复杂且需要经验，要扩大再生产面临着许多困难。受商业大潮的冲击，绍兴酒传统酿造技艺陷入濒危境地，这些情况已引起当地政府的高度关注，一些保护措施正相继出台。

2. 酿造酒传统酿造技艺（封缸酒传统酿造技艺）

（1）酿造酒传统酿造技艺（封缸酒传统酿造技艺）

项目序号：928　　项目编号：Ⅷ-145

公布时间：2008（第二批）　　类别：传统技艺

所属地区：江苏省　　申报地区或单位：江苏省金坛市、江苏省丹阳市

酿造酒俗称“黄酒”，系以稻米、黍米、玉米等为原料，淘洗、蒸熟、淋净后以白曲和酒母为糖化发酵剂，加入江曲、优质水，发酵后酿成熟醪（浊酒），再经压榨、泼清、沉滤等工序而最终制成。酿造酒色黄，清亮透明，香气浓郁，入味醇和。酿造酒是我国传统的酒种，营养成分丰富，具有通血脉、暖肠胃、润皮肤、散湿气、滋补强身等功效，尤为江南人民所喜爱。中国是酿造酒的发源地。浙江绍兴早在春秋战国时代即能酿制黄酒，至今已有两千四百年的历史。金华地区在春秋战国时代也出现了以糯米、白蓼曲酿制的白醪酒。酿造酒主要产于浙江、江苏、上海等地，其中以浙江省绍兴市、金华市和江苏省金坛市最为著名。

黄酒是中国最古老的酒种。江苏省的丹阳封缸酒、金坛封缸酒都是黄酒的高档品种，其历史可追溯到两千年前的秦汉时代。封缸酒酿造技艺独特，营养价值极高，是江苏省著名的地方特产，在国内外享有盛誉。

金坛市属于鱼米之乡，这里种植的糯米粒大均匀，味香性黏，洁白如玉，历代都是进献皇家的贡品，优良糯米的生产为封缸酒的酿造创造了得天独厚的条件。丹阳封缸酒酿造技艺复杂，技术要求高，酿制过程中需长期封缸陈酿，故此得名。酿成后酒色棕红，呈琥珀光泽，香气馥郁，滋味醇厚，鲜甜爽口，有“味轻花上露，色似洞中春”之美誉。

封缸酒以特产糯米和当地的茅山泉水为原料，是黄酒中极具特殊风味的酒品。经过历代技师的不断努力，封缸酒酿造技艺日臻成熟，形成了独特的封缸酒文化，被誉为“酒林一绝”。封缸酒成品（李国强摄）具有极高的营养价值和药用价值，一向为世所珍，为消费者所喜。

但随着现代人饮食习惯的改变，浓甜性黄酒的市场逐渐缩小，这给封缸酒的生产带来了一定的影响。及时对封缸酒传统酿造技艺加以保护和传承，已经成为当前的紧迫任务。

（2）酿造酒传统酿造技艺（金华酒传统酿造技艺）

项目序号：928　　项目编号：Ⅷ-145

公布时间：2008（第二批）　　　　类别：传统技艺
所属地区：浙江省　　　　　　　　申报地区或单位：浙江省金华市

酿造酒俗称“黄酒”，系以稻米、黍米、玉米等为原料，淘洗、蒸熟、淋净后以白曲和酒母为糖化发酵剂，加入江曲、优质水，发酵后酿成熟醪（浊酒），再经压榨、泼清、沉滤等工序而最终制成。酿造酒色黄，清亮透明，香气浓郁，入味醇和。酿造酒是我国传统的酒种，营养成分丰富，具有通血脉、暖肠胃、润皮肤、散湿气、滋补强身等功效，尤为江南人民所喜爱。中国是酿造酒的发源地。浙江绍兴早在春秋战国时代即能酿制黄酒，至今已有两千四百年的历史。金华地区在春秋战国时代也出现了以糯米、白蓼曲酿制的白醪酒。酿造酒主要产于浙江、江苏、上海等地，其中以浙江省绍兴市、金华市和江苏省金坛市最为著名。

金华酒产于浙江金华，是中国历史名酒之一，它以悠久的历史、独特的酿造技艺、清冽甘醇的色味和养生益体的功效在我国众多黄酒中自成一格。

春秋战国之际，金华地区就已出现以糯米、白蓼曲酿造的“白醪酒”。唐宋以后，金华酒以优异品质而驰誉海内，跻身全国名酒行列。金华酒酿造技艺十分独特，其特征主要表现在四个方面：一、造曲方法独特。传统的金华酒主要以白曲为糖化发酵剂，其原料除一般白曲所用的麦粉外，又加入蓼草汁，以促进发酵和增强辛辣感。二、用曲方法新异。金华酒在用白蓼曲的同时，又兼用红曲（米曲），酿造出的寿生酒既醇厚爽适，具有麦曲酒的香；又澄红鲜亮，具有红曲酒的色泽。三、时间安排严格。金华酒的酿制过程包括造曲、前期酿制和后期发酵三个阶段，造曲在端午前后开始，至伏天方成；前期酿制在冬至后开始，月余完成；后期发酵紧接前期酿制，将初步酿成的酒灌坛储藏，一年左右酿造成功。四、酿造工序复杂。金华酒酿造前后有数十道工序，每道工序都要根据气候和酿造情况随时进行适当调整。

金华酒酿造技艺是我国古代早期米酒酿造技艺的典型代表和完整遗存形态，其中蕴藏着丰富的文化内涵。由于金华酒一直采用家庭小作坊手工操作的方式酿造，目前掌握这门手艺的技师多已年届古稀，而他们的后辈又很少愿意学习这门传统技艺，如不尽快采取保护措施，金华酒传统酿造技艺的传承和发展前景堪忧。

二、 国家级非物质文化遗产代表性项目代表性传承人

1. 王阿牛

序号：01-0176　　　　　　　　性别：男
出生日期：1925. 09　　　　　　民族：汉族
类别：传统技艺　　　　　　　　项目编号：Ⅷ-60
项目名称：绍兴黄酒酿制技艺　　申报地区或单位：浙江省绍兴市

男，汉族，1925 年生，浙江绍兴人。第一批国家级非物质文化遗产项目绍兴黄酒酿制技艺代表性传承人，全国轻工业系统先进工作者。王阿牛出生在绍兴东浦赏祊村的酿酒世家。17 岁跟父亲进酒作坊后，继承了父辈的酿酒技艺。他对绍兴黄酒的酿制发酵技术刻苦钻研，反复实践，获得了娴熟完善的绍兴酒生产技术，成为全国黄酒行业出类拔萃的行家。1979 年，他被聘为轻工业部评酒委员，1982 年，他再次被聘为国家级黄酒评委。王阿牛积累了大量的一手资料，于 1959 年编写了《绍兴酒操作规程》，退休后又写了 30 万字的《绍兴酒酿造生产技术》，从而使绍兴酒由祖祖辈辈口耳相传的传统技艺变成了有文字规定的系统的操作规程。王阿牛为了绍兴黄酒酿制技艺后继有人，多年来在各种黄酒培训班上传授技艺，培养技术人才，在绍兴的大小酒厂里都有他的门生。

2. 许朝中

序号：03-1416　　性别：男

出生日期：1958.08　　民族：汉族

类别：传统技艺　　项目编号：Ⅷ-145

项目名称：酿造酒传统酿造技艺（封缸酒传统酿造技艺）　　申报地区或单位：江苏省丹阳市

3. 王浩平

序号：05-2839　　性别：男

出生日期：1963.05　　民族：汉族

类别：传统技艺　　项目编号：Ⅷ-145

项目名称：酿造酒传统酿造技艺（封缸酒传统酿造技艺）　　申报地区或单位：江苏省常州市金坛区

4. 吕敏湘

序号：05-2840　　性别：男

出生日期：1953　　民族：汉族

类别：传统技艺　　项目编号：Ⅷ-145

项目名称：酿造酒传统酿造技艺（金华酒传统酿造技艺）　　申报地区或单位：浙江省金华市

附录三　全国历届评酒会黄酒国家名酒、优质酒目录

一、国家名酒

第一届（1952 年）

加饭酒（鉴湖长春酒、加饭酒）　浙江省绍兴酿酒公司　鉴湖牌、塔牌

第二届（1963 年）

加饭酒（鉴湖长春酒、加饭酒）	浙江省绍兴酿酒公司	鉴湖牌、塔牌
沉缸酒（龙岩沉缸酒）	福建省龙岩酒厂	新罗泉牌

第三届（1979 年）

绍兴加饭酒	浙江省绍兴酿酒厂	鉴湖牌、塔牌
龙岩沉缸酒	福建省龙岩酒厂	新罗泉牌

第四届（1983 年）

绍兴加饭酒	浙江省绍兴酿酒厂	鉴湖牌、塔牌
龙岩沉缸酒	福建省龙岩酒厂	新罗泉牌

二、国家优质酒

第二届（1963 年）

福建老酒	福建省福州酒厂	鼓山牌
寿生酒	浙江省金华酒厂	松鹤牌
醇香酒	江苏省苏州东吴酒厂	东吴牌
大连黄酒	辽宁省大连酿造厂（白酒厂）	大连牌
即墨老酒	山东省即墨酿酒厂	即墨牌

第三届（1979 年）

即墨老酒	山东省即墨酿酒厂	即墨牌
绍兴善酿	浙江省绍兴酿酒厂	古越龙山牌
无锡惠泉酒	江苏省无锡酶制剂厂	金梅牌
福建老酒	福建省福州酒厂	鼓山牌
丹阳封缸酒	江苏省丹阳酒厂	旦阳牌
兴宁珍珠红	广东省兴宁酒厂	宁江牌
连江元红	福建省连江酒厂	青芝牌
大连黄酒	辽宁省大连酿造厂（白酒厂）	大连牌
绍兴元红	浙江省绍兴酿酒厂	古越龙山牌
南平茉莉青	福建省南平酒厂	双塔牌
九江封缸酒	江西省九江封缸酒厂	长青牌

第四届（1983年）

福建老酒	福建省福州酒厂	鼓山牌
大连黄酒	辽宁省大连酿造厂（白酒厂）	大连牌
丹阳封缸酒	江苏省丹阳酒厂	旦阳牌
绍兴元红	浙江省绍兴酿酒厂	古越龙山牌
特加饭黄酒	上海市枫泾酒厂	金枫牌

附录四　酒精体积分数、质量分数、密度对照表

酒精体积分数、质量分数、密度对照表

体积分数/%	质量分数/%	密度/(g/mL)	体积分数/%	质量分数/%	密度/(g/mL)
0.0	0.0000	0.99823	2.6	2.0636	0.99443
0.1	0.0791	0.99808	2.7	2.1433	0.99428
0.2	0.1582	0.99793	2.8	2.2230	0.99414
0.3	0.2373	0.99779	2.9	2.3027	0.99399
0.4	0.3163	0.99764	3.0	2.3825	0.99385
0.5	0.3956	0.99749	3.1	2.4622	0.99371
0.6	0.4748	0.99734	3.2	2.5420	0.99357
0.7	0.5540	0.99719	3.3	2.6218	0.99343
0.8	0.6333	0.99705	3.4	2.7016	0.99329
0.9	0.7126	0.99690	3.5	2.7815	0.99315
1.0	0.7918	0.99675	3.6	2.8614	0.99300
1.1	0.8712	0.99660	3.7	2.9413	0.99286
1.2	0.9505	0.99646	3.8	3.0212	0.99272
1.3	1.0299	0.99631	3.9	3.1012	0.99258
1.4	1.1092	0.99617	4.0	3.1811	0.99244
1.5	1.1386	0.99602	4.1	3.2611	0.99230
1.6	1.2681	0.99587	4.2	3.3411	0.99216
1.7	1.3475	0.99573	4.3	3.4211	0.99203
1.8	1.4270	0.99558	4.4	3.5012	0.99189
1.9	1.5065	0.99544	4.5	3.5813	0.99175
2.0	1.5860	0.99529	4.6	3.6614	0.99161
2.1	1.6655	0.99515	4.7	3.7415	0.99147
2.2	1.7451	0.99500	4.8	3.8216	0.99134
2.3	1.8247	0.99486	4.9	3.9018	0.99120
2.4	1.9043	0.99471	5.0	3.9819	0.99106
2.5	1.9839	0.99457	5.1	4.0621	0.99093

续表

体积分数/%	质量分数/%	密度/(g/mL)	体积分数/%	质量分数/%	密度/(g/mL)
5.2	4.1424	0.99079	8.6	6.8810	0.98645
5.3	4.2226	0.99066	8.7	6.9618	0.98633
5.4	4.3028	0.99053	8.8	7.0427	0.98621
5.5	4.3831	0.99040	8.9	7.1237	0.98608
5.6	4.4634	0.99026	9.0	7.2046	0.98596
5.7	4.5437	0.99013	9.1	7.2855	0.98584
5.8	4.6240	0.99000	9.2	7.3665	0.98572
5.9	4.7044	0.98986	9.3	7.4475	0.98560
6.0	4.7848	0.98973	9.4	7.5285	0.98548
6.1	4.8651	0.98960	9.5	7.6095	0.98536
6.2	4.9456	0.98947	9.6	7.6905	0.98524
6.3	5.0259	0.98935	9.7	7.7716	0.98512
6.4	5.1064	0.98922	9.8	7.8526	0.98500
6.5	5.1868	0.98909	9.9	7.9337	0.98488
6.6	5.2673	0.98896	10.0	8.0148	0.98476
6.7	5.3478	0.98883	10.1	8.1060	0.98464
6.8	5.4283	0.98871	10.2	8.1771	0.98452
6.9	5.5089	0.98858	10.3	8.2583	0.98440
7.0	5.5894	0.98845	10.4	8.3395	0.98428
7.1	5.6701	0.98832	10.5	8.4207	0.98416
7.2	5.7506	0.98820	10.6	8.5020	0.98404
7.3	5.8312	0.98807	10.7	8.5832	0.98392
7.4	5.9118	0.98795	10.8	8.6645	0.98380
7.5	5.9925	0.98782	10.9	8.7458	0.98368
7.6	6.0732	0.98769	11.0	8.8271	0.98356
7.7	6.1539	0.98757	11.1	8.9084	0.98344
7.8	6.2346	0.98744	11.2	8.9897	0.98333
7.9	6.3153	0.98732	11.3	9.0711	0.98321
8.0	6.3961	0.98719	11.4	9.1524	0.98309
8.1	6.4768	0.98707	11.5	9.2338	0.98298
8.2	6.5577	0.98694	11.6	9.3152	0.98286
8.3	6.6384	0.98682	11.7	9.3966	0.98274
8.4	6.7192	0.98670	11.8	9.4781	0.98262
8.5	6.8001	0.98658	11.9	9.5595	0.98251

续表

体积分数/%	质量分数/%	密度/(g/mL)	体积分数/%	质量分数/%	密度/(g/mL)
12.0	9.6410	0.98239	15.4	12.4214	0.97853
12.1	9.7225	0.98227	15.5	12.5035	0.97842
12.2	9.8040	0.98216	15.6	12.5856	0.97831
12.3	9.8856	0.98204	15.7	12.6677	0.97820
12.4	9.9671	0.98193	15.8	12.7498	0.97809
12.5	10.0487	0.98181	15.9	12.8320	0.97798
12.6	10.1303	0.98169	16.0	12.9141	0.97787
12.7	10.2118	0.98158	16.1	12.9963	0.97776
12.8	10.2935	0.98146	16.2	13.0785	0.97765
12.9	10.3751	0.98135	16.3	13.1607	0.97754
13.0	10.4568	0.98123	16.4	13.2429	0.97743
13.1	10.5384	0.98112	16.5	13.3252	0.97732
13.2	10.6201	0.98100	16.6	13.4073	0.97722
13.3	10.7018	0.98089	16.7	13.4896	0.97711
13.4	10.7836	0.98077	16.8	13.5719	0.97700
13.5	10.8653	0.98066	16.9	13.6542	0.97689
13.6	10.9470	0.98055	17.0	13.7366	0.97678
13.7	11.0288	0.98043	17.1	13.8189	0.97667
13.8	11.1106	0.98032	17.2	13.9011	0.97657
13.9	11.1925	0.98020	17.3	13.9835	0.97646
14.0	11.2743	0.98009	17.4	14.0660	0.97635
14.1	11.3561	0.97998	17.5	14.1484	0.97624
14.2	11.4379	0.97987	17.6	14.2307	0.97614
14.3	11.5198	0.97975	17.7	14.3132	0.97603
14.4	11.6017	0.97964	17.8	14.3957	0.97592
14.5	11.6836	0.97953	17.9	14.4780	0.97582
14.6	11.7655	0.97942	18.0	14.5605	0.98571
14.7	11.8474	0.97931	18.1	14.6431	0.97560
14.8	11.9294	0.97919	18.2	14.7225	0.97550
14.9	12.0114	0.97908	18.3	14.8081	0.97539
15.0	12.0934	0.97897	18.4	14.8905	0.97529
15.1	12.1754	0.97886	18.5	14.9731	0.97518
15.2	12.2574	0.97875	18.6	15.0558	0.97507
15.3	12.3394	0.97864	18.7	15.1383	0.97497

续表

体积分数/%	质量分数/%	密度/(g/mL)	体积分数/%	质量分数/%	密度/(g/mL)
18. 8	15. 2209	0. 97486	22. 2	18. 0408	0. 97123
18. 9	15. 3035	0. 97476	22. 3	18. 1241	0. 97112
19. 0	15. 3862	0. 97465	22. 4	18. 2075	0. 97101
19. 1	15. 4689	0. 97454	22. 5	18. 2908	0. 97090
19. 2	15. 5515	0. 97444	22. 6	18. 3740	0. 97080
19. 3	15. 6341	0. 97434	22. 7	18. 4574	0. 97069
19. 4	15. 7169	0. 97423	22. 8	18. 5408	0. 97058
19. 5	15. 7997	0. 97412	22. 9	18. 6243	0. 97047
19. 6	15. 8823	0. 97402	23. 0	18. 7077	0. 97036
19. 7	15. 9650	0. 97392	23. 1	18. 7912	0. 97025
19. 8	16. 0478	0. 97381	23. 2	18. 8747	0. 97014
19. 9	16. 1307	0. 97370	23. 3	18. 9582	0. 97003
20. 0	16. 2134	0. 97360	23. 4	19. 0117	0. 96992
20. 1	16. 2963	0. 97349	23. 5	19. 1254	0. 96980
20. 2	16. 3791	0. 97339	23. 6	19. 2090	0. 96969
20. 3	16. 4620	0. 97328	23. 7	19. 2926	0. 96958
20. 4	16. 5450	0. 97317	23. 8	19. 3762	0. 96947
20. 5	16. 6280	0. 97306	23. 9	19. 4598	0. 96936
20. 6	16. 7108	0. 97296	24. 0	19. 5434	0. 96925
20. 7	16. 7938	0. 97285	24. 1	19. 6271	0. 96914
20. 8	16. 8769	0. 97274	24. 2	19. 7110	0. 96902
20. 9	16. 9598	0. 97264	24. 3	19. 7947	0. 96891
21. 0	17. 0428	0. 97253	24. 4	19. 8784	0. 96880
21. 1	17. 1259	0. 97242	24. 5	19. 9623	0. 96868
21. 2	17. 2090	0. 97231	24. 6	20. 0461	0. 96857
21. 3	17. 2920	0. 97221	24. 7	20. 1299	0. 96846
21. 4	17. 3751	0. 97210	24. 8	20. 2137	0. 96835
21. 5	17. 4583	0. 97199	24. 9	20. 2977	0. 96823
21. 6	17. 5415	0. 97188	25. 0	20. 3815	0. 96812
21. 7	17. 6247	0. 97177	25. 1	20. 4654	0. 96801
21. 8	17. 7077	0. 97167	25. 2	20. 5495	0. 96789
21. 9	17. 7910	0. 97156	25. 3	20. 6333	0. 96778
22. 0	17. 8742	0. 97145	25. 4	20. 7172	0. 96767
22. 1	17. 9575	0. 97134	25. 5	20. 8012	0. 96756

续表

体积分数/%	质量分数/%	密度/(g/mL)	体积分数/%	质量分数/%	密度/(g/mL)
25.6	20.8853	0.96744	29.0	23.7569	0.96346
25.7	20.9693	0.96733	29.1	23.8418	0.96334
25.8	21.0533	0.96722	29.2	23.9267	0.96322
25.9	21.1375	0.96710	29.3	24.0119	0.96309
26.0	21.2215	0.96699	29.4	24.0968	0.96297
26.1	21.3058	0.96687	29.5	24.1818	0.96285
26.2	21.3899	0.96676	29.6	24.2668	0.96273
26.3	21.4742	0.96664	29.7	24.3518	0.96261
26.4	21.5583	0.96653	29.8	24.4371	0.96248
26.5	21.6426	0.96641	29.9	24.5222	0.96236
26.6	21.7270	0.96629	30.0	24.6073	0.96224
26.7	21.8112	0.96618	30.1	24.6924	0.96212
26.8	21.8956	0.96606	30.2	24.7778	0.96199
26.9	21.9798	0.96595	30.3	24.8629	0.96187
27.0	22.0642	0.96583	30.4	24.9483	0.96174
27.1	22.1487	0.96571	30.5	25.0335	0.96162
27.2	22.2330	0.96560	30.6	25.1187	0.96150
27.3	22.3175	0.96548	30.7	25.2042	0.96137
27.4	22.4020	0.96536	30.8	25.2895	0.96125
27.5	22.4866	0.96524	30.9	25.3750	0.96112
27.6	22.5709	0.96513	31.0	25.4603	0.96100
27.7	22.6555	0.96501	31.1	25.5459	0.96087
27.8	22.7401	0.96489	31.2	25.6315	0.96074
27.9	22.8245	0.96478	31.3	25.7169	0.96062
28.0	22.9092	0.96466	31.4	25.8025	0.96049
28.1	22.9938	0.96454	31.5	25.8882	0.96036
28.2	23.0785	0.96442	31.6	25.9739	0.96023
28.3	23.1633	0.96430	31.7	26.0596	0.96010
28.4	23.2480	0.96418	31.8	26.1451	0.95998
28.5	23.3328	0.96406	31.9	26.2309	0.95985
28.6	23.4176	0.96394	32.0	26.3167	0.95972
28.7	23.5024	0.96382	32.1	26.4025	0.95959
28.8	23.5872	0.96370	32.2	26.4886	0.95945
28.9	23.6720	0.96358	32.3	26.5745	0.95932

续表

体积分数/%	质量分数/%	密度/(g/mL)	体积分数/%	质量分数/%	密度/(g/mL)
32.4	26.6604	0.95919	35.8	29.6034	0.95448
32.5	26.7463	0.95906	35.9	29.6908	0.95433
32.6	26.8325	0.95892	36.0	29.7778	0.95419
32.7	26.9184	0.95879	36.1	29.8653	0.95404
32.8	27.0044	0.95866	36.2	29.9527	0.95389
32.9	27.0907	0.95852	36.3	30.0398	0.95375
33.0	27.1767	0.95839	36.4	30.1273	0.95360
33.1	27.2628	0.95826	36.5	30.2149	0.95345
33.2	27.3491	0.95812	36.6	30.3024	0.95330
33.3	27.4355	0.95768	36.7	30.3900	0.95315
33.4	27.5217	0.95785	36.8	30.4773	0.95301
33.5	27.6078	0.95772	36.9	30.5649	0.95286
33.6	27.6943	0.95758	37.0	30.6525	0.95271
33.7	27.7807	0.95744	37.1	30.7402	0.95256
33.8	27.8670	0.95731	37.2	30.8279	0.95241
33.9	27.9532	0.95718	37.3	30.9160	0.95225
34.0	28.0398	0.95704	37.4	31.0038	0.95210
34.1	28.1264	0.95690	37.5	31.0916	0.95195
34.2	28.2130	0.95676	37.6	31.1794	0.95180
34.3	28.2996	0.95662	37.7	31.2673	0.95165
34.4	28.3863	0.95648	37.8	31.3555	0.95149
34.5	28.4729	0.95634	37.9	31.4434	0.95134
34.6	28.5600	0.95619	38.0	31.5313	0.95119
34.7	28.6467	0.95605	38.1	31.6193	0.95104
34.8	28.7335	0.95591	38.2	31.7076	0.95088
34.9	28.8202	0.95577	38.3	31.7959	0.95072
35.0	28.9071	0.95563	38.4	31.8840	0.95057
35.1	28.9939	0.95549	38.5	31.9721	0.95042
35.2	29.0811	0.95535	38.6	32.0605	0.95026
35.3	29.1680	0.95520	38.7	32.1490	0.95010
35.4	29.2552	0.95505	38.8	32.2371	0.94995
35.5	29.3421	0.95491	38.9	32.3254	0.94980
35.6	29.4291	0.95477	39.0	32.4139	0.94964
35.7	29.5164	0.95462	39.1	32.5025	0.94948

续表

体积分数/%	质量分数/%	密度/(g/mL)	体积分数/%	质量分数/%	密度/(g/mL)
39.2	32.5911	0.94932	42.6	35.6262	0.94377
39.3	32.6794	0.94917	42.7	35.7162	0.94360
39.4	32.7681	0.94901	42.8	35.8063	0.94343
39.5	32.8568	0.94885	42.9	35.8964	0.94326
39.6	32.9455	0.94869	43.0	35.9866	0.94309
39.7	33.0343	0.94853	43.1	36.0768	0.94292
39.8	33.1227	0.94838	43.2	36.1674	0.94274
39.9	33.2116	0.94822	43.3	36.2581	0.94256
40.0	33.3004	0.94806	43.4	36.3483	0.94239
40.1	33.3893	0.94790	43.5	36.4387	0.94222
40.2	33.4782	0.94774	43.6	36.5294	0.94204
40.3	33.5675	0.94757	43.7	36.6202	0.94186
40.4	33.6565	0.94741	43.8	36.7106	0.94169
40.5	33.7455	0.94725	43.9	36.8011	0.94152
40.6	33.8345	0.94709	44.0	36.8920	0.94134
40.7	33.9236	0.94693	44.1	36.9829	0.94116
40.8	34.0131	0.94676	44.2	37.0738	0.94098
40.9	34.1022	0.94660	44.3	37.1644	0.94081
41.0	34.1914	0.94644	44.4	37.2554	0.94063
41.1	34.2805	0.94628	44.5	37.3465	0.94045
41.2	34.3701	0.94611	44.6	37.4376	0.94027
41.3	34.4597	0.94594	44.7	37.5287	0.94009
41.4	34.5490	0.94578	44.8	37.6195	0.93992
41.5	34.6383	0.94562	44.9	37.7107	0.93974
41.6	34.7280	0.94545	45.0	37.8019	0.93956
41.7	34.8178	0.94528	45.1	37.8932	0.93938
41.8	34.9027	0.94512	45.2	37.9845	0.93920
41.9	34.9966	0.94496	45.3	38.0758	0.93902
42.0	35.0865	0.94479	45.4	38.1672	0.93884
42.1	35.1763	0.94462	45.5	38.2586	0.93866
42.2	35.2662	0.94445	45.6	38.3540	0.93847
42.3	35.3562	0.94428	45.7	38.4419	0.93829
42.4	35.4461	0.94411	45.8	38.5334	0.93811
42.5	35.5361	0.94394	45.9	38.6249	0.93793

续表

体积分数/%	质量分数/%	密度/(g/mL)	体积分数/%	质量分数/%	密度/(g/mL)
46.0	38.7165	0.93775	49.4	41.8639	0.93135
46.1	38.8081	0.93757	49.5	41.9572	0.93116
46.2	38.9002	0.93738	49.6	42.0505	0.93097
46.3	38.9919	0.93720	49.7	42.1444	0.93077
46.4	39.0840	0.93701	49.8	42.2378	0.93058
46.5	39.1758	0.93683	49.9	42.3317	0.93038
46.6	39.2676	0.93665	50.0	42.4252	0.93019
46.7	39.3598	0.93646	50.1	42.5192	0.92999
46.8	39.4517	0.93628	50.2	42.6128	0.92980
46.9	39.5440	0.93609	50.3	42.7068	0.92960
47.0	39.6360	0.93591	50.4	42.8010	0.92940
47.1	39.7284	0.93572	50.5	42.8947	0.92920
47.2	39.8204	0.93554	50.6	42.9888	0.92901
47.3	39.9128	0.93535	50.7	43.0831	0.92881
47.4	40.0053	0.93516	50.8	43.1773	0.92861
47.5	40.0975	0.93498	50.9	43.2721	0.92842
47.6	40.1900	0.93479	51.0	43.3656	0.92822
47.7	40.2827	0.93460	51.1	43.4599	0.92802
47.8	40.3753	0.93441	51.2	43.5544	0.92782
47.9	40.4676	0.93423	51.3	43.6489	0.92762
48.0	40.5603	0.93404	51.4	43.7434	0.92742
48.1	40.6531	0.93385	51.5	43.8379	0.92722
48.2	40.7459	0.93366	51.6	43.9330	0.92701
48.3	40.8387	0.93347	51.7	44.0276	0.92681
48.4	40.9316	0.93328	51.8	44.1223	0.92661
48.5	41.0250	0.93308	51.9	44.2170	0.92641
48.6	41.1179	0.93289	52.0	44.3118	0.92621
48.7	41.2109	0.93270	52.1	44.4066	0.92601
48.8	41.3040	0.93251	52.2	44.5019	0.92580
48.9	41.3971	0.93232	52.3	44.5968	0.92560
49.0	41.4902	0.93213	52.4	44.6918	0.92540
49.1	41.5833	0.93194	52.5	44.7867	0.92520
49.2	41.6770	0.93174	52.6	44.8822	0.92499
49.3	41.7702	0.93155	52.7	44.9773	0.92479

续表

体积分数/%	质量分数/%	密度/(g/mL)	体积分数/%	质量分数/%	密度/(g/mL)
52.8	45.0724	0.92459	56.2	48.3471	0.91747
52.9	45.1680	0.92438	56.3	48.4442	0.91726
53.0	45.2632	0.92418	56.4	48.5419	0.91704
53.1	45.3589	0.92397	56.5	48.6391	0.91683
53.2	45.4541	0.92377	56.6	48.7363	0.91662
53.3	45.5499	0.92356	56.7	48.8341	0.91640
53.4	45.6453	0.92339	56.8	48.9315	0.91619
53.5	45.7412	0.92315	56.9	49.0294	0.91597
53.6	45.8371	0.92294	57.0	49.1268	0.91576
53.7	45.9325	0.92274	57.1	49.2248	0.91554
53.8	46.0286	0.92253	57.2	49.3229	0.91532
53.9	46.1241	0.92233	57.3	49.4205	0.91511
54.0	46.2202	0.92212	57.4	49.5186	0.91489
54.1	46.3164	0.92191	57.5	49.6168	0.91467
54.2	46.4125	0.92170	57.6	49.7151	0.91445
54.3	46.5088	0.92149	57.7	49.8134	0.91423
54.4	46.6050	0.92128	57.8	49.9112	0.91402
54.5	46.7008	0.92108	57.9	50.0096	0.91380
54.6	46.7972	0.92087	58.0	50.1080	0.91358
54.7	46.8936	0.92066	58.1	50.2065	0.91336
54.8	46.9901	0.92045	58.2	50.3050	0.91314
54.9	47.0865	0.92024	58.3	50.4036	0.91292
55.0	47.1831	0.92003	58.4	50.5022	0.91270
55.1	47.2797	0.91982	58.5	50.6009	0.91248
55.2	47.3768	0.91960	58.6	50.6996	0.91226
55.3	47.4735	0.91939	58.7	50.7984	0.91204
55.4	47.5702	0.91918	58.8	50.8972	0.91182
55.5	47.6675	0.91896	58.9	50.9961	0.91160
55.6	47.7643	0.91875	59.0	51.0950	0.91138
55.7	47.8611	0.91854	59.1	51.1939	0.91116
55.8	47.9580	0.91833	59.2	51.2929	0.91094
55.9	48.0555	0.91811	59.3	51.3926	0.91071
56.0	48.1524	0.91790	59.4	51.4917	0.91049
56.1	48.2495	0.91769	59.5	51.5908	0.91027

续表

体积分数/%	质量分数/%	密度/(g/mL)	体积分数/%	质量分数/%	密度/(g/mL)
59.6	51.6900	0.91005	63.0	55.1068	0.90232
59.7	51.7893	0.90983	63.1	55.2084	0.90209
59.8	51.8891	0.90960	63.2	55.3106	0.90185
59.9	51.9885	0.90938	63.3	55.4122	0.90162
60.0	52.0879	0.90916	63.4	55.5139	0.90139
60.1	52.1873	0.90894	63.5	55.6157	0.90116
60.2	52.2874	0.90871	63.6	55.7181	0.90092
60.3	52.3875	0.90848	63.7	55.8200	0.90069
60.4	52.4871	0.90826	63.8	55.9219	0.90046
60.5	52.5867	0.90804	63.9	56.0245	0.90022
60.6	52.6870	0.90781	64.0	56.1265	0.89999
60.7	52.7873	0.90758	64.1	56.2286	0.89976
60.8	52.8871	0.90736	64.2	56.3313	0.89952
60.9	52.9869	0.90714	64.3	56.4341	0.89928
61.0	53.0874	0.90691	64.4	56.5363	0.89905
61.1	53.1879	0.90668	64.5	56.6386	0.89882
61.2	53.2885	0.90645	64.6	56.7416	0.89858
61.3	53.3885	0.90623	64.7	56.8446	0.89834
61.4	53.4892	0.90600	64.8	56.9470	0.89811
61.5	53.5899	0.90577	64.9	57.0495	0.89788
61.6	53.6907	0.90554	65.0	57.1527	0.89764
61.7	53.7915	0.90531	65.1	57.2559	0.89740
61.8	53.8918	0.90509	65.2	57.3592	0.89716
61.9	53.9927	0.90486	65.3	57.4619	0.89693
62.0	54.0937	0.90463	65.4	57.5653	0.89669
62.1	54.1947	0.90440	65.5	57.6688	0.89645
62.2	54.2958	0.90417	65.6	57.7723	0.89621
62.3	54.3969	0.90394	65.7	57.8759	0.89597
62.4	54.4981	0.90371	65.8	57.9788	0.89574
62.5	54.5993	0.90348	65.9	58.0825	0.89550
62.6	54.7012	0.90324	66.0	58.1862	0.89526
62.7	54.8025	0.90301	66.1	58.2900	0.89502
62.8	54.9039	0.90278	66.2	58.3939	0.89478
62.9	55.0054	0.90255	66.3	58.4978	0.89454

续表

体积分数/%	质量分数/%	密度/(g/mL)	体积分数/%	质量分数/%	密度/(g/mL)
66.4	58.6017	0.89430	69.8	62.1788	0.88601
66.5	58.7057	0.89406	69.9	62.2855	0.88576
66.6	58.8098	0.89382	70.0	62.3922	0.88551
66.7	58.9139	0.89358	70.1	62.4990	0.88526
66.8	59.0181	0.89334	70.2	62.6058	0.88501
66.9	59.1223	0.89310	70.3	62.7127	0.88476
67.0	59.2266	0.89286	70.4	62.8196	0.88451
67.1	59.3310	0.89262	70.5	62.9267	0.88426
67.2	59.4354	0.89238	70.6	63.0330	0.88402
67.3	59.5398	0.89214	70.7	63.1402	0.88377
67.4	59.6444	0.89190	70.8	63.2474	0.88352
67.5	59.7489	0.89166	70.9	63.3546	0.88327
67.6	59.8542	0.89141	71.0	63.4619	0.88302
67.7	59.9589	0.89117	71.1	63.5693	0.88277
67.8	60.0636	0.89093	71.2	63.6768	0.88252
67.9	60.1684	0.89069	71.3	63.7843	0.88227
68.0	60.2733	0.89045	71.4	63.8918	0.88202
68.1	60.3787	0.89020	71.5	64.0002	0.88176
68.2	60.4839	0.88996	71.6	64.1079	0.88151
68.3	60.5896	0.88971	71.7	64.2156	0.88126
68.4	60.6946	0.88947	71.8	64.3234	0.88101
68.5	60.8005	0.88922	71.9	64.4313	0.88076
68.6	60.9064	0.88897	72.0	64.5329	0.88051
68.7	61.0116	0.88873	72.1	64.6472	0.88026
68.8	61.1176	0.88848	72.2	64.7560	0.88000
68.9	61.2230	0.88824	72.3	64.8640	0.87974
69.0	61.3291	0.88799	72.4	64.9731	0.87949
69.1	61.4353	0.88774	72.5	65.0813	0.87924
69.2	61.5415	0.88749	72.6	65.1903	0.87898
69.3	61.6471	0.88725	72.7	65.2994	0.87872
69.4	61.7535	0.88700	72.8	65.4079	0.87847
69.5	61.8599	0.88675	72.9	65.5164	0.87822
69.6	61.9664	0.88650	73.0	65.6257	0.87796
69.7	62.0729	0.88625	73.1	65.7350	0.87770

续表

体积分数/%	质量分数/%	密度/(g/mL)	体积分数/%	质量分数/%	密度/(g/mL)
73.2	65.8445	0.87744	76.6	69.6073	0.86856
73.3	65.9532	0.87719	76.7	69.7190	0.86830
73.4	66.0628	0.87693	76.8	69.8316	0.86803
73.5	66.1724	0.87667	76.9	69.9443	0.86776
73.6	66.2821	0.87641	77.0	70.0562	0.86750
73.7	66.3918	0.87615	77.1	70.1691	0.86723
73.8	66.5009	0.87590	77.2	70.2820	0.86696
73.9	66.6108	0.87564	77.3	70.3949	0.86669
74.0	66.7207	0.87538	77.4	70.5079	0.86642
74.1	66.8307	0.87512	77.5	70.6210	0.86615
74.2	66.9408	0.87486	77.6	70.7342	0.86588
74.3	67.0510	0.87460	77.7	70.8475	0.86561
74.4	67.1612	0.87434	77.8	70.9608	0.86534
74.5	67.2714	0.87408	77.9	71.0742	0.86507
74.6	67.3825	0.87381	78.0	71.1876	0.86480
74.7	67.4930	0.87355	78.1	71.3012	0.86453
74.8	67.6034	0.87329	78.2	71.4156	0.86425
74.9	67.7140	0.87303	78.3	71.5292	0.86398
75.0	67.8246	0.87277	78.4	71.6430	0.86371
75.1	67.9352	0.87251	78.5	71.7568	0.86344
75.2	68.0460	0.87225	78.6	71.8715	0.86316
75.3	68.1576	0.87198	78.7	71.9855	0.86289
75.4	68.2684	0.87172	78.8	72.0995	0.86262
75.5	68.3794	0.87146	78.9	72.2144	0.86234
75.6	68.4904	0.87120	79.0	72.3286	0.86207
75.7	68.6014	0.87094	79.1	72.4429	0.86180
75.8	68.7134	0.87067	79.2	72.5580	0.86152
75.9	68.8246	0.87041	79.3	72.6724	0.86124
76.0	68.9358	0.87015	79.4	72.7877	0.86097
76.1	69.0472	0.86989	79.5	72.9022	0.86070
76.2	69.1594	0.86962	79.6	73.0177	0.86042
76.3	69.2708	0.86936	79.7	73.1332	0.86014
76.4	69.3832	0.86909	79.8	73.2480	0.85987
76.5	69.4955	0.86882	79.9	73.3628	0.85960

续表

体积分数/%	质量分数/%	密度/(g/mL)	体积分数/%	质量分数/%	密度/(g/mL)
80.0	73.4786	0.85932	83.4	77.4723	0.84866
80.1	73.5944	0.85904	83.5	77.5926	0.84936
80.2	73.7103	0.85876	83.6	77.7121	0.84907
80.3	73.8263	0.85848	83.7	77.8316	0.84878
80.4	73.9423	0.85820	83.8	77.9512	0.84849
80.5	74.0585	0.85792	83.9	78.0709	0.84820
80.6	74.1738	0.85765	84.0	78.1907	0.84791
80.7	74.2901	0.85737	84.1	78.3115	0.84761
80.8	74.4064	0.85709	84.2	78.4314	0.84732
80.9	74.5229	0.85681	84.3	78.5524	0.84702
81.0	74.6394	0.85653	84.4	78.6725	0.84673
81.1	74.7560	0.85625	84.5	78.7937	0.84643
81.2	74.8735	0.85596	84.6	78.9149	0.84613
81.3	74.9902	0.85568	84.7	79.0352	0.84584
81.4	75.1079	0.85539	84.8	79.1566	0.84554
81.5	75.2248	0.85511	84.9	79.2772	0.84525
81.6	75.3418	0.85483	85.0	79.3987	0.84495
81.7	75.4597	0.85454	85.1	79.5204	0.84465
81.8	75.5769	0.85426	85.2	79.6421	0.84435
81.9	75.6949	0.85397	85.3	79.7639	0.84405
82.0	75.8122	0.85369	85.4	79.8858	0.84375
82.1	75.9305	0.85340	85.5	80.0088	0.84344
82.2	76.0479	0.85312	85.6	80.1308	0.84314
82.3	76.1663	0.85283	85.7	80.2530	0.84284
82.4	76.2848	0.85254	85.8	80.3753	0.84254
82.5	76.4025	0.85226	85.9	80.4976	0.84224
82.6	76.5211	0.85197	86.0	80.6200	0.84194
82.7	76.6399	0.85168	86.1	80.7435	0.84163
82.8	76.7587	0.85139	86.2	80.8661	0.84133
82.9	76.8767	0.85111	86.3	80.9898	0.84102
83.0	76.9956	0.85082	86.4	81.1135	0.84071
83.1	77.1147	0.85053	86.5	81.2373	0.84040
83.2	77.2338	0.85024	86.6	81.3603	0.84010
83.3	77.3530	0.84995	86.7	81.4843	0.83979

续表

体积分数/%	质量分数/%	密度/(g/mL)	体积分数/%	质量分数/%	密度/(g/mL)
86. 8	81. 6084	0. 83948	90. 2	85. 9196	0. 82859
86. 9	81. 7316	0. 83918	90. 3	86. 0502	0. 82825
87. 0	81. 8559	0. 83887	90. 4	86. 1798	0. 82792
87. 1	81. 9803	0. 83856	90. 5	86. 3106	0. 82758
87. 2	82. 1058	0. 83824	90. 6	86. 4415	0. 82724
87. 3	82. 2303	0. 83793	90. 7	86. 5714	0. 82691
87. 4	82. 3550	0. 83762	90. 8	86. 7025	0. 82657
87. 5	82. 4807	0. 83730	90. 9	86. 8327	0. 82624
87. 6	82. 6056	0. 83699	91. 0	86. 9640	0. 82590
87. 7	82. 7305	0. 83668	91. 1	87. 0954	0. 82556
87. 8	82. 8556	0. 83637	91. 2	87. 2280	0. 82521
87. 9	82. 9817	0. 83605	91. 3	87. 3596	0. 82487
88. 0	83. 1069	0. 83574	91. 4	87. 4914	0. 82453
88. 1	83. 2332	0. 83542	91. 5	87. 6243	0. 82418
88. 2	83. 3596	0. 83510	91. 6	87. 7563	0. 82384
88. 3	83. 4861	0. 83478	91. 7	87. 8884	0. 82350
88. 4	83. 6127	0. 83446	91. 8	88. 0205	0. 82316
88. 5	83. 7394	0. 83414	91. 9	88. 1539	0. 82281
88. 6	83. 8662	0. 83382	92. 0	88. 2863	0. 82247
88. 7	83. 9931	0. 83350	92. 1	88. 4199	0. 82212
88. 8	84. 1201	0. 83318	92. 2	88. 5547	0. 82176
88. 9	84. 2472	0. 83286	92. 3	88. 6885	0. 82141
89. 0	84. 3744	0. 83254	92. 4	88. 8235	0. 82105
89. 1	84. 5027	0. 83221	92. 5	88. 9576	0. 82070
89. 2	84. 6311	0. 83188	92. 6	89. 0917	0. 82035
89. 3	84. 7585	0. 83156	92. 7	89. 2271	0. 81999
89. 4	84. 8871	0. 83123	92. 8	89. 3615	0. 81964
89. 5	85. 0159	0. 83090	92. 9	89. 4971	0. 81928
89. 6	85. 1447	0. 83057	93. 0	89. 6317	0. 81893
89. 7	85. 2736	0. 83024	93. 1	89. 7687	0. 81856
89. 8	85. 4016	0. 82992	93. 2	89. 9046	0. 81820
89. 9	85. 5307	0. 82959	93. 3	90. 0418	0. 81783
90. 0	85. 6599	0. 82926	93. 4	90. 1791	0. 81746
90. 1	85. 7902	0. 82892	93. 5	90. 3154	0. 81710

续表

体积分数/%	质量分数/%	密度/(g/mL)	体积分数/%	质量分数/%	密度/(g/mL)
93.6	90.4530	0.81673	96.9	95.1543	0.80375
93.7	90.5907	0.81636	97.0	95.3011	0.80334
93.8	90.7285	0.81599	97.1	95.4516	0.80290
93.9	90.8653	0.81563	97.2	95.6011	0.80247
94.0	91.0033	0.81526	97.3	95.7520	0.80203
94.1	91.1426	0.81488	97.4	95.9030	0.80159
94.2	91.2821	0.81450	97.5	96.0530	0.80116
94.3	91.4227	0.81411	97.6	96.2044	0.80072
94.4	91.5624	0.81373	97.7	96.3559	0.80028
94.5	91.7022	0.81335	97.8	96.5076	0.79984
94.6	91.8422	0.81297	97.9	96.6582	0.79941
94.7	91.9823	0.81259	98.0	96.8102	0.79897
94.8	92.1236	0.81220	98.1	96.9660	0.79850
94.9	92.2640	0.81182	98.2	97.1208	0.79804
95.0	92.4044	0.81144	98.3	97.2770	0.79757
95.1	92.5473	0.81104	98.4	97.4322	0.79711
95.2	92.6892	0.81065	98.5	97.5887	0.79664
95.3	92.8324	0.81025	98.6	97.7455	0.79617
95.4	92.9745	0.80986	98.7	97.9012	0.79571
95.5	93.1180	0.80946	98.8	98.0583	0.79524
95.6	93.2616	0.80906	98.9	98.2144	0.79478
95.7	93.4042	0.80867	99.0	98.3718	0.79431
95.8	93.5480	0.80827	99.1	98.5332	0.79381
95.9	93.6909	0.80788	99.2	98.6961	0.79330
96.0	93.8350	0.80748	99.3	98.8579	0.79280
96.1	93.9805	0.80707	99.4	99.0811	0.79229
96.2	94.1273	0.80665	99.5	99.1833	0.79179
96.3	94.2730	0.80624	99.6	99.3457	0.79129
96.4	94.4201	0.80582	99.7	99.5096	0.79078
96.5	94.5662	0.80541	99.8	99.6725	0.79028
96.6	94.7124	0.80500	99.9	99.8368	0.78977
96.7	94.8599	0.80458	100.0	100.00	0.78927
96.8	95.0064	0.80417			

附录五　中国酒业协会黄酒分会会员单位名单

单位全称	地　址	邮编	法人代表
甘肃五山池黄酒有限责任公司	甘肃省临夏县子祁乡龙泉村	731803	尹始平
吉林省朝阳川酿酒厂	吉林省龙井市朝阳川镇	133401	陈福财
内蒙古金元集团股份有限公司		010050	张全福
山东即墨黄酒厂有限公司	山东省青岛即墨市岙兰路106	266200	孙国岗
山东孔府宴酒厂	山东省鱼台县鱼丰路198号	272300	江延华
山东兰陵集团总公司（山东兰陵美酒股份有限公司）	山东省苍山县兰陵镇	277731	韩玉亮
山东青岛德食和饮酒业有限公司	山东省青岛市崂山区洪园生态园	266104	李忠毅
山东即墨妙府老酒有限公司	山东省青岛即墨市烟青路166号	266200	于秦峰
陕西秦洋长生酒业有限公司	陕西省洋县工农街35号	723309	赵建中
陕西西安大口酒业有限公司	陕西省户县草堂镇大堰村	710311	高康盛
陕西志丹县健民黄酒厂	陕西省延安市宝塔区北关礼花厂东院	717500	刘长安
沈阳市古作坊黄酒酿造厂		110041	官长林
天津建联黄酒厂	天津汉沽区河西四纬路	300480	冯悦祥
天津宜兴黄酒厂（倒闭）	天津北郊区宜兴埠镇	300401	张荣华
新疆米泉酿酒厂	新疆米泉县友好路	831400	庄永平
河南沁阳市聚珍酿造厂	河南省沁阳市北门大街北段	454550	严聚珍
河南邓州市邓酒集团有限公司	河南省邓州市人民路111号	474150	李　俊
河南济源市宫殿酒业有限公司	河南省济源市文昌南路17号	454650	王怀宣
山西杏花村汾酒厂股份有限公司	山西省汾阳县杏花村镇	032205	高玉文
沈阳红梅企业集团有限责任公司	辽宁省沈阳市铁西区卫北街44号	110026	张文新
常州狮王华夏酿酒有限公司		213016	朱学军
丹阳市今古酒业有限公司	江苏省丹阳市胡桥彭塘村	212313	常　岐
丹阳市金丹阳酒业有限公司	江苏丹阳练湖工业园区十二分场居安村	212300	柯　江
丹阳市金凤凰酒业有限公司	江苏丹阳市延陵镇九里村	212300	贺永祥
丹阳颐和食品有限公司	江苏省丹阳练湖工业园湖海路3号	212300	薛晋东
江苏百花漾酒业有限公司	江苏苏州吴江市铜罗镇南田村	215237	徐学武
江苏金坛丰登酒业有限公司	江苏省金坛市良常路2号	213200	王浩平 魏和平
江苏南通白蒲黄酒有限公司	江苏如皋白蒲镇新蒲南路28号	226511	张　斌

续表

单位全称	地址	邮编	法人代表
江苏启东酒厂	江苏省启东县江布镇339号	226200	丁玉林
江苏省丹阳酒厂	江苏省丹阳市麒麟路8号	212300	许朝中
江苏吴江市酿酒工业协会	江苏省吴江市红光路8号	215200	张德华
江苏张家港酿酒有限公司	江苏张家港市后塍镇人民路	215631	黄庭明
江苏张家港江南酒业有限公司	江苏张家港全港镇江海南路	215600	戴建峰
江苏镇江恒顺酒业有限责任公司	江苏省镇江市丹徒区荣炳盐资源区盐府路1号	212126	袁金如 赵和方
苏州东吴酿酒总厂	江苏省苏州齐门外东江路78号	215001	徐晓东
苏州华宇飞凌包装机械有限公司	江苏张家港乐余镇永东村	215621	赵志新
苏州市新同里红酒业有限公司	江苏吴江桃源镇远欣路	215235	黄哲丛
苏州市中南酿造有限公司	江苏吴江桃源镇铜罗社区	215237	严国强
无锡梁溪酒业有限公司	江苏省无锡惠山经济开发区钱桥配套区	314151	龚建达
无锡振太酒业有限公司	江苏无锡市滨湖区马山梅梁路2号	214092	郭 宇
锡山市酒厂	江苏锡山市玉祁镇	214183	王小兴
张家港梁丰酿酒有限公司	江苏张家港金江镇江海南路	215632	
上海东明酿造厂	上海市崇明县陈家镇河东	202163	顾云章
上海金枫酿酒股份有限公司	上海金山枫泾镇	201501	朱航明
上海石库门酿酒股份有限公司	上海金山枫泾镇白牛路70号	201501	王 晖
上海华光酿酒药业公司	上海市江扬南路880号	200439	董鲁平
上海皇家酿酒有限公司（上海南浦食品有限公司）	上海市青浦区练塘镇练新东路1号（上海浦东新区商城路1283号南浦食品大楼）	201715 200120	严玉珍 唐培云
上海市富金酿酒厂	上海市青浦区外青松公路7888号	201701	洪建新
安徽陈瑶湖黄酒有限公司	安徽安庆枞阳县陈瑶湖镇	246723	黄 晔
安徽古南丰酒业有限公司	安徽郎溪县南丰镇山南路	242064	潘跃国 潘仕华
安徽省青草湖酒业有限公司	安徽省敬亭山茶场	242041	曹新界
安徽省海神黄酒有限公司	安徽省庐江县泥河镇工城路1号	231561	徐尚英
安徽省禾裕黄酒有限公司	安徽省庐江县庐城镇军二西路588号	231500	马发礼 刘克余
安徽太湖酒厂	安徽省太湖县北正街77号	266410	邱世本
安徽宣城市大圣酒业有限公司	安徽宣城孙埠兴隆南路28号	242052	王明坤
安徽宣城市宣丰酿造有限责任公司	安徽省宣城市孙埠镇兴隆路97-1	242000	胡银启
马鞍山市绿州酿酒有限公司	安徽马鞍山佳三路3号	243011	

续表

单位全称	地　址	邮编	法人代表
金桂酿酒厂	江苏省常熟市虞山镇谢桥明晶村	215523	丁伟江
TCC 宁波佳酿有限公司	宁波市咏归路 63 号	315010	王　林
岱山县酒酱厂	岱山县高亭镇沿港西路	316200	曹仲德
德清新市酿酒有限公司	德清县新市镇	313201	沈建军
东阳东龙实业有限公司	东阳市吴宁中路 58 号	322100	吕敏湘
富阳市新发生物技术有限公司	浙江省富阳市新登镇	311404	黄　炜
富阳新登酿酒厂	浙江省富阳市新登镇	311404	罗龙生
国家黄酒产品质量监督检测中心	绍兴市袍江工业区世纪街	312071	张　欣
海宁力克实业有限公司	海宁市斜桥镇工人路	314406	田伟国
江山市仙霞酒业有限公司	江山市郊杨家山	324100	郑欢庆
杭州金谷酒业有限公司	杭州市余杭区崇贤镇独山开发区	311108	王明东
杭州南湖酒厂（倒闭）	余杭县余杭镇	311121	杨建华
杭州市余杭酒厂（倒闭）	余杭镇西门外	311121	周建人
杭州塘栖酒厂	杭州余杭区塘栖镇水北街 83 号	311106	蔡永和
杭州西湖酒厂	西湖区留下街 57 号	310023	钱正一
杭州下沙酒厂	浙江省杭州市江干区下沙镇乔司农场	310019	周立功 谢日平
会稽山绍兴酒股份有限公司	绍兴县柯桥鉴湖路 1053 号	312030	金建顺
嘉善子陵滩酒业有限公司	浙江省嘉善县魏塘镇外环西路 958 号	314100	沈秀龙 庄文峰
建德市新莲酒厂	建德市大同镇溪口	311614	朱敬发
宁波阿拉酿酒有限公司	宁波北仑区新契镇	315800	傅勤峰
宁波市酿酒工业协会	宁波市海曙区灵桥路 699 号 503 室	315000	乌才康
宁海第一酒厂（东门酒业有限公司）	宁海县城关环城北路 178	315600	康辰荷
平湖酒业有限责任公司	嘉兴平湖市广陈镇	314212	殳筱熊
上虞市酿造有限责任公司	百官镇解放街 2 号	312300	付鸿彪
绍兴白塔酿酒厂	绍兴县陶堰镇	312036	许建林
绍兴城南酒厂	绍兴市区南门	312001	李根法
绍兴创易科技有限公司	绍兴市平江路 328 号	312000	陈　建
绍兴福全酿酒厂	绍兴县福全经济技术开发区	312046	俞阿狗
浙江梁祝酒业有限责任公司	绍兴市滨海工业区北五支路 2 号	312073	杨江军
绍兴女儿红酿酒有限公司	上虞市东关镇	312352	胡建华
绍兴市东湖酿酒厂	绍兴市东湖镇	312002	王关荣
绍兴王宝和酒厂	绍兴斗门	312071	陈宝良

续表

单位全称	地　址	邮编	法人代表
绍兴县咸亨酒业有限公司	绍兴县阮江	312043	张尚明
绍兴县大越酒业有限公司	绍兴县柯北工业开发区	312069	俞华英
绍兴县唐宋酒业有限公司	绍兴县柯岩余诸工业区	312032	朱清尧
绍兴永进酒厂	绍兴柯桥叶家堰村	312030	诸光明
台州济公家酒坊有限公司	浙江天台县高新技术产业园区	317200	徐卫国
台州宋红酒业有限公司	浙江天台赤城镇163号	317200	徐卫国
桐乡市乌镇酒厂	乌镇北大街河东25号	314501	张发根
温岭泽国酒厂	浙江温岭市粮油综合楼110室	317500	
温州酒厂		325005	周权明
浙江厨工酿造有限公司	浙江省瑞安市杨家桥北路下沙塘	325206	徐林华 徐　芳
温州市成文酒业有限公司		325700	汤成文
温州市米醴琼酒业有限公司	浙江温州瓯海区郭溪镇宋河北路108#	325016	项云飞
余姚阳明酿酒有限公司		315400	徐占祥
浙江乌毡帽酒业有限公司	浙江安吉县孝丰镇天赋路55号	313301	吴烈虎
浙江东方绍兴酒有限公司	绍兴湖塘	312032	王水虎
浙江东海酒业有限公司	浙江普陀区舟山工业园区东海西路2198号	316100	马驰洲
浙江丰润酒业有限公司	萧山区坎山镇梅仙村	311243	戴春荣
浙江嘉善黄酒股份有限公司	浙江嘉善县西塘镇镇北路88号	314102	傅祖康
浙江兰溪市芥子园酒业有限公司	浙江省兰溪市溪西张塘角	321100	王竹林
浙江省临安市酒业有限公司	临安县於潜镇	311300	邵求根
浙江古越龙山绍兴酒股份有限公司	绍兴市北海桥	312000	钱肖华
湖州老恒和酿造有限公司	湖州市吴兴区	313000	陈伟忠
浙江省庆元县开元实业公司	庆元县松源镇	323800	吴通富
浙江省食品质量监督检验站	杭州市上城区城头巷128号	310009	许荣年
浙江石梁酒业集团有限公司	天台城关赤城路163号	317200	邱建生
浙江塔牌绍兴酒有限公司	绍兴县湖塘镇上鉴湖	312032	金国辉
中国善好酒业集团有限公司	浙江三门县西区开发区	317100	薛德法
中国绍兴黄酒集团有限公司	绍兴市北海桥	312000	钱肖华
中粮绍兴酒有限公司	绍兴市东浦邵家岸村	312070	许　勇
舟山合源酒业有限公司	舟山市定海区黄土岭	316000	江立平
舟山绍陈酒业有限公司	浙江舟山岱西镇	316215	金小红
舟山长春岭酒业有限公司	舟山马岙镇楼门142号	316075	方世海

续表

单位全称	地址	邮编	法人代表
诸暨市枫桥酒厂	诸暨市枫桥镇	311811	骆亦根
湖州鸿丰酒厂	湖州市杭长桥北堍	313000	徐安乔
湖州练市酒厂	湖州市练市镇民生路14号	313013	曹子祥
湖州乾昌酒业有限责任公司	湖州市轻纺路88号	313000	叶　辉
杭州同福永酿酒有限公司	杭州市余杭区塘栖镇水北街83号	311106	沈士良
湖州欢众酿酒集团公司	浙江长兴雉城镇环城东路	313100	
富阳市富春江酒业有限公司	富阳市高富路26号	311402	叶劲枫
福建福老酒业有限公司	福建省闽侯县铁岭工业区二期	350100	陈宋基 吴智瑜
福建宏盛闽侯酒业有限公司	福州市鼓屏路139号黄金大厦715	350001	许　景
福建老酒酒业有限公司	福州市工业路512号	350002	吴晓康 陈克根
福建龙岩沉缸酿酒有限公司	福建省龙岩市双泉路78号	364000	黄达捷
福建南湖酒业有限公司	福建连江县江南经济开发区龙浦路1号	350500	陈明华
福建平潭县酒厂	福建省平潭县	350400	何泽民
福建长乐郑和汉酒业公司	福建长乐市古槐镇北湖村西区1号	350200	陈书飞 陈金龙
广东潮州市潮安酒厂	潮州市庵埠镇大霞路	515638	陈鸿铭
广东惠州市古循酒厂	广东惠州市黄家塘73号	516002	黄忠亮
广东梅州市龙轩实业有限公司	梅州市教子岌	514031	张正华
广东万绿酒业有限公司	河源市万新丰江电厂大坝1号	517000	李延发 李发平
广东英德市酒厂	英德市浈阳一路	513000	李春强
广东珍珠红酒业有限公司	广东兴宁县城镇司前街尾	514500	何宏荣
广西容县雅峤酒业有限公司	广西容县杨梅镇绿荫城	537503	李业伦 李俊初
广西三江县酿酒厂	广西三江县古宜镇中山路	545500	覃世松
广西宜州市德胜红兰酒厂	广西宜州市德胜镇	516313	覃宝强
桂林三花股份有限公司	广西桂林市上海路25号	541002	赵瀛生
广州南联实业有限公司	广州大和镇民营科技园内	510540	吴柏毅
湖北稀水天宝酒业有限公司	稀水县清泉镇	436200	陈早田
湖南衡阳迴雁峰酿酒总厂	衡阳市黄沙湾52号	421000	董群堂 谭克洪
福建龙酒业有限公司	福建省龙岩市双泉路78号	364000	

续表

单位全称	地址	邮编	法人代表
泉州东斜食品有限公司	福建省泉州市泉秀街	362000	侯锦云
湖南胜景山河生物科技股份有限公司	湖南岳阳市经济技术开发区科技园	414000	姚　胜
江西丰城市酒厂	丰城市剑南路8号	331100	聂根水
江西灌城酒业有限公司	江西南昌市灌城工业区	330029	龙兆辉
江西井冈酒业有限责任公司	井冈山市新城区夏坪	343600	彭智谦
江西景德镇绍洪酿酒厂	江西景德镇洪源镇罗家滩	333031	施国莲
江西九江市封缸酒厂	江西九江市塔岭北路60号	332000	陈细毛
江西南昌长青酒业有限公司	南昌县响塘丁坊村	330201	周细憨
国元天然乳品（江西）有限公司	江西省南丰县富溪工业园区	344500	吴晓康
广东长乐烧酒业有限公司	广东梅州市五华县岐岭镇	514469	朱旭平
江西酒厂有限责任公司	江西南城县建昌镇东坝下71号	344700	容士伟
江西南昌丁坊酒业有限公司	南昌县响塘丁坊村	330201	周细憨
江西全南县酿酒厂	全南县城厢镇	341800	
江西新益康酒业有限公司	江西宜丰县东门167号	336300	周体林
江西宜春地区酒厂	宜春市中山东路39号	336000	
连州市酒业食品有限公司	广东连州连州镇双车路35号	513400	黄宝忠
墨江地道酒业有限公司	云南省墨江县联珠镇桂香村	654800	俞为民
四川仪陇黄酒厂	四川仪陇县潘家桥路	637600	李　明
四川省仪陇银明黄酒责任公司	四川省南充市仪陇县新政镇城南工业园区	637676	彭洪吉 雷斌
云南墨江酒江酒业有限公司	云南省普洱市墨江县上莱园社113	654800	李忠富 白恩富
云南香格里拉酒业股份有限公司	昆明国家经济技术开发区经桥路22号	650217	刘拉玉 彭德华

参考文献

[1] 朱宝镛，章克昌. 中国酒经. 上海：上海文化出版社，2000

[2] 顾国贤. 酿造酒工艺学（第二版）. 北京：中国轻工业出版社，2012

[3] 傅金泉. 黄酒生产技术. 北京：化学工业出版社，2005

[4] 赵光鳌，金岭南. 黄酒生产分析检验. 北京：中国轻工业出版社，1987

[5] 周家骐. 黄酒生产工艺（第二版）. 北京：中国轻工业出版社，1996

[6] 胡普信. 黄酒工艺技术. 北京：中国轻工业出版社，2014

[7] 谢广发. 黄酒酿造技术（第二版）. 北京：中国轻工业出版社，2016

[8] Jinsong Bao. Rice, Chemistry and Technology (4th Edition). Duxford, UK: Woodhead Publishing with AACC International, 2019

[9] Xu, Y., Wang, D., Fan, W. L, etc. Traditional Chinese Biotechnology. In G. T. Tsao, P. Ouyang & J. Chen (Eds.), Biotechnology in China II: Chemicals, Energy and Environment (pp. 189-233). Berlin, Heidelberg: Springer Berlin Heidelberg, 2010

[10] Haiying Cai, Ting Zhang, Qi Zhang, etc. Microbial diversity and chemical analysis of the starters used in traditional Chinese sweet rice wine. Food Microbiology, 2018, 73: 319-326

[11] Ruo-si Fang, Ya-chen Dong, Feng Chen, and Qi-he Chen. Bacterial Diversity Analysis during the Fermentation Processing of Traditional Chinese Yellow Rice Wine Revealed by 16S rDNA 454 Pyrosequencing. Journal of Food Science, 2015, 80 (10), doi: 10. 1111/1750-3841. 13018

[12] Zhongwei Ji, Jianshun Jin, Guansong Yu, etc. Characteristic of filamentous fungal diversity and dynamics associated with wheat Qu and the traditional fermentation of Chinese rice wine. International Journal of Food Science and Technology, 2018, 53: 1611-1621

[13] Aiquan Jiao, Xueming Xu, Zhengyu Jin. Research progress on the brewing techniques of new-type rice wine. Food Chemistry, 2017, 215: 508-515

[14] 谢广发，胡志明，傅建伟等. 中国黄酒技术与装备研究新进展. 食品与发酵工业，2017，43（11）：225-231

[15] 刘俊，赵光鳌，帅桂兰等. 黄酒中非糖固形物的研究. 食品与发酵工业，2006，32（4）：81-84

[16] 江超，林峰，邹慧君等. 陈年绍兴黄酒的成分分析与品质鉴定. 食品与发酵工

业，2009，35（10）：119-123

［17］GB/T 13662—2018. 黄酒

［18］GB/T 23542—2009. 黄酒企业良好操作规范

［19］GB/T 17946—2008. 地理标志产品　绍兴酒（绍兴黄酒）

［20］QB/T4710—2014. 发酵酒中尿素的测定方法高效液相色谱法

［21］QB/T4708—2014. 黄酒中挥发性醇类的测定方法　静态顶空-气相色谱法

［22］QB/T4709—2014. 黄酒中挥发性酯类的测定方法　静态顶空-气相色谱法

［23］QB/T 4356—2012. 黄酒中游离氨基酸的测定高效液相色谱法

［24］QB/T 4711—2014. 黄酒中无机元素的测定方法　电感耦合等离子体质谱法和电感耦合等离子体原子发射光谱法

中国轻工业出版社酒类图书目录

书名	定价
白酒	
白酒生产技术全书	120
酒与酒文化(中国轻工业“十三五”规划立项教材　高等学校酿酒工程专业教材)	49
酿酒分析与检测(普通高等教育“十三五”规划教材　高等学校酿酒工程专业教材)	48
酒精与蒸馏酒工艺学(高等学校专业教材)	55
酿造酒工艺学(第二版)(高等学校专业教材)	50
酿酒微生物(高等职业教育酿酒技术专业系列教材)	39
五粮作物生产技术(高等职业教育酿酒技术专业系列教材)	42
白酒分析与检测技术(高等职业教育酿酒技术专业系列教材)	34
白酒勾兑与品评技术(高等职业教育酿酒技术专业系列教材)	38
白酒生产技术(高等职业教育生物技术类专业系列教材)	24
白酒酿造技术(高等职业教育酿酒技术专业系列教材)	34
白酒生产安全与环境保护(高等职业教育酿酒技术专业系列教材)	22
白酒生物化学(高等职业教育酿酒技术专业系列教材)	25
五粮液企业文化(高等职业教育酿酒技术专业系列教材)	25
五粮液酒文化(高等职业教育酿酒技术专业系列教材)	25
白酒生产技术(第二版)(高等职业教育“十二五”规划教材)	30
白酒酿造培训教程(白酒酿造工、酿酒师、品酒师)	120
传统白酒酿造技术(第二版)	90
小曲清香白酒生产技术	60
白酒品评与勾调	80
风味,香气和气味分析:第二版	50
笑傲白酒江湖之宝典	80
汾酒生产365问	68
酒类风味化学	48
生态酿酒新技术	48
白酒酿造与技术创新	80
白酒生产指南	32
简明白酒实用技术	22
白酒勾兑技术问答(第二版)	25

续表

书名	定价
白酒品评与勾兑	20
小曲白酒生产指南	22
清香型白酒酿造技术	20
新型白酒勾调技术与生产工艺	15
新型白酒生产与勾调技术问答	32
中国白酒产业发展报告(2017—2018)	240
四川白酒产业发展报告	99
中国白酒关键技术研究进展-首届中国白酒学术研讨会论文集	298
中国白酒健康安全与生态酿造技术研究-第二届中国白酒学术研讨会论文集	298
白酒生态发酵与智能化酿造-2019 年第四届中国白酒学术研讨会论文集	298
啤酒	
啤酒工业手册(修订版)	98
啤酒工艺实用技术(第八版)	280
ASBC 分析方法	90
啤酒工艺学(普通高等教育“十二五”规划教材)	50
精酿啤酒酿造技术(中国轻工业“十三五”规划立项教材)	48
啤酒生产技术(第二版)(高等职业教育“十三五”规划教材)	49
啤酒生产技术(高等职业教育生物技术类专业系列教材)	35
啤酒发酵技术(高等职业教育酿酒技术专业系列教材)	48
啤酒生产原料(高等职业教育酿酒技术专业系列教材)	20
麦芽制备技术(高等职业教育酿酒技术专业系列教材)	25
麦汁制备技术(高等职业教育酿酒技术专业系列教材)	27
啤酒包装技术(高等职业教育酿酒技术专业系列教材)	38
啤酒过滤技术(高等职业教育酿酒技术专业系列教材)	15
啤酒生产理化检测技术(高等职业教育酿酒技术专业系列教材)	28
啤酒生产微生物检测技术(高等职业教育酿酒技术专业系列教材)	27
啤酒酿造技术译丛——啤酒酿造用水指南——水	80
啤酒酿造技术译丛——啤酒酿造制麦指南——麦芽	80
啤酒酿造技术译丛——啤酒酿造风味指南——酒花	80
啤酒酿造技术译丛——啤酒酿造菌种指南——酵母	80
精酿啤酒酿造技术	68
酒花与啤酒酿造	68
啤酒发酵与酯的形成	48
啤酒风味老化化学	25

续表

书名	定价
自酿啤酒精进指南	98
自酿啤酒完全指南	88
自酿啤酒入门指南	88
葡萄酒	
葡萄酒营养学(普通高等教育“十三五”规划教材)	38
葡萄酒分析与检验(普通高等教育“十三五”规划教材)	60
葡萄酒产业经济学(普通高等教育“十三五”规划教材)	45
葡萄酒风味化学	50
橡木桶——葡萄酒的摇篮	36
葡萄酒生产实用技术手册	50
葡萄酒品鉴课堂	98
自酿葡萄酒入门指南	88
沈昊品酒	268
中国精品酒庄游	98
黄酒	
黄酒酿造技术(第三版)	68
黄酒酿造技术(第二版)	45
中国酒文化概论(高等职业教育酿酒技术专业系列教材)	24
黄酒装备技术(高等职业教育酿酒技术专业系列教材)	48
黄酒营销技术(高等职业教育酿酒技术专业系列教材)	38
黄酒分析与检测技术(高等职业教育酿酒技术专业系列教材)	39
黄酒工艺技术(高等职业教育酿酒技术专业系列教材)	30
黄酒酿造技术(高等职业教育酿酒技术专业系列教材)	28
黄酒品评技术(高等职业教育酿酒技术专业系列教材)	34
黄酒化学(高等职业教育酿酒技术专业系列教材)	32
黄酒清洁化生产(高等职业教育酿酒技术专业系列教材)	36
黄酒微生物技术(高等职业教育酿酒技术专业系列教材)	25
鸡尾酒	
世界经典鸡尾酒大全(珍藏版)	268
DK 生活.无酒精鸡尾酒	88
鸡尾酒——调酒的艺术	88
配制酒生产问答	25
蒸馏酒	
白兰地工艺学	68

续表

书名	定价
酒精	
酒精生产技术(高等职业教育“十二五”规划教材)	36
酒精蒸馏技术(第三版)	56
综合类(酒文化、行业报告、名人录等)	
中国酿酒科技发展史	120
酒与酒文化(中国轻工业“十三五”规划立项教材　高等学校酿酒工程专业教材)	49
酒文化意趣(普通高等教育“十三五”规划教材　高等学校通识教育选修课教材)	28
中国酒文化概论(高等职业教育酿酒技术专业系列教材)	24
中国白酒文化旅游开发研究	80
食品工业节能减排和清洁生产	65
中国酒商	68
2013年国际酒文化学术研讨会论文集	380
中国酒业20年(1992-2012)	268
中国酒业年鉴(2012-2013)	480
中国酿酒工业年鉴(2010-2011)	480
中国酿酒工业年鉴2008	480
中国酿酒工业年鉴2009	480
酒香人生——中国黄酒泰斗王阿牛回忆录	180